JN427173

대안문화총서 20

삶의 지혜
노자도덕경

박성복 지음

1판1쇄 | 2014년 2월 28일
2판1쇄 |2016년 2월 25일
지은이 | 박성복
펴낸이 | 홍덕률
펴낸곳 | 열린길
경북 경산시 진량읍 대구대로 201
전화 053) 850-5662 | 팩스 053) 850-5669
http://press.daegu.ac.kr/
등　록 | 2007년 4월 19일 제2007-3호
찍은곳 | 태양문화사
ISBN 979-11-86257-2-9-03140
정　가 | 20,000원

삶의 지혜

노자도덕경

박상복 지음

머리말

동양은 전통적으로 서양과 달리 자연과의 조화 속에서 평화로운 삶을 살아가고자 하는 생각이 상대적으로 강했다. 하지만 오늘날 대부분의 국가들이 경제를 우선시 하는 지구적 문명 속에서는 그러한 상대적 차이도 많이 약해졌지 않았나 하는 생각이 든다. 심지어 발전된 서구자본주의 국가들에 사는 사람들이 오히려 자연과의 조화로운 삶을 더 중시하는 면도 없지 않다. 어쨌든 서양식 물질문명과 과학기술이 전 지구의 삶을 지배하고 있는 것이 오늘날 우리가 접하고 있는 문명사회의 대체적인 현실이다. 이에 사람들은 인간소외, 인간상실, 정신적인 가치의 경시, 자원고갈과 대기오염, 무력과 힘의 논리가 지배하는 국제질서 등의 문명적 위기에 대한 불안감을 늘 느껴오고 있다. 해서 이러한 문제에 대한 어느 정도의 해결책이나 대안적인 방향을 2천 수백 년 전 중국 춘추전국시대에 살다 간 노자에게서 찾을 수도 있지 않을까 하고 생각해 본다. 노자는 당시 많은 사상가들 중 한사람으로서 무위자연의 삶을 주창하였다. 그는 당시를 살아가는 인간이 자신의 힘으로 무엇이든지 할 수 있다고 착각하고 온갖 잘못을 저지름으로써 장구함과 전체적 조화의 삶을 파괴하고 있다고 보았다. 특히 인간이 이기적으로 저지르는 가장 큰 잘못은 인위적으로 조작하는 정치와 함부로 벌이는 전쟁에 있다고 보았다. 말하자만 그는 문명사회의 대안적 방향을 제시했던 것이다.

반문명적라고도 할 수 있는 이러한 노자의 사상에 끌리어 '노자와 21C'라는 대학 교양강좌를 개발하여 강의해온 지도 꽤 여러 해 되었다. 수업에는 이 분야에 출간된 책들을 참조해서 만든 강의안을 사용해 왔다. 매년 강의안을 수정, 보완하는 과정에서 여러 참고 문헌들을 살펴보게 되는데, 늘 고민스러운 문제들을 만나곤 했다. 노자도덕경이 2천 수백 년 동안 전해 오면서 조금씩 다른 판본들이 많이 생겨났을 뿐만 아니라 달리 풀이한 해설서들도 무수히 나왔다. 요즘 나온 해설서들만 보더라도, 물론 책마다 기준판본이 달라서도 그렇겠지만, 같은 판본이더라도 원문을 달리 해석한 경우가 많다. 똑 같은 문장을 두고 매우 다르게 해석하는가 하면, 심지어 정반대의 해석을 해 놓은 곳들도 적지 않다. 원문이 어렵고 다양한 뜻을 가진 한자와 한문으로 되어 있는 데다, 한문을 끊어 읽는 독법의 차이에 의해서도 여러 다른 해석들이 나왔을 것이다. 게다가 보다 더 근원적인 이유일 수도 있겠는데, 노자도덕경을 어떠한 책으로 보고 있느냐 하는 기본적인 시각의 차이도 존재한다. 즉 이 책을 개인적인 차원의 수양서로 보느냐 아니면 국가를 다스리는 제왕학의 통치술로 보느냐에 따라 해석의 큰 방향이 갈라진다.

이처럼 달리 풀이한 해설서들이 많기도 하고, 또 젊었을 때부터 가끔이긴 하지만 한 번씩 읽어오기도 한 책이어서, 내 나름의 해설서를 만들어 보고 싶은 생각이 늘 가슴 한 구석에는 있었다. 하지만 그 작업이 보통 일이 아닐 것이라는 지레짐작에 눌려 실제 행동으로 옮기지는 못하다가 지금에 이르렀다. 그러던 중 2013년도 1학기에 대구대학교 출판부가 기획도서사업 응모를 발표하였다. 얼핏 좋은 기회가 될 수도 있겠다는 생각도 들었고, 또 한편으로는 머릿속에 내 나이도 내년에는 이순(耳順)이 되는데, 인문학을 좋아하는 사회과학자로서 그 나이에 노자도덕경 해설서를 내 보는 것도 나름 의미가 있겠다는 생각이 들었다. 용기를 내어 응모한 결과 고맙게도 출판사에서 내가 신청한 노자도덕경을 기획도서로 선정을 해 주었고, 그 바람에 오랫동안 품고 있었던 조그마한 희망이 결실을 보게 된 것 같다.

하지만 막상 집필에 들어가니 그 작업은 만만하지가 않았다. 짐작은 했지만, 남이 풀이한 해설서를 읽어 보는 것 하고는 차원이 달랐다. 판본에 따라서 원문 자체에 글자 차이가 있기도 하고, 그 동안 대충 보았던 풀이의 차이점들도 따져보니 나름 심각한 것들이 많았다. 우선 기본적인 시각에 있어서 나는 노자도덕경이 근본적으로는 국가와 사회를 경영하는 제왕학의 통치술이라는 데 동감하고 있다. 이러한 시각이 옳다는 생각은 원문을 자세히 검토하면서 더욱 굳어졌다. 한편 위정자가 되었든 일반 백성이든 그가 삶아가는 사회적 삶이 개인적 수양의 삶과 무관할 수가 없으며, 또한 개인의 도덕성이 결국 사회적 도덕성으로 이어지기도 한다. 그래서 국가 경영에 관련된 내용도 규모가 작은 하위의 사회조직들에 얼마든지 연관될 수 있고, 나아가 개인의 차원에서 남을 상대로 한 처신과 함께 자신의 수양이나 삶의 문제에도 상당부분 적용될 수 있다고 생각된다. 특히 본문 중의 국가를 개인으로 치환해서 새기면 개인의 수양이나 삶의 지혜를 위해 훌륭한 지침서가 되기도 한다. 그러한 점도 아울러 염두에 두었다. 하지만 흔히 다른 해설서들에서 볼 수 있는 형이상학적 논의, 신비주의, 음양오행설, 정기양생론 등은 가능한 취하지 않았다. 원래 단순 소박했던 정치철학 내지 생활철학이라는 노자의 관점을 그대로 드러내고 싶었기 때문이다.

그리고 글을 쓰는 과정에서 참고한 서적들은 책 후미에 참고문헌으로 정리해 두긴 했지만, 특히 많이 참고한 서적들이 몇 권 있다. 장기근(張基槿)의 『老子』(1982), 김홍경의 『삶의 기술, 늙은이의 노래』(2003), 금선학회의 번역본인 임법융(任法融)의 『道德經釋義』(1999), 양방웅(梁芳雄)의 『초간노자(楚簡老子)』(2003), 심재원의 번역본인 감산덕청(憨山德淸)의 『老子道德經解』(2010), 송상성(宋常星: 청)의 『道德經講義』(1673) 등이다. 장기근의 책에서는 특히 상세한 자구해석을 많이 참조하였다. 김홍경의 책은 고전문헌에 대한 방대한 섭렵과 전거(典據)를 바탕으로 써졌을 뿐만 아니라, 요즈음의 대부분 해설서들과는 달리 기준판본이 중국 한 대의 것으로 보이는 백서본이었다. 그래서 본서를 구성하는 과정에서 고전문헌에 대한 전거를 찾는데 많은 도움을 얻었을 뿐만 아니라, 직접 고전문헌의 전거를 찾을 수 없었던 경우에는 그 책 속에 소개된 내용을 간접적으로 참조할 수 있었다. 그리고 본서의 기준판본이 왕필본과 하상공본이었는데, 훨씬 이전의 판본으로 통하는 백서의 내용을 참조하여 의문점을 해소할 수 있었던 경우도 더러 있었다. 많은 도움을 얻은 책이었다. 여기서 백서본보다 더 앞선 초나라 때의 것으로 보이는 초간 노자를 해설한 양방웅의 책도 함께 참조하였다. 심재원의 책과 금선학회의 책에서는 원문의 풀이 맥락을 많이 참조하였다. 다른 해설서들보다는 원문의 풀이가 부드럽기도 하고 전체적인 맥락이 일관되게 잘 유지되고 있는 것으로 보였다. 그리고 송상정의 책에서는 도덕경 81개 장의 제목을 그대로 따왔다. 이 책에서는 각 장의 원문에서 두 글자를 뽑아 장의 제목으로 삼았는데, 그것이 장의 핵심적인 의미를 드러내거나 연상시키는 데에 매우 적절한 것으로 생각되었다.

그리고 2016년 판부터는 한글세대를 배려해 원문 아래 한자풀이를 첨부하였고, 본문의 이해를 좀 더 돕기 위해 중국의 철학자인 임어당(1895-1976) 선생의 영역풀이도 함께 실었다.

순진하게도 단순 소박했던 노자의 원래 생각들을 나름 풀이해 본다고 했지만, 마치 우물 안 개구리가 바다를 모르고, 여름 하루살이 벌레가 겨울의 얼음을 알 수 없는 것처럼, 고루과문하고 천학비재한 자가 번역을 시작할 때부터 두려움이 앞서기도 했지만, 결과적으로 엉뚱한 짓을 해 놓지는 않았는지 모르겠다. 강호제현의 기탄없는 질정을 바란다.

2014년 2월 / 2106년 3월

진량벌 연구실에서

박 성복

차 례

1편 총론(總論) · 1

Ⅰ. 노자(老子)라는 인물(人物)에 대하여 ······ 3

Ⅱ. 노자 『도덕경』에 대하여 ······ 4

Ⅲ. 노자의 사상 ······ 7

Ⅳ. 노자와 공자의 대화 ······ 24

Ⅴ. 삶의 지혜로서 노자 『도덕경』 ······ 33

2편 도경(道經) · 53

제1장 관묘(觀妙)_현묘함을 봄 ······ 55

제2장 관요(觀徼)_현상계의 흐름을 살핌 ······ 61

제3장 안민(安民)_백성을 편안하게 함 ······ 68

제4장 불영(不盈)_다함이 없음 ······ 75

제5장 수중(守中)_허정(虛靜)한 마음을 지킴 ······ 80

제6장 곡신(谷神)_골짜기의 신 ······ 86

제7장 무사(無私)_사사로움이 없음 ······ 90

제8장 약수(若水)_물과 같음 ······ 95

제9장 지영(持盈)_계속 채움 ······ 101

제10장 현덕(玄德)_현묘한 덕 ······ 106

제11장 무용(無用)_무의 쓰임 ······ 112

제12장 위복(爲腹)_배를 위함 ······ 115

제13장 총욕(寵辱)_총애와 욕됨 ······ 121

제14장 도기(道紀)_도의 줄기 ········· 127
제15장 불영(不盈)_채우지 않음 ········· 133
제16장 복명(復命)_명으로 돌아감 ········· 139
제17장 지유(知有)_왕이 있다는 것만 앎 ········· 145
제18장 사유(四有)_네 가지가 있음 ········· 149
제19장 박소(樸素)_소박하고 순진함 ········· 153
제20장 사모(食母)_유모 ········· 158
제21장 종도(從道)_도를 따름 ········· 167
제22장 포일(抱一)_하나를 품음 ········· 172
제23장 동도(同道)_도와 함께 함 ········· 177
제24장 불처(不處)_스스로 자처하지 않음 ········· 183
제25장 혼성(混成)_혼연히 이루어져 있음 ········· 187
제26장 치중(輜重)_짐수레(고요함과 중후함) ········· 194
제27장 습명(襲明)_밝은 도를 간직함 ········· 199
제28장 상덕(常德)_항구 불변한 덕 ········· 205
제29장 자연(自然)_자연스러움 ········· 211
제30장 부도(不道)_도가 아님 ········· 217
제31장 귀좌(貴左)_왼쪽을 귀하게 여김 ········· 222
제32장 지지(知止)_그칠 것을 앎 ········· 228
제33장 진기(盡己)_자신을 다함 ········· 233
제34장 성대(成大)_위대함을 이룸 ········· 237
제35장 대상(大象)_큰 도 ········· 242
제36장 미명(微明)_미묘한 밝음 ········· 246
제37장 무위(無爲)_인위적인 작위를 하지 않음 ········· 251

3편 덕경(德經) · 255
제38장 처후(處厚)_두터운 곳에 머뭄 …… 257
제39장 득일(得一)_하나를 얻음 …… 266
제40장 반복(反覆)_되돌아가서 반복함 …… 273
제41장 문도(聞道)_도를 들음 …… 276
제42장 충화(沖和)_깊고 혼연한 조화 …… 283
제43장 지유(至柔)_지극한 부드러움 …… 289
제44장 지지(知止)_그칠 줄 앎 …… 293
제45장 청정(淸靜)_맑고 고요함 …… 297
제46장 지족(知足)_만족할 줄 앎 …… 301
제47장 천도(天道)_하늘의 도 …… 304
제48장 일손(日損)_나날이 덜어냄 …… 307
제49장 덕선(德善)_덕이 선량함 …… 311
제50장 생사(生死)_삶과 죽음 …… 316
제51장 존귀(尊貴)_높고 귀함 …… 322
제52장 수모(守母)_어미를 지킴 …… 327
제53장 대도(大道)_큰 도 …… 333
제54장 선건(善建)_잘 세운 것 …… 337
제55장 함덕(含德)_덕을 간직함 …… 343
제56장 도귀(道貴)_도의 귀함 …… 349
제57장 치국(治國)_나라를 다스림 …… 355
제58장 찰정(察政)_까다로운 정치 …… 361
제59장 장생(長生)_오래 삶 …… 367
제60장 치대국(治大國)_큰 나라를 다스림 …… 373
제61장 위하(爲下)_아래에 처함 …… 377

제62장 도오(道奧)_도의 근원 ······ 383
제63장 무난(無難)_어려움이 없음 ······ 390
제64장 보물(輔物)_만물을 도움 ······ 396
제65장 현덕(玄德)_현묘한 덕 ······ 403
제66장 강해(江海)_강과 바다 ······ 408
제67장 삼보(三寶)_세 가지 보배 ······ 412
제68장 부쟁(不爭)_다투지 않음 ······ 418
제69장 용병(用兵)_군사를 운용함 ······ 422
제70장 회옥(懷玉)_옥을 품음 ······ 427
제71장 불병(不病)_병에 걸리지 않음 ······ 432
제72장 외위(畏威)_두려워할 것을 두려워함 ······ 435
제73장 천망(天網)_하늘의 그물 ······ 440
제74장 사살(司殺)_죽음을 관장함 ······ 445
제75장 귀생(貴生)_삶을 귀하게 여김 ······ 449
제76장 유약(柔弱)_부드럽고 연약함 ······ 452
제77장 천도(天道)_하늘의 도 ······ 457
제78장 수덕(水德)_물의 덕 ······ 462
제79장 좌계(左契)_채권 ······ 467
제80장 불사(不徙)_떠나지 않음 ······ 471
제81장 부적(不積)_쌓아두지 않음 ······ 477

1편

總論

Ⅰ. 노자(老子)라는 인물(人物)에 대하여

노자라는 인물에 대해서는 설이 분분하다. 학자들 간에 많은 논쟁이 있어 왔고 또한 문헌의 부족으로 단정할 만한 사실이 별로 없다. 여기서는 사마천(司馬遷, BC. 154?~BC. 86?)의 『사기(史記)』「노장신한열전(老莊申韓列傳)」을 참조하여 개괄적으로 살펴본다.

노자(老子)는 초(楚)나라 고현(苦縣) 여향(厲鄕) 곡인리(曲仁里) 사람이다. 성은 이(李)씨이고 이름은 이(耳)이다. 자는 백양(伯陽)이며 시호(諡號)는 담(聃)이다. 주(周)나라 수장실(守藏室)의 사관(史官)를 지냈으며, 그때 공자(孔子, BC. 551~BC. 479)가 찾아와 노자에게 예(禮)에 대하여 물은 일이 있었다. 노자가 말하기를, "선생이 높이는 사람들은 이미 죽어 뼈조차 썩어 없어졌으며, 오직 말만 남아 있을 뿐이오. 군자는 때를 만나면 올라타지만, 때를 못 만나면 들에 묻혀야 하오. 좋은 상인은 깊이 숨기고 없는 것처럼 보인다(良賈深藏若虛)고 들었거늘, 군자도 속에 많은 덕을 지니고 있더라도 밖의 표정은 어리석은 척해야 하는 것이오(君子盛德, 容貌若愚). 선생은 교기(驕氣)와 다욕(多慾), 태색(怠色)과 음지(淫志)를 버리시오. 그것들은 선생에게 이로울 것이 없소. 내가 선생에게 해 줄 말은 이것이 전부요." 공자가 돌아와 제자에게 말하기를, "새는 날고, 물고기는 물에 놀고, 짐승은 뛴다. 뛰는 짐승은 그물로 잡을 수 있고, 물고기는 낚을 수 있으며, 나는 새는 활로 떨어뜨릴 수 있다. 그러나 용은 바람이나 구름을 타고 하늘로 올라가 그 정체를 알 수가 없다. 내가 오늘 만난 노자가 바로 그 용 같은 분이다." 노자는 도덕을 연마했으며, 자신을 숨기고 이름을 드러내지 않는 것을 자기 학문의 과제로 삼았다. 노자는 주나라에 오랫동안 살다가 주나라가 쇠퇴하자 서쪽으로 떠나갔다. 국경인 함곡관(函谷關)에 이르러 관령(關令)인 윤희(尹喜)가 "선생께서는 이제 은 거하실 작정이신데 그 전에 부디 저에게 책을 적어 주십시오"라고 하자, 노자는 상·하 두 편의 책으로 도덕의 뜻 오천마디를 말하고 가 버렸다.

그래서 노자는 도(道)에 관한 학설을 중심으로 형성된 학파인 도가(道家)의 창시자가 되었다. 그가 160여 세를 살았다느니, 또는 200여 세를 살았느니 하는데, 그것은 그가 도를 닦고 수(壽)를 잘 지켰기 때문일 것이다. 그리고 그 일생을 마친 곳을 아무도 알지 못한다. 대체로 노자는 공자보다 선배격이며 주나라의 도서관장을 지내 학식이 풍부하였을 것이다.

Ⅱ. 노자 『도덕경』에 대하여

노자가 『도덕경』을 저술했다는 것에 대해서도 이설(異說)이 많다. 어떤 사람들은 주나라 태사(太史) 담(儋)이 지었다느니, 장자(莊子)의 제자들이 써 모아 편집한 것이라느니, 여불위(呂不韋, ?~BC 235)의 문객이 편찬한 것이라느니, 더 심하게는 한나라 때 사람이 정리한 것이라고도 한다. 그러나 『노자』라는 책은 주로 노자가 직접 저술한 것이라고 보아야 하겠다. 『장자(莊子)』와 『한비자(韓非子)』를 비롯한 책에 노자가 많이 인용되었고, 또 노자의 사상이 독창적이라는 점을 볼 때 이는 후세 사람들이 편집한 것이 아님을 알 수 있다. 다만 『노자』가 고유명사를 배제한 추상적인 글이며 특히 간결한 격언 같은 말로 표현되어 있으므로, 전해 내려오는 동안 많은 착간(錯簡)이나 오기(誤記), 오전(誤傳)이 있을 수는 있을 것이다.

『노자』가 책으로서 면모를 갖추게 된 것은 물론 노자가 죽은 뒤의 일일 것이다.

공자가 죽은 뒤에 제자들에 의해 『논어(論語)』가 책으로 엮어졌듯이 『노자』도 그 바탕은 노자의 말로 되었으나, 책으로 만들어진 것은 대략 춘추시대(BC 770~BC 403) 말에서 전국시대(BC 403~BC 221) 초에 걸쳐 『논어』와 거의 같은 시기 일 것으로 추정된다. 노자의 『도덕경』은 총 81장으로 상 · 하편으로 나뉜다. 상편은 1장에서 37장까지로 〈도경(道經)〉, 하편은 38장에서 81장까지로 〈덕경(德經)〉이라 부르기도 한다. 엄격하게 내용이 분류된 것은 아니지만, 상편인 〈도경〉에서는 주로 형이상적 원리인 도(道)를 풀이 하였고. 하편인 〈덕경〉에서는 도에 입각한 덕으로서 행동적인 것을 풀이 하였다.

하여튼 『노자』란 책은 이미 전국시대부터 세상에 어느 정도 알려졌던 것 같다. 『순자(荀子)』와 『여씨춘추(呂氏春秋)』에 이미 노자의 사상에 대한 비판이 보이고, 『한비자(韓非子)』의 해로편과 유로편 등에서는 『노자도덕경』의 중요한 내용을 주해하였기 때문이다. 하지만 『한비자』의 현학편에서 '세상의 두드러진 학파는 유가(儒家)와 묵가(墨家)이다'고 말하고 있어, 도가(道家)의 세력이 유가나 묵가만은 못했던 것 같다. 유가와 묵가는 현실적으로 어떻게 하면 세상을 올바로 다스릴 수 있는가 혹은 어떻게 하면 인간다운 사회를 이룩할 수 있는가 하는 정치적·사회적 문제들을 다루고 있음에 반해, 도가는 사람들의 모든 의식적인 작위(作爲)를 부정하고 물러나 자신을 세상에 드러내지 않으려고 했으므로, 자연히 유가나 묵가처럼 세상에 두드러지지 못했을 것이다. 그러나 사상적으로 볼 때 이미 전국시대에 유가나 묵가 못지않은 중대한 영향을 세상에 미치고 있었던 것으로 보인다. 사마천이 『사기』에서 '『한비자』는 황제와 노자의 학문에 근본을 두고 있다'고 말하고 있고, 그 밖에 양주·신도·전변·접자·환연 등이 노자의 사상에 직·간접으로 영향 받고 있으며, 심지어 병가인 『손자(孫子)』에까지도 그의 영향이 두드러지고 있다. 그리고 노자와 함께 도가의 대표적인 사상가로 알려진 장자의 저서인 『장자(莊子)』를 보면 여러 곳에서 노자의 말이 인용되고 있고, 특히 『천하』편에서는 노자를 중요한 학파의 하나로 들고 있다. 나아가 장자의 사상은 근본적으로 『노자』의 사상을 부연 발전시킨 것이며, 『노자』의 각 장에 보이는 사상은 거의 모두 『장자』에서도 나타나고 있다. 특히 임어당(林語堂, 1895~1976)이 영역한 『노자』를 보면 매 장마다 그 아래 『장자』에 나오는 유사한 의미의 문장을 참고로 인용하고 있어 『노자』와 『장자』의 관계를 쉽게 알 수 있다.

한대(漢代, BC. 206~AD. 220)로 들어와서는 초기에는 황제나 황후 및 고관들 중에 노자의 사상을 좋아하는 이들이 무척 많았다고 한다. 그래서 무제(BC. 156~BC. 87) 이후로 유학이 한대(漢代) 정치의 이론적 근거로 확립되었다고 하지마는, 실제로는 도가의 영향도 크게 작용하였고, 유학 자체도 형이상학적인 이론과 사유에 있어 도가의 영향을 크게 받고 있었다. 지금 전하는 하상공본(河上公本) 『노자』는 한나라 문제(文帝, BC. 202~BC. 157) 때의 하상에 살았던 은둔한 선비가 주석을 단 책이라 한다. 그러나 최근에 와서 이것은 육조시대에 쓰인 책이어서 왕필본(王弼本)보다도 오히려 뒤늦게 나온 것이라 보는 학자들이 많다. 다만 전한 초기에 이미 『노자』에 대한 연구가들이 나왔을 것은 분명하다.

노자의 『도덕경』에 대한 위나라 왕필(王弼, 226~249)의 주석이 한 대의 것으로 추정되는 백서(帛書)본을 제외하고는 지금 전해지는 판본 가운데에서 가장 오래된 것이다. 그리고 그 뒤로는 이루 다 열거하기 어려울 정도로 많은 『노자』 주석서들이 나왔다. 초횡(焦竑, 1541~1620)의 『노자익(老子翼)』과 마서륜(馬敍倫, 1885~1970)의 『노자핵고(老子覈詁)』 같은 것은 이 방면 연구의 좋은 참고서이다. 마서륜을 비롯한 근래 학자들의 연구 결과에 의하면 『노자』에는 수많은 판본들이 있지마는 가장 근본적인 이본(異本)들은, 왕필의 『노자도덕경주(老子道德經註)』, 하상공의 『도덕진경주(道德眞經註)』, 부혁(傅奕, 555~639))의 『교정고본노자(校正古本老子)』, 당(唐) 현종(玄宗, 685~762)의 『도덕경주(道德經註)』 등 네 가지이다. 언급한 바와 같이 하상공본은 왕필본보다도 늦은 육조 무렵의 작품인 듯하다는 것이 지배적인 견해이다. 그러나 돈황에서 나온 당 초본들과 일본에 전해진 고초본들 및 여러 곳에 남아 있는 당대의 『도덕경』 관련 史蹟 등을 종합해 볼 때 하상공본의 체재가 왕필본보다는 고형이라는 일부의 견해도 있다. 부혁본은 당나라 초기의 부혁이 왕필본과 하상공본을 비롯한 몇 가지 다른 판본의 『도덕경』을 비교하여 심정(審定)한 것으로 알려져 있다. 그리고 당나라 현종 주본은 『노자도덕경』의 원문에 많은 이동(異同)이 있는 것을 보고 이것을 통일하고 또 그때 왕필본과 하상공본의 두 가지 판본에 대한 우열의 문제가 시끄러웠으므로 이것을 귀일시키기 위하여 현종 자신이 쓴 것이라 하는 설이 있다. 그러나 이것도 결국은 왕필본과 하상공본을 기초로 한 주석서에 지나지 않는다. 위진남북조시대부터 당·송·원·명·청에 이르는 각 시대마다 수많은 『노자』의 주해서들이 쏟아져 나왔었지만 모두 크게는 이 네 가지 주해서의 기본적인 입장을 크게 벗어나지 않는다고 한다. 다만 청대에 고증학이 크게 성행한 뒤로 노자의 생애와 그의 저서인 『노자도덕경』에 대한 많은 고증학적 연구업적이 두드러지게 나왔었다. 한편 본서의 내용을 구성함에 있어서도 주로 왕필본과 하상공(河上公)본을 기준으로 삼았다.

Ⅲ. 노자의 사상

노자의 사상이나 철학체계는 대체적으로 우주론에서 인생론으로 그리고 다시 정치론으로 넓어지면서 확장되어 간다고 볼 수 있다. 노자 사상의 진정한 동기에서 본다면 그의 사상이 인생의 참된 가치추구와 정치사회의 필요에 부응하기 위해 형성된 것임을 알 수 있다.

1. 도의 본체(本體)

노자 사상에 있어서 우선적으로 이해해야 할 것은 바로 '도란 무엇인가?'하는 도의 본체(本體)에 관한 문제이다. 노자는 끊임없이 생성·변화하는 자연현상을 직관하여 삼라만상의 변화 속에 담긴 불멸의 법칙을 발견하였다. 그것은 만물의 근원으로서 온갖 현상세계의 배후에 숨겨진 '시공(時空)을 초월한' 본체로서의 도이다. 도는 형이상적 실체(實體)이며 만물의 근원이자 우주 운행의 원리인 것이다. 하지만 도는 우리의 감각과 지각 작용의 대상에서 벗어나는 무(無)라고 할 수밖에 없는 어떤 것이다.

1) 우주(宇宙)의 근원(根源)

노자의 도는 우주의 근원이며 시원(始源)이다. 『도덕경』 제25장에 "혼연히 이루어진 한 물건이 천지가 생기기 전에 있었다. 가히 천하의 어머니라 할 만하다. 이름은 모르지만 자(字)를 도(道)라 하고, 억지로 이름을 붙여 본다면 대(大)라 하고 싶구나"(有物混成 先天地生. 可以爲天下母. 吾不知其名 字之曰道 强爲之名曰大)고 하였다. 인간도 이 천하모(天下母)에서 나온 피조물이므로 만물의 근원을 도(道)다, 대(大)다 한 것은 편의상 붙인 호칭에 불과하지 실재(實在) 그 자체는 아니다. 도는 무형의 실체(實體)이며, 시간과 공간을 초월한 절대자이다. 시간과 공간의 제약을 받는 현상계 만물의 하나인 사람이 실체를 알 수 없으므로, 노자는 "말할 수 있는 도는 영원불변의 도가 아니다(道可道, 非常道. 1장)"고 하였다. 또 인간이 말로 개념화 하여 표현할 수 있는 것은 어디까지나 인간의 감각과 지각 작용에 의한 인식능력 안에 있는 것을 표상하는 것이지 인식능력을 초월한 절대의 실체에 대해서는 무어라 할 수 없다. 따라서 "이름붙일 수 있는 이름은 항구불변의 이름이 아니다"(名可名 非常名. 1장)고 했다.

시간과 공간을 초월한 무형적 실재이며, 인식할 수도 없고 이름붙일 수도 없는 것이 도(道)다. 따라서 "도라는 존재는 그저 황홀할 따름이다"(道之爲物, 惟恍惟惚. 21장)고 할 수밖에 없다. "도는 보려 해도 보이지 않으니 이(夷)라 하고, 들으려 해도 들리지 않으니 희(希)라 하고, 잡으려 해도 얻어지지 않으니 미(微)라 한다. 이 세 가지는 말로 따져 볼 수 없다. 그래서 혼연히 하나로 되어 있다"(視之不見, 名曰夷, 聽之不聞, 名曰希, 搏之不得, 名曰微. 此三者, 不可致詰, 故混而爲. 14장). 이렇듯 만물의 근원인 도는 혼돈한 것이라고 할 수밖에 없다. 그러나 도는 만물 속에 다 현현(顯現)하고, 또 끝없이 넓게 퍼지면서도 자신은 시간과 공간을 초월한 존재다. 즉 도는 만물을 생성시켰고, 또한 만물 속에는 도가 내재해 있는 것이다. "소리도 형체도 없이 고요하다. 독립적으로 존재해서 바뀌지 않으며 모든 것에 두루 미치지만 다함이 없다"(寂兮寥兮 獨立而不改 周行而不殆. 25장)고 했다.

『한비자』는 「해로편(解老篇)」에서 "도는 만물의 본연이고 만물의 생성원리이다"(道者萬物之所然也 道者萬物之所以成也)고 하였다. 도는 우주 · 만물의 근원이기 때문에 만물은 도에서 나왔다. 제42장에서 "도에서 하나가 나오고. 하나에서 둘이 나오고 둘에서 셋, 셋에서 만물이 나왔다"(道生一 一生二 二生三 三生萬物)고 하였다. 그런데 도는 인간의 인식을 초월한 존재이며 혼돈하고 황홀하고 이 · 희 · 미(夷·希·微)다. 따라서 인간의 말로는 무(無)라고 할 수 밖에 없다. 그러므로 노자는 "무명(無名)은 천지의 시원이요, 유명(有名)은 만물의 어머니다"(無名天地之始 有名萬物之母 1장)라 했고, 또 "천하 만물은 유(有)에서 나오고, 유는 무에서 나온다"(天下萬物生於有 有生於無. 40장)고도 했다.

2) 우주운행(宇宙運行)의 법칙

도는 우주 · 천지 · 만물의 창조자일 뿐만 아니라 우주와 천지의 운행이나 만물의 생성화육(生成化育)을 주재한다. 서양에서 말하는 신(神)의 역할과 동일하다. 따라서 도는 우주·천지의 운행과 만물의 생성화육을 관장하는 도리이자 법칙이다. 제34장에서 "큰 도는 어디에나 그득 차있다. 좌우사방 어디에나 이르지 않는 곳이 없으며, 만물이 도를 의지해 생겨나지만 자랑하지 않으며, 공을 세워도 내세우지 않고, 만물을 보호하여 양육하지만 주인으로 자처하지 않는다"(大道氾兮 其可左右 萬物恃之而生 而不辭 功成不名有 衣養萬物而不爲主)고 하였다.

그런데 도는 무어라 말할 수 없기 때문에 무(無)라는 개념으로도 파악할 수 있다. 그러나 도에서 만물이 저마다 생겨나고 자라고 변화한다. 이처럼 우리의 인식능력을 벗어나는 무형의 도에서 만물이 저마다 스스로 있는 현상계로 나타나고 있으니, 존재하고 있는 현상계의 모습을 가지고 볼 때 도는 바로 '스스로 있는 것' 즉 자연(自然)이라 하겠다. 따라서 노자는 "사람은 땅을 본받고, 땅은 하늘을 본받고, 하늘은 도를 본받고, 도는 자연을 본받는다"(人法地 地法天 天法道 道法自然. 25장)고 했다. 노자가 말한 도와 자연은 서로 다른 두 개의 실체가 아니라 동일한 존재의 양면적 표현으로서 자연은 바로 도의 자기원리이다. 따라서 도가 자연을 본받는다는 것은 도가 스스로의 존재원리를 따른다는 뜻이 된다. 그리고 노자가 말하는 자연은 수동적인 존재가 아니라 스스로 있고 스스로 되고 스스로 변하는 것, 그럴 수밖에 없다고 하는 모든 뜻을 내포한 것이다. 여기서 노자가 강조하는 '무위자연(無爲自然)'의 본뜻이 있다. 즉, 인위적인 조작을 하지 않고도 스스로 필연적으로 그렇게 된다는 뜻이다. 천지 · 우주의 대자연을 움직이는 힘이나 법칙은 사람의 힘이나 사람이 만든 것이 아니다. 그것은 바로 무위자연의 도와 그러한 도의 자기원리에 내포된 운행법칙이다.

3) 대립(對立)과 복귀(復歸)

도의 개념은 해와 달이 차고 이지러지며 밤과 낮의 변화를 이루고 순환과 반복을 거듭하는 자연현상을 추상화하고 있다. 『역경』에서 "한 번 음이 되고 한번 양이 되는 것을 도라고 한다(一陰一陽之謂道)"라고 한 것처럼 두 가지 서로 다른 대립 면이 상호 전환하는 가운데서 근원으로의 복귀를 통한 통일을 이루는 것이 바로 도라는 것이다. 모든 만물은 상반(相反)되는 방향으로 운동했다가 결국에는 다시 원점으로 되돌아오며, 이를 되풀이한다. 이것은 순환적 시공간의 개념을 말하고 있다. 노자사상은 도의 상태로 복귀하는 것을 궁극적 목표로 삼는다. 노자는 제40장에서 "반(反)은 도의 움직임이요, 유약함(부드러움)은 도의 쓰임이다"(反者道之動, 弱者道之用)라고 했다. 『도덕경』에 나오는 반(反)에는 세 가지 뜻이 있다. 되돌아오거나 혹은 복귀한다는 반(返)의 뜻, 상반되는 운동을 한다는 뜻, 그리고 정반대되는 것으로 변화한다는 뜻이 그것이다.

원래 도는 만물의 시원으로 절대이다. 그러나 도는 만물에 퍼져 나타나고 영구히 활동한다. 그러므로 절대이며, 눈에 보이지 않던 도가 눈에 보이는 만물에 나타났고, 또 절대가 모든 만물에 쪼개져 담겼으며 시간과 공간을 초월했던 도가 시간과 공간의 제약을 받는 만물 속에 있게 되었다. 도가 만물을 낳은 후 그것이 오히려 만물 안에 함장 되어 있는 것이다. 그러나 만물은 결국 다시 시간과 공간의 제약에 의해 무(無)로 돌아가게 마련이다. 노자는 도의 이러한 운동법칙을 전제로 하여 '복귀어무물(復歸於無物)', '귀근(歸根)', '귀어영아(歸於嬰兒)', '귀어무극(歸於無極)', '귀어박(歸於樸)' 등의 표현으로 복귀의 필연성과 중요성을 역설했다. 도의 운동법칙을 생명의 근원으로 복귀하는 것으로 보고 있는 것이다.

천지만물 모두가 절실하게 도의 의지하여 잠시도 떨어지지 않으므로 '되돌아온다'고 말하는 것이다. 제25장에서 노자는 "크기 때문에 뻗어 나가고, 뻗어 나가면 멀게 되고, 멀어지면 결국 되돌아온다"(大曰逝, 逝曰遠, 遠曰反)고 했다. 즉 도는 반드시 활동하여 현상계에 뻗어 나타나면 실재에서 멀어지는 것이요, 만물이 결국은 무로 되돌아옴에 따라 도가 다시 절대적 위치에 되돌아온다. 도만이 그런 것이 아니고, 자연 만물이나 인간도 이 원리에서 벗어날 수 없는 것이다. 하나로 돌아가기 위해서 사람들은 자기에 집착해서는 안 된다. 나만을 위한 욕심을 버리고 허정

(虛靜)해야 한다. 나만을 내세우는 강(强)을 버리고 남에게 양보하고 남 밑에 처지는 유약(柔弱)과 부드러움을 지녀야 한다.

4) 상선약수(上善若水)

도는 원래가 모든 것이 아우러진 하나의 혼연한 실재이므로 선·악이나 강·약의 구분이 있을 수가 없다. 선·악이나 강·약 같은 대립은 인간이 만들어낸 관념이지 본래의 도에서는 그러한 상대적 대립이란 것이 없다. 그러나 인간은 무엇이든지 분별하고 구분하고 차별하려고 한다. 나와 남을 가르고, 삶과 죽음을 나누고, 선과 악을 차별한다. 그리고 인간은 오직 나, 삶, 선(善), 강(强)만을 좋아하고, 남과 죽음과 악과 약을 미워한다. 그러나 나와 남, 삶과 죽음, 선과 악, 강과 약은 바로 하나이며, 위치를 바꾸면 내가 남이고, 남이 나인 것이다. 사람은 이러한 도를 모르고 하나만 고집하고 한쪽으로만 나가려하기 때문에 많은 미망(迷妄)이 생기고 결국은 멸망하고 만다. 자연의 도를 따르면 보존되어 살고, 거역하면 멸망하여 죽기 마련이다. 도는 만물을 조화 속에 언제까지나 생성·화육한다. 하늘과 땅이 서로 조화하여 단비를 내리게 하고 모든 생명과 초목이 생겨나서 저절로 자라나는 이치와 같다.

노자가 볼 때 천지만물 중에서 가장 도를 잘 따르는 것은 물이다. 노자는 제8장에서 "최고의 선은 물과 같다"(上善若水)고 하고, 이어 "물은 만물을 이롭게 해줄 뿐 일체 다투지 않고 남들이 꺼려하는 낮은 곳에 머무르기 때문에 도에 가깝다"(水善利萬物而不爭 處衆人之所惡 故幾於道)고 설명했다. 선한 사물로서 물만한 것이 없다는 말이다. 물이 없다면 초목이 무성한 생명의 세계를 만들 수 없으며, 또 물이 없다면 어떠한 생명도 존재할 수 없다. 물은 만물을 생육하며 뭇 생명을 적셔주되 다투지 않으며 보답도 바라지 않는다. 그것은 유순하고 유약하여 모든 사람들이 싫어하는 가장 낮은 곳에 처해 있다. 그런 까닭에 도와 가장 가깝다고 한 것이다.

물을 통하여 겸허(謙虛)와 부쟁(不爭)을 파악하여 도를 설명한 말이다.

만물을 이롭게 해주면서 자신은 아래에 거처하기(處下)란 쉬운 일이 아니니다. 사람이면 누구나 존경받고 높은 곳, 권력과 부가 보장되는 곳에 서기를 좋아한다. 인간 사회에서는 자기에게 힘이나 공이 있으면 자랑하고 높은 자리를 독차지하고자 한다. 일부러 낮은 곳, 사람들이 주목하지 않는 곳에 서기를 원하는 사람은 없다. 그러나 도를 터득한 성인은 그렇지 않다. 제10장에서 "천지만물을 낳아 양육하고도 자기의 소유로 삼지 않고, 공을 세우고도 자랑하지 않고, 길러주면서도 지배하지 않는다. 이것을 일러 현덕(玄德)이라 한다"(生之畜之 生而不有 爲而不恃 長而不宰 是謂玄德)고 하였다.

물은 어느 상황이나 본질을 변치 않으면서 순응한다. 둥근 그릇에 넣으면 둥글고 모진 데 넣으면 모지게 된다. 많이 모아도 물이요, 작게 갈라놓아도 물이다. 끓여 수증기로 증발해도 물이고, 얼어 고체가 되어도 물이다. 물은 자기를 고집하지 않지만 어디까지나 자기를 잃지도 않는다. 그리고 물은 항상 높은 곳에서 낮은 곳으로 흘러간다. 흘러가서는 나무를 자라게 하고, 사람들이 마시는 물이 되기도 한다. 또 아래로 흐르는 물은 서로 모여서 강이 되고 바다가 된다. 한 방울의 물은 아무것도 아니지만 강물이나 바다는 위력이 있고 크다. 한 방울의 물은 가장 약하지만 노도(怒濤)는 강하고 무섭다. 때로는 하늘의 힘을 빌리어 천둥과 번개, 먹구름과 비바람을 통해 인간으로 하여금 자연의 섭리를 배우게도 한다. 가장 유약한 것이 가장 강할 수가 있는 것이다. 사람들은 이것을 모르고 언제나 강하기만을 바란다. 강하면 꺾이고 굳으면 부수어지게 마련이다. 제42장에서 노자는 "강하고 포악한 자는 제 명에 죽지 못한다"(强梁者 不得其死)고 하였다. 또 제36장에서는 "유약이 강강을 이긴다"(柔弱勝剛强)고 하였다.

도에 따른 삶이 무위자연이고, 무위자연의 방법 중 하나가 바로 이러한 상선약수의 삶이다. 낮은 곳으로 흐르는 물처럼 자연의 섭리대로 무위자연의 도를 따라 자기를 완전히 버리는 것이 영원히 사는 길이다. 그러나 자기를 고집하지 않는 물과 달리 인간들은 어디까지나 자기를 고집하려고 함으로써 자기 이외의 세계를 잃게 된다. 시간적으로나 공간적으로나 유한한 존재인 자신만을 고집하고 남과 전체를 무시한다는 것은 스스로 무한한 세계를 버리는 어리석은 짓이다. 남을 배려하는 마음을 가지고 자기고집을 겸손으로 다스리면서 항상 자기를 통해 다른 사람이 역할을 하도록 행동하는 자세가 바로 상선약수의 삶이다. 순간적인 나를 버리고 영원히 대자연과 더불어 생성·화육의 도에 동참하는 것이 무위자연의 도에 순응하는 길이 된다.

2. 덕(德)의 쓰임

지금까지는 우주의 본체이자 운행의 원리인 도에 대해 말했다. 그러한 도는 형이상학적인 존재이다. 그렇다면 형이하의 경험세계는 어떻게 도를 따라야 할까? 노자는 도의 궁극적 의미를 인간생활에서 따라야 하는 윤리·도덕적 규범으로 간주한다. 도란 우리의 인식을 통해서는 도저히 접근할 수 없는 것이지만 그것이 현실세계에 적용되면 커다란 효용을 발휘하여 인간행위의 기준이 된다. 도가 인간생활에 바로 적용된 것이 덕이다. 따라서 도와 덕은 둘이면서도 하나인 본체(體)와 활용(用)의 관계를 이루게 된다. 인간에게 있어서 덕은 도의 작용인 동시에 도가 현현(顯現)한 것이다.

도는 만물을 생성시키고 덕은 만물을 기른다. 만물은 각 종의 형태를 이루고 환경은 만물을 성장시킨다. 그래서 만물은 도를 존중하고 덕을 존귀하게 여긴다. 도와 덕의 존귀함은 명령을 내리지 않고도 언제나 '스스로 그러하도록'(自然) 하는데 있다. 그러므로 도는 만물을 생성시키고 덕은 만물을 길러준다. 자라게 하고 이루어지게 하고 성숙하게 하고 길러지게 하고 보호해 준다. 앞서 말했지만 현덕(玄德)을 설명하려고 만물을 생성하면서도 소유하지 않고 이루어주면서도 자랑하지 않고 길러주면서도 주재하지 않는다고 했다.

따라서 덕이란 도가 경험의 세계에 적용된 것이라 할 수 있다. 도는 인위적인 작용이 전혀 없는 자연의 상태이며, 덕은 인위적인 활동에 참여하더라도 여전히 자연으로 복귀할 수 있는 상태이다. 이와 같이 도가에서 말하는 도와 덕은 자연에 순응하는 면이 있기 때문에 유가에서 강조하는 윤리적인 면과 다르다. 즉 노자사상에 있어서 도와 덕의 정신은 곧 '자연'과 '무위'의 정신을 토대로 하고 있다. 도와 덕의 이러한 관계를 염두에 두고 인생과 정치에 대해 살펴보자.

1) 허정(虛靜)과 무위(無爲)

노자는 마음을 비워 허정하게 하고 인위적인 것을 거부하고 무위로 돌아가라고 하였다. 도는 허정(虛靜)하다. "도는 텅 비어 있으나 쓰임이 무궁무진하다"(道沖而用之或不盈. 4장)고 했다. 그리고 도는 자연을 따른다고 하였다. 노자 사상의 핵심인 무위자연에서 자연은 바로 도법자연(道法自然)에서 나온 말이다. 자연이란 외부의 간섭을 따르지 않고 스스로의 내면을 따른다는 것으로 스스로 존재하는 순박한 것이다. 이러한 도는 천하 만물의 본성이자 사람의 본성이다. 무위는 도항무위(道恒無爲)에서 나온 말이다. 무언가를 억지로 하려고 하는 마음 없이 자연의 순리와 스스로의 본성을 따라서 사는 모습을 말한다. 따라서 인간도 허정하고 순박하게 자연과 더불어 생성·화육의 활동에 동참해야 한다. 되도록 인간적인 욕심과 작위를 버려야 한다. 우선 사람은 생명을 유지하고 종족을 보존하기 위해 동물과 마찬가지로 식(食)과 색(色)이라는 기본적 욕구를 충족해야 한다. 그런데 인간은 동물과 달리 사회집단을 이루고 문화적 생활을 할 수 있는 능력이 있다. 그래서 인간은 동물과는 다르게 문화적으로 발전하고 번성했던 것이다. 그런데 바로 여기에 비극의 씨가 도사리고 있다. 즉 노자의 말대로 "복 속에 화가 숨어 있었다"(福兮禍之所伏. 58장).

문화와 문명은 인류를 행복하게 만들어 주지만 동시에 인간의 정신을 황폐화시키고 인류를 타락시키기도 한다. 그러므로 노자는 다시 도로 복귀하여 인간성을 회복하기를 주장하였다. 이것도 도의 법칙이다. 도는 원심력을 가지고 있어 뻗어나가지만 동시에 구심력에 의해 되돌리기도 한다. 나가기만 하면 도에서 벗어나고 별똥별같이 없어지고 만다. 노자 사상에서 자연과 인간은 원래 대립적이지 않다. 인간은 자연의 일부로 살아왔고, 또 자연 속에서 자연의 일부로 살아갈 때 가장 행복하다는 것이 노자의 생각이다. 문화와 문명은 결국 인간의 욕심에서 나오는 것이다. 따라서 노자는 지나친 욕심을 버리라고 했다.

노자는 사회질서를 혼란하게 하는 죄악의 근본이 바로 이기심에 바탕한 인간의 욕심이라고 한다. 인간을 지배하는 강력한 욕심은 세 가지가 있는데 성욕, 물욕, 권력욕(지배욕)이다. 그 중에서도 가장 크고 비극적이고 무서운 것이 권력욕(지배욕)이다. 지배욕에 사로잡힌 사람은 공동체의 전체 선을 위하는 봉사정신보다는 다른 구성원들을 지배하고 통제하면서 자신의 영광을 거두기 원하는 욕심으로 우두머리가 되고자 하는 욕구를 갖는다. 그러나 도는 만물을 생성·양육하고도 주인행세를 하지 않는다. 제34장에서 "만물을 보호하고 키우면서도 주인으로 행세하지 않는다"(衣養萬物而不爲主)고 했다. 또 제2장에서 "만물을 낳으면서도 자기의 소유로 삼지 않고, 만물을 길러 주면서도 자랑하지 않고, 모든 공업(功業)을 성취하고도 그 공에 머무르지 않는다"(生而不有 爲而不恃 功成而不居)고 하였다. 따라서 노자는 지배욕이나 공명심을 버려야 진정으로 백성을 다스릴 수 있다고 했다.

다음으로 노자는 사치스런 재물욕이나 감각적 즐거움 등을 배제하고 청정과욕(淸淨寡慾)의 삶을 주장했다. 제12장에 "오색(五色)은 사람의 눈을 멀게 하고, 오음(五音)은 사람의 귀를 멀게 한다. 오미(五味)는 사람의 입을 상하게 하며 말을 타고 사냥하는 것은 사람의 마음을 미치게 한다. 얻기 어려운 재화는 사람의 행실을 방해한다. 이러한 까닭에 성인은 배를 충실히 하지만 눈을 위하지는 않는다. 그러므로 외부에 있는 저것을 버리고 나에게 있는 이것을 취한다"(五色令人目盲 五

音令人耳聾 五味令人口爽 馳騁田獵令人心發狂 難得之貨令人行妨 是以聖人爲腹不爲目 故去彼取此)고 하였다. 한마디로 제3장에서 “사람의 마음을 허정(虛靜)하게 하고, 그 배를 실하게 채워준다”(虛其心 實其腹)고 했듯이 부질없는 욕심을 버리고 실속 있게 배를 채우라고 했다. 노자의 무욕론은 모든 욕망을 부인하는 것이 아니라 이기적인 욕망을 줄여 가라는 과욕론(寡慾論)이다.

다음으로 노자는 지식이나 학문을 버리라고 했다. 지식이나 학문이 결국은 간교하게 악용되어 자연스럽게 생육·화성할 백성들을 괴롭힌다는 것이다. 특히 위정자는 지식과 학문을 최대한으로 악용하여 권모술수를 농하기도 하고, 상벌이다, 법령이다 하며 백성을 농락한다. 제20장에는 “학문을 끊으면 걱정이 없게 된다”(絶學無憂)고 하였고, 또 제18장에는 “지혜가 나오고서 큰 거짓이 있게 된다”(智慧出有大僞)고 하였으며, 또 제65장에는 “지모로 나라를 다스리는 자는 나라의 도적이다”(故以智治國 國之賊)고 하였다. 여기서 한 가지 언급할 점이 있다. 같은 65장에서 노자는 “옛말에 도를 행하는 사람은 백성을 지혜롭게 하지 않고 우매하게 한다고 하였으니, 백성을 다스리기 어려운 것은 그 지혜 때문이다”(古曰爲道者, 非以明民也, 將以愚之也. 民之難治也, 以其智也)고 하였다. 이 문장은 노자의 우민정책을 여실히 보여주는 것처럼 보인다. 하지만 왕필·하상공 이하 많은 주해는 이것이 백성을 우매하게 만든다는 뜻이 아니라 교활한 작은 지혜를 거두고 순박한 원래의 본성으로 돌아가게 한다는 뜻이라고 하였다. 왕필은 여기에서 “우매함이란 지혜를 버리고 참된 본성을 보존하여 자연에 따르는 것”이라고 하였다. 그리고 하상공은 “도덕으로 백성을 가르쳐서 순박하게 만들고 거짓을 짓지 않도록 하는 것이라고 하였다. 본래 도는 혼재되어 있으면서 하나를 이루는 것(混而爲一)이다. 사람들이 선이다 악이다 하고 논한다고 해서 구분되는 것은 아니다. 그러나 사람들은 자의적(恣意的)으로 이렇다 저렇다 하고 분별하고 분석하고 제 멋대로 하나만을 내세우고 나머지를 배척하기 때문에 전체적인 도(道)에서 이탈되고 전체의 생육·화성을 해친다. 그래서 노자는 인위적인 것을 배척하는 일환으로 학문과 지식을 배척한 것이다. 인간은 지식을 가지고 제 멋대로 남을 괴롭힐 뿐만 아니라, 또 감정적으로도 남을 괴롭힌다. 사랑하면 좋아하고 미워하면 해친다. 그러나 인간의 감정만큼 믿을 수 없는 것도 없다.

노자는 제79장에서 "하늘의 도는 지극히 공평하여 누구라도 더 친절히 대하는 일이 없고 항상 착한 사람과 함께 한다"(天道無親, 常與善人)고 하였다. 노자에게 있어 선(善)은 열매를 맺는 것이다. 만물을 키우는 도는 감정적 편애를 하지 않고 공평무사(公平無私)함을 지킨다. 제5장에서는 "천지는 어질지 않아 만물을 추구와 같이 여기고, 성인도 어질지 않아 백성을 추구와 같이 여긴다"(天地不仁 以萬物爲芻狗 聖人不仁 以百姓爲芻狗)고 하였다. 천지는 만물을 대함에 있어 어떠한 편애도 없이 우주의 자연스러운 변화법칙에 따른다는 의미이다. 이러한 것은 자기를 버리고 남을 위하는 데서 얻어질 수 있다. 특히 노자의 처세술은 생존경쟁의 장에서 일시적인 승리보다는 영원한 승리에 목적을 두고 있다. 이것은 노자의 처세술이 단순히 소극적·염세적인 의미로만 읽혀서는 안 된다는 것을 말해준다. 제7장에서 "천지가 장구할 수 있는 것은 자신을 위해 스스로 살려고 하지 않아 장생할 수 있기 때문이다"(天地所以能長且久者 以其不自生 故能長生)라고 하였다. 자신을 위하지 않기 때문에 남하고 다투지도 않는다. 싸우고 다투는 것은 자기의 욕심, 이기적 욕심을 채우기 위해서다. 서로 욕심을 채우고자 하니 다투기 마련이다. 노자는 다투지 않는 자가 이긴다고 했다. 제73장에서 "하늘의 도는 다투지 않고 잘 이긴다"(天之道 不爭而善勝)고 하였다. 이것은 바로 물같이 유약하고 처하(處下)하라는 뜻과도 통한다. 처세에 있어서 노자는 유약(柔弱)과 겸허(謙虛)를 강조했다. 사람은 살아있을 때에는 부드럽고 약하지만 죽게 되면 굳고 강해진다. 풀과 나무도 살아 있을 때에는 부드럽고 연하지만 죽게 되면 마르고 딱딱해진다. 그러므로 굳고 강해지면 곧 쇠망하게 되고, 나무는 억세어지면 곧 잘리게 된다. 노자는 자연의 대도(大道)에 융합되고 현덕(玄德)을 체득한 사람은 강강(剛强)한 자세와 교만한 마음을 버린다고 하였다. 결국 인간은 욕심·지혜·농간·조작을 버리고 허정하고 순박한 자연의 품에 안겨야 모든 사람과 다 같이 조화를 이루고 저마다 스스로의 생성화육을 이룩할 수가 있다. 이것을 하나로 돌아간다, 또는 하나를 지킨다고 하는 것이다. 그가 말하는 유약과 겸허는 단순한 '약함의 미학'이든가 '겸양의 미덕'이 아니라 세상을 살아가는 적극적인 처세술이기도 하다.

2) 소국과민(小國寡民)과 반전평화주의(反戰平和主義)

노자의 정치관(政治觀) 역시 무위(無爲)·무욕(無欲)·무지(無知)에 바탕을 두고 있다. 노자는 소박한 자연주의자이다. 그의 관심은 어떻게 인간 사회의 분쟁을 없앨 것인가, 어떻게 사람들을 편안하고 행복하게 살 수 있도록 하는가 하는 것이었다. 우선 무위(無爲)의 바탕은 천지가 만물에 대하여 조건 없이 주는 '사랑'과 순수한 '앎'이다. 노자는 천지가 그러하듯이 언제나 타율보다는 자율, 규범보다는 스스로의 본성을 따르게 하여 나라를 안정시키고 다스리는 것을 택한다. 따라서 도가에서 말하는 성인은 천지의 덕을 본받아서 백성들에게 무위로 행하고 부모처럼 무언으로 가르치는 어른이며, 이러한 성인이 사회의 지도층이 될 때 비로소 사회는 안정되고 백성들은 순박하고 편안한 삶을 살아간다고 본다. 노자는 제57장에서 "그러므로 성인(聖人)이 말하길, 내가 무위를 따르면 백성은 스스로 교화되고, 내가 고요함을 좋아하면 백성은 스스로 바르게 된다. 내가 일없이 하면 백성은 저절로 부유하게 되고, 내가 욕심이 없으면 백성은 저절로 순박해진다"(故聖人云 我無爲而民自化 我好靜而民自正 我無事而民自富 我無欲而民自樸)고 했다. 도(道)는 언제나 무위(無爲)이면서도 하지 않는 것이 없다. 즉 "도는 항상 무위하면서도 하지 않음이 없다. 제후와 제왕이 만약 이를 잘 지킨다면 만물은 장차 스스로 화육될 것이다"(道常無爲 而無不爲 侯王若能守之 萬物將自化. 37장). 그래서 군왕은 결국 백성들이 잘 따라오도록 덕을 쌓아야 된다. 제37장에서 "화육되면서 욕심이 일어나면 나는 장차 이름도 없는 박(樸)으로 진정시킬 것이다. 이름도 없는 박(樸)

또한 하고자 않으니, 하고자 않아서 고요해지면 천하도 장차 저절로 안정될 것이다"(化而欲作 吾將鎭之以無名之樸 無名之樸 夫亦將無欲 不欲以靜 天下將自定)고 했다. 우리가 사는 사회는 공동사회이므로 최선의 방법은 모든 일에서 무위이화(無爲而化)함이 실현될 수 있도록 덕으로 굳건한 신뢰를 쌓아 가는 것이다.

노자는 백성을 다스리는 자가 강해(江海)와 같기를 바랐다. "강이나 바다가 온갖 골짜기의 왕이 될 수 있는 까닭은 스스로 잘 낮추기 때문이니 그래서 온갖 골짜기의 왕이 된다. 따라서 성인이 사람들 위에 서고자 하면 반드시 말을 낮추고, 사람들 앞에 나서고자 하면 반드시 자신을 뒤로 한다. 그러므로 성인이 윗자리에 있어도 사람들이 부담스러워 하지 않고 앞에 서되 사람이 방해로 여기지 않는다. 이 때문에 천하가 기꺼이 추대하며 싫어하지 않는다. 그가 다투려 하지 않으니 천하가 그와 더불어 다툴 수도 없게 된다"(江海所以能爲百谷王者 以其善下之 故能爲百谷王 是以欲上民 必以言下之 欲先民 必以身後之, 是以聖人處上而民不重 處前而民不害 是以天下樂推而不厭 以其不爭 故天下莫能與之爭. 66장). 또 "나라의 굴욕을 받아들이는 것을 국가의 주인이라 하고 나라의 좋지 못한 일을 감수하는 것을 천하의 왕이라 한다"(受國之垢 是謂社稷主, 受國不祥, 是謂天下王. 78장)고도 하였다. 세속의 군주는 고귀한 자리에서 백성을 착취하고 자신은 마냥 호강을 누리지만, 노자가 바라는 왕은 백성을 위해 온갖 욕을 다 겪어야 하는 존재이다.

특히 노자는 사람이 지녀야 할 세 가지 보배로 자(慈), 검(儉), 앞에 나서지 않는 것을 들었다. 즉 "나는 세 가지 보물을 간직하고 있으니, 첫째는 사람을 사랑하는 자애로운 마음이요, 둘째는 검약하고 절제하는 삶의 자세요, 셋째는 남보다 앞서지 않으려는 행동이다. 자애롭기에 용감할 수 있고, 검약하기에 넓어질 수 있으며, 천하 사람들 앞에 나서지 않기에 만물의 우두머리가 될 수 있다"(我有三寶 持而保之 一曰慈 二曰儉 三曰不敢爲天下先 慈故能勇 儉故能廣 不敢爲天下先 故能成器長. 67장)고 했다. 이것을 군주와 관련해보면 자(慈)는 백성에 대한 사랑이다. 백성을 사랑하고 보호·양육하며, 백성의 생명을 중시하여 전쟁을 일으키지 않는다.

백성을 사랑하고 보호하기 때문에 백성은 도리어 왕을 위해 용감하게 목숨 걸고 싸울 수 있어 어떤 침략자도 무너뜨릴 수 없다. 검(儉)은 절검(節儉) 즉 절제와 검소함이다. 생산력을 높이고 낭비하지 않고 아끼기 때문에 넓게 베풀 수 있다. 넓게 베풀면 바로 천하의 은덕을 펼 수 있다. 또 겸허한 마음으로 스스로 앞서려 하지 않으니 결국은 앞서게 될 것이다. 물러서는 것을 잊고 선두에 서려고만 한다면 결국 파멸하기 쉽다. 노자의 삼보(三寶)는 유가에서 말하는 인(仁)과도 통한다. 그리고 삼보와 반대되는 것은 극단, 사치, 교만이다. 따라서 노자는 "성인은 극단, 사치, 교만을 버린다"(是以聖人去甚 去奢 去泰. 29장)고 하였다.

노자는 군주가 백성에게 할 일이란 오직 백성을 순박한 상태에 있게 하는 것이라고 하였다. 제3장에서 "현명함을 숭상하지 않아야 백성들이 다투지 않고, 얻기 어려운 물건을 귀하게 여기지 않아야 백성들이 도둑질하지 않고, 욕심낼 만한 것을 보이지 않아야 백성들의 마음을 어지럽히지 않는다"(不尙賢 使民不爭 不貴難得之貨 使民不爲盜 不見可欲 使民心不難)고 하고, 또 제65장에서는 "옛날에 도를 잘 행한 사람은 백성을 총명하게 만들지 않고 오히려 우둔하게 만들었다"(古之善爲道者 非以明民 將以愚之)고 하였다. 천지만물이 자연의 도를 따라 스스로 생육·화성하는 것처럼 사람도 소박하게 자연의 도를 따르면 생육화성 할 것이다. 그러나 욕심과 간사한 지혜로 인해 인간사회가 혼란과 싸움에 빠지게 된다. 제18장에서 "큰 도가 무너지고서 인의가 있게 되었고, 지혜가 나오고서 큰 거짓이 생겨났다"(大道廢 有仁義 智慧出 有大僞)고 하였다. 특히 노자는 유가적인 법도와 윤리를 부정하면서 자신의 사상을 전개한다. 예(禮)는 사람들 사이의 믿음이 없어지면서 생겨나는 것이며 사회가 어지럽게 되는 시초가 된다는 것이다. 세상에 도(道)가 없어지니 덕(德)이 일어나고, 덕이 없어지니 인(仁)이 일어나고, 인이 없어지니 의(義)가 일어나고, 의가 없어지니 예(禮)가 일어났다는 말이다. 인간의 지혜나 도덕윤리는 인간의 본성을 어그러뜨려 인간사회를 더욱 악하게 만든다는 것이다. 법을 엄격하게 하고 형벌을 무겁게 하면 범죄가 줄어들 것 같으나 실제로는 더 큰 범죄가 발생한다. 이에 따라 법과 형벌을 더욱 강화하게 되나 이번에는 더 엄해진 법망을 빠져나가기 위해 더 교묘하고 음성적이고 악질적인 범죄가 이루어진다. 결국 범죄를 없애는 길은 백성들로 하여금 스스로 욕심을 버리고 꾀를 부릴 줄 모르는 순박한 사람이 되게 하는 것이다.

이런 것은 문화에서도 나타난다. 문화나 문명은 인류를 행복하게 해주는 것 같으면서 도리어 인간을 기계화하고 소외시키고 나아가 인간의 정신까지 황폐화시킨다. 행복한 삶은 기계에서 오는 것이 아니라, 자연 속에서 얻어지는 것이다. 그럼에도 위정자는 무위자연을 버리고 더욱 인위적 조작을 하고자 백성의 재물과 생명을 요구한다. 이에 백성은 더욱 심해지는 폭정에 시달리다가 마침내 자기의 수명도 다 못 살고 중도에서 삶을 마감하게 된다. 노자는 "백성이 굶주리는 것은 그 위에 있는 자가 세금을 많이 거두어 먹기 때문이고, 백성이 잘 다스려지지 않는 것은 그 위에 있는 자가 인위적으로 조작하는 바가 있기 때문이며, 백성들의 죽음이 가볍고 헛된 것은 그 위에 있는 자가 자신의 생명을 중시하기 때문이다"(民之饑, 以其上食稅之多, 是以饑. 民之難治, 以其上之有爲, 是以難治. 民之輕死, 以其上求生之厚, 是以輕死. 75장)고 하였다.

결국 노자는 큰 나라를 다스리는 것은 작은 생선을 삶는 것과 같아서(治大國, 若烹小鮮. 60장), 이리저리 뒤집거나 흔들지 말고 가만히 놔두라고 했다. 여기서 노자가 말하는 큰 나라는 오늘과 같은 나라가 아니고 원시적 촌락공동체를 연상시키는 '소국과민(小國寡民)'이다. 그것은 적은 백성을 가진 작은 나라로서 바로 노자가 생각한 이상적 국가이다. 그곳에서는 문명의 이기(利器)도 쓰지 않고 무기도 내버려지고, 배나 수레 같은 교통수단도 쓸 필요가 없다. 사람들은 자기 고장을 떠나는 일 없이 편안하고 즐겁게 살다 자기 고장에서 조용히 죽는다(小國寡民, 使有什佰之器而不用, 使民重死而不遠徙, 雖有舟輿, 無所乘之, 雖有甲兵, 無所陳之, 使人復結繩而用之, 甘其食, 美其服, 安其居, 樂其俗, 隣國相望, 鷄犬之聲相聞, 民至老死不相往來. 80장).

노자는 특히 “병기는 상스럽지 못한 기물이어서 군자가 사용할 물건이 못 된다. 부득이 쓰더라고 담담한 마음으로 하는 것이 좋다”(兵者, 不祥之器, 非君子之器. 不得已而用之, 恬淡爲上. 31장)고 하여 철저한 반전평화주의(反戰平和主義)을 내세웠다. 물론 침략의 경우와 같이 부득이 싸워야 할 때는 담담한 마음으로 하며, 전쟁에 이겨도 자랑하지 말고 상례(喪禮)로써 대처하라(不得已而用之, 恬淡爲上, 勝而不美... 戰勝, 以喪禮處之. 31장)고 했다. 전쟁이 만물을 생성화육(生成化育)하는 자연의 도에 어긋나기 때문이다. “군사가 머물렀던 곳에는 가시덤불이 생기고, 큰 전쟁 뒤에는 반드시 흉년이 든다”(師之所處, 荊棘生焉. 大軍之後, 必有凶年. 30장)고 하였다.

한편 문명과 과학기술은 편리할 뿐만 아니라 인간의 육체적·정신적 노동을 줄여주는 데 큰 기여를 해 왔다. 따라서 오늘날 인류는 과학기술 없이는 거의 살아갈 수 없는 존재가 되어 있다. 그러나 기술의 원리인 과학과 그 적용인 현실에서 우리가 잊지 말아야할 여러 가치들이 있다. 그리고 그것은 이상적인 기술의 내용이기도 하다. 노자는 바로 이러한 기술의 가치와 내용을 독창적으로 제시한다. 그가 보기에 과학기술 혹은 기(技)는 무척이나 인간성을 타락시키고 인간사회를 오염시키고 있다. 그것은 단순히 기술에 대한 부정이기보다는 ‘자본의 논리’와 ‘통치의 허위’에 강한 반대를 나타내는 것이다. 자본의 논리란 재화와 물질을 중심으로 생각하는 것이고, 통치의 허위란 신분질서에 따르는 귀천의 결정이다. 기술이 바로 이러한 자본과 통치의 기반이 되기 때문에 노자는 받아들일 수 없었다.

노자가 보는 기술의 올바른 원리는 무(無)의 활용이다. 제11장에 보면 다음과 같은 말이 나온다. “서른 개의 바퀴살이 한 바퀴에 박혀 있는데, 그 가운데가 비어 있어 수레로 쓸 수 있다. 흙을 빗어 그릇을 만드는데 그 안이 비어 있음으로 담을 수가 있다. 창문을 뚫어 방을 만드는데 안이 비어 있음으로 방으로 쓸 수가 있다. 따라서 유의 이로움은 무의 쓰임에 있다”(三十輻共一轂, 當其無, 有車之用. 埏埴以爲器, 當其無, 有器之用. 鑿戶以爲室, 當其無, 有室之用. 故有之以爲利, 無之以

爲用). 이것은 모든 유의 이로움이 무의 쓰임에서 시작된 것과 같이 문명의 근원도 어떤 근본에서 시작됨을 밝힌다. 이처럼 노자는 모든 유가 근원인 무로 돌아가는 것처럼 기술도 그것의 본원으로 돌아가길 바란다. 이것은 그의 '모두 근원으로 돌아가자'(各復歸其根)는 사상으로서 유는 무에서 나왔듯이 기(技)는 도(道)로 되돌아가야 한다는 것이다. 노자가 바라는 이상적인 국가는 적은 백성을 가진 작은 나라인 '소국과민'(小國寡民)으로서 문명의 이기가 있어도 사용하지 않는 상태이다. 이런 상황에서는 자본의 논리나 통치의 허위가 통할 리가 없다.

노자는 기술의 편리함 보다는 그것이 가진 맹목성에 주목한다. 편리한 기술은 우리의 정신을 황폐화시킨다고 본다. 하지만 도와 합일되어 최고의 경지에 오른 참다운 기술은 존재한다. 단지 기(技)에만 머물지 않고 도로 나아가는 사람은 그의 기술이 무엇이든 간에 하나의 세계관을 이룬다. 노자는 유가보다 명분(名分)에 의한 신분적 질서로부터 자유롭기 때문에 궁극적으로 실질적인 자기완성을 인간의 목표로 삼고 있다. 결국 노자는 전체의 삶, 영원한 삶을 위한 나만의 순간적인 삶을 위한 인위적인 조작을 배척했다. 전체의 영원한 삶은 자연의 도와 더불어 이루어지며 이러한 도가 바로 무위자연의 도인 것이다.

Ⅳ. 노자와 공자의 대화

『장자(莊子)』「천운(天運)」편에 공자가 노자를 만나 나누었던 대화가 나온다. 앞서 언급했듯이 장자의 사상은 근본적으로 『노자』의 사상을 부연 발전시킨 것이다.

『도덕경』의 각 장에 보이는 사상은 거의 모두 『장자』에서도 나타나고 있다. 『장자(莊子)』는 노자의 『도덕경』에 대해 가장 상세하고도 중요한 주해서이기도 하다. 이 글은 유가에 비해 도가의 사상이 우월하다는 관점에서 써진 것 같다. 어쨌든 노자를 중심으로 한 도가사상의 특징을 잘 드러내고 있다는 점에서 본격적으로 『도덕경』을 읽기 전에 한번 살펴볼 필요가 있다.

孔子行年五十有一而不問道 공자행년오십유일이불문도	공자가 나이 쉰한 살이 되도록 도에 대해 들어보지 못했다.
乃南之沛見老聃 내남지패견노담	그래서 남쪽 패 땅으로 노자를 찾아갔다.
老聃曰 子來乎 노담왈 자래호	노자가 말하길, "선생이 오셨군요.
吾聞子北方之賢者也 오문자북방지현자야	내가 들으니 선생을 북방의 현자라고들 하던데,
子亦得道乎 자역득도호	선생께서도 도를 터득하고 계시겠군요."
孔子曰 未得也 공자왈 미득야	공자가 말하길, "아직 터득하지 못했습니다."
老子曰 子惡乎求之哉 노자왈 자오호구지재	노자가 말하길, "선생께서는 어디서 도를 구하려 하셨소?"
曰 吾求之於度數 왈 오구지어도수	공자가 말하기를, "저는 도를 천지도수에서 구해보려 하였으나
五年而未得也 오년이미득야	오십 년이 지나도록 터득하지 못했습니다."
老子曰 子又惡乎求之哉 노자왈 자우오호구지재	노자가 다시 묻기를, "달리 또 어디서 구하셨소?"
曰 吾求之於陰陽 왈 오구지어음양	공자가 이르기를, "그 다음에는 음양에서 구하기를
十有二年而未得 십유이년이미득	십 이년이나 했지마는 얻지 못했습니다.
老子曰 然 노자왈 연	노자가 말하기를, "그렇겠지요.
使道而可獻 사도이가헌	도를 가져다 바칠 수 있는 것이라면
則人莫不獻之於其君 즉인막불헌지어기군	사람들은 누구나 그것을 자기 군주에게 바칠 것이고,

使道而可進 사도이가진	도를 가져다 드릴 수 있는 것이라면
則人莫不進之於其親 즉인막불진지어기친	사람들은 누구나 그것을 자기 부모에게 갖다 드릴 것이고,
使道而可以告人 사도이가이고인	도를 말해줄 수 있는 것이라면
則人莫不告其兄弟 즉인막불고기형제	사람들은 누구나 그것을 자기 형제들에게 일러줄 것이며,
使道而可以與人 사도이가이여인	도를 남에게 줄 수 있는 것이라면
則人莫不與其子孫 즉인막불여기자손	사람들은 누구나 그것을 자기 자손들에게 전해줄 것이오.
然而不可者 無佗也 연이불가자 무타야	그렇지만 그렇게 할 수 없는 것은, 다름이 아니라
中無主而不止 중무주이부지	심중에 기본 바탕이 없으면 그 사람에게 머물지 않고,
外無正而不行 외무정이불행	밖으로는 바름이 없으면 행해지지 않는 것이기 때문이오.
由中出者 不受於外 유중출자 불수어외	마음속으로부터 나오는 것이 밖에서 받아들여지지 않는다면
聖人不出 由外入者 성인불출 유외입자	성인은 나오지 않고 밖으로부터 들어오는 것도
無主於中 聖人不隱 무주어중 성인불은	심중에 기본 바탕이 없으면 성인은 의존하려 하지 않소.
名公器也 不可多取 명공기야 불가다취	명예란 공용의 기구와 같아서 혼자 많이 취해서는 안 되오.
仁義先王之蘧廬也 인의선왕지거려야	인의는 선왕들이 잠시 머문 숙소와 같은 것이어서,
止可以一宿而不可久處 지가이일숙이불가구처	하루저녁 정도 묵는 것은 괜찮겠지만 오래 묵어서는 안 됩니다.
覯而多責 구이다책	오래 머물다간 많은 책무와 책망을 받게 될 것이오.
古之至人 고지지인	옛날 덕이 높은 사람은
假道於仁 託宿於義 가도어인 탁숙어의	인에서 잠시 길을 빌리고, 의에서 잠시 숙소를 빌려
以遊逍遙之墟 이유소요지허	자유로운 소요의 뜨락에 노닐었소.
食於苟簡之田 식어구간지전	그는 겨우 손바닥만한 땅에서 농사지어 먹고,

立於不貸之圃 입어부대지포	수확해서 빌려줄 것도 없을 정도의 채소밭만을 가꾸었소.
逍遙無爲也 소요무위야	자유로이 소요한다는 것은 자연의 이치를 따르는 무위이고
苟簡易養也 구간이양야	자신이 먹을 것만을 생산한다는 것은 몸을 편안히 기름이요.
不貸無出也 부대무출야	먹고 남는 것이 없을 정도란 남에게 내놓지도 않음을 뜻하오.
古者謂是采眞之遊 고자위시채진지유	옛날에는 이것을 유유자적하며 진실을 캐는 것이라 불렀소.
以富爲是者 不能讓祿 이부위시자 불능양록	부를 좋은 것으로 아는 사람은 남에게 재산을 사양하지 못하며,
以顯爲是者 不能讓名 이현위시자 불능양명	드러남을 좋은 것으로 아는 사람은 명예를 양보하지 못하고,
親權者 不能與人柄 친권자 불능여인병	권력을 좋아하는 사람은 남에게 권력을 쥐어주지 못하오.
操之則慄 舍之則悲 조지즉률 사지즉비	그것을 가지고 있자니 두렵고, 버리자니 아까운 것이오.
而一無所鑑 이일무소감	마음의 눈으로 차분히 살펴보는 일도 없이
以闚其所不休者 이규기소불휴자	언제나 쉬지 않고 변동하는 것들만을 엿보고 있으니,
是天之戮民也 시천지육민야	이런 사람들은 하늘의 벌을 받을 사람들이오.
怨恩取與諫敎生殺 원은취여간교생살	원한과 은혜, 취함과 줌, 간함과 가르침, 살리고 죽이는 것의
八者 正之器也 팔자 정지기야	여덟 가지는 일을 바로잡는 수단이오.
唯循大變無所湮者 유순대변무소인자	오직 큰 변화에 순응해서 막힘이 없는 사람만이
爲能用之 故曰 위능용지 고왈	그것들을 제대로 쓸 수 있소. 그러므로 이르기를
正者正也 정자정야	바르게 하는 것은 자신부터 바르게 해야 한다는 것이오.
其心以爲不然者 기심이위불연자	스스로의 마음에서 그렇지 않다고 생각하는 사람에게는
天門弗開矣 천문불개의	하늘의 문이 열리지 않을 것이오.
孔子見老聃而語仁義 공자견노담이어인의	공자가 노자를 만나서 인의에 대해 말을 나누었다.

老聃曰 노담왈	노자가 말하길,
夫播穅眯目則天地四方易位矣 부파강미목즉천지사방역위의	“겨가 눈에 들어가면 곧 천지사방의 방위가 바뀌고,
蚊虻噆膚則通昔不寐矣 문맹참부즉통석불매의	모기가 살갗을 물면 밤새도록 잠 한숨 못 자니,
夫仁義憯然乃憤吾心 부인의참연내분오심	대저 인의란 잔인하고 비통케 하여 우리 마음을 분노케 하는데
亂莫大焉 난막대언	이보다 더 마음을 어지럽히는 것이 없소.
吾子使天下無失其朴 오자사천하무실기박	선생께서는 세상 사람들로부터 소박함을 잃게 하지 마시오.
吾子亦放風而動 오자역방풍이동	우리 선생께서 바람처럼 온 사방으로 다니면서
總德而立矣 총덕이립의	모든 덕을 세우려 하면서도,
又奚傑傑然揭仁義 우해걸걸연게인의	또 어찌 스스로 호기롭게 인의를 내 걸고
若負建鼓而求亡子者邪 약부건고이구망자자야	큰북을 짊어지고 다니면서 죽은 자식 찾듯이 하시오?
夫鵠不日浴而白 부곡불일욕이백	백조는 목욕을 하지 않아도 희고
烏不日黔而黑 오불일검이흑	까마귀는 그을지 않아도 검습니다.
黑白之朴不足以爲辯 흑백지박부족이위변	흑백의 질박한 본 바탕은 교묘히 변론한다고 되는 것이 아니고
名譽之觀不足以爲廣 명예지관부족이위광	좋아 보이는 명예라도 널리 전할 만한 것이 못됩니다.
泉涸魚相與處於陸 천학어상여처어육	샘물이 마르면 그 곳에 사는 물고기들은 땅 위에 함께 모여
相呴以濕相濡以沫 상구이습상유이말	서로 숨을 내쉬어 축축하게 해주고 거품으로 축여 주지만,
不若相忘於江湖 불약상망어강호	강물과 호수에서 서로의 존재를 잊고 사는 것만 못하오.”
孔子見老聃歸三日不談 공자견노담귀삼일부담	공자가 노자를 만나고 돌아와 사흘 동안 말을 하지 않았다.
弟子問曰 夫子見老聃 제자문왈 부자견노담	제자들이 물었다. “선생님께서는 노자를 만나서
亦將何規哉 역장하규재	또 무엇을 가르쳐주려 하셨습니까?”

孔子曰 吾乃今於是乎見龍 공자왈 오내금어시호견용	공자가 말하길, "내 이제야 용을 본 것 같다.
龍合而成體 용합이성체	용은 합쳐지면 훌륭한 몸을 이루고,
散而成章 산이성장	흩어지면 아름다운 무늬를 이루느니라.
乘雲氣而養乎陰陽 승운기이양호음양	구름의 기운을 타고 다니며 음양의 기운으로 자신을 기른다.
予口張而不能嗋 여구장이불능협	나는 입이 벌어져 다물 수가 없었다.
予又何規老聃哉 여우하규노담재	내가 무엇을 노자에게 가르쳐줄 수 있었겠느냐."
子貢曰 자공왈	자공이 말하길,
然則人固有尸居而龍見 연칙인고유시거이룡견	"그렇다면 사람 중에 시체처럼 있다가도 용처럼 나타나고,
淵默而雷聲 연묵이뢰성	천둥소리를 내다가도 심연 같은 침묵을 지키며,
發動如天地者乎 발동여천지자호	천지처럼 발동하는 그런 사람이 정말로 있다는 말씀입니까?
賜亦可得而觀乎 사역가득이관호	저도 그 분을 뵐 수 있겠습니까?"
遂以孔子聲見老聃 수이공자성견노담	그래서 마침내 공자의 주선으로 자공이 노자를 만났다.
老聃方將倨堂而應 노담방장거당이응	노자는 대청에 앉아 있다가 마중하면서
微曰 予年運而往矣 미왈 여년운이왕의	나직이 말하길, "나는 이미 나이가 많이 들어 늙었는데
子將何以戒我乎 자장하이계아호	그대는 무엇으로 나에게 계율을 얘기하려 하시오?"
子貢曰 자공왈	자공이 말하길,
夫三皇五帝之治天下不同 부삼황오제지치천하부동	"저 삼황과 오제가 천하를 다스리던 방법은 같지 않았지만,
其係聲名一也 기계성명일야	그 분들이 명성을 누렸다는 점에서는 같습니다.
而先生獨以爲非聖人 이선생독이위비성인	그런데 선생께서는 홀로 그 분들이 성인이 아니라고 여기시니
如何哉 여하재	어째서입니까?"

老聃曰 小子少進 노담왈 소자소진	노자가 말하길, "젊은이여 좀 더 가까이 오시게
子何以謂不同 자하이위부동	자네는 어째서 그들의 방법이 같지 않다는 것인가?"
對曰 堯授舜 대왈 요수순	자공이 말하길, "요임금은 순임금에게 천하를 물려주었고,
舜授禹 순수우	순임금은 우임금에게 천하를 물려주었으며,
禹用力而湯用兵 우용력이탕용병	우임금은 힘을 사용하였고, 탕 임금은 군사를 사용하였습니다.
文王順紂而不敢逆 문왕순주이불감역	문왕은 주왕에게 순종하여 감히 거스르려 하지 않았으나,
武王逆紂而不肯順 무왕역주이불긍순	무왕은 주왕을 거슬러 순종하지 않았습니다.
故曰不同 고왈부동	그래서 같지 않다는 것입니다."
老聃曰 小子少進 노담왈 소자소진	노자가 말하길, "젊은이여 좀 더 가까이 오시게.
余語汝三皇五帝之治天下 여어여삼황오제지치천하	"내 자네에게 삼황 · 오제의 천하 다스리던 방법을 얘기하겠네.
皇帝之治天下 使民心一 황제지치천하 사민심일	황제가 천하를 다스릴 적에는 백성들 마음을 하나로 만들었네.
民有其親死不哭 민유기친사불곡	백성들 중에는 부모가 죽어도 곡하지 않는 경우가 있었는데,
而民不非也 이민불비야	그래도 백성들은 그를 비난하지 않았다네.
堯之治天下使民心親 요지치천하사민심친	요임금이 천하를 다스려 백성들 마음을 서로 친하게 만들었네.
民有爲其親殺其殺 민유위기친살기살	사람들 중 부모의 상(喪)을 가볍게 치르는 사람이 있어도
而民不非也 이민불비야	백성들은 그를 비난하지 않았다네.
舜之治天下使民心競 순지치천하사민심경	순임금은 천하를 다스려 백성들 마음을 서로 다투게 만들었네.
孕婦十月而生子 잉부십월이생자	임산부는 열 달 만에 자식을 낳고,
子生五月而能言 자생오월이능언	아이가 태어나서 다섯 달 만에 말을 할 수 있게 되는데,
不至乎孩而始誰 불지호해이시수	웃기도 전에 사람들을 알아보게 되었네.

則人始有夭矣 즉인시유요의	그러면서부터 사람들은 일찍 죽는 일이 생긴 것이라네.
禹之治天下使民心變 우지치천하사민심변	우임금이 천하를 다스리면서 백성들 마음을 변하게 만들었네.
人有心而兵有順 인유심이병유순	사람들은 각기 다른 마음을 가지며, 전쟁을 순리로 여기고
殺盜非殺人 살도비살인	도적을 죽이는 것은 살인이 아닌 것으로 되었으며,
自爲種而天下耳 자위종이천하이	자기만 소중히 여기고 천하 사람들은 제멋대로 하게 되었다네.
是以天下大駭 시이천하대해	그리하여 세상에는 큰 소동이 일어나서
儒墨皆起 유묵개기	유가와 묵가들이 한꺼번에 생겨났던 것이네.
其作始有倫而今乎歸 기작시유륜이금호귀	그 시초에는 질서가 있었으나, 지금은 되돌아가 버렸으니
女何言哉 여하언재	자네는 무슨 말을 하시겠는가?
余語汝三皇五帝之治天下 여어여삼황오제지치천하	내 자네에게 삼황 · 오제가 천하를 다스렸다고 얘기했는데,
各曰治之而亂莫甚焉 각왈치지이란막심언	그들 모두가 다스렸다지만 실은 어지럽혀 놓은 것이 막심하네.
三皇之治上悖日月之明 삼황지치상패일월지명	삼황의 다스림은 위로는 해와 달의 밝은 빛을 거스렸고,
下睽山川之精 하규산천지정	아래로는 산천의 정기를 어그러지게 하였으며,
中墮四時之施 중타사시지시	가운데로는 조화로운 사계절의 순환을 무너뜨렸네.
其知憯於蠣蠆之尾 기지참어려채지미	그들의 지혜는 전갈의 꼬리보다도 더 잔혹하네.
鮮規之獸莫得安其性命之情者 선규지수막득안기성명지정자	작은 짐승들도 그 참된 본성과 천명에 따라 편안히 지내네.
而猶自以爲聖人 이유자이위성인	그런데도 그들이 스스로 성인이라 생각하고 있다면
不亦可恥乎 其無恥也 불역가치호 기무치야	부끄러워할 만하지 않겠는가? 그들은 수치를 모르는 것이네."
子貢蹴蹴然立不安 자공축축연립불안	자공은 다리를 떨면서 불안하게 서 있을 뿐이었다.
孔子謂老聃曰 공자위노담왈	공자가 노자에게 말했다

丘治詩書禮樂易春秋六經
구치시서예악역춘추육경
“저는 시 · 서 · 예 · 악 · 역 · 춘추의 6경을 공부한 지가

自以爲久矣孰知其故矣
자이위구의숙지기고의
오래되어 그 내용을 잘 알고 있다고 생각합니다.

以奸者七十二君
이간자칠십이군
그래서 칠십 두 명의 군주에게 쓰이기를 구해서

論先王之道而明周召之迹
논선왕지도이명주소지적
선왕의 도를 이야기하고 주공 · 소공의 사적을 밝혔지만

一君無所鉤用 甚矣夫
일군무소구용 심의부
어느 한 군주도 내 말을 들어 주는 이가 없었으니, 심하더군요.

人之難說也道之難明邪
인지난설야도지난명야
사람을 설득하기도 어렵고 도를 밝히는 것도 어렵군요.”

老子曰
노자왈
노자가 말하기를,

幸矣子之不遇治世之君也
행의자지불우치세지군야
“당신이 치세를 잘하는 군주를 만나지 않은 것은 다행이오.

夫六經先王之陳迹也
부육경선왕지진적야
대저 6경은 선왕들의 묵은 발자취로서

豈其所以迹哉
기기소이적재
그것이 어찌 발자취를 만들어낸 본체가 될 수 있겠소?

今子之所言猶迹也
금자지소언유적야
이제 당신이 말한 그것은 발자취와 같은 것이요.

夫迹履之所出
부적리지소출
대저 발자취라는 것은 신발이 내는 것으로서

而迹豈履哉
이적기리재
발자취가 어떻게 신발이 될 수 있겠소?

夫白鶂之相視
부백역지상시
저 백역(白鶂)이란 물새는 암수가 서로 처다 보며

眸子不運而風化
모자불운이풍화
눈동자를 움직이지 않고 있으면 잉태하게 되오.

蟲雄鳴於上風
충웅명어상풍
벌레는 수놈이 바람 부는 쪽에서 울면

雌應於下風而風化
자응어하풍이풍화
암놈은 바람 받는 쪽에서 응해서 잉태하는 것이니,

類自爲雌雄故風化
유자위자웅고풍화
같은 종류는 자연스레 암수가 교배해서 잉태하는 것이오.

性不可易命不可變
성불가역명불가변
본성은 바꿀 수 없고 천명은 변경할 수 없으며

時不可止道不可壅
시불가지도불가옹
시간은 멈추게 할 수 없고 도는 막을 수 없는 것이요.

苟得於道無自而不可 구득어도무자이불가	만약 도를 얻으면 자연스레 저절로 되지 않는 것이 없고
失焉者無自而可 실언자무자이가	도를 잃으면 자연스레 되는 것이 없을 것이오."
孔子不出三月 공자불출삼월	공자는 그 뒤로 석 달 동안을 나오지 않고 있다가
復見曰丘得之矣 구득지의부견왈	다시 노자를 찾아보고 말하길, "저도 이제 도를 깨달았습니다.
烏鵲孺魚傅沫 오작유어부말	까막까치는 알을 까서 키우고 물고기는 거품을 붙여서 키우며,
細要者化 세요자화	나나니벌들은 누에를 가져다 키웁니다.
有弟而兄啼 유제이형제	아우가 생기면 형이 (젖을 못 먹게 되어) 우는 것입니다.
久矣夫丘不與化爲人 구의부구불여화위인	아, 나는 조화와 한 몸이 되지 못한 지가 오래이었습니다.
不與化爲人安能化人 불여화위인안능화인	조화와 어울리지 못하고 어떻게 남을 교화할 수 있겠습니까?"
老子曰可丘得之也 노자왈가구득지야	노자가 대답하기를, "됐소, 당신도 도를 터득했소."

V. 삶의 지혜로서 노자『도덕경』

노자『도덕경』은 원칙적으로는 국가·천하를 경영하는 '제왕학(帝王學)'의 통치론을 논하고 있지만 동시에 이따금 세상을 지혜롭게 살아가는 방법을 말해주기도 한다. 특히 국가를 개인으로 바꾸면 이 책은 삶의 기술이나 처세술을 위한 훌륭한 교훈서(敎訓書)가 된다. 이런 관점에서 보면, 노자의 무위자연(無爲自然) 사상은 사회가 혼란하더라도 흔들림 없이 평정을 유지할 수 있는 정신세계를 개척하여 안

심입명(安心立命)할 수 있는 개인의 역량을 기르는 삶을 추구한다. 도(道)를 닦고 덕(德)을 길러 품성을 연마함으로써 인격의 완성을 기하고 심신의 건강을 증진시키게 되는 노자의 수양이론은 곧 오늘날 정신의 건강과 치유를 위한 매우 훌륭한 지침이 될 수 있다.

우선 소박함이란 주제는 노자 사상에서 불가결한 요소이다. 노자는 자신들의 지적인 재능을 사회적 출세를 위해 이기적으로 이용하는 사람들을 싫어하고 마음과 영혼이 소박한 사람들을 높이 평가하였다. 어린아이의 때 묻지 않은 순진한 본성을 본받으라고도 하였다. 그것이 고요한 삶의 이로움을 통해 영원한 기쁨과 정신적인 자양을 주는 신비로운 근원에 다가가는 것이다. 소박한 즐거움을 향유할 수 있고 이웃과 조화롭게 살아가는 평화로우며 온전한 삶을 주장한 것이다. 노자는 "무위(無爲)에 이르면 되지 않는 일이 없다"(48장)고 했다. 우리는 번잡한 일상생활의 강박 속에서 얼마나 정신없이 살아가고 있는지 모른다. 우리가 자연의 이치와 그 은총을 더 믿게 되면, 삶의 혼란과 갑작스러운 파괴를 그 만큼 줄여나갈 수 있다. 아무 것도 하지 않을 때와 해야 할 때를 아는 지혜도 나온다. 보다 명상적이고 온유해지면 상처가 치유되듯이 자연 그 자체가 조화를 이루고 사물도 그 조화로운 이치에 따라 치유될 것이다.

노자는 "그 구멍을 막고 그 문을 닫으면 몸이 다하도록 수고로움이 없을 것이나, 그 구멍을 열고 그 일에 매달리면 몸이 다하도록 구제되지 못할 것이다"(52장)고 했다. 고요하고 평화로운 마음 상태는 통찰과 평온함의 기반이다. 걱정과 책임으로 인해 지속적으로 소모적 흥분과 동요에 휩싸인 삶은 깊은 자양분을 얻을 수 있는 기회를 가지지 못하게 한다. 또 "문을 나서지 않아도 세상사를 알고 창밖을 내다보지 않아도 하늘의 도를 안다. 멀리 나가면 나갈수록 그 앎은 더욱 적어진다"(47장)고 했다. 많은 것들을 좇아다니며 추구하는 것은 일종의 감정적인 소비다. 많은 노력과 수고로움에도 돌아오는 것은 덧없음뿐이다. 그리고 세상일에 휩쓸리는 데 드는 많은 시간들은 피곤하고 괴롭기까지 하다. 방안에서 평화와 충만을 찾을 수 있다면 굳이 바깥세상으로 나갈 이유가 없다. 제19장에서 "소박한 바탕을 드러내어 질박함을 지니며 사심을 적게 하여 욕심을 줄여라"고 했다. 모든 심오한 진리의 바탕은 깨끗한 마음자리의 본성이다. 깨끗한 마음과 단순함 그 자체만으로도 모든 시비를 끝낼 수 있다.

이처럼 노자는 세속적인 생활을 초월하고 대자연과 하나가 되어, 자연의 흐름에 내맡기는 무위자연(無爲自然)의 도를 추구하면서 살아가는 사람을 이상적인 사람으로 본다. 그는 하늘로부터 자신에게 부여된 본성을 인간세계에서 궁극적으로 실현하는 사람이다. 이러한 개인적인 인격수양의 측면에서 또 나아가 인간 정신의 건강과 치유의 측면에서 노자의 사상을 살펴보기로 하자.

1. 이상적 인간

유가(儒家)와 도가(道家)는 모두 이상적인 인간을 추구했다. 유가는 인의예지를 실천하는 도덕적인 인간적 삶을 중시했다. 또한 적극적으로 공동체의 문제점을 해결하고 아울러 자신의 욕망을 극복하여 다른 사람과의 관계를 원만히 유지하고자 하는 인간관계의 철학이기도 하다. 그들은 이상적인 인간상을 성인(聖人) 또는 성왕(聖王)이라고 불렀는데, 윤리·도덕을 완전하게 체현(體現)하여 국가·천하를 다스릴 수 있는 표준이 되는 사람들을 말한다. 그러나 도가가 그리는 성인은 유가와 달랐다. 노자는 청정무위(淸靜無爲)를 성인의 품격으로 삼고, 무위(無爲)의 이념을 가장 완벽하게 체현한 사람을 성인으로 보았다.

노자는 『도덕경』 전체 81장 중 25장에 걸쳐 30차례나 '성인'(聖人)이란 말을 사용하고 있다. 그러한 성인은 무위(無爲)의 전범(典範)이다. 『도덕경』 중 몇 군데 그 예를 살펴보자. 제2장에서 "성인은 무위의 일을 하며 무언의 가르침을 행한다"고 했다. 제3장에서 "성인이 정치를 함에....무위로 하면 다스려지지 않는 것이 없다”고 했다. 제5장에서 “천지는 어질지 않아 만물을 짚으로 만든 개(추구)처럼 여기고, 성인도 어질지 않아 백성들을 짚으로 만든 개처럼 여긴다”고 했다. 그리고 제57장에는 “성인이 말하기를 내가 무위하면 백성들은 저절로 교화되고, 내가 고요함을 좋아하면 백성들은 저절로 바르게 되고, 내가 아무 일도 없으면 백성들은 저절로 부유해지고, 내가 무욕하면 백성들은 저절로 순박하게 된다”고 했다. 모두 노자가 추구하는 성인이란 곧 무위의 도(道)를 실천하는 전범임을 말하는 것이다. 그래서 노자가 강조하는 무위(無爲)란 인간이 목표로 추구해야 할 행위의 규범이요, 인간의 본성인 동시에 최고의 덕(德)인 것이다.

> 도는 항상 무위하되 이루어지지 않는 것이 없다. 제후와 왕이 이를 능히 지킨다면 만물은 저절로 화육되어 갈 것이다. 만물이 화육되다가 욕심이 일어나면 나는 무명의 박(樸)으로 진정시킬 것이다. 무명의 박(樸)으로 하면 역시 욕망이 차차로 없어질 것이니, 욕망을 일으키지 않아 고요하게 되면 천하는 저절로 안정되어 갈 것이다.
> 道常無爲, 而無不爲. 侯王若能守之, 萬物將自化. 化而欲作, 吾將鎭之以無名之樸. 無名之樸, 夫亦將無欲. 不欲以靜, 天下將自定. -37장-

여기서 말하는 도(道)는 바로 무위(無爲)이다. 그리고 그것은 소박함, 무욕, 무소작위(無所作爲)이며 내면의 안정을 찾는 것이다. 노자는 이 같은 무위의 도(道)를 나라를 다스리는 원칙으로 삼았고 동시에 인간과 만물의 본성이라고 여겼다. 또한 성인의 최고 덕인 무위를 노자는 자연(自然)이라고 불렀다.

> 사람은 땅을 본받고, 땅은 하늘을 본받고, 하늘은 道를 본받고, 道는 자연을 본받는다.
> 人法地, 地法天, 天法道, 道法自然. -25장-

여기서 ‘자연(自然)’이란 현재 우리가 흔히 말하는 물리적인 자연현상계가 아니라 본래의 모습을 의미하며 그 내용은 무위(無爲)이다. “만물의 자연스런 본성을 돕되 감히 인위적인 작위를 하지 않는다"(以輔萬物之自然而不敢爲. 64장)고 할 때의 자연이다. 이것은 천지만물을 존재하게 하고 움직이게 하는 도(道)의 본질적인 성향을 묘사한 것으로서 '스스로 그러한' 또는 '자연스러운'의 의미를 지닌다. 하늘, 땅, 흙, 물, 공기 등의 자연물이 아니라 그러한 자연물을 존재하게 하고 변화하도록 하는 도의 본성이 바로 자연이다. 무위(無爲)와 자연(自然)은 동전의 안·밖과 같은 관계에 있다. 도와 덕이 만물에 대하여 무위하므로 만물은 스스로 움직일 수 있다. 원천을 막지 아니하면 물이 콸콸 솟구쳐 흐르듯이 사물들이 저절로 생겨나게 될 것이다. 원천을 막지 않는 것이 무위라면 사물들이 저절로 자라는 것은 자연이다. 사물들의 본성을 막지 않는 것이 무위라면 사물들이 저절로 이루어지는 것은 자연이다. 노자는 무위를 완벽하게 체현한 사람을 성인으로 보지만 구체적인 인물상을 갓난아기(嬰兒)에 비유한다. 그래서 노자는 "갓난아기로 돌아가라(復歸於嬰兒, 28장)"고 말하는 것이다. 심지어 성인(聖人)을 갓난아기와 같은 존재라고 말한다.

> 풍부한 덕을 가진 사람은 갓난아기(赤子)에 비길 수 있다. 갓난아기에게는 독충도 쏘지 않고, 맹수도 덤비지 않으며, 독수리 같은 맹금류도 채어가지 않는다. 뼈와 근육이 약하고 부드러운데도 주먹을 움켜쥐는 힘은 매우 세고, 남녀의 교합을 아직 알지 못하나 고추가 저절로 일어서는 것은 정기가 가득 차 있기 때문이요, 종일 울어도 목이 쉬지 않는 것은 조화의 기운이 가득하기 때문이다.
> 含德之厚, 比於赤子, 毒蟲不螫, 猛獸不據, 攫鳥不搏, 骨弱筋柔而握固, 未知牝牡之合而全作, 精之至也, 終日號而不嗄, 和之至也. -55장-

노자는 갓난아기를 하늘에서 부여받은 본연의 기(本然之氣)를 흩어버리지 않고 온전히 간직하는 존재로 본다. 갓난아기는 천진난만하여 어떤 뜻이나 지략이 없고, 단지 배고프면 먹고 피곤하면 잠잘 뿐이다. 사(私)가 없어 구하는 것도 욕구하는 것도 없다. 노자는 여기서 첫째 갓난아기는 원기(元氣)가 순화(淳和)하여 순박하고 천진한 품성을 갖고 있는데 이러한 자연적이고 원시적인 갓난아기의 경지는 인간이

지향해야 할 최고의 경지로 본다. 둘째, 인생은 마땅히 내면의 수양을 위주로 해야 하는데, 담박(澹泊)·혼돈(混沌)·겸허(謙虛)의 마음 자세를 취하면 영아로 돌아가게 되고, 영아로 돌아가면 자연적이고 원시적인 본성을 되찾을 수 있다는 것이다. 셋째, 영아로 돌아가면 몸과 마음이 유연해져서 독충은 쏘지 않고 맹수도 해치지 않는 본연지기의 순화(淳和)를 얻어 신체의 건강과 마음의 평화에 이를 수 있다는 것이다. 그러면 이러한 이상적인 인간이 되기 위한 수양의 방법은 어떠한지 살펴보자.

2. 수양의 방법

1) 지족(知足): 만족할 줄 안다.

노자는 "만족할 줄 알면 욕됨이 없고 그칠 줄 알면 위태로움이 없다"(知足不辱, 知止不殆. 44장)고 했다. 또 만족함을 아는 사람이 부자라고 했다(知足者富. 33장). 그래서 "만족할 줄 모르는 것보다 더 큰 재앙이 없고, 얻고자 하는 욕심보다 더 큰 허물은 없다. 그러므로 만족할 줄 아는 넉넉함은 항상 풍족하다"(禍莫大於不知足, 咎莫大於欲得, 故知足之足常足矣. 46장)고 한다. 또 그는 "명예와 몸은 어느 쪽이 절실한가? 몸과 재물은 어느 것이 더 소중한가? 얻는 것과 잃은 것은 어느 편이 더 괴로운 것인가? 그러니 지나치게 아끼면 반드시 크게 허비하게 되고, 너무 많이 지니고 있으면 반드시 크게 잃게 된다. 그러므로 만족할 줄 알면 욕됨이 없고, 멈출 줄 알면 위태롭지 않아, 오래갈 수 있다"(名與身孰親, 身與貨孰多, 得與亡孰病, 是故甚愛必大費, 多藏必厚亡, 知足不辱, 知止不殆, 可以長久. 44장)고 한다.

노자는 또 사물에는 물극필반(物極必反)의 이중성이 있으므로 복됨이 극도에 이르면 불행으로 돌아가므로 불행한 일을 피하기 위해서는 극단을 피하는 것이 좋다고 말한다. "그래서 성인은 지나친 것을 버리고 사치를 버리며, 교만함을 버린다"(是以聖人去甚, 去奢, 去泰. 29장)고 한다. 물질이나 정신생활에 있어서 지나침을 버리고 소박한 생활을 하는 것이 좋다. 감각적인 것과 속도감을 즐기는 데 빠지게 되면 건강을 해치고 심지어는 미치광이가 된다.

> 오색(五色)은 사람의 눈을 멀게 하고, 오음(五音)은 사람의 귀를 멀게 하며, 오미(五味)는 사람의 입맛을 해치고, 말달리며 사냥하는 것은 사람의 마음을 발광케 한다.
> 五色令人目盲, 五音令人耳聾. 五味令人口爽, 馳騁田獵令人心發狂. -12장-

장자는 노자의 사상을 받아 감각적이고 쾌락 위주의 삶은 우리의 건강을 해칠 뿐만 아니라 우리의 순수한 자연상태를 파괴한다고 말한다. 『장자』 내편의 마지막에는 다음과 같은 우화가 실려 있다.

> 남해의 임금을 숙(儵)이라 하고 북해의 임금을 홀(忽)이라 하며 중앙의 임금을 혼돈(混沌)이라 한다. 숙과 홀이 때마침 혼돈의 땅에서 만났는데, 혼돈이 매우 융숭하게 그들을 대접했으므로 숙과 홀은 혼돈에게 은혜를 보답하고자 의논했다. 사람들은 모두 일곱 개의 구멍이 있어서 보고 듣고 먹고 숨 쉬는데 이 분만은 그것이 없으니 구멍을 뚫어주자고 합의했다. 그래서 날마다 한 구멍씩 뚫었는데 7일이 지나자 혼돈은 그만 죽어버렸다.
> 南海之帝爲儵 北海之帝爲忽 中央之帝爲混沌 儵與忽時相與遇於混沌之地 混沌待之甚善 儵與忽謀報混沌之德曰 人皆有七竅以視聽食息 此獨無有 嘗試鑿之 日鑿一竅七日而混沌死. -『장자』 내편 應帝王篇-

이 우화에 나오는 두 임금의 이름인 숙(儵)은 '빠름'을 의미하고 홀(忽)은 '갑자기'를 뜻하는 글자이다. 그리고 혼돈(混沌)은 도(道)라고 할 수 있는데, 우리의 본성이기도 하고 자연이기도 하다. 구멍을 뚫는다는 것은 자연을 따르지 않고 억지로 이목(耳目)을 열어준다는 말이다. 그래서 빠름과 급변함이 몸의 감각기관을 유혹하여 인간의 정신세계를 황폐하게 하고 우리의 자연을 죽인다는 의미이다.

노자는 "계속 채우기만 하는 것은 적당히 그만 두는 것만 못하고, 연장을 날카롭게 갈아 놓으면 오히려 오래 보존할 수 없다. 금과 옥이 집안에 가득해도 지킬 수가 없고, 부귀하면서 교만하면 스스로 그 허물을 남기게 된다"(持而盈之, 不如其已. 揣而銳之, 不可長保. 金玉滿堂, 莫之能守. 富貴而驕, 自遺其咎. 9장)고 말한다. 만족할 줄 알고 그치면 항상 즐겁고, 장생(長生)할 수 있는 것이다. 그러나 만약 삶을 너무 오래 살려고 하거나(生生之厚) 지나치게 삶에 욕심을 부리면(求生之厚) 오히려 생명을 해치게 된다. 노자는 "오로지 삶만을 위해 노력하는 일이 없는 사람이 삶에 집착하는 사람보다 현명하다"(夫唯無以生爲者, 是賢於貴生. 75장)고 한다. 즉 삶을 위해 지나치게 욕심을 부리는 것은 좋지 못하다는 것이다. 여기서도 사심과 욕심을 적게 해야 한다(少私寡欲)고 한 것과 일관된다. 사람이 사적인 욕심을 부리면 순정(純淨)하고 순박(淳朴)한 본성을 해칠 수 있다.

옛날이나 지금이나 여전히 사람들은 공명과 이익을 인생에서 최고의 이상으로 생각한다. 조정에서는 공명을 다투고 시장에서는 이익을 다투듯, 대체로 군자는 명성을 좋아하고 소인은 이익을 좋아한다. 노자는 삶에 대한 이러한 이상과 가치를 비판하며 두 가지 측면에서 그 폐해를 지적한다. 첫째, 국가 경영에 있어서 "현명함을 숭상하지 않으면 백성들이 다투지 않고, 얻기 어려운 재물을 귀하게 여기지 않으면 백성들도 도둑질을 하지 않는다"(不尙賢, 使民不爭. 不貴難得之貨, 使民不爲盜. 3장)고 했다. 윗자리에 있는 사람들이 어짊과 공명을 중시하면 아랫사람들은 저마다 서로 다투게 될 것이지만, 윗사람이 어짊과 공명을 높이지 않으면 오히려 아랫사람들 간의 알력과 다툼은 자연스럽게 사라지게 될 것이다. 또 보물과 같은 진귀한 물건은 사람들로 하여금 서로 다투게 하고, 도적이 일어나는 것도 바로 이러한 얻기 어려운 물건들을 서로 탐하기 때문이다. 그래서 윗자리에 있는 사람들이 이러한 것들을 소중히 여기지 않으면 민중들의 재산도 수탈하지 않을 것이고,

민중들 또한 도적의 무리에 빠져들지도 않을 것이다.

둘째, 개인 수양의 측면에서 노자는 "금과 옥이 집안에 가득하더라도 지킬 수가 없고, 부귀해지고서 교만을 부리면 스스로 허물을 남기게 된다"(金玉滿堂, 莫之能守. 富貴而驕, 自遺其咎. 9장)고 했다. 집안에 가득한 금과 옥은 사람의 영혼을 좀먹고 도덕성을 파괴시켜 인간생활을 타락으로 이끈다. 사람이 부귀해진 뒤 조심하지 않으면 교만한 마음이 나오고, 거기서 각종 우환과 허물이 생겨나는 법이다.

노자는 인생에서 명리(名利)보다 더 소중한 것이 생명이기에 명리를 탐하는 것을 경계했다. 그렇다고 노자가 모든 욕망을 완전히 금한 것은 아니다. 본시 욕망이란 생명을 유지하는 데 꼭 필요한 본성이다. 그러므로 "그 음식을 맛있게 먹고 그 옷을 아름답게 입고, 그 주거를 편안히 여기고, 그 풍속을 즐기게 하라"(甘其食, 美其服, 安其居, 樂其俗. 80장)고 했다. 생존을 위한 식색(食色)의 기본적인 욕망은 인정한 것이다. 다만 자연적 생존욕구를 벗어난 인위적인 욕구라 할 수 있는 향락적인 것에 대한 욕구, 재화에 대한 욕구, 권력·명예·지위 등에 대한 욕구에 대해서는 무욕(無欲)해야 한다는 것이다. 그리고 이러한 사욕(私欲)을 줄이기 위해서는 절약해야 한다.

> 사람을 다스리고 하늘을 섬김에 절약(嗇)보다 좋은 것이 없다. 절약하면 이것은 곧 미리 준비하는 것이니, 미리 준비하는 것은 덕(德)을 두텁게 쌓는 것이 된다. 덕을 두텁게 쌓으면 극복하지 못할 것이 없다. 극복하지 못할 것이 없다는 것은 그 막다른 곳을 알지 못한다는 말이니, 그 막다른 곳을 알지 못하면 나라를 보존해 낼 수 있다. 나라에 어미가 있어야 그 나라가 장구히 보존될 수 있다. 이것이 뿌리가 깊이 땅에 뻗어있어 흔들리지 않는다고 하는 것이며, 건강하게 장생하는 道다.
>
> 治人事天莫若嗇, 夫唯嗇, 是以早服, 早服, 謂之重積德, 重積德, 則無不克, 無不克, 則莫知其極, 莫知其極, 可以有國, 有國之母, 可以長久, 是謂深根固柢, 長生久視之道. -59장-

절약은 곧 사욕(私欲)을 줄이는 실천적 방법이다. 노자는 "나에게 늘 간직하고 있는 세 가지의 보배가 있는데, 첫째가 자애로움이고 둘째가 검약이며, 셋째는 감히 천하 사람들 앞에 나서지 않는 것이다"(我有三寶, 持而保之, 一曰慈, 二曰儉, 三曰不敢爲天下先, 67장)고 했다. 즉 검약이란 근검절약이란 말로서 욕망을 다스릴 줄 아는 절도와 절제의 생활과 물자를 아껴 쓰는 절약의 생활을 의미한다. 노자는 또 욕심을 줄이고 만족함에 이르기 위해서는 무지(無知)해야 한다고 말한다. 지식이란 인간의 순수한 마음을 해치는 것이기에 욕망을 불러일으키기도 한다는 것이다.

> 학문을 하는 사람은 날마다 더하지만, 도를 닦는 사람은 날마다 덜어낸다. 덜고 또 덜어 무위에 이르게 되니, 무위하면 하지 못하는 것이 없다. 천하를 다스리려면 항상 무사(無事)로 해야 할 것이니, 유사(有事)에 이르러서는 천하를 다스리기에 부족하다.
> 爲學日益, 爲道日損, 損之又損, 以至於無爲, 無爲而無不爲, 取天下, 常以無事, 及其有事, 不足以取天下. -48장-

여기서 '학문을 하면 지식이 날로 늘어간다'는 것은 앎을 통해 욕망도 날로 늘어난다는 것을 말한다. 이것은 도('道)를 닦으면 가진 것이 날로 줄어든다'는 것에서 줄어드는 것이 다름 아닌 욕망이기 때문이다. 그러므로 ' 학문을 끊으면 근심이 없다'(絶學無憂, 20장)고 하는 것이다. 지식 늘이는 것을 그만두면 욕망이 줄어들고 욕망이 줄면 만족할 수 있게 된다. 그러나 노자는 근원적 실체인 도(道)를 향해 나아가기 위하여 경험적 지식을 버릴 것을 주장하고 지식을 부정적으로 보았지만, 일체 사물·사건들을 근원적으로 밝게 볼 수 있는 대지(大知)는 긍정적인 것으로 보았다. 그는 대지(大知)를 밝음(명)이라 하고 남을 이해하는 것보다 자신을 이해하는 것이 중요하다고 한다. 나의 편견과 선입견이 나와 남을 바르게 인식할 수 없도록 만든다. 여기서 남을 아는 것을 지혜(智慧)라면 자신을 아는 것을 밝음(明)이라 한다. 밝음은 내면과 자연의 소리에 귀를 기울이는 내성(內省)을 통해 얻어진다. 밝음(明)은 세계와 자신의 내면을 꿰뚫어보는 활연관통(豁然貫通)의 혜안이다. 그래서 노자는 "항상함(常)을 아는 것이 밝음이다"(知常曰明. 16장)고 했다. 항상함(常)은 스스로 그러함의 세계이며 자연이며 도(道)이다. 대지(大知)인 밝음(明)은 대립하는 시비를 초월하며, 이러한 밝음의 작용에 의해 대립한 시비를 지양(止揚)할 수 있는 것이다.

한편 노자의 무사(無事)란 무엇인가? 그것은 자연의 흐름에 거스르는 일들이 없도록 한다는 의미이다. 즉 무위자연이 개인의 일이나 나라의 정사(政事)에 나타나는 경지로 볼 수 있다. 무사(無事)가 되기 위해서는 우선 백성들의 자유로운 활동과 언로를 막는 짓을 일삼아 백성들을 궁하게 하는 일이 없어야 한다. 또 물질의 풍요를 앞세운 이기(利器)로 천하가 헛된 욕망에 놀아나는 일이 없어야 한다. 그리고 법령을 그럴듯하게 꾸며 놓고 그것으로 백성을 속여 도둑질하는 세태를 없게 해야 한다. 그렇지 않으면 위정자들이 무위(無爲)를 버리고 술수를 부려 죄 없는 백성만 궁하게 만들고, 백성들 또한 물질적인 풍요에만 안일해져 나라의 기강이 허물어지며, 사람들이 기술과 재주만 믿고 과시하느라 건전한 풍속이 타락하며, 그리고 법을 악용하는 무리들이 도적질 하는 세상이 될 것이다. 위정자가 만약 무위자연을 본받아 백성들을 간섭·지배하지 않고 그들의 자발성에 맡긴다면 세상은 저절로 좋아질 것이다.

> 바름으로 나라를 다스리고, 뛰어난 계략으로 군사를 부리고, 무사(無事)로 천하를 취하라. 내가 어떻게 그러한 것을 알겠는가. 다음과 같은 것을 통해서이다. 무릇 천하에 금기가 많으면 백성은 더욱 가난해지고, 백성에게 편리하고 좋은 물건이 많으면 나라는 더욱 혼란해지며, 사람들이 기예와 재주가 많으면 요상한 물건도 많아지며, 법령이 많아지고 복잡해지면 도적은 더 많아진다. 그러므로 성인의 말씀에 내가 무위하니 백성은 스스로 교화되고, 내가 고요함을 좋아하니 백성은 스스로 바르게 되며, 나에게 자연을 거스르는 일념이 없으니 백성은 스스로 부유해지고, 내가 허심(虛心)하여 무욕(無欲)하니 백성은 스스로 순박해진다.
>
> 以正治國, 以奇用兵, 以無事取天下, 吾何以知其然哉, 以此, 天下多忌諱, 而民彌貧,

民多利器，國家滋昏，人多伎巧，奇物滋起，法令滋彰，盜賊多有，故聖人云，我無爲而民自化，我好靜而民自正，我無事而民自富，我無欲而民自樸. -57장-

2) 귀유(貴柔): 부드러움을 귀하게 여긴다.

부드러움을 귀하게 여긴다는 말은 『여씨춘추(呂氏春秋)』에서 '노담귀유(老聃貴柔)'라고 한 데서 나온 말이다. 노자에 의하면 일체 사물·사건들은 그들 자신과 상반되는 대립자들을 지니고 있다. 유(有)가 있으면 무(無)가 있고 앞이 있으면 뒤가 있다. 이들 대립자들은 서로 전화(轉化)한다. 화는 복이 되고 흥성한 것은 멸망한다. 이러한 대립전화(對立轉化)의 법칙을 알고 유(柔)를 지키면 강(剛)을 이길 수 있다. 이를 귀유사상(貴柔思想)이라 한다. 일반적으로는 단단한 것이 부드러운 것을 이기고 센 것이 약한 것을 누르는 것이 사물의 법칙인데, 노자의 견해는 정반대이다. 단단하고 센 것은 사물을 신속하게 죽음의 길로 이끌고 부드럽고 약한 것은 사물의 무궁한 생명력을 갖게 한다는 것이다.

사람이 태어날 때는 몸이 유연하고 연약하며, 죽을 때는 뻣뻣하고 강해진다. 만물과 초목 또한 처음 자라나올 때는 부드러우면서도 여리지만 죽으면 말라 딱딱해진다. 그러므로 부드럽고 약한 것은 삶의 무리이고 굳고 강한 것은 죽음의 무리이다. 이런 까닭에 군대가 강대하면 이기지 못하고, 나무도 강하면 부러진다. 강대한 것은 아래로 처지고, 부드럽고 약한 것은 위로 올라간다.
人之生也柔弱，其死也堅强，萬物草木之生也柔脆，其死也枯槁，故堅强者死之徒，柔弱者生之徒，是以兵强則不勝，木强則兵，强大處下，柔弱處上. -76장-

실제로 생명체의 기운(氣運)이 왕성한 시기에는 유연하고 탄력이 있으나 쇠망할 때는 뻣뻣하게 말라버린다. 그래서 '견강'과 '죽음'이 서로 통하고 '유약'과 '생명이 서로 통한다. '견강(堅强)'은 겉으로는 강하고 단단하지만 실제로는 취약하다. 그러나 '유약(柔弱)'은 겉은 빈듯해도 안은 차있는 외유내강(外柔內剛)으로 실제로는 부드럽고 질긴 것이다. 그러므로 노자는 자신의 용맹함을 함부로 잘 드러내면 죽음을 맞게 되고 용맹함을 누르고 유약함을 잘 지켜내면 생명을 보전할 수 있다고 한다(勇於敢則殺, 勇於不敢則活, 73장).

노자는 만물 중에서 물을 가장 선한 것으로 여긴다. 그래서 "상선(上善)은 물과 같다. 물은 만물을 이롭게 하지만 다투지 않으며, 뭇 사람들이 싫어하는 낮은 곳에 거처한다. 그러므로 道에 가깝다"(上善若水. 水善利萬物而不爭. 處衆人之所惡. 故幾於道. 8장)고 말하고 또 "천하에 부드럽고 약한 것으로는 물보다 더한 것이 없지만, 굳고 강한 것을 공격하는 데 있어서는 그것보다 나은 것은 없다"(天下莫柔弱於水, 而功堅强者, 莫之能勝, 78장)라고 한다. 물의 특성은 유약함, 만물을 이롭게 하는 것, 다투지 않는 것, 그리고 그 힘이 단단하고 강한 것을 이기는 것 등이다. 그래서 노자는 물을 도덕에 비유한다. 물은 유연하지만 강한 활력을 품고 있어서 단단한 것들을 무너뜨림으로써 부드러움이 우세하다는 것을 나타낸다. "부드럽고 약한 것이 단단하고 강한 것을 이긴다"(柔弱勝剛强)는 것이다. 여기서 '유약(柔弱)'은 내면에서 끊임없이 지속되는 생명력과 창조력으로서, 연약함이 아니라 오히려 강인함이 된다. 그래서 노자는 "유약함이 도의 작용이다"(弱者道之用, 40장)고 한다.

노자는 또 귀유(貴柔)와 관련해 고요함(靜)을 지키라고 한다. 즉 우리의 마음과 행동에 있어서 고요함을 유지하는 것이 노자가 제시하는 도덕적인 삶의 원칙 중 하나이다. 노자는 세상의 모든 사물의 근원을 따져보면 모두가 고요하다는 것이다. 즉 "수많은 만물이 있지만 제각기 그 근원으로 되돌아가고 있다. 근원으로 되돌아가면 고요하다고 하는데, 이것을 일러 천명으로 돌아간다고 한다"(夫物芸芸, 各復歸其根. 歸根曰靜, 是謂復命. 16장)고 한다. 이것은 세상 만물이 고요함을 통해 그 본성(천명)으로 돌아가게 된다는 의미이기도 하다. 또 "무거운 것은 가벼운 것의 근본이고, 고요함은 조급함의 주인이 된다”(重爲輕根 靜爲躁君. 26장)고 한다. 고요함이 조급함의 주인이란 것은 마음의 고요함과 평화로움이 무엇보다 중요하다는 뜻이다. 그래서 노자는 “마음을 허허롭게 비우는 것을 지극히 하고 고요함을 지키는 일을 돈독히 하라”(致虛極, 守靜篤. 16장)고 한다. 마음을 텅 비운다(虛心)는 것은 욕심을 없애고 어떠한 외부의 간섭이나 유혹에도 흔들림 없이 평정한 허정무욕(虛靜無欲)의 마음을 갖는다는 것이다. 세상 만물은 모두 고요함을 근본으로 하므로, 고요한 허심의 상태라야 생명의 근원을 북돋을 수 있다. 노자가 ‘유약함’을 강조하는 것은 사람들이 힘을 숭상하고 또한 미덕으로 여기는 것을 경고하기 위한 것이다. 물론 그 힘에는 재물이나 권력, 명예뿐만 아니라 지식 같은 것도 모두 포함된다.

3) 겸하(謙下): 겸손하게 낮춘다.

노자는 세상이 조화를 이룰 수 있는 처방으로 ‘유약(柔弱)’과 함께 ‘겸하(謙下)’를 말한다. 노자의 81개 장 중에서 유약과 겸하를 말한 곳이 열일곱 개나 된다. 그 만큼 겸하와 유약을 중시하고 있는 것이다. 겸하는 ‘겸유하인(謙柔下人)’이란 말로서 겸허하고 부드럽게 자신을 남에게 낮추는 것을 말한다. 천하의 큰일을 이룰 수 있는 사람은 반드시 더러움을 받아들이고 욕됨을 참으면서 남의 아래로 자신을 낮춘다. 인간 사회에는 지위나 계층이 다른 인간관계가 형성되기 마련이다. 여기서 유가나 법가는 상하, 존비, 귀천의 차별을 강조하고 계급이나 계층이 높은 사람들을 높여 귀하게 하려 한다. 이것은 뒤에 나타난 봉건전제주의라는 정치제도의 연원이 된다.

노자는 비록 상하·존비·귀천의 차이를 철저하게 부정하지는 못했으나, 기본적으로는 그러한 계급적 신분질서를 벗어나 사람과 사람간의 평등주의로 나아갈 것을 주장한다. 윗사람이 지위를 과시하거나 귀한 존재라 하여 천한 사람들 앞에서 오만한 태도를 드러내서는 안 된다. 윗자리에 있어도 겸손하게 자기를 낮추며 귀한 존재라 하더라도 천한 사람들을 존중할 줄 알아야 한다. 천한 것이 있고서 귀한 것이 높여지며, 낮은 곳이 있고서 높은 곳이 있다. 귀한 것만 두고 천한 것은 버리며, 높은 곳만 두고 낮은 것은 잊어버린다면 그 귀하고 높은 것을 잃게 된다. 그는 자연현상과 사회현상을 통해 이러한 자기주장이 타당하다는 것을 밝힌다. 예를 들어 강과 바다가 모든 골짜기의 물이 모여드는 곳이 될 수 있는 까닭은 자신을 낮추어 낮은 곳에 있기 때문이다.

> 강이나 바다가 모든 골짜기의 왕이 될 수 있는 까닭은 자신을 잘 낮추기 때문이다. 그러므로 모든 골짜기의 왕이 될 수 있다. 그러므로 백성들 위에 서려면 반드시 말을 겸허히 하고, 백성들 앞에 서려면 반드시 자신의 몸을 뒤로 해야 한다. 그러면 성인이 위에 있어도 백성들은 아무런 부담을 느끼지 않고, 앞에 있어도 백성들은 해롭지 않게 여긴다. 그래서 천하가 즐겨 추대하고 싫어하지 않으니, 그가 다투지 않아 천하도 그와 다툴 수가 없기 때문일 것이다.
> 江海所以能爲百谷王者, 以其善下之, 故能爲百谷王, 是以欲上民, 必以言下之, 欲先民, 必以身後之, 是以聖人處上而民不重, 處前而民不害, 是以天下樂推而不厭, 以其不爭, 故天下莫能與之爭. -66장-

자연현상처럼 인간도 겸손하게 행동해야만 많은 사람들의 지지를 받을 수 있다는 것이다. 그러므로 임금들은 '고아'(孤)니 '덕이 적은 사람'(寡)이니 '착하지 못하다'(不穀)니 하면서 자신을 낮춘다. 세상 사람들이 가장 높은 존재로 여기는 임금이 스스로가 이렇게 자신을 낮추어 부족하다고 하는 것은 '귀한 것은 천한 것을 주인으로 삼는다"(貴以賤爲主)는 원칙을 알기 때문이다. 겸하(謙下)의 원리가 바로 귀하고 높임을 이루기 위한 방법이며, 임금이 자신을 낮추는 것도 바로 그 높음을 지키기 위한 방법임을 제시해 주고 있다고도 볼 수 있다.

임금은 또 나라에 좋지 않는 일이 일어나면 자기 탓으로 돌리는 겸손을 보여야 한다. 즉 "나라의 허물을 끌어안는 것을 사직의 주인이라 하고, 나라의 불길함을 끌어안는 것을 천하의 왕이라 한다"(受國之垢, 是謂社稷主, 受國不祥, 是謂天下王. 78장)고 한다. 천하의 왕이 되려면 나라의 더러운 것도 수용하고 나라의 불상사도 받아들일 수 있어야 한다. 물이 만물을 이롭게 하면서도 자기를 낮추어 모든 사람이 싫어하는 곳에 거처하는 것을 본받아야 상선인(上善人)이 될 수 있다.

공(功)을 이룬 뒤에는 자신이 물러나는 것이 하늘의 道에 알맞은 행동이다(功遂身退, 天之道. 9장). 가을에 과일나무나 곡식들은 풍성하게 결실하여 놓고는 잎이 떨어지고 가지가 시들어 그 몸은 낮은 땅으로 돌아갈 뿐이지, 그 공(功)을 뽐내지 않는다. 그래서 천도(天道)는 영원히 이어진다. 노자는 "만물을 낳고서도 소유하지 않으며, 베풀어 주면서도 자랑하지 않으며, 공을 이루고서도 거기에 머물지 않는다. 머물지 않으니 공은 그에게서 떠나가지 않는다"(生而不有, 爲而不恃. 功成而不居, 夫唯不居, 是以不去. 2장)고 하며, 또 "만물이 의지해 나고 살아가지만 도(道)는 이를 자랑하지 않고, 공을 이루어도 내세우지 않으며, 만물을 보호하여 기르건만 주인으로 자처하지 않는다"(萬物恃之而生, 而不辭. 功成不名有, 衣養萬物而不爲主. 34장)고 했다. 즉 베풀어 주고서도 자랑하지 아니하고 공을 이루고도 그곳에 계속 머물지 않는 것이 바로 천도(天道)를 본받는 길이다. 자기의 공을 내세우려 하거나 자기가 잘났다고 나선다면 그것은 천도(天道)에 어긋나는 행위이기에 그 공은 없어지고 그 잘난 것도 오래가지 못할 것이다.

> 발꿈치를 들고서는 오래 서 있지 못하고, 가랑이를 벌리고는 오래 걷지 못한다. 스스로 드러내는 사람은 밝지 못하고, 스스로 옳다는 사람은 드러나지 못한다. 스스로 자랑하는 사람은 공이 없고, 스스로 뽐내는 사람은 오래가지 못한다. 도(道)에서 보면 이것들은 찌꺼기 음식이요 군더더기 살과 같은 것이어서 누구나 이러한 것들을 싫어한다. 그러므로 도(道)를 체득한 사람은 그렇게 처신하지 않는다.
>
> 企者不立, 跨者不行, 自見者不明, 自是者不彰, 自伐者無功, 自矜者不長, 其在道也, 曰餘食贅行. 物或惡之, 故有道者不處. -24장-

그러므로 "스스로 드러내지 않는 까닭에 밝고, 스스로 옳다고 하지 않기에 드러나며, 스스로 자랑하지 않기에 공은 있게 되고, 스스로 뽐내지 않기에 오래간다"(不自見故明, 不自是故彰,不自伐故有功, 不自矜故長. 22장). 자기를 드러내지 않고 겸손하게 있으면 손해를 보지나 않을까 염려하는 것이 오늘날의 세태이다. 묵묵하게 남몰래 행하며 자기의 공을 자랑하지 않는다면 그 공은 영원히 남게 된다. 그러므로 겸손한 게 오히려 이익이 된다. 이것은 모든 것에는 그와 대립되는 짝이 있으며, 그들은 서로 대립하면서 전화(轉化)하기 때문이다. 자기를 낮추어 겸손하게 살면 오히려 자기가 높아지는 것이 가능하다. 모든 사물은 발전하여 어떤 한계에 이르면 반대 방향으로 변화하게 된다는 물극필반(物極必反) 혹은 대립전화(對立轉化)의 법칙이 있는 것이다.

노자는 인간관계뿐만 아니라 나라와 나라의 관계에도 상호간에 스스로를 낮추어야 한다고 말한다.

> 큰 나라가 낮추어 아래로 흐르면 천하가 모이는 곳이 되고, 천하의 암컷이 된다. 암컷이 고요함으로써 수컷을 이기는 것은 고요함으로써 아래가 되기 때문이다. 그러므로 큰 나라로써 작은 나라에 낮추면 작은 나라를 다스릴 수 있고, 작은 나라가 큰 나라에 낮추면 큰 나라의 신임을 얻을 수 있다. 그러므로 어떤 때는 스스로를 낮춤으로써 취하고, 어떤 때는 상대방에게 낮추어서 취해지기도 한다. 큰 나라는 남을 아울러 길러주고자 하고, 작은 나라는 남을 받아들여 섬기려 하는 것뿐이다. 그러므로 두 나라가 각자 원하는 바를 얻기 위해서는 큰 것이 마땅히 낮추어 아래에 처하여야 한다.
>
> 大國者下流, 天下之交, 天下之牝, 牝常以靜勝牡, 以靜爲下, 故大國以下小國, 則取小國, 小國以下大國, 則取大國, 故或下以取, 或下而取, 大國不過欲兼畜人, 小國不過欲入事人, 夫兩者各得其所欲, 大者宜爲下. -61장-

4) 부쟁(不爭): 다투지 않는다.

'다투지 않는다'(不爭)는 것은 노자 사상의 핵심 중 하나이며, 무위자연의 도를 실천하는 방법이기도 하다. 무위자연이란 인위적인 것을 따르지 않고 자연의 법칙에 따르는 삶이다. 자연의 법칙은 만물의 근원인 도와 같다. 노자는 이러한 도에 입각하여 자연을 따르는 겸허와 함께 '부쟁'(不爭)을 강조했다. 노자는 "하늘의 도는 다투지 않고서도 잘 이긴다"(天之道, 不爭而善勝. 73장)고 하고, 또 "하늘의 도는 이롭게 하고 해치지 않으며, 성인의 도는 베풀어주고 다투지 않는다(天之道, 利而不害, 聖人之道, 爲而不爭. 81장)고 한다. 다투지 않는다는 것은 이익, 공명, 지위를 얻기 위해 경쟁하지 않거나 적과 전쟁을 하지 않는 것을 말한다. 노자는 적대감이나 공격성은 인간의 본성이 아니라 사회가 조장한 것들이라는 것이다. 사람들은 경쟁적으로 상품을 생산하여 이익을 남기고 현명함을 드러내어 남보다 앞서 가고 높은 지위에도 오르려 한다. 이 모든 것이 다툼이나 경쟁의 논리에 근거하고 있다. 물론 노자도 부자가 되고 높은 지위에 오르며 권력을 가지는 것에 대해서는 반대하지 않는다. 다만 공격적이고 경쟁적인 삶의 양식을 경계할 뿐이다. 노자는 물 등을 예로 들어 '다투지 않음'(不爭)에 대해 찬미한다.

> 상선(上善)은 물과 같다. 물은 만물을 이롭게 하지만 다투지 않으며, 많은 사람들이 싫어하는 곳에 거처해 있다. 그러므로 도(道)에 가깝다. 잘 거주하는 것은 땅을 가리는 데에 있고, 마음을 잘 간직하는 것은 못처럼 하는 데에 있고, 말을 잘 하는 것은 믿음을 지키는 데에 있고, 바름을 잘 지키는 것은 다스려지게 하는 데에 있고, 일을 잘 처리하는 것은 능숙하게 하는 데에 있고, 거동을 잘 하는 것은 때를 맞추는 데에 있다. 이러한 것들은 오직 다투지 않기에 허물이 없다.
> 上善若水. 水善利萬物而不爭. 處衆人之所惡. 故幾於道. 居善地, 心善淵, 與善人, 言善信, 正善治 ,事善能, 動善時, 夫唯不爭, 故無尤. -8장-

최상의 덕은 물과 같이 만물에게 도움을 주면서도 공을 다투지 않는 것이다. "다투려 하지 않으니 천하도 그와 다툴 수가 없게 된다"(以其不爭, 故天下莫能與之爭. 66장)고 하니, '다투지 않음'(不爭)의 덕은 결코 하나의 단순하고 소극적인 처세술이 아니라 매우 다양하고 깊은 의미가 담겨있다.

노자는 "되돌아가는 것은 도(道)의 움직임"(反者道之動. 40장)이란 관점에서 사물을 관찰하여 역설과 모순의 참된 의미를 풀어낸다. 즉 스스로를 드러내고자 하면 밝지 못하고 스스로를 옳다고 내세우면 그 현명함이 드러나지 못한다. 그러기에 도를 아는 사람은 항상 부쟁(不爭)의 태도를 취한다. 즉 스스로를 드러내려고 경쟁하지 않을 때 저절로 밝게 드러나고 스스로를 옳다고 우기지 않을 때 저절로 현명함이 드러난다. 그리고 경쟁하여 남보다 앞서 가겠다는 생각을 버릴 때 세상에 경쟁할 상대가 없게 된다. 사람들은 각자 자기의 능력에 따라 맡은 바 일을 열심히 하면 될 뿐이다. 상을 주거나 잘하는 사람을 높이 받들어서도 안 된다. 그렇게 하면 서로 잘하려고 경쟁하는 데만 그치는 것이 아니라, 그 경쟁이 승부욕과 시기심을 유발하여 서로 모함하게 되고 결국 본래의 순수한 마음을 해치게 된다. 노자가 세 가지 보물을 말하면서 자·검(慈·儉)과 함께 '불감위천하선'(不敢爲天下先 67장)을 내세운 것도 천하에 앞서기 위해 함부로 경쟁하는 일이 없도록 경계한 것이다. 장수 노릇을 잘하는 사람은 남에게 무력을 뽐내지 않으며 싸움을 잘하는 사람은 화를 내지 않고, 적을 잘 이기는 사람은 남과 다투지 않는다(善爲士者不武, 善戰者不怒, 善勝敵者不與. 68장). 이러한 부쟁(不爭)과 관련하여 『장자』에는 '나무 닭'(木鷄)에 관한 이야기가 있다.

> 기성자(杞渻子)가 왕을 위해 싸움닭을 키웠다. 열흘이 되어 왕이 "이제 싸울 수 있겠느냐?"고 물었다. "아직 안됩니다. 지금은 공연히 허세를 부리며 제 기운만 믿고 있습니다" 하고 기성자가 대답했다. 열흘이 지나 또 왕이 물었다. "아직 안됩니다. 다른 닭의 울음소리나 모습을 보면 당장 덤벼들려고 합니다" 하고 대답했다. 또 열흘이 지나 다시 물었다. "아직 안됩니다. 상대를 노려보며 성을 냅니다" 하고 대답

했다. 열흘 후 또 물었다. "이제 됐습니다. 상대가 울음소리를 내도 태도에 아무런 변화가 없습니다. 멀리서 바라보면 마치 나무로 만든 닭 같습니다. 그 덕이 온전해 졌습니다. 다른 닭이 감히 대항하지 못하고 도망쳐버립니다" 하고 대답했다.

紀渻子爲王養鬪鷄 十日而問 鷄可鬪已乎 曰未也 方虛憍而恃氣 十日又問 曰未也 猶應嚮景 十日又問 曰未也 猶疾視而盛氣 十日又問 曰幾矣 鷄雖有鳴者 已無變矣 望之似木鷄矣 其德全矣 異鷄無敢應 見者反走矣. -『장자(莊子)』 외편(外篇) 달생편(達生篇)-

이 우화는 이상적인 투계용 닭의 조련에 비유하여 양생(養生)의 비결을 말해 준다. 여기 나오는 닭은 조련에 의해 완전히 마음의 평정을 찾고 그 덕(德)이 온전하게 되었다. 이것은 자기 자신과 외물(外物) 모두에 대해서 무심(無心)하게 되어 무위자연의 도에 합치된 것을 말한다. 즉 닭이 상대를 의식하여 싸우려는 의지를 갖는 일이 없어질 때 비로소 상대를 이길 수 있게 되었다. 경쟁하거나 다투지 않기 위해서는 마음을 비워 상대를 용서하고 받아들이는 관용의 미덕이 필요하다. '항상 관용적인 태도를 가진다'는 것은 자신을 텅 빈 계곡처럼 비우고 모든 사람과 사물, 선과 악까지도 모두 받아들인다는 것이다. 노자는 수양을 위해서는 마음을 골짜기처럼 텅 비우기를 지극하게 해야 한다고 말한다(致虛極. 16장). 텅 빈 것은 아무리 사용해도 다하지 않고 그 쓰임은 무궁무진하다고 한다. 마음이 텅 비고 고요하여 사사로움과 욕심이 없고, 편견과 선입견이 없을 때 온갖 사람과 사물을 버리는 일이 없이 다 구제하고 받아들일 수 있게 된다(是以聖人常善救人, 故無棄人, 常善救物, 故無棄物. 是謂襲明. 27장). 그렇게 되면 선하든 선하지 않든 모두에게 선으로 대할 수 있다(善者吾善之, 不善者吾亦善之. 49장). 심지어 원한에 있는 사람까지도 덕으로 대하라(報怨以德. 63장)고 한다. 이렇게 되면 경쟁할 필요도 다툴 필요도 없게 될 것이다.

2편

道經

제1장

관묘(觀妙): 현묘함을 봄

말로 표현할 수 있는 도(道)는 항구불변한 도가 아니고, 이름 지어 부를 수 있는 이름은 참다운 실재의 영구불변한 이름이 아니다. 이름 없는 것(無名)은 천지의 시초이고, 이름 있는 것(有名)은 만물을 길러내는 어머니이다. 그러므로 항상 없는 상무(常無)에서 현묘한 도의 본체를 관조하려 하고, 항상 있는 상유(常有)에서 광대무변한 현상계에 작용하는 도의 작용을 살피려 한다. 무(無)와 유(有)는 한 근원에서 나와 이름만 다르다. 이 둘은 다 같이 현묘(玄妙)하다. 현묘하고 현묘하여 모든 도리(道理)와 변화의 온갖 현묘함이 나오는 문이다.

道可道, 非常道. 名可名, 非常名. 無名天地之始, 有名萬物之母.
도가도, 비상도. 명가명, 비상명. 무명천지지시, 유명만물지모.

故常無欲以觀其妙, 常有欲以觀其徼.
고상무욕이관기묘, 상유욕이관기요.

此兩者, 同出而異名, 同謂之玄. 玄之又玄, 衆妙之門.
차양자, 동출이이명, 동위지현, 현지우현, 중묘지문.

道(길 도, 말할 도), 可(옳을 가, 가할 가), 非(아닐 비 常 항상 상), 名(이름 명, 이름 지어 부를 명), 無(없을 무), 天(하늘 천), 地(땅 지), 之(갈지, 어조사 지), 始(비로소 시, 처음 시), 有(있을 유), 萬(일만 만), 物(만물 물), 母(어미 모), 故(연고 고, 옛 고), 欲(하고자 할 욕), 以(써 이), 觀(볼 관), 其(그 기), 妙(묘할 묘), 徼(구할 요, 변방의 경계 요, 샛길 요, 미묘·심원한 경지 요), 此(이 차), 兩(두 양), 者(놈 자), 同(같을 동), 出(날 출), 而(어조사 이), 異(다를 이), 謂(이를 위), 玄(가물 현, 어두울 현, 현묘할 현), 又(또 우), 衆(무리 중, 많을 중), 門(문 문)

On the Absolute Tao

The Tao that can be told of Is not the Absolute Tao;
The Names that can be given Are not Absolute Names.

The Nameless is the origin of Heaven and Earth;
The Named is the Mother of All Things.

Therefore:
Oftentimes, one strips oneself of passion in order to see the Secret of Life;
Oftentimes, one regards life with passion in order to see its manifest forms.

These two (the Secret and its manifestations) are (in their nature) the same;
They are given different names when they become manifest.

They may both be called the Cosmic Mystery:
Reaching from the Mystery into the Deeper Mystery
Is the Gate to the Secret of All Life.

王弼註

道可道，非常道，名可名，非常名．
可道之道，可名之名，指事造形，非其常也．故不可道，不可名也．

無名天地之始，有名萬物之母．
凡有皆始於無，故未形無名之時，則爲萬物之始．及其有形有名之時，則長之，育之，亭之，毒之，爲其母也．言道以無形無名始成萬物，萬物以始以成而不知其所以，玄之又玄也．

故常無欲以觀其妙，
妙者，微之極也．萬物始於微而後成，始於無而後生．故常無欲空虛，可以觀其始物之妙．

常有欲以觀其徼．
徼歸終也．凡有之爲利，必以無爲用，欲之所本，適道而後濟．故常有欲，可以觀其終物之徼也．

此兩者，同出而異名，同謂之玄，玄之又玄，衆妙之門．
兩者，始與母也．同出者，同出於玄也．異名，所施不可同也．在首則爲之始，在終則爲之母．玄者冥也 默然無有也，始，母之所出也．不可得而名，故不可言同名曰玄．而言謂之玄者，取於不可得而謂之然也．不可得而謂之然，則不可以定乎一玄而已．則是名則失之遠矣．故曰 玄之又玄也．衆妙皆從同玄而出，故曰 衆妙之門也．

❢ 道可道，非常道．名可名，非常名．

말로 표현할 수 있는 도(道)는 항구불변한 도가 아니고, 이름 지어 부를 수 있는 이름은 참다운 실재의 영구불변한 이름이 아니다. 앞의 도는 명사로 우주 만물의 본원(本源), 즉 천지만물을 창조하고 운행 발전시키는 우주의 실체이자, 원리(原理)이며, 인간행위의 근원적 준칙이다. 두 번째의 도는 동사로 '말한다'는 뜻이다. 상도(常道)는 항구불변(恒久不變)한 도이다. 그리고 앞의 명(名)은 명사로 도의 실재(實在)나 실상(實相)을 뜻하고, 뒤의 명(名)은 동사로 말로 이름을 붙인다는 뜻이다. 노자가 말하는 도는 인간의 감각이나 인식을 초월한 형이상학적(形而上學的)인 '무상무상(無狀無象)'의 존재이므로 인간의 언어로 표현할 수 있는 대상이 아니다. 또 도(道)는 만물의 근원이자 시간과 공간을 초월해 있어 피조물인 인간의 유한한 언어로 개념화 할 수가 없다. 그러나 사람들이 알 수 있게 편의상 이름 붙여 도라고 할 뿐이다. 명(名)은 일반적으로 개념, 또는 말이란 뜻과 아울러 명성, 명예, 명리의 뜻뿐만 아니라 명분이나 사회적 신분이나 사회적 계급까지 포함할 수 있다.

❢ 無名, 天地之始. 有名, 萬物之母.

이름 없는 것(無名)은 천지의 시초이고, 이름 있는 것(有名)은 만물을 길러내는 어머니이다. 이 문장을 끊어 읽는 방법에는 두 가지가 있다. 첫째는 無, 名天地之始, 有, 名萬物之母이다. 이것은 왕안석·사마광의 독법이다. 무는 천지의 처음에 대한 이름이고, 유는 만물의 어머니에 대한 이름이라는 것이다. 둘째는 無名, 天地之始, 有名, 萬物之母로 읽는 것이다. 즉 이름 없는 것은 천지의 시작이고, 이름 있는 것은 만물의 어머니라는 것이다.

먼저 첫째 방식에 대해 보도록 하자. 우선 무·유(無·有)는 둘 다 도의 상대적 양면이다. 도는 만물이 있기 전에 만물을 있게 한 근원의 원동력이나 에너지이다. 도는 눈에도 안보이고, 귀로도 들을 수 없고, 감각으로도 만질 수 없는 것이다(14장). 그래서 '무(無)'라고 표현한다. 하지만 인간의 감각이나 인식의 세계 앞에서는 없는 것 같지만 사실 없는 것이 아니다. 일단 도가 발동하여 유형화(有形化)하면 모든 만물로 나타난다. 도는 바로 만물로 나타나는 근원적 유물(有物)이나 유정(有精)이라고 한다(21장). 달리 말하면 무(無)는 도의 본체(體)이고 유(有)는 도의 운용(用)이라고 할 수 있다. 체가 용에 앞서는 것처럼 무가 유보다 먼저라 한다. "천하의 만물은 유에서 나오고, 유는 무에서 나온다"(40장). 무에서 천지가 나왔다.

따라서 천지(天地)의 시초이자 근원이 무다. 만물은 유형(有形)적 존재다. 이 모든 것은 유에 속한다. 그리고 만물은 인간이 부여한 이름을 가지고 불리게 된다. 따라서 만물에게 이름을 부여해서 있게 한 어머니는 바로 유라 하겠다.

다음 두 번째 독법에 대해서 보면, 왕필(王弼) 이래로 "無名, 天地之始, 有名, 萬物之母"로 끊어서 읽는 사람도 많았다. 즉 "무명이 천지의 시초이고, 유명이 만물의 어머니다"이다. 이것은 이름이 없는 것은 만물의 처음이고, 아직 형체가 드러나지 않고 이름이 없을 때가 만물의 처음이 된다는 뜻이다. 백서본(帛書本) 발굴 이후 일반적으로 왕안석·사마광 독법의 잘못이 지적되어왔다. 32장, 37장, 41장 등에서 무명·유명이 『노자』의 고유한 개념어로 쓰였음을 감안하여, 전통적 독법을 따르는 견해이다. 본서에서도 두 번째의 독법을 따른다.

❢ 常無, 欲以觀其妙. 常有, 欲以觀其徼**.**

그러므로 항상 없는 상무(常無)에서 현묘한 도의 본체를 관조하려 하고, 항상 있는 상유(常有)에서 광대무변한 현상계에 작용하는 도의 작용을 살피려 한다. 상무(常無)에서 도의 본체가 오묘하고 정미막측(精微莫測)함을 알 수가 있다. 상무(常無)는 항상 무에 처해 있다는 뜻이다. '욕'(欲)은 '~할 것이다', '하고자 한다'의 뜻이다. '관'(觀)은 '보다', 혹은 '관조'(觀照)하다의 뜻이다. '묘'(妙)는 '오묘(奧妙)하다'의 뜻으로 도의 본체가 오묘하다는 말이다. '요'(徼)는 '변두리(邊)'라는 글자로서 광대무변한 현상계를 말한다. 즉 상유(常有)에서 도의 작용이 광대무변하다는 것을 볼 수가 있다. 장자(莊子)는 〈천하편(天下篇)〉에서 노자의 철학을 설명하여 "상무(常無)와 상유(常有)를 내세웠고 태일을 주로 삼았다"(老聃聞其風而悅之, 建之以常無有, 主之以太一)라고 했다.

이상의 구절을 "고로 언제나 무욕으로써 도의 미묘함을 보고, 유욕으로써 도가 밝게 나타남을 본다"(故常無欲, 以觀其妙. 常有欲, 以觀其徼)로 읽기도 한다. 왕필이 '무욕'·'유욕'으로 끊어서 읽었고, 후세에도 따르는 사람이 많았다. 그러나 여기서는 도의 본체와 작용을 논한다고 봐야 할 것으로, '무욕' '유욕'이라는 개인 수양의 차원으로 해석하는 것은 적절하지 않다. 더구나 '욕심있음'으로 도가 작용하는 현상계를 살핀다(常有欲, 以觀其徼)고 하는 것은 노자의 사상에도 부합되지 않는다.

❢ 此兩者, 同出而異名.

무(無)와 유(有)는 한 근원에서 나와 이름만 다르다. 이 둘은 상무와 상유이다. 왕필은 차양자(此兩者)를 '시(始)와 모(母)'라 했고, 하상공(河上公)은 '유욕과 무욕'이라 했다. 이 둘이 다 같이 도에서 나왔으며, 오직 이름이 다를 뿐이다. 도는 태일(太一)인 만물의 근원이다. 유다 무다 하는 것은 말에 의한 표현의 차이일 뿐 그 근원, 실재, 실상은 하나인 도다.

❢ 同謂之玄, 玄之又玄, 衆妙之門.

이 둘은 다 같이 현묘(玄妙)하다. 현묘하고 현묘하여 모든 도리(道理)와 변화의 온갖 현묘함이 나오는 문이다. 다 같이 현(玄)이라 한다. 현은 유미심원(幽微深遠)하다는 뜻이다. 오징(吳澄)은 "현은 그윽하고 어두워 사람이 헤아려 알 수 없다는 뜻이다"(玄者, 幽昧不可測知之意)고 했다. 즉 지극히 미묘하고 또 미묘하여 인간의 감각이나 인식으로는 도달 할 수도 없고 헤아려 규정할 수도 없는 존재를 '현'이라는 것이다. 현묘(玄妙)하고 또 현묘하여(又玄) 중현(重玄)하다. 현묘함의 깊이가 무한히 이어짐을 말한다. 도는 인간의 감각과 인식을 초월한 지극히 현묘한 것이다. 모든 묘한 이치(妙理)와 변화가 나오는 문이다. 현묘하고 또 현묘하며 깊어서 헤아릴 수 없는 가운데 생육하는 기틀과 온갖 변화의 신묘함을 담고 있으면서 만물의 유행(流行)과 변화가 끊임없이 생겨나는 진공(眞空)의 묘한 모양을 '중묘지문(衆妙之門)'이라 한다.

제2장

관요(觀徼): 현상계의 흐름을 살핌

천하 사람들이 모두 미(美)를 아름다운 것으로 인식하면서부터 곧 추악(醜惡)의 관념이 나타났을 뿐이고, 선(善)을 착한 것으로 인식하면서부터 곧 불선의 관념이 나타났을 뿐이다. 그러므로 있음과 없음은 서로를 낳고, 어려움과 쉬움은 서로 이루어주고, 길고 짧은 것도 서로 형성해 주고, 높고 낮음도 서로 드러내주고, 악기소리와 목소리도 서로 조화를 이루고, 앞과 뒤도 서로 따르기 마련이다. 그러므로 성인(聖人)은 무위(無爲)의 일에 머무르며 말 없는 교화를 행한다. 만물이 진작(振作)되어 일어나도 아무런 말을 붙이지 않으며, 낳고도 자기의 소유로 삼지 않고, 베풀어 주면서도 자랑하지 않는다. 이러한 모든 공을 이루더라도 그 공에 머물지 않으니, 오직 공에 머물지 않기 때문에 그의 공은 떠나지 않는다.

天下皆知美之爲美, 斯惡已. 皆知善之爲善, 斯不善已. 故有無相生,
천하개지미지위미, 사악이. 개지선지위선. 사불선이. 고유무상생,

難易相成, 長短相形, 高下相傾, 音聲相和, 前後相隨.
난이상성, 장단상형, 고하상경, 음성상화, 전후상수.

是以聖人處無爲之事，行不言之教．萬物作焉而不辭，生而不有，
시이성인처무위지사，행불언지교．만물작언이불사，생이불유，

爲而不恃，功成而弗居．夫有弗居，是以不去．
위이불시，공성이불거，부유불거，시이불거

天(하늘 천)，下(아래 하)，皆(다 개)，知(알 지)，美(아름다울 미)，之(갈 지, 어조사 지)，爲(할 위, 될 위, 여길 위)，斯(이 사, 어조사 사)，惡(악 악, 추악할 악, 미워할 오)，已(그칠 이, 이미 이)，善(착할 선, 잘할 선)，不(아닐 불)，故(연고 고, 옛 고)，有(있을 유)，無(없을 무)，相(서로 상, 볼 상, 도울 상, 재상 상)，生(날 생)，難(어려울 난)，易(쉬울 이, 바꿀 역)，成(이룰 성)，長(긴 장, 장점 장)，短(짧을 단, 단점 단)，形(형상 형, 나타날 형, 형태를 이룰 형)，高(높을 고)，下(낮을 하)，傾(기울어질 경, 누울 경)，音(소리 음)，聲(소리 성)，和(화합할 화, 서로 응할 화)，前(앞 전)，後(뒤 후)，隨(따를 수)，是(이 시, 옳을 시, 이에 시)，以(써 이)，聖(성인 성)，人(사람 인)，處(곳 처, 처할 처, 처리할 처)，事(일 사, 일삼을 사, 섬길 사)，行(다닐 행, 행할 행)，言(말씀 언)，教(가르칠 교)，萬(일만 만)，物(만물 물)，作(일어날 작, 지을 작)，焉(어조사 언)，而(말 이을 이)，辭(말씀 사, 사양할 사)，恃(믿을 시)，功(공 공)，弗(아닐 불)，居(살 거, 앉을 거, 차지할 거)，夫(무릇 부, 저 부, 지아비 부)，去(갈 거, 덜 거, 없앨 거)

The Rise of Relative Opposites

When the people of the Earth all know beauty as beauty,
There arises (the recognition of) ugliness.
When the people of the Earth all know the good as good,
There arises (the recognition of) evil.

Therefore:
Being and non-being interdepend in growth;
Difficult and easy interdepend in completion;
Long and short interdepend in contrast;

High and low interdepend in position;
Tones and voice interdepend in harmony;
Front and behind interdepend in company.

Therefore the Sage:
Manages affairs without action;
Preaches the doctrine without words;
All things take their rise, but he does not turn away from them;
He gives them life, but does not take possession of them;
He acts, but does not appropriate;
Accomplishes, but claims no credit.
It is because he lays claims to no credit
That the credit cannot be taken away from him.

王弼註

天下皆知美之爲美, 斯惡已, 皆知善之爲善, 斯不善已. 故有無相生, 難易相成, 長短相較, 高下相傾, 音聲相和, 前後相隨.

美者, 人心之所進樂也, 惡者, 人心之所惡疾也. 美惡猶喜怒也, 善不善猶是非也. 喜怒同根, 是非同門, 故不可得而偏擧也. 此六者, 皆陳自然不可偏擧之明數也.

是以聖人處無爲之事,

自然已足, 爲則敗也.

行不言之教, 萬物作焉而不辭, 生而不有, 爲而不恃,

智慧自備, 爲則僞也.

功成而弗居.

因物而用, 功自彼成, 故不居也.

夫唯弗居, 是以不去.

使功在己, 則功不可久也.

❢ **天下皆知美之爲美, 斯惡已. 皆知善之爲善, 斯不善已.**

천하 사람들이 모두 미(美)를 아름다운 것으로 인식하면서부터 곧 추악(醜惡)의 관념이 나타났을 뿐이고, 선(善)을 착한 것으로 인식하면서부터 곧 불선의 관념이 나타났을 뿐이다. 이 문장을 상대주의로 이해할 수 있다. 천하의 모든 사람들이 미를 아름다운 것으로 알게 되면서 그와 상대적인 추악이라는 관념이 나타난다. 사람들이 선의 관념을 갖게 되면서 동시에 그와 반대되는 불선의 관념이 나타나게 된다. 아름답다거나 추악하다거나 또는 선하다거나 선하지 않다거나 하는 인식은 서로 의존하여 존재하는 것이다. 추악함이 있기 때문에 아름다움이 있고, 불선함이 있기 때문에 선함이 있다. 한편 "모든 사람이 미를 아름답다고 알고 있으나, 바로 그것은 추악한 것이며, 다들 선한 것을 선한 것으로 알고 있지만 불선하다"라고 한 풀이도 많이 있다. 세속의 아름다움이 추악함일 수 있고, 세상의 선이 불선일 수 있다는 의미로 새긴 것이다.

일단 상대주의로 이해할 경우, 미와 악이 상대적 개념일 뿐만 아니라 사람들이 미와 선이라고 하는 관념을 갖고 또 그것을 고집하면 결국 그와 상대적인 악과 불선의 관념도 나타나게 된다. 도는 원래가 현상계나 표상을 초월한 실체다. 하지만 미추선악(美醜善惡)은 인간의 언어나 관념으로 만들어진 상대적 가치다. 따라서 도에서 보면 미추선악의 구별이 있을 수 없다. 현상계에 살고 있는 사람들은 미나 선만을 좋아하고 이것을 고집하는 동시에 추와 악은 배척하고 말살하려고 한다. 그러나 미와 선 같은 가치판단적 관념이 있으면 이는 실체인 도에서 멀어진 것이며, 따라서 반드시 추와 악의 관념도 나타나게 된다. 이(已)는 '~뿐'이라는 뜻의 어조사이다. 천하(天下)는 두 가지 뜻이 있다. 하나는 '천하만물생어유'(天下萬物生於有, 40장)나 '가이위천하모'(可以爲天下母, 25장)에서처럼 우주나 자연계의 뜻이다. 다른 하나는 '천하유도'(天下有道, 46장)나 '성인재천하'(聖人在天下, 65장)에서처럼 인간세상이나 천하 사람의 뜻이다.

❢ 故有無相生, 難易相成, 長短相形, 高下相傾, 音聲相和, 前後相隨.

그러므로 있음과 없음은 서로를 낳고, 어려움과 쉬움은 서로 이루어주고, 길고 짧은 것도 서로 형성해 주고, 높고 낮음도 서로 드러내주고, 악기소리와 목소리도 서로 조화를 이루고, 앞과 뒤도 서로 따르기 마련이다. 유와 무는 서로 대립되는 관념이면서 서로 떨어질 수 없는 인과관계에 있다. 유가 있으면 무가 있게 마련이고 무의 관념이 있으면 자연히 유의 관념도 나타나게 마련이다. 우리 인간의 관념을 초월한 도와는 달리 유·무라는 두 개의 관념은 서로를 전제로 해서 성립될 수 있는 관념들이다. '상생'(相生)은 서로 낳는다, 서로 만들어준다는 뜻이다. 다음의 '난이' '장단' '고하' '음성' '전후'도 서로 대립적이면서 상생적인 인과관계로서 나타난다.

❢ 是以聖人, 處無爲之事, 行不言之教.

그러므로 성인(聖人)은 무위(無爲)의 일에 머무르며 말 없는 교화를 행한다. 현상계의 모든 존재는 상대적이고 가치의 체계나 표상은 인위적이며 절대적인 것이 아니다. 따라서 도의 체득자인 성인은 인위(人爲)를 부정하는 무위의 태도를 지니고 또 무언(無言)의 교화를 한다는 뜻이다. 성인(聖人)은 도가(道家)에서 최고로 높이는 이상적인 사람으로 도를 체득하고 자연과 일치한 경지에 있으며 허정(虛靜)·부쟁(不爭)·무위(無爲)·무욕(無欲)하다. 도가의 성인은 일반적으로는 유가(儒家)의 성인과 다르다고 한다. 즉 유가에서는 유위(有爲)적인 수양으로 도덕적 전범이 된 사람을 성인이라고 본다. 그러나 형이상학적인 수준에서는 도가나 유가 사이에는 별 차이가 없는 것으로 보인다. 『예기(禮記)』「애공문(哀公問)」에서 공자는 "무위하나 만물이 이뤄지는 것이 천도다"(無爲而物成 是天道也)라고 한 데서도 알 수 있다. 또 유가는 천도(天道)를 태극(太極)으로 보고 질서나 인식을 초월한 하나의 대(大)로 여긴다. 또 유가에서 가장 높이는 요(堯)와 순(舜)은 역시 도가적 존재로 '무위이치(無爲而治)'하고 '무언의 교화'를 했다고 높였다. 『논어(論語)』에도

"하늘이 무슨 말을 하더냐? 그런데도 사시가 운행되고 만물이 살아간다. 하늘이 무슨 말을 하더냐?"(天何言哉 四時行焉 百物生焉 天何言哉)고 했듯이, 유가에서 높이는 천도나 도가에서 높이는 도나 종국적으로는 인간의 인식을 초월한 절대라는 뜻에서는 같다. 다만 인간들이 천도를 인간 세상에 구현하는 방법인 덕(德)을 세우는 길이 다를 뿐이다. 유가는 친문명적인 방법으로 수양과 인위적인 작위 및 문화적인 예악을 동원해서 천도에 따른 인도(人道)를 구현하려 하지만 도가는 반문명적인 방법으로 그러한 인위적인 문화적 행사를 다 버리고 '무위자연'(無爲自然)으로 천도를 따르고자 했다.

처무위지사(處無爲之事)에서 무위(無爲)는 자연의 흐름이나 순리에 어긋나는 인위적인 작위를 하지 않는다는 뜻이다. 본래 우주, 천지, 만물은 스스로 그렇게 운행되고 변화·발전해 간다. 이것을 자연이라 하며 타력적이거나 인위적으로 된 것이 아니고 자율적으로 또 그렇게 밖에는 될 수 없어서 그렇게 된 것이다. 따라서 사람도 모든 것을 자연에 따르고 인위적인 작위를 가하지 말라는 것이 노자의 '무위자연'이다. 처(處)는 처리한다 혹은 처한다의 뜻이며, 사(事)는 일 또는 태도를 뜻한다. 무위의 방식에 머물러 모든 일을 처리하는 뜻으로 푼다. 행불언지교(行不言之敎)는 말하지 않으면서 모든 것을 교화한다 혹은 말없는 교화를 행한다의 뜻이다. 앞에서 『논어』에 '천하언재(天何言哉)'라고 했듯이 천이나 도가 그렇고 이를 체득한 성인도 무언의 교화를 실천한다. 무언(無言)도 무위자연의 일부로서 '호령(號令)이나 정령(政令)을 내리지 않는 것'이라고도 할 수 있다. 대체로 사람들은 무언의 교화가 아니라 열심히 말이나 책 또는 명령으로 남을 가르치고 따르게 한다.

❢ 萬物作焉而不辭, 生而不有, 爲而不恃. 功成而不居. 夫唯不居, 是以不去.

만물이 진작(振作)되어 일어나도 아무런 말을 붙이지 않으며, 낳고도 자기의 소유로 삼지 않고, 해주면서도 자랑하지 않는다. 이러한 모든 공을 이루더라도 그 공에 머물지 않으니, 오직 공에 머물지 않기 때문에 그의 공은 떠나지 않는다. 만물

작(萬物作)은 만물이 진작되어 일어난다는 뜻이다. 불사(不辭)는 언사(말)을 붙이거나, 주재(主宰)하고 간섭하거나 하지 않는다는 뜻이다. 위(爲)는 위한다거나 시위(施爲) 즉 베풀어 준다는 뜻이다. 불시(不恃)는 자랑하거나, 자만(自慢)하거나, 은혜로 내세우지 않는다는 뜻이다. 불거(不去)는 떠나지 않는다는 뜻이다. 『여씨춘추』「맹춘기·귀공」을 보면 이와 유사한 문장이 있다. 즉 "천지는 위대하구나. 낳으면서도 자식으로 여기지 않고, 이루면서도 소유하지 않는다. 만물이 모두 그 은택을 입고, 이익을 얻으면서도 그것이 어디에서 시작되었는지 알지 못한다. 이것이 삼황오제의 덕이다."

인간 사회에서는 사람들이 자의적이고 상대적인 관념이나 가치들을 설정하고 내걸고 또 고집한다. 그러나 이러한 관념은 이내 그와 대립되는 관념이 나타나게 해서 서로 분쟁을 야기하고, 마침내 인류역사를 투쟁과 전쟁으로 얼룩지게 한다. 이러한 상황을 극복하기 위해서는 일방적이고 상대적인 관념이나 가치를 내걸지 말고 무위자연의 도에 귀일(歸一)해야 한다. 이러한 경지에 들어 있는 성인은 '무위'와 '무언'으로 모든 일을 처리하고 남을 교화한다. 마치 말없는 하늘이 사계절을 운행하고 만물을 기르는 것과 같다. 따라서 자연스럽지 못한 인위적인 조작을 행하지 않고 무위자연의 도에 부합하도록 해야 한다. 정치사회에서는 남을 구속하는 정령이나 법령 같은 것을 내걸지 말고 무위의 일에 머물러 있어야 한다. 성인은 공을 세우고도 하늘같이 허정(虛靜)하기만 하다. 주인으로 자처하지도 또 자만하지도 않고 모든 것을 움켜쥐고 지배하지도 않는다. 하늘이 우주를 운행하고 만물을 기르건만 담담하게 있을 뿐이고 주인자리에 앉지도 않는다. 오직 그 공에 머물지 않기 때문에 그 공을 없앨 수 없고 그래서 영원할 수가 있는 것이다. 공을 내세우고 높은 자리를 독차지하고 앉으면 반드시 반대세력이 나타나 그를 낮은 자리로 쫓아내게 되는 것은 인류역사가 잘 말해주고 있다. 따라서 영원한 길은 '무위자연'의 길뿐이다. 인위적인 잔꾀를 부리지 않고 영원하고 절대인 천도(天道)를 따르는 사람이 바로 도를 체득한 성인이다.

제3장

안민(安民): 백성을 편안하게 함

능력 있는 자를 높이지 않으면 백성들이 공명을 다투지 않는다. 얻기 어려운 재물을 귀하게 여기지 않으면 백성들이 도둑질을 하지 않는다. 욕심낼 만한 것을 보이지 않으면 백성들의 마음이 어지러워지지 않는다. 그러므로 성인이 다스릴 때는 백성의 마음을 비우고 그 배를 실하게 채워주며, 그 의지를 약하게 하고 그 기골을 강하게 한다. 항상 백성들로 하여금 무지(無知)하고 무욕(無欲)하게 하면, 지자(智者)들이 감히 무엇을 해 보겠다는 수작을 부리지 못할 것이다. 도를 따라 무위를 행하면 다스려지지 않는 것이 없다.

不尚賢, 使民不爭. 不貴難得之貨, 使民不爲盜. 不見可欲, 使民心不亂.
불상현, 사민부쟁. 불귀난득지화, 사민불위도. 불현가욕, 사민심불란.
是以聖人之治, 虛其心, 實其腹, 弱其志, 强其骨. 常使民無知無欲, 使夫
시이성인지치, 허기심, 실기복, 약기지, 강기골. 상사민무지무욕, 사부
智者不敢爲也. 爲無爲則無不治.
지자불감위야. 위무위즉무불치.

不(아닐 불), 尙(높일 상, 오히려 상), 賢(어질 현, 재덕을 겸비할 현), 使(하여금 사, 부릴 사, 사신 사), 民(백성 민), 爭(다툴 쟁), 貴(귀할 귀), 難(어려울 난), 得(얻을 득), 貨(재화 화), 爲(될 위, 할 위, 여길 위), 盜(훔칠 도, 도적질 할 도), 見(볼 견, 나타낼 현), 可(옳을 가, 가할 가), 欲(하고자 할 욕), 心(마음 심), 亂(어지러울 난), 是(이 시, 옳을 시, 이에 시), 以(써 이), 聖(성인 성), 人(사람 인), 之(갈 지, 어조사 지), 治(다스릴 치), 虛(빌 허), 其(그 기), 實(열매 실, 실할 실, 실행할 실, 참으로 실), 腹(배 복), 弱(약할 약), 志(뜻 지), 强(강할 강), 骨(뼈 골), 常(항상 상), 無(없을 무), 知(알 지), 夫(무릇·대저 부, 저 부, 지아비 부), 智(지혜 지), 者(놈 자), 敢(감히 감), 也(어조사 야), 則(곧 즉, 법칙 칙)

Action Without Deeds

Exalt not the wise,
So that the people shall not scheme and contend;
Prize not rare objects, So that the people shall not steal;
Shut out from site the things of desire,
So that the people's hearts shall not be disturbed.

Therefore in the government of the Sage:
He keeps empty their hearts, Makes full their bellies,
Discourages their ambitions, Strengthens their frames;
So that the people may be innocent of knowledge and desires.
And the cunning ones shall not presume to interfere.
By action without deeds, May all live in peace.

王弼註

不尙賢, 使民不爭, 不貴難得之貨, 使民不爲盜, 不見可欲, 使民心不亂.
賢, 猶能也. 尙者, 嘉之名也. 貴者, 隆之稱也. 唯能是任, 尙也曷爲. 唯用是施, 貴之何爲. 尙賢顯名, 榮過其任, 爲而常校能相射. 貴貨過用, 貪者競趣, 穿窬探篋, 沒命而盜. 故可欲不見, 則心無所亂也.

是以聖人之治, 虛其心, 實其腹,
心懷智而腹懷食, 虛有智而實無知也.

弱其志, 强其骨.
骨無知以幹, 志生事以亂. 心虛則志弱也

常使民無知無欲,
守其眞也.

使夫智者不敢爲也.
智者, 謂知爲也.

爲無爲, 則無不治.

❢ 不尙賢, 使民不爭.

능력 있는 자를 높이지 않으면 백성들이 공명을 다투지 않는다. 위정자가 능력 있는 자를 높이지 말아야 백성들로 하여금 다투지 않게 한다는 말이다. 여기서 현(賢)이나 상현(尙賢)의 뜻을 살펴볼 필요가 있다. '현'(賢)에 대해서 하상공은 다음과 같이 풀었다. "현은 이른바 세속적인 현명으로 구변 좋고 문장에 밝으며 도를 벗어나 권세를 부리고 소박한 본질을 떠나 인위적인 꾸밈(文飾)을 행하는 것이다"(賢, 謂世俗之賢. 辯口名文, 離道行權, 去質爲文也). 그리고 "불상(不尙)은 녹(祿)이나 벼슬을 주어 귀하게 하지 않는 것이다"(不尙者, 不貴之以祿, 不貴之以官). 춘추시대에 이미 능력 있는 사람을 높이는 풍조가 있었다. 더구나 능력 있는 자를 등용하라는 상현(尙賢) 의식은 당시 제자백가의 공통된 생각이었다. 『논어』「자로편(子路篇)」에 이미 “현재를 높인다”(擧賢才)고 했고, 『예기(禮記)』「예운편(禮運篇)」에도 “현인과 능자를 뽑는다”(選賢與能)고 했다. 이러한 상현지풍(尙賢之風)을 노자가 반대하고 도리어 반상현(反尙賢)을 주장했다. 이에 대해 왕필은 조금 다른 해석을 하고 있다. 즉 “능력 있는 사람에게 일을 맡길 뿐이지 무엇 때문에 높이겠는가”라고 하여 능력 있는 사람을 높이는 것은 곤란하고 일을 맡기는 것은 괜찮다는 입장을 보여준다.

하여튼 현자(賢者)를 높이지 않아야 백성들이 다투지 않게 된다는 것이다. ‘다투지 않는다’는 것에 대해 하상공은 “공명을 다투지 않고 자연에 돌아간다”(不爭功名 返自然也)라고 했다. 육희성은 “인정(人情)이 귀하고 높게 여기는 것은 사람들이 욕심을 부리게 되어 있다. 욕심을 부리면 거짓이 생기고, 거짓이 생기면 간악함이 생기니 그 때문에 능력 있는 자를 높이면 쟁탈하는 마음이 자라나게 된다”고 했다. 또 『장자』의 「천지」편에 다음과 같은 내용이 나온다. “덕이 지극했던 세상에서는 현자라도 높이지 않고 재능이 있다고 쓰지 않으며 위에 있는 사람도 나뭇가지처럼 그저 위에 있을 뿐이고, 백성들은 들판의 사슴처럼 자유로웠다. 단정하게 처신해도 그것을 의롭다(義) 여기지 않고, 서로 사랑해도 그것을 어질다(仁) 생각지 않으며, 성실하게 해도 그것을 정성(忠)이라 여기지 않고 일이 꼭 들어맞아도 그것을 미덥다(信) 생각지 않으며, 움직여 남을 위해 일해도 그것을 은혜(賜)라 여기지 않았다. 그러니까 무엇을 행하더라도 그 자취가 없고 일이 있어도 전해지지 않았던 것이다.”

❢ 不貴難得之貨, 使民不爲盜. 不見可欲, 使民心不亂.

얻기 어려운 재물을 귀하게 여기지 않으면 백성들이 도둑질을 하지 않는다. 욕심낼 만한 것을 보이지 않으면 백성들의 마음이 어지러워지지 않는다. ‘불귀’는 귀하게 여기지 않는다는 뜻이며, ‘난득지화’는 황금이나 주옥과 같이 얻기 어려운 재물을 말한다. 얻기 어려운 재물을 귀히 여기지 않아 백성들이 도적질하지 않으며,

욕심낼 만한 것을 보이지 않아 백성들의 마음이 심란해지지 않는다는 것이다. 도적질은 귀중하고 값나가는 물건을 갖고 싶어서 하는 것이다. 즉 그 희소가치로 인해서 다투어 뺏게 된다. '불현가욕'(不見可欲)은 위정자나 군주가 자신이 원하거나 욕심낼 만한 것을 나타내 보이지 않는다. '사민심불란'(使民心不亂)은 백성들의 마음을 흐트리지 않는다는 것이다. 사람들은 무위자연의 도를 따라 자연만물과 호흡을 같이 하고 소박하게 살아야 한다. 그런데 인간사회에서는 이것은 좋고 저것은 나쁘다고 하여 자의적(恣意的) 가치를 마련해 놓고 서로 다투어 취하고자 한다. 그러므로 위정자가 이런 것을 타파하고 자연에 돌아가 무욕(無欲)하게 살면 백성들도 무욕하게 되고 따라서 마음이 흐트러지지 않을 것이다. 심란(心亂)은 욕망(欲望)에서 나온다.

❢ 聖人之治, 虛其心, 實其腹, 弱其志, 强其骨.

그러므로 성인이 다스릴 때는 백성의 마음을 비우고 그 배를 실하게 채워주며, 그 의지를 약하게 하고 그 기골을 강하게 한다. 무위자연의 도를 터득한 성인의 다스림을 말한다. 여기의 네 '기(其)'는 모두 백성을 가리킨다. '허기심'(虛其心)은 사람들의 마음을 허정(虛靜)하게 만든다는 것이다. '실기복'(實其腹)은 백성들의 배를 실하게 채워준다는 것이다. 엄영봉은 "마음이 허하면 욕심이 없고, 배가 실하면 걱정이 없다"(心虛則無欲 腹實則無憂)고 했다. '약기지'(弱其志)는 사람들의 의욕이나 뜻을 약하게 한다는 뜻이다. 지(志)는 의지, 의욕, 목적의식, 욕구 등이며, '마음의 뻗어나가는 것'(心之所之也)이다. 하상공은 이것을 "화유겸양하고, 권세에 머물러 있지 않는다"(和柔謙讓, 不處權也)로 풀었다. '강기골'(强其骨)은 백성들의 뼈를 강하게 한다는 것이다. 배를 실하게 하고 뼈를 튼튼하게 한다는 것은 무위자연의 생활을 하게 한다는 뜻이다. 마치 어린아이들이 배불리 먹고 자라면서 뼈가 굵어지는 것과 같다. 그러나 마음의 뜻은 욕심, 욕구, 욕망과 통하고, 인간사회의 모든 간교함과 분쟁의 근원이다. 따라서 이것들을 비우고 약하게 하자는 것이 노자의 주장이다.

왕필의 해설을 보면 다음과 같다. “마음은 지혜를 품고 있고 배는 음식을 품고 있으니 지혜를 가지려는 마음을 비우고 무지로 채운다. 뼈는 무지하면서도 몸의 근간이 되고 뜻은 일을 만들어내어 어지럽히니 마음을 비우면 뜻이 약해진다.” 육희성은 좀 더 구체적인 해설을 내놓았다. 즉 “성인이 다스릴 때 남은 재물을 백성들과 나누는 것은 탐하여 도둑질하는 마음을 비우게 하는 방법이고, 황폐한 밭을 가꾸는 것은 배고픈 백성의 배를 채우는 방법이다. 능함을 다투는 현신(賢臣)을 숭상하지 않아 그 뜻을 약하게 하고, 병역(兵役)하는 백성의 힘을 수고롭게 하지 않아 그 근골을 튼튼하게 한다.”

❢ 常使民無知無欲, 使夫智者不敢爲也.

항상 백성들로 하여금 무지(無知)하고 무욕(無欲)하게 하면, 지자(智者)들이 감히 무엇을 해 보겠다는 수작을 부리지 못할 것이다. 사람들로 하여금 인간적인 지혜와 욕구를 없게 한다. 왕필은 “참됨을 지킨다”(守其眞也)고 했다. 즉 “소박한 자연으로 되돌아간다”(復歸於樸, 28장)와 같다. 이렇게 되면 이른바 지혜롭다는 자들이 나서서 함부로 인위적인 작위를 행하지 못한다. 범응원(范應元)은 “교묘한 지혜를 부리는 자가 감히 나서서 망령된 짓을 하지 못한다”(巧智之人 不敢妄爲也)로 풀었다.

❢ 爲無爲則無不治.

도를 따라 무위를 행하면 다스려지지 않는 것이 없다. 무위를 행하면 백성들이 안락하게 되고 다스려 지지 않는 것이 없다는 말이다. 인위적인 문명 사회에 병들었던 사람들이 다시 병을 고치고 건강하고 소박한 자연으로 복귀하는 것이다. 인간의 불행은 자신의 욕망에서 싹튼다. 욕망이 있기 때문에 서로 다투고 싸우게 된다. 인간의 본성은 자연과 더불어 무지무욕(無知無欲)의 건강한 상태에서 안락을 누리며 마치 어린아이같이 무럭무럭 자라게끔 되어 있다. 그런 것이 인간적 지혜와 간교함, 지나친 의욕이나 욕구, 욕망 등으로 인해서 서로 다투고, 남을 못살게 굴고 악용하며, 남의 재물을 빼앗기에 이르러 병들고 타락한 것이 인간이다. 이에 노자는 병든 인간사회를 다시 건강한 자연으로 되돌려야 한다고 주장했고, 그 방법으로 '무지·무욕·무위'를 제시했다. 노자의 이러한 주장은 분명히 우민정책(愚民政策)의 위험성과 비판이 있지만, 실은 모든 불행의 근원에서 멀어지라는 뜻이 강하다.

제4장

불영(不盈): 다함이 없음

도는 텅 비어 있지만 아무리 써도 다함이 없어 그 작용이 무궁무진한 것 같구나. 깊고 고요하여 마치 만물의 근원과 같도다. 도는 만물의 날카로움을 꺾어 그 얽힘을 풀고, 그 빛을 부드럽게 하여 그 티끌과 함께 하는구나. 고요하고 맑아 없는 듯도 하지만 언제나 있어 온 것 같구나. 나는 도가 누구의 자식인지 모르겠으나 상제보다도 앞서 있는 것 같구나.

道沖, 而用之或不盈. 淵兮, 似萬物之宗. 挫其銳, 解其紛, 和其光,
도충, 이용지혹불영. 연혜, 사만물지종. 좌기예, 해기분, 화기광,

同其塵. 湛兮, 似或存. 吾不知誰之子, 象帝之先.
동기진. 담혜, 사혹존. 오부지수지자, 상제지선.

道(길 도), 沖(빌 충, 깊을 충, 조화될 충), 而(말 이을 이), 用(쓸 용), 之(갈 지, 어조사 지), 或(혹 혹, 늘, 항상 혹), 不(아닐 불), 盈(찰 영), 淵(못 연), 兮(어조사 혜), 似(같을 사, 유사할 사), 萬(일만 만), 物(만물 물), 宗(으뜸 종, 마루 종), 挫(꺾을 좌), 其(그 기), 銳(날카로울 예), 解(풀 해), 紛(어지러울 분, 섞일 분), 和(화합할 화, 고를 화), 光(빛 광), 同(같을 동), 塵(티끌 진), 湛(맑을 담, 깊을 담, 즐길 담), 存(있을 존), 吾(나 오), 不(아닐 불), 知(알 지), 誰(누구 수), 子(아들 자), 象(코끼리 상, 모양 상, 닮을 상, 같을 상), 帝(임금 제), 先(먼저 선)

The Character of Tao

Tao is a hollow vessel, And its use is inexhaustible!
Fathomless! Like the fountain head of all things,
Its sharp edges rounded off, Its tangles untied,
Its light tempered, Its turmoil submerged,
Yet dark like deep water it seems to remain.
I do not know whose Son it is, An image of what existed before God.

王弼註

道，沖而用之，或不盈，淵兮似萬物之宗．挫其銳，解其紛，和其光，同其塵．湛兮似或存，吾不知誰之子，象帝之先．

夫執一家之量者，不能全家，執一國之量者，不能成國，窮力擧重，不能爲用．故人雖知萬物治也，治而不以二儀之道，則不能贍也．地雖形魄，不法於天則不能全其寧，天雖精象，不法於道，則不能保其精．沖而用之，用乃不能窮．滿以造實，實來則溢．故沖而用之又復不盈，其爲無窮亦已極矣．形雖大，不能累其體，事雖殷，不能充其量．萬物舍此而求主，主其安在乎．不亦淵兮似萬物之宗乎．銳挫而無損，紛解而不勞，和光而不汚其體，同塵而不渝其眞，不亦湛兮，似或存乎．地守其形，德不能過其載，天慊其象，德不能過其覆．天地莫能及之，不亦似帝之先乎．帝天帝也．

❢ 道沖，而用之或不盈.

도는 텅 비어 있지만 아무리 써도 다함이 없어 그 작용이 무궁무진한 것 같구나. 충(沖)은 텅 비어 있다는 허(虛)나 그릇이 비었다는 충(盅)의 뜻과 조화롭다는 뜻을 동시에 갖는다. 우선 충(沖)을 '텅 비다'의 뜻으로 한 풀이를 보자. 용지(用之)는 도를 활용해 쓰다는 말이다. 혹(或)은 늘상이나 항상의 뜻이다. 하상공은

"혹은 항상이다"(或, 常也)라 했다. 불영(不盈)의 영은 가득히 차다(滿) 또는 다하다(盡), 혹은 궁하다(窮)의 뜻이다. 따라서 '용지혹불영'(用之或不盈)은 '도는 아무리 써도 다 쓸 수 없다'는 뜻으로, 도의 무한한 효용성과 무진장한 작용을 밝힌 것이다. 엄영봉은 "도는 텅 비어 있음으로써 작용하고, 또 차지 않는다"(道沖而用之, 又不盈)로 읽었다.

한편 충(沖)을 '조화롭다'의 뜻으로 한 풀이들이 있다. 우선 하상공에 따르면 여기에서 '충'(沖)은 '중'(中)의 뜻이다. "도는 이름을 숨기고 명예를 감추므로 그 쓰임은 '중'에 있다." 성현영은 좀 더 부연하여 "성인이 베풀고 교화할 때는 쓰임이 되는 것이 여러 가지 있지만 가장 절실한 말은 중도(中道)보다 우선되는 것이 없다. 그러므로 도는 조화롭게 사용하니 넘치지 않는다고 하였다. '중'(中)을 쓰임으로 삼는 것이다"라고 하였다. 이들이 설명한 것처럼 '충'에는 원래 '화'(和)의 뜻이 있기 때문에 '중'(中)과 통한다. 『도덕경』 42장의 '충기(沖氣)'라는 말에서도 이 뜻을 찾을 수 있다. 여기에서 '중'은 상황에 알맞게 처신하는 것, 곧 조화로운 행동을 의미한다. 왕필도 같은 견해를 제시한다. 그는 "조화롭게 사용해야만 쓰임에 궁함이 없다. 가득 채움으로써 실질[實]이 이루어지지만 실질이 생기면 곧 넘치게 된다. 그러므로 조화롭게 사용해야만 넘치지 않는다"고 하였다. 이 설명에 앞서 왕필은 "힘을 다하여 무거운 것을 드는 것은 좋은 쓰임이 될 수 없다"고 하면서 그렇기 때문에 사람이 만물을 다스릴 수 있어도 반드시 천지로부터 배워야 하고, 천지도 위대하기는 하지만 도에서 배우지 않으면 안 된다고 하였다. 사람이 뛰어나다고 하더라도 자기의 입장만 내세우고 자기 힘만으로 세상을 떠받들려고 하면 안 되고, 언제나 주변 환경(자연)과 조화할 줄 알아야 한다는 것이다.

❢ 淵兮, 似萬物之宗. 挫其銳, 解其紛, 和其光, 同其塵. 湛兮, 似或存.

깊고 고요하여 마치 만물의 근원과 같도다. 도는 만물의 날카로움을 꺾어 그 얽힘을 풀고, 그 빛을 부드럽게 하여 그 티끌과 함께 하는구나. 고요하고 맑아 없는 듯도 하지만 언제나 있어 온 것 같구나. 연(淵)은 깊고 조용하다, 즉 심연(淵深)하고 정적(靜寂)하다는 뜻이다. '사만물지종'(似萬物之宗)에서 사(似)는 닮았다는 뜻이고, 종(宗)은 뿌리(本)나 종주(宗主)의 뜻이다. 즉 도는 깊고 조용하여 인간의 인식을 초월한 존재이지만 만물을 낳아 기르고 있고 또한 만물이 최종적으로 귀의하고 있는 곳이다. 따라서 도는 만물의 종주나 근원과 같다. 감산(憨山)은 특히 "도는 만물을 낳고도 소유하지 않고, 베풀어주면서도 주인노릇 하지 않기 때문에 만물의 종주와 같다고 한다"(但生而不有, 爲而不宰, 故曰似萬物之宗)고 했다. '좌기예'(挫其銳)는 날카로움을 꺾는다는 말이고, '해기분'(解其紛)은 복잡하게 엉킨 것을 풀어준다는 말이다. '화기광'(和其光)은 지나친 빛을 부드럽게 누그러뜨린다는 말이며, '동기진'(同其塵)은 티끌이나 먼지와 함께 한다는 말이다. 한편 '挫其銳, 解其紛. 和其光, 同其塵.'의 네 귀절은 56장에도 있으며, 여기서는 착간(錯簡)된 것으로 제외하는 편이 좋다고 하는 설이 있다. 하지만 마왕퇴 백서에는 모두 들어 있기 때문에 착간은 아닌 것으로 보인다. 또한 "도는 자기의 빛을 부드럽게 하여 만물의 더러움에도 함께 한다"로 풀기도 한다. 이렇게 본다면 "날카로움을 꺾고" "빛을 누그러뜨린다는 것"은 비록 대단한 능력이 있더라도 자만하지 않고 날카로움과 빛의 반대 면을 항상 염두에 두어 조화와 균형을 유지하는 행동이다. 또 그것을 통해 "엉킨 것을 풀고" "먼지나 티끌과 함께하는 것"은 날카로움을 자랑하여 다른 사람과 다툼을 일으키고 빛남을 뽐내어 뭇사람의 질시를 받게 되는 것처럼 넘쳐버리는 일이 없도록 하는 길이기도 하다. '담혜'(湛兮)는 고요하고 맑다는 뜻도 있고, 물에 빠져서 보이지 않는 모습 즉 침(沈)이나 몰(沒)의 뜻도 있다. 즉 도는 깊이 숨어서 혹은 고요하고 맑아서 보이지 않는다. 도를 체득한 성인은 자기를 내세우지 않고, 항상 주위와 조화를 이루어 드러나지 않으므로 물에 빠져 모습이 보이지 않는 것과 같다.

❢ 吾不知誰之子, 象帝之先.

나는 도가 누구의 자식인지 모르겠으나 상제보다도 앞서 있는 것 같구나. 노자 자신도 도의 근원이나 존재의 연유를 모르겠다는 말이다. 도는 '스스로 그렇게 되어진 것(自然)'이다. 엄영봉은 『노자장구신편찬해(老子章句新偏纂解)』에서 다음과 같이 풀었다. "유는 무에서 나온다. 즉 유는 무의 아들이다. 무는 있음이 없는 것이다. 따라서 누구인지 무엇인지 알 수가 없다. 아들은 도이고, 자연의 소생이다. 아들이 태어나기는 했으나 그 아버지는 어떻게 된 것인지 알 수가 없다. 그래서 나는 그가 누구의 자식인지 모른다는 것이다"(道子有也. 無者自然也. 有生於無, 則有者, 無之子也. 無者, 無有也. 無有, 則不知誰何? 子者, 道也, 自然所生者也. 子生而不知其父爲何. 故曰 吾不知其誰之子也). '상제지선'(象帝之先)에서 '상'(象)은 '사'(似)와 같다. 그래서 아마도 상제(上帝)보다도 먼저 태어난 것 같다는 말이다. 결국 노자는 도가 상제보다는 먼저 있다고 했다. 즉 "혼합되어 이루어진 것이 천지에 앞서 있었다"(有物混成, 先天地生. 25장)는 말과 상통한다.

제5장 수중(守中): 허정(虛靜)한 마음을 지킴

천지는 어질지 않아 만물을 추구(짚강아지)와 같이 여기고, 성인도 어질지 않아 백성을 추구(짚강아지)와 같이 여긴다. 하늘과 땅 사이는 마치 풀무와 같구나. 텅 비어 있는데도 그 쓰임은 끝이 없고, 스스로 움직일수록 더 많이 내보내는구나. 말이 많으면 자주 막히는 법이니, 마음을 비워 허정한 도를 지키는 편이 낫겠구나.

天地不仁, 以萬物爲芻狗. 聖人不仁, 以百姓爲芻狗. 天地之間,
천지불인, 이만물위추구. 성인불인, 이백성위추구. 천지지간,

其猶橐籥乎! 虛而不屈, 動而愈出. 多言數窮, 不如守中.
기유탁약호! 허이불굴, 동이유출. 다언삭궁, 부여수중.

天(하늘 천), 地(땅 지), 不(아닐 불), 仁(어질 인), 以(써 이), 萬(일만 만), 物(만물 물), 爲(할 위, 될 위, 여길 위), 芻(꼴 추), 狗(개 구), 聖(성인 성), 人(사람 인), 以(써 이), 百(일백 백, 모두 백), 姓(성 성), 之(갈 지, 어조사 지), 間(사이 간), 其(그 기), 猶(같을 유), 橐(전대 탁, 자루 탁, 풀무 탁), 籥(피리 약, 자물쇠 약, 풀무의 송풍관 약), 乎(어조사 호), 虛(빌 허), 而(말 이을 이), 屈(굽을 굴, 굽힐 굴), 動(움직일 동), 愈(더욱 유, 나을 유, 낫을 유), 多(많을 다), 言(말씀 언), 數(셀 수, 자주 삭), 窮(궁할 궁, 다할 궁, 궁구할 구), 如(같을 여), 守(지킬 수), 中(가운데 중, 마음 중, 맞을 중).

Nature

Nature is unkind,
It treats the creation like sacrificial straw-dogs.
The Sage is unkind,
He treats the people like sacrificial straw-dogs.

How the universe is like a bellows!
Empty, yet it gives a supply that never fails;
The more it is worked, the more it brings forth.

By many words is wit exhausted.
Rather, therefore, hold to the core.

王弼註

天地不仁, 以萬物爲芻狗,
天地任自然, 無爲無造, 萬物自相治理, 故不仁也. 仁者必造立施化, 有恩有爲. 造立施化, 則物失其眞. 有恩有爲, 則物不具存. 物不具存則不足以備載矣.
(天)地不爲獸生芻, 而獸食芻, 不爲人生狗, 而人食狗. 無爲於萬物而萬物各適其所用, 則莫不贍矣. 若慧由己樹, 未足任也.

聖人不仁, 以百姓爲芻狗.
聖人與天地合其德, 以百姓比芻狗也.

天地之間, 其猶槖籥**乎. 虛而不屈, 動而愈出.**
槖排槖也. 籥樂籥也. 槖籥之中空洞, 無情無爲, 故虛而不得窮屈, 動而不可竭盡也. 天地之中蕩然 任自然, 故不可得而窮, 猶若槖籥也.

多言數窮, 不如守中.
愈爲之 則愈失之矣. 物樹其惡, 事錯其言, 不濟, 不言不理, 必窮之數也. 槖籥而守數中, 則無窮盡. 棄己任物, 則莫不理. 若槖籥有意於爲聲也, 則不足以共吹者之求也.

❢ **天地不仁，以萬物爲芻狗．聖人不仁，以百姓爲芻狗．**

천지는 어질지 않아 만물을 추구(짚강아지)와 같이 여기고, 성인도 어질지 앞아 백성을 추구(짚강아지)와 같이 여긴다. 천지는 어질지 않아, 만물을 짚강아지처럼 여기고, 성인도 어질지 않아 백성을 짚강아지처럼 여긴다. '추구'(芻狗)는 짚으로 만든 강아지이다. 『장자』「천운」편에도 이 말이 나오는데, 제사에 쓰이는 짚강아지라는 뜻으로 쓰였다. 즉 "제사 때 쓰이는 저 짚강아지(芻狗)는 아직 제사상에 차려 놓기 전에는 좋은 상자에 담아서 수놓은 아름다운 천으로 덮어 두었다가 시축(尸祝:신주)이 재계하고 그것을 신전에 바치지. 제사가 끝나면 내버려져서 길가는 사람이 그 머리며 등을 밟고 벌초하는 자가 주어다 불을 땔 뿐일세"라 했다.

천지는 인애(仁愛)를 베푸는 것이 아니라 오직 자연의 운행법칙에 따라 움직일 뿐이다. 유가(儒家)나 유신론자(有神論者)의 주장같이 천지가 인간들을 사랑하는 것이 아니다. 천지는 사사로움 없이 만물의 자연스러운 흐름을 따를 뿐이다. 그러므로 만물은 스스로 태어나고 스스로 죽는다. 사람들이 제사 전에 짚강아지를 소중히 다루는 것은 반드시 그것을 사랑해서가 아니라 때가 그런 것이고, 제사 후에 버리는 것은 미워해서가 아니라 때가 그런 것이다. 즉 천지·자연은 무정한 우주의 보편적 법칙에 존재하고 변화하는 것이지 정감적인 인애(仁愛)를 베풀지 않는다. 『순자』「천론」)에서 "하늘은 사람이 추위를 싫어해서 겨울을 거둬 가는 것이 아니다. 땅은 사람이 먼 것을 싫어해서 광야를 가리는 것이 아니다. ……하늘에는 상도(常道)가 있고, 땅에는 상수(常數)가 있다"고 했다. 『장자』「제물론」의 "큰 사랑[仁]은 사랑을 내세우지 않는다"는 말과도 통한다.

왕필이 말하길, "천지는 자연을 따라 어떠한 인위적인 조작도 하지 않고, 만물도 스스로 서로 도리를 따른다. 따라서 불인하다. 인자는 인위적인 조작과 교화를 강요하고 은혜를 남에게 베푼다. 그렇게 되면 만물은 참됨을 잃어버리고 고르게 존재할 수가 없다"고 했다. 소철(蘇轍)이 말하길, "천지는 사사로움이 없고, 만물은 스스로 났다가 스스로 죽어 없어진다. 죽는 것도 내가 미워해서가 아니고, 사는 것도 내가 좋아해서가 아니다"(天地無私, 而聽萬物之自然, 故萬物自生自死. 死非吾虐之, 生非吾仁之也). 오징이 말하길, "인은 사랑하는 것에 마음을 두는 것이다. 그러나 천지는 만물 사랑에 아무런 마음을 두지 않고, 오직 만물이 제 스스로 나고 스스로 이루어가도록 내버려 둔다"(仁謂有心於愛之也. 天地無心於愛物而任其自生自成).

'천지불인'(天地不仁)은 유가사상의 인(仁)에 반대되는 말이다. 노자는 "도와 덕이 없어진 다음에 인이 나왔다"(失道而後德, 失德而後仁, 38장)고 하였다. 하지만 유가사상에서 가장 높이는 인(仁)도 사실은 천리(天理)를 바탕으로 한 사랑이며, 그것을 우주·천지의 만물이 나고 길러지는 근원적 힘으로 파악하고, 그 원리를 인간이 체득하여 개인·가족·사회·국가·인류에게 확대해 가야 한다는 것이다. 다만 노자는 오직 인간들이 인이란 이름을 내걸고 협잡을 하고 남을 유린하는 타락한 인간사회를 극복하기 위해 모든 인위적 조작·가치·주장 등을 배척하고 절대인 도에 귀의하자고 주장한 것이다. 따라서 궁극에 가서는 모두 하나에 귀일된다고 하겠다.

천지와 마찬가지로 무위자연의 도를 체득한 성인도 어짊(仁)과 같은 인간적인 정감을 초월한다. 즉 오직 도를 따라 담담할 뿐, 인간적인 정감에 엉키지 않는다. 오징이 말하길, "성인의 마음은 텅 비었으며, 고집하는 바가 없다. 만약에 백성을 사랑한다는 것에 마음이 있으면, 마음이 텅 빈 것이 아니다"(聖人之心虛, 而無所倚著. 若有心於愛民, 則心不虛矣). 사랑은 미움에 대립되는 감정일 뿐 절대가 아니다. 따라서 사랑한다는 것은 미워하는 것을 만들어 낼 수밖에 없으며, 둘 모두 절대인 도에서 벗어나 한쪽으로 치우치는 것이다. 한쪽으로 치우치는 것은 무위자연이 아니므로 만물이 천성(天性)대로 잘 자랄 수가 없게 된다.

❢ 天地之間，其猶橐籥乎！虛而不屈，動而愈出.

하늘과 땅 사이는 마치 풀무와 같구나. 텅 비어 있는데도 그 쓰임은 끝이 없고, 스스로 움직일수록 더 많이 내보내는구나. 탁약(橐籥)은 풀무이다. 하늘과 땅 사이는 마치 바람통 같은 것이다. 바람통은 속이 텅 비어 있으나 작용하면 무한하게 바람이 일어난다. 천지간도 텅 비었으나 끝없이 만물이 나서 길러지고, 만상이 전개되고, 무궁무진한 원기(元氣)가 나온다. 허이불굴(虛而不屈)은 '텅 비어 있으면서도 굴함이 없다'는 말은 두 가지로 해석될 수 있다. 하나는 '굴(屈)'은 '갈(竭)' 또는 '진(盡)'과 같은 글자로 보아 안은 텅 비어 있지만 그 쓰임은 다함이 없다고 해석하는 것이고, 다른 하나는 '굴'을 글자 그대로 보아 안이 텅 비어 있는데도 구부러지지 않는다고 해석하는 것이다. 모두 통하지만 전자가 더 일반적이다. 그래서 없어지지 않고 무궁무진하다는 뜻이다. 동이유출(動而愈出)은 움직일수록 더욱 나온다. 즉 생생불이(生生不已), 나고 나서 멈춤이 없으며, 끝없이 나고 길러진다는 뜻이다.

❢ 多言數窮，不如守中.

말이 많으면 자주 막히는 법이니, 마음을 비워 허정한 도를 지키는 편이 낫겠구나. 말이 많으면 자주 막힌다. 다언(多言)은 언사나 정령(政令)이 번다(煩多)하다는 뜻이다. 삭(數)은 속(速)과 통하며 빨리, 자주, 흔히(屢)의 뜻도 있다. 다언은 천지하언(天地何言)의 무위와 반대이며 도에 어긋나기 때문에 막힌다. 궁(窮)은 궁색하다, 막히다, 패망한다 등의 뜻이다. 2장에서 "그래서 성인은 무위의 일에 머물고, 말없는 교화를 행한다"(是以聖人處無爲之事, 行不言之敎)고 했다. 수중(守中)의 중(中)은 충(沖·盅)이나 허(虛)의 뜻이다. '허'가 자기를 비워 고집하지 않는 조화로움을 의미한다면 모두 포함된다. 그래서 수중(守中)은 허정(虛靜)을 지키거나 충허(沖虛)한 도를 마음에 지킨다는 뜻이다. 장자가 말하는 수일(守一), 수진(守眞)과 같다. 유가에서도 중을 중용(中庸), 중정(中正)이라고 하여 높인다. 그러나 유가는 유위(有爲)의 중정(中正)이고, 노자는 무위(無爲)의 충허다. 하지만 중이 도에 통하고 도를 만물이 생생불이(生生不已)하는 근본으로 본 것은 같다.

제6장

곡신(谷神): 골짜기의 신

골짜기의 신은 죽지 않으니 이를 현묘한 암컷이라 한다. 현묘한 암컷의 문을 일러 천지의 근원이라 한다. 면면히 이어져 있는 듯 없는 듯하며, 아무리 써도 마르거나 지치지 않아 그 작용이 무궁무진하구나.

谷神不死, 是謂玄牝. 玄牝之門, 是謂天地根. 綿綿若存, 用之不勤.
곡신불사, 시위현빈. 현빈지문, 시위천지근. 면면약존, 용지불근.

谷(골짜기 곡), 神(신령 신, 신령스러울 신), 不(아닐 불), 死(죽을 사), 是(이 시, 옳을 시, 이에 시), 謂(이를 위), 玄(검을 현, 그윽할 현), 牝(암컷 빈, 골짜기 빈), 之(갈 지, 어조사 지), 門(문 문), 天(하늘 천), 地(땅 지), 根(뿌리 근), 綿(솜 면, 이어질 면), 若(같을 약, 만약 약), 存(있을 존), 用(쓸 용), 勤(부지런할 근, 근심할 근)

The Spirit of the Valley

The Spirit of the Valley never dies,
It is called the Mystic Female.
The Door of the Mystic Female
Is the root of Heaven and Earth.

Continuously, continuously, It seems to remain.
Draw upon it And it serves you with ease.

王弼註

谷神不死, 是謂玄牝, 玄牝之門, 是謂天地根. 綿綿若存, 用之不勤.
谷神, 谷中央無谷者也. 無形無影, 無逆無違, 處卑不動, 守靜不衰, 谷以之成而不見其形, 此至物也. 處卑而不可得而名, 故謂天地之根,綿綿若存 用之不勤. 門玄牝之所由也. 本其所由, 與極同體, 故謂之 天地之根也. 欲言存邪, 則不見其形, 欲言亡邪, 萬物以之生. 故綿綿若存也. 無物不成, 用而不勞也, 故曰用而不勤也.

❢ 谷神不死, 是謂玄牝.

골짜기의 신은 죽지 않으니 이를 현묘한 암컷이라 한다. 후한 변소(邊韶)의 「건노자비명(建老子碑銘)」에 의하면 '곡(谷)'은 '곡(穀)'과 같기 때문에 기른다는 뜻이 있다. 현행 하상공·왕진본에서 "곡(谷)은 기른다(養)는 뜻이다"고 한 것과 통하는 주장이다. 하상공은 "곡(谷)은 기른다(養)는 것이다. 사람이 신을 키우면 죽지 않는다"(谷養也. 人能養神則不死也)고 했고, 신을 오장의 신(五藏之神)이라 했다. 하지만 '곡신(谷神)'이라는 말이 '현빈(玄牝)라는 말과 대응하고, 대응하는 말이 한

단어이므로 이 말도 한 단어로 보아 '골짜기의 신'으로 해석하는 것이 좋겠다. 골짜기의 신에 대해서 사마광은 "가운데가 비었기 때문에 곡이고, 헤아릴 수 없기 때문에 신이다"고 하였다. 오징은 "골짜기라는 것은 허(虛)를 비유한 것이다"고 했고, 초굉은 "골짜기라는 것은 비유다. 허하면서도 능히 만물을 수용하고, 만물을 수용하면서도 소유하지 않으며, 미묘하고 헤아릴 수 없기 때문에 곡신이라고 하였다"고 설명했다. 대부분 도를 형용한 것이라고 본다. 특히 동사정은 "곡신이란 그 체[道體]가 허하여 수용하지 않는 것이 없으면서도 그 쓰임은 사물에 응하여 헤아릴 길이 없음을 말한 것이다"고 했다. 또 곡신(谷神)이 만물을 양육해주는 신령이나 여성의 생식작용의 신비를 상징한다는 풀이도 있다.

하여튼 도의 본체와 연관시키려는 이러한 시각들도 충분히 가능하지만 삶의 태도와 연관해 볼 수도 있다. 즉 주해들이 모두 텅 비고 허한 상태를 형용하기 때문에 자신을 내세우지 않고, 주위 환경과 조화를 이룰 수 있다는 뜻을 담고 있는 것으로 볼 수 있다. 자기를 비우고 낮추어 다른 사람을 수용하고 주위와 조화를 이루어 나가는 삶을 찬미한 것이다. 골짜기의 신이란 텅 비어 있지만 모든 계곡물을 받아들이는 도량 있는 처신을 비유한 것이고, 불사(不死)는 곡신의 신비스러운 조화가 끝이 없다는 그 효과를 극적으로 말한 것이다. 이렇게 보면 뒤이어 나오는 '현묘한 암컷(玄牡)'이라는 말이 더 쉽게 이해된다. 현빈(玄牝)의 현(玄)은 유현(幽玄)하다거나 현묘(玄妙)하다는 뜻이고, 牝(빈)은 암컷, 여성을 말한다. 도는 곡신같이 허정(虛靜)한 존재이면서 신비롭게도 무궁무진하게 만물을 창조하고 모든 조화를 부린다. 따라서 그것을 현묘한 암컷이라 했다.

❢ 玄牝之門, 是謂天地根.

현묘한 암컷의 문을 일러 천지의 근원이라 한다. 현묘한 암컷의 문을 일러 천지의 뿌리라 한다. 제1장에서 "현묘하고 현묘하여 온갖 현묘함의 문이다"(玄之又玄, 衆妙之門)이라고 한 것과 연관되는 것으로 보인다. "하늘의 문이 열리고 닫히는 것을 능히 암컷처럼 할 수 있겠는가"(10장)라거나 "수컷을 알고 있으면서 암컷을 지킨다"(28장)거나, "큰 나라가 아래로 흐르면 천하가 모이는 곳이 되고 천하의 암컷이 된다. 암컷은 항상 고요함으로 수컷을 이긴다"(61장)는 말처럼 노자는 도에 부합되는 무위자연의 삶의 길을 대부분 여성성에 비유하고 있다.

綿綿若存. 用之不勤.

면면히 이어져 있는 듯 없는 듯하며, 아무리 써도 마르거나 지치지 않아 그 작용이 무궁무진하구나. 끊임없이 면면히 이어져 있는 듯 없는 듯하고, 아무리 써도 마르거나 지치지 않는다. 소철은 "면면(綿綿)은 미묘하면서 끊어지지 않는다는 뜻이고, 약존(若存)은 있으나 보이지 않는다는 뜻이다"고 했다. '근(勤)'은 '다하다(窮·盡)'는 뜻으로 많이 해석되고 있는데, 옛 주는 거의 '수고롭다(勞)'로 풀었다.

제7장

무사(無私): 사사로움이 없음

천지는 장구하다. 천지가 장구할 수 있는 까닭은 스스로 자신을 위해 삶을 도모하지 않음이니, 그 때문에 장생할 수 있다. 그래서 도를 체득한 성인은 자신을 뒤로 물리면서도 자신이 앞에 있게 되고 자신을 제외시켜 밖에 두면서도 자신을 보존하게 된다. 이는 결국 사심 없이 자신을 버리고 남을 위하기 때문이 아니겠는가? 그럼으로써 오히려 자신의 사사로움을 이룰 수 있게 된다.

天長地久. 天地所以能長且久者, 以其不自生, 故能長生. 是以聖人後其
천장지구. 천지소이능장차구자, 이기불자생, 고능장생. 시이성인후기

身而身先, 外其身而身存. 非以其無私耶? 故能成其私.
신이신선, 외기신이신존. 비이기무사야? 고능성기사.

天(하늘 천), 長(길 장), 地(땅 지), 久(오랠 구), 所(바 소), 以(써 이), 能(능할 능), 且(또 차), 者(놈 자), 其(그 기), 不(아닐 불), 自(스스로 자), 生(날 생), 故(연고 고, 옛 고), 是(이 시, 옳을 시, 이에 시), 聖(성인 성), 人(사람 인), 後(뒤 후), 身(몸 신), 而(말 이을 이), 先(먼저 선), 外(바깥 외, 제외할 외), 存(있을 존), 非(아닐 비), 無(없을 무), 私(사사로울 사, 은밀할 사), 耶(어조사 야), 成(이룰 성)

Living for Others

The universe is everlasting.
The reason the universe is everlasting
Is that it does not life for Self.
Therefore it can long endure.

Therefore the Sage puts himself last,
And finds himself in the foremost place;
Regards his body as accidental,
And his body is thereby preserved.
Is it not because he does not live for Self
That his Self is realized?

王弼註

天長地久. 天地所以能長且久者, 以其不自生,
自生則與物爭, 不自生則物歸也.
故能長生. 是以聖人後其身而身先, 外其身而身存. 非以其無私邪. 故能成其私.
無私者, 無爲於身也. 身先身存, 故曰 能成其私也.

❢ **天長地久. 天地所以能長且久者, 以其不自生, 故能長生.**

천지는 장구하다. 천지가 장구할 수 있는 까닭은 스스로 자신을 위해 삶을 도모하지 않음이니, 그 때문에 장생할 수 있다. 하늘은 길고 땅은 오래간다. 하늘과 땅의 장구함을 말함으로써 사람을 깨우치려고 하였다. 소이(所以)는 까닭, 이유, 원인을 말한다. 장차구(長且久)는 유구하고 영원하다는 말이다. 그래서 천지소이장차구자(天地所以能長且久者)는 천지가 장구(長久)할 수 있는 이유라는 뜻이다. 이기불자생(以其不自生)의 이(以)는 ~이기 때문이다는 뜻이다. 불자생(不自生)은 '자신을 위해 살지 않는다', 혹은 '자신을 위해 스스로 삶을 도모하지 않는다'의 뜻이다. 이런 태도가 바로 무심무욕(無心無欲)의 도에 부합한다. 왕필은 "스스로 삶을 도모하면 남과 다투게 되고, 스스로 삶을 도모하지 않으면 남과 함께 편안한 곳으로 돌아갈 수 있기 때문이다"고 한다. 노자는 스스로 삶을 도모하는 것에 대해 여러 군데서 말했다. "사람이 태어나 죽을 때까지, 삶의 무리가 십 분의 삼이고 죽음의 무리가 십 분의 삼이 있으며, 살면서 몸을 움직여 사지로 가는 것이 십 분의 삼이니, 이 무슨 까닭인고? 지나치게 살고 또 살려고만 하기 때문이다"(50장). "생명을 늘리려 하는 것은 요망함이다"(55장). "백성들이 가볍게 죽어가는 것은 살려고 지나치게 집착하는 것이니, 이 때문에 가볍게 죽어가는 것이다. 무릇 살기 위해 애쓰며 무엇인가를 하지 않는 것이 오히려 삶을 소중히 여기는 데에 현명하다."

❢ **後其身而身先, 外其身而身存.**

그래서 도를 체득한 성인은 자신을 뒤로 물리면서도 자신이 앞에 있게 되고 자신을 제외시켜 밖에 두면서도 자신을 보존하게 된다. 자신을 뒤로 물리는데도 결과적으로는 남보다 앞에 있게 되고 자신을 제외시켜 밖에 두면서도 자신을 보존하게 된다는 뜻이다. 하상공은 "남을 앞세우고 자기를 뒤로 하면, 결국 천하 사람들이 존경하고 어른으로 모신다. 자신을 박하게 하고 남을 후하게 하면 백성이 그를 부모처럼 사랑하고 신명은 그를 어린아이처럼 보우해서 몸을 항상 보존하게 된다"(先人而後己者也, 天下敬之, 先以爲長. 薄己而後人也. 百姓愛之如父母神明, 祐之若赤子, 故身常存.)고 했다. 감산은 "자신을 사사로이 하지 않고 남을 앞세우면, 남이 즐겁게 자기를 추대하고 싫어하지 않는다"(不私其身以先人, 故人樂推而不厭)고 했다. 왕회(王淮)는 "자신을 뒤로 한다는 뜻은 일종의 겸양이고, 물러나 감추고 거두어들이는 정신이다"(所謂後其身, 卽是一種謙讓, 退藏與收斂的精神)고 했다. 『도덕경』 제66장에서는 "이 때문에 성인이 사람의 위에 서려고 하면 반드시 말을 낮추고, 사람 앞에 나서려고 하면 반드시 자기를 뒤로 한다"(是以欲上民必以言下之, 欲先民必以身後之, 是以天下樂推而不厭)고 했다. 외기신(外其身)은 자기 몸을 제외시켜 밖에 둔다는 뜻이다. 즉 자신의 이해득실을 도외시한다는 뜻으로, 망아(忘我)와 같다. 자신을 잊고 오직 남을 위하기 땜에 결과적으로 자신의 존재가 영원하다.

❢ 非以其無私耶? 故能成其私.

이는 결국 사심 없이 자신을 버리고 남을 위하기 때문이 아니겠는가? 그럼으로써 오히려 자신의 사사로움을 이룰 수 있게 된다. 그가 사사로움이 없기 때문이 아니겠느냐? 그래서 오히려 자기 자신의 사사로움을 이루게 된다고 하는 뜻이다. 성기사(成其私)는 자신의 이기적인 욕망을 충족할 수 있다는 것이 아니라, 자신을 영원하고 완전한 존재로 만든다는 뜻이다. 이에 관해 동사정은 "사사로운 이익을 계산하고 이익을 도모한 것이 아니라 일의 추세가 자연스럽게 그렇게 되는 것이니, 마치 겸손히 있는데도 빛이 나고 몸을 잊었는데도 장수를 누리는 것과 같다"고 했다. 왕필은 "사사로움을 이룰 수 있다는 말은 자신이 앞에 있게 되고, 자신을 보존하게 되는 것을 말한다"고 했다. 도(道)는 자신도 없고, 자신을 자각하지도 않고 또 자신을 위한다는 이기심도 없이 오직 만물을 위해 끊임없이 낳아 기른다.

그래서 도는 만물을 포괄하는 영원한 존재인 절대자로 있는 것이다. 오직 남만을 위하면 영생한다. 따라서 도를 체득한 성인은 자신보다도 남을 앞세운다. 그러나 결과적으로 그는 남보다 앞서고, 높이 오르고, 영생을 누리고, 절대자인 도나 천이나 신의 경지에 들어가 자기완성을 하게 된다. 이런 경지는 세상의 모든 가르침에서 동일하다. 소아(小我)를 버리고 대아(大我)에 살며, 순간을 버리고 영원에 산다는 뜻과도 통한다.

제8장

약수(若水): 물과 같음

지극히 선한 것은 물 같다. 물은 선하여 만물을 잘 이롭게 해주면서도 다투지 않고, 모든 사람들이 싫어하는 비천한 곳에 자리를 잡는다. 그러므로 도에 가깝다. 거처를 잘 정하려면 땅을 잘 선택해야 하고, 마음을 잘 쓰려면 연못처럼 깊고 고요하게 해야 하고, 남과 잘 사귀려면 어진 마음을 가져야 하고, 말을 잘하려면 신의를 지켜야 하고, 제대로 바로잡으려면 잘 다스려지게 해야 하고, 일을 잘 처리하려면 능숙함을 익혀야 하고, 행동을 잘 하려면 시기를 잘 선택해야 한다. 이 모든 것들이 오로지 다투지 않는 까닭에 허물이 없는 것이다.

上善若水. 水善利萬物而不爭, 處衆人之所惡, 故幾於道. 居善地,
상선약수, 수선리만물이부쟁, 처중인지소오, 고기어도. 거선지,

心善淵, 與善仁, 言善信, 正善治, 事善能, 動善時. 夫唯不爭, 故無尤.
심선연, 여선인, 언선신, 정선치, 사선능, 동선시, 부유부쟁, 고무우.

上(위 상), 善(착할 선, 좋을 선), 若(같을 약, 만약 약), 水(물 수), 利(이로울 이), 萬(일만 만), 物(만물 물), 而(말 이을 이), 不(아닐 불), 爭(다툴 쟁), 處(곳 처, 처할 처, 처리할 처), 衆(무리 중, 많을 중), 人(사람 인), 之(갈 지, 어조사 지), 所(바 소), 惡(악 악, 추악할 악, 싫어할 오), 故(연고 고, 옛 고), 幾(기미 기, 가까울 기, 거의 기), 於(어조사 어), 道(길 도), 居(거할 거, 살 거), 地(땅 지), 心(마음 심), 淵(못 연), 與(더불 여, 줄 여), 仁(어질 인), 言(말씀 언), 信(믿을 신), 正(바를 정), 治(다스릴 치, 다스려질 치), 事(일 사, 일삼을 사, 섬길 사), 能(능할 능), 動(움직일 동), 時(때 시), 夫(무릇·대저 부, 저 부, 지아비 부), 唯(오직 유), 無(없을 무), 尤(허물 우, 허물할 우, 탓할 우, 더욱 우)

Water

The best of men is like water;
Water benefits all things
And does not compete with them.
It dwells in (the lowly) places that all disdain.
Wherein it comes near to the Tao.

In his dwelling, (the Sage) loves the (lowly) earth;
In his heart, he loves what is profound;
In his relations with others, he loves kindness;
In his words, he loves sincerity;
In government, he loves peace;
In business affairs, he loves ability;
In his actions, he loves choosing the right time.
It is because he does not contend That he is without reproach.

王弼註

上善若水. 水善利萬物而不爭, 處衆人之所惡,
人惡卑也.

故幾於道.
道無水有, 故曰幾也.

居善地, 心善淵, 與善仁, 言善信, 正善治, 事善能, 動善時. 夫唯不爭, 故無尤.
言人皆應於此道也.

❢ 上善若水.

지극히 선한 것은 물 같다. 하상공은 "지극히 선한 사람은 물 같은 성품을 지녔다"(上善之人, 如水之性)고 풀었다. 노자는 지극한 선은 물과 같다는 말로 물의 덕을 극도로 칭송했다. 물의 성질이 노자의 교훈과 부합하기 때문일 것이다. 곧 물은 일정한 모양이 없이 주위 환경에 따라 여러 모양으로 변하는 것에서 자기를 비우고 상황에 순응하는 순리의 도리를 보여주며, 높은 곳을 싫어하고 아래로 흐르는 것에서 명망을 얻기보다는 낮은 곳으로 물러나 스스로 만족하는 장생구시의 도리를 보여준다. 또한 물은 가장 부드럽지만 동시에 어떤 것보다 강하다는 것은 유약함으로 강함을 이기는 노자의 사상과 같다. 사실 물은 생명이고, 생명의 기원이기 때문에 세계 어느 고대 문명에서나 칭송된다. 아마도 그래서 『상서』「홍범」에서 오행 중 물(수)이 으뜸으로 되었을 것이고, 『관자』「수지」는 "물이란 무엇인가? 만물의 본원이고, 뭇 생명의 종실(宗室)이다"고 하였다. 특히 「수지」의 앞부분은 『순자』「유좌」에서 공자가 물에 대해 평가한 것과 매우 유사하다. 우선 「수지」에 나오는 내용을 보자. "무릇 물은 유약하면서도 맑아서 사람의 더러움을 씻어주는 것을 좋아하니 어진 것이고, 보기에는 검지만 실제로는 희니 순수한 것[精]이며, 양을 헤아릴 때 도구[槪]가 필요 없지만 가득 차면 그치니 올바른 것[正]이고, 어느 곳이든지 흘러가지 않는 곳이 없지만 수평을 이루면 그치니 의로운 것이고, 사람들은 모두 높은 곳으로 달려가는데 자기만 홀로 아래로 내려가니 자신을 낮추는 것이다. 자신을 낮추는 것은 도가 있는 곳이고 제왕의 도구이니 물은 그것을 자신의 거처로 삼는다." 그리고 「유좌」에는 다음과 같은 내용이 있다. "무릇 물은 모든 생명과 두루 사귀면서도 무위(無爲)하니 덕과 비슷하다. 아래로 흐르면서 바르기도 하고 구부러지기도 하여 그 이치를 따르니 의(義)와 비슷하다. 콸콸 용솟음치면서도 다함이 없으니 도(道)와 비슷하다. 만약 물길을 터줘 흐르게 하면 그 응함이 메아리처럼 빠르고, 백 길이나 되는 골짜기로 떨어지면서도 두려워하지 않으니 용(勇)과 비슷하다. 그릇에 채우면 반드시 수평을 이루니 법(法)과 같고, 가득 채움에 도구[槪]를 필요로 하지 않으니 올바른 것[正]과 같고, 유약하면서도 미세한 곳까지 이르니 밝게 헤아리는 것[察]과 같고, 만물이 출입하여 모두 신선하고 깨끗한 것으로 변하니 잘 교화하는 것과 같고, 만 번이나 구부러지지만 반드시 동쪽으로 흐르니 꿋꿋한 뜻[志]과 같다. 이 때문에 군자는 큰물을 만나면 반드시 바라본다."

❢ 水善利萬物而不爭, 處衆人之所惡, 故幾於道.

물은 선하여 만물을 잘 이롭게 해주면서도 다투지 않고, 모든 사람들이 싫어하는 비천한 곳에 자리를 잡는다. 그러므로 도에 가깝다. 물은 만물을 이롭게 하면서 다투지 않고, 모든 사람이 싫어하는 곳에 자리를 잡는다. 그러므로 도에 가깝다. 이 모든 것들이 오로지 다투지 않는 까닭에 허물이 없는 것이다. 하상공은 "물은 하늘에서는 안개나 이슬이 되고, 땅에서는 샘의 원천이 된다"(水在天爲霧露, 在地爲源泉地)고 했다. 하늘과 땅에서 만물을 자양(滋養)하는 것이 물이다. 부쟁(不爭)은 다투지 않는다는 말이다. 제81장에 "성인의 도는 행하면서도 다투지 않는다"(聖人之道, 爲而不爭)고 한 것과 통한다. 물은 만물을 이롭게만 할 뿐 자기 자신을 위해 남으로부터 빼거나 또는 자리다툼 같은 것을 하지 않는다. 처중인지소오(處衆人之所惡)는 모든 사람들이 싫어하는 비천한 곳에 자리를 잡는다는 뜻이다. 고기어도(故幾於道)는 그러므로 물이 도에 가깝다는 말이다. 기(幾)는 근(近) 곧 가깝다는 뜻이다. 왕필은 "물이 곧 도라고 하지 않고 도에 가깝다고 한 것은 도는 무형이고 물은 유형이기 때문이다"고 했다.

❢ 居善地, 心善淵, 與善仁, 言善信, 正善治, 事善能, 動善時. 夫唯不爭, 故無尤.

거처를 잘 정하려면 땅을 잘 선택해야 하고, 마음을 잘 쓰려면 연못처럼 깊고 고요하게 해야 하고, 남과 잘 사귀려면 어진 마음을 가져야 하고, 말을 잘하려면 신의를 지켜야 하고, 제대로 바로잡으려면 잘 다스려지게 해야 하고, 일을 잘 처리하려면 능숙함을 익혀야 하고, 행동을 잘 하려면 시기를 잘 선택해야 한다. 다투지 않는 물의 성질과 관련된 인생살이의 예들을 들은 것으로 보인다. '지(地)'는 낮은 곳이라는 의미다. "지극히 낮은 곳을 일러서 땅[地]이라고 한다(『순자』「유효」)." '연(淵)'은 깊다는 뜻이다(『광아』「석고 3」). 여선인(與善仁)의 여(與)는 남과 사귄다는 뜻도 있고, 베풀다, 시여(施興)하다의 뜻도 있다. 설혜(薛慧)는 "겸애를 베풀고 무사하기 때문에 선인이다"(其施兼愛而無私, 善仁也)」라 하여 베푼다는 뜻으로 풀었다. 이렇게 보면 물이 만물을 이롭게 하며 다투지 않는 것처럼 성인도 남에게 은덕을 베풀기만 하고 공리나 자리를 다투어 갖고자 하지 않는다는 의미로도 이어진다. 언선신(言善信)의 신(信)은 실(實)하다, 열매를 맺다는 뜻으로 말에 반드시 실천이 따름을 말한다. 정선치(正善治)의 정(正)은 바로잡다, 더 나아가서는 정(政)으로 다스리다는 뜻이다. 그래서 바른 정치는 잘 다스리는 것이라는 말이다. 설혜는 "나라를 다스리면 청정하고 스스로 바르게 되는 것이 선치다"(治國則淸靜自正, 善治也)라고 풀었다. 제57장에 "내가 무위하면 백성이 저절로 교화되고, 내가 고요함을 좋아하면 백성은 저절로 바르게 되고, 내가 일없게 하면 백성들은 저절로 부유해지며, 내가 욕심이 없으면 백성은 저절로 순박해진다"(我無爲而民自化, 我

好靜而民自正, 我無事而民自富, 我無欲而民自樸)라고 한 것도 바로 선치(善治)와 연관된다. 사선능(事善能)은 일은 능숙하게 하는 것이 좋은 것이라는 뜻이다. 동선시(動善時)는 때를 잘 맞춘 행동이 좋다는 뜻이다.

제9장

지영(持盈): 계속 채움

계속 가득 채워 있기 보다는 적당히 그만 두는 것이 낫고, 불려 날카롭게 갈아둔 칼은 오래 보존할 수 없다. 금은보옥이 집안에 가득하면 이를 지킬 수가 없고, 부귀하면서 교만하면 스스로 허물을 남기게 될 것이니, 공을 이루고 나면 몸이 물러나는 것이 하늘의 도다.

持而盈之, 不如其已. 揣而鋭之, 不可長保. 金玉滿堂, 莫之能守.
지이영지, 불여기이. 췌이예지, 불가장보. 금옥만당, 막지능수.

富貴而驕, 自遺其咎. 功遂身退, 天之道.
부귀이교, 자유기구. 공수신퇴, 천지도.

持(가질 지, 지킬 지, 유지할 지), 而(말 이을 이), 盈(찰 영), 之(갈 지, 어조사 지), 不(아닐 불), 如(같을 여), 其(그 기), 已(그칠 이, 이미 이), 揣(불릴 췌, 단련할 췌, 잴 췌, 헤아릴 췌), 鋭(날카로울 예, 용맹할 예), 可(가할 가, 옳을 가), 長(길 장), 保(지킬 보), 金(금 금, 쇠 금), 玉(구슬 옥, 보옥 보), 滿(찰 만), 堂(집 당), 莫(없을 막, 말 막), 能(능할 능), 守(지킬 수), 富(부할 부), 貴(귀할 귀), 驕(교만할 교), 自(스스로 자), 遺(남길 유), 咎(허물 구), 功(공 공), 遂(이룰 수, 마침내 수), 身(몸 신), 退(물러날 퇴), 天(하늘 천), 道(길 도)

The Danger of Overweening Success

Stretch (a bow) to the very full,
And you will wish you had stopped in time.
Temper a (sword-edge) to its very sharpest,
And the edge will not last long.
When gold and jade fill your hall,
You will not be able to keep them safe.
To be proud with wealth and honor
Is to sow seeds of one's own downfall.
Retire when your work is done, Such is Heaven's way.

王弼註

持而盈之，不如其已.
持謂不失德也. 旣不失其德，又盈之，勢必傾危. 故不如其已者，謂乃更不如無德無功者也.

揣而銳之，不可長保.
旣不失其德，又盈之，勢必傾危. 故不如其已者，謂乃更不如無德無功者也. 旣揣末令尖，又銳之令利，勢必摧衄，故不可長保也.

金玉滿堂，莫之能守.
不若其已.

富貴而驕，自遺其咎.
不可長保也.

功遂身退，天之道.
四時更運，功成則移.

❢ 持而盈之, 不如其已.

계속 가득 채워 있기 보다는 적당히 그만 두는 것이 낫다. 지(持)는 지속하다, 줄곧 간직해 나간다는 뜻이고, 영(盈)은 가득 찬다, 즉 만(滿)과 같다. 그래서 지이영지(持而盈之)는 가득 찬 것을 유지하거나 영만(盈滿)을 지속한다는 뜻이다. 불여기이(不如其已)의 이(已)는 지(止), 즉 그친다는 뜻이며, 그래서 적당히 그치는 것이 낫다는 말이다. 이것을 왕필은 "지(持)란 덕을 잃지 않는 것이다. 이미 그 덕을 잃지 않았고 게다가 그것을 가득 채웠기 때문에 추세가 반드시 위태하게 되어 있다. 그러므로 그만두는 것보다 못하다고 한 것이니 무덕·무공(無功)한 것이 낫다는 의미다"고 풀었다. 물을 그릇에 넘치도록 가득 채운 상태는 오래 지속될 수 없다. 그렇듯이 사람도 최고에 올랐다고 자만자교(自慢自驕)하면 반드시 떨어지고 멸망하게 되는 법이니, 차라리 그런 것을 구하지 말고 무위(無爲)와 허정(虛靜)에 머무는 것이 낫다는 뜻이다. 계속 채우기만 하는 것은 위태롭다. 이름이 천하에 가득 차는 것은 그렇게 되지 않도록 하는 것보다 못하다. 이름이 나면 몸을 물리는 것이 하늘의 도다. 한껏 잘 사는 집안에는 자식을 주어서는 안 되며, 오만하고 포악한 사람과는 사귈 수 없다.

이 말과 관련해서 공자가 가득 찬 것을 유지하는 도리[持滿之道]를 말한 것이 있다. 공자 말하길, "아, 어찌 가득 차고서도 엎어지지 않는 것이 있겠는가!" 자로가 말하길, "감히 묻건대 가득 찬 것을 유지하는 데[持滿] 도가 있습니까?" 공자가 말하길, "총명하고 지혜로우면서도 어리석음으로 지키고, 공이 천하를 뒤덮는데도 퇴양(退讓)으로 지키며, 용맹과 힘이 세상을 어루만지는데도 비겁함으로 지키고, 부유함은 사해를 가질 만한데도 겸손으로 지키는 것, 이것이 이른바 물을 뜨면서 조금을 덜어내는 도(道)다." 이 고사는 공자가 노나라 환공의 묘당에서 유좌기(宥坐器)를 봤을 때 나온 것이라 한다. 고대의 제왕이 자리 오른쪽(宥: 右)에 놔두고 경계로 삼았다는 이 그릇은 무게 중심을 교묘히 계산해 텅 비면 기울어지고, 적절히 채우면 똑바르고, 가득 채우면 엎어지는 그릇이었다. 공자는 정말로 그런지 확인해보고 나서 그처럼 탄식했다고 한다.

❢ 揣而銳之，不可長保.

불려 날카롭게 갈아둔 칼은 오래 보존할 수 없다. 췌(揣)는 다듬는다[治] 또는 두드린다[捶], 또는 쇠를 불린다는 뜻이다. 다듬어서 날카롭게 해 놓으면 오래 보존할 수 없다는 말이다. 왕필은 "이미 끝을 다듬어서 뾰족하게 했는데 또 그것을 예리하게 하면 추세가 반드시 부러지게 되어 있다. 그러므로 길이 보전할 수 없다"고 풀었다.

❢ 金玉滿堂，莫之能守. 富貴而驕，自遺其咎.

금은보옥이 집에 가득하면 지킬 수가 없고, 부귀하면서 교만하면 스스로 허물을 남기는 것이다. 막지능수(莫之能守)는 집에 가득한 황금이나 보옥을 잘 지킬 수가 없다는 말이다. 앞에 있는 '持而盈之，不如其已'를 받는 말이다. 부귀이교(富貴而驕)는 부귀하면서 교만하다는 말이다. 자유기구(自遺其咎)는 스스로 허물이나 재앙을 남긴다는 말로서 자취기화(自取其禍)나 자초기화(自招其禍)와 같다. 咎(구)는 허물이나 재앙(災殃)이다. 앞에 있는 '揣而銳之，不可長保'를 받는다.

❢ 功遂身退，天之道.

공을 이룬 뒤 자신은 물러나는 것이 하늘의 도다. 하상공은 "공을 세우고 이름을 떨치고 난 후에도 몸을 물리고 자리를 피하지 않으면 해를 받는다. 이는 하늘의 상도(常道)다. 즉 해도 한복판에 떴다가는 옮겨가고 달도 차고 나면 기운다. 만물도 성하고 나면 쇠퇴하고, 즐거움도 극도에 이르고 나면 슬픔이 온다"(言人所爲，功成事立，名迹稱遂，不退身避位，則遇於害. 此乃天之常道也. 譬如日中則移，月

滿則虧, 物盛則衰, 樂極則哀)고 풀이했다. 왕필은 "사시(四時)는 운이 바뀌니 한번 공을 이루면 그 운이 다른 데로 옮겨가기 때문이다"고 풀이했다. 제2장에서 이미 "낳아도 소유로 삼지 않고, 베풀어주어도 자랑하지 않으며, 공을 이루고도 자처하지 않으니 공 또한 그를 떠나지 않는다"(生而不有, 爲而不恃. 功成而不居, 夫唯不居,是以不去.)고 했다. 사람들도 정점에 올랐을 때, 영달하고 부귀를 누릴 때에 가장 조심해야 한다. 이때 자만하고 교만하면 멸망만이 있을 뿐이다. 그러니 처음부터 정점이나 부귀를 최상의 가치로 여기지 말아야 한다는 것이 노자의 지혜이다. 혹 정점에 올랐거든 스스로 몸을 물릴 줄 알아야 한다는 것을 '공을 세우면 몸을 빼는 것이 하늘의 도다'라는 말로 경계하고 있다.

이것이 '천도'이기 때문에 지키라는 것이고, 그 천도는 바로 '무위자연의 도', 즉 스스로 이루어지는 도이다. 이 점을 잘 이해해야 한다. 노자는 패배주의가 아니다. 천박한 인간적 농간을 부정하고 영원한 자연의 도에 올라타기를 바라는 큰도(大道)의 주장이다. 그리스도교가 현세적 욕망이나 권세를 부정하고 신의 세계에서 영생을 찾는 것과 같이 노자는 '하늘의 도', '무위자연'에서 영원하고 큰 것을 찾았다.

제10장

현덕(玄德): 현묘한 덕

온 나라 백성의 마음을 하나로 모아 흩어지지 않도록 할 수 있겠는가? 백성의 기운을 전일하게 한 곳으로 모아 유순하게 해서 어린아이처럼 되게 할 수 있겠는가? 내 마음의 현묘한 거울을 닦아서 티 한 점 없게 할 수 있겠는가? 백성을 아끼고 나라를 다스리면서 무위(無爲)로써 할 수 있겠는가? 하늘의 문을 열고 닫는 것도 암컷처럼 자연스럽게 할 수 있겠는가? 명백히 알아 사방으로 통하는 것도 무지(無知)로써 할 수 있겠는가? 만물을 낳고 기르되, 낳고서도 자기 것으로 하지 않고, 베풀어주면서도 자랑하지 않고, 길러주면서도 주인노릇 하지 않으니, 이것을 현묘한 덕이라 한다.

載營魄抱一, 能無離乎? 專氣致柔, 能嬰兒乎? 滌除玄覽, 能無疵乎?
재영백포일, 능무리호? 전기치유, 능영아호? 척제현람, 능무자호?

愛民治國, 能無爲乎? 天門開闔, 能爲雌乎? 明白四達, 能無知乎?
애국치민, 능무위호? 천문개합, 능위자호? 명백사달, 능무지호?

生之畜之. 生而不有, 爲而不恃, 長而不宰, 是謂玄德.
생지휵지. 생이불유, 위이불시, 장이부재, 시위현덕.

載(실을 재, 일 재, 해 재), 營(경영할 영, 진영 영), 魄(혼백 백), 抱(안을 포, 던질 포), 一(한 일), 能(능할 능), 無(없을 무), 離(떠날 리), 乎(어조사 호), 專(오로지 전, 전일할 전), 氣(기운 기), 致(이를 치. 이룰 치, 지극할 치), 柔(부드러울 유), 能(능할 능), 嬰(갓난아이 영), 兒(아이 아), 滌(씻을 척), 除(덜 제, 없앨 제, 섬돌 제), 玄(검을 현, 그윽할 현), 覽(볼 람, 전망(경관) 람), 疵(흠 자, 결점 자), 愛(사랑 애), 民(백성 민), 治(다스릴 치), 國(나라 국), 爲(할 위, 될 위, 여길 위), 天(하늘 천), 門(문 문), 開(열 개), 闔(닫을 합), 雌(암컷 자), 明(밝을 명), 白(흰 백, 밝을 백), 四(넉 사), 達(이를 달, 통할 달), 知(알 지), 生(날 생), 之(갈 지, 어조사 지), 畜(기를 휵(축)), 而(말 이을 이), 不(아닐 불), 有(있을 유), 恃(믿을 시), 長(길 장), 宰(재상 재, 다스릴 재), 是(이 시, 옳을 시, 이에 시), 謂(이를 위), 玄(검을 현, 그윽할 현), 德(덕 덕, 큰 덕)

Embracing the One

In embracing the One with your soul,
Can you never forsake the Tao?
In controlling your vital force to achieve gentleness,
Can you become like the new-born child?
In cleansing and purifying your Mystic vision,
Can you strive after perfection?
In loving the people and governing the kingdom,
Can you rule without interference?
In opening and shutting the Gate of Heaven,
Can you play the part of the Female?
In comprehending all knowledge, Can you renounce the mind?

王弼註

載營魄抱一, 能無離乎.

載, 猶處也. 營魄, 人之常居處也. 一, 人之眞也. 言人能處常居之宅, 抱一淸神 能常無離乎 則萬物自賓也.

專氣致柔, 能嬰兒乎.

專任也. 致極也. 言任自然之氣, 致至柔之和, 能若嬰兒之無所欲乎. 則物全而性得矣.

滌除玄覽, 能無疵乎.

玄物之極也. 言能滌除邪飾, 至於極覽, 能不以物介其明, 疵之其神乎 則終與玄同也.

愛民治國, 能無知乎.

任術以求成, 運數以求匿者, 智也. 玄覽無疵, 猶絶聖也. 治國無以智, 猶棄智也. 能無以智乎. 則民不 而國治之也.

天門開闔, 能無雌乎.

天門謂天下之所由從也. 開闔, 治亂之際也. 或開或闔, 經通於天下, 故曰天門開闔也. 雌應而不倡唱, 因而不爲. 言天門開闔能爲雌乎. 則物自賓而處自安矣.

明白四達, 能無爲乎.

言至明四達, 無迷無惑, 能無以爲乎. 則物化矣. 所謂道常無爲, 侯王若能守 則萬物自化.

生之

不塞其原也.

畜之,

不禁其性也.

生而不有, 爲而不恃, 長而不宰, 是謂玄德.

不禁其性也. 不塞其原, 則物自生, 何功之有. 不禁其性, 則物自濟, 何爲之恃. 物自長足, 不吾宰成, 有德無主, 非玄而何. 凡言玄德, 皆有德而不知其主, 出乎幽冥.

❢ 載營魄抱一, 能無離乎?

온 나라 백성의 마음을 하나로 모아 흩어지지 않도록 할 수 있겠는가? 재(載)의 뜻에 대해서는 여러 가지 설이 있다. 우선 어조사 부(夫)로 보는 설이 있다. 육희성(陸希聲)은 "부(夫)와 같다. 발어(發語)의 첫마디다"(猶夫也. 發語之端也)라 했다. 왕필은 "재는 처한다와 같다"(載猶處)고 했고, 하상공도 타다(乘)의 뜻으로 보았다. 이것은 보통 싣는다는 뜻이다. 주희와 동사성은 "수레로 사람을 태우는 것을 재(載)라고 하는 것은 고금·세속의 통언이다"라고 했듯이 평범한 의미를 택하는 것이 무난할 것이다.

영백(營魄)에 대해서도 많은 견해가 있다. 먼저 혼백(魂魄)과 같다는 설이다. 범응원(范應元)은 "영백은 혼백이다. 내관경에 있다. '움직여가지고 육신을 운영하는 것을 혼이라 하고, 조용히 있으면서 형체를 진정시키는 것이 백이다'(營魄, 魂魄也. 內觀經曰 動以營身之謂魂, 靜以鎭形之謂魄)는 것이다"고 했다. 영백(營魄)을 영혼 또는 '활발하게 활동하는 살아있는 육체', '살아있는 몸'으로 보는 설도 있다. 백(魄)은 형체를 움직이게 하는 기, 즉 형기(形氣)이고 혼(魂)은 심령이나 영혼이다. 설문(設文)에는 "혼은 양기이고, 백은 음신이다"(魂陽氣也 魄陰神也)라고 했다. 결국 혼(魂)은 정신이고 백(魄)은 형기(形氣)라는 말이다.

하지만 노자는 인위적 노력을 통해 생명을 연장하는 일(양생)에 대해 다음과 같이 부정적이다. "백성들은 살고 또 살려고만 하니 몸을 움직여 사지로 가는 것이 또 십 분의 삼이다(50장)." "목숨을 더하려는 것은 요망한 짓이다(55장)." "무릇 살기 위해서 무엇인가를 하지 않는 것이 생명을 귀하게 여기는 데에 현명하다(75)." 그래서 여기서는 이런 양생론적인 해석들을 떠나 지극히 평범한 의미로 보려한다. 영(營)을 군영(軍營)이라는 말처럼 사람들이 머무는 일정한 지역 곧 국가라는 의미로 보고, 백(魄)은 그 나라에 뿌리박고 살고 있는 사람들이라고 보았다.

포일(抱一)은 하나를 지킨다 혹은 하나로 감싼다는 뜻이다. 그래서 재영백포일(載營魄抱一)은 세 가지로 풀 수가 있다. ①혼(魂)과 백(魄)이 합하여 하나가 되다. ②삶의 근원인 형기(形氣)에 올라타고 하나인 도를 품고 지킨다. ③온 나라 백성들의 마음을 하나로 모은다. 여기서 취한 의미이다. 능무리호(能無離乎)는 능히 흩어지지 않게 할 수 있겠는가라는 말이다.

❢ 專氣致柔, 能嬰兒乎?

백성들의 기운을 전일하게 한곳으로 모아 유순하게 하여 어린아이와 같이 할 수 있겠는가? 전(專)은 마음을 전일하게 하다는 뜻이다. 치유(致柔)는 유순함에 이른다는 뜻이다. 능영아호(能嬬兒乎)는 어린아이와 같이 될 수 있겠는가라는 뜻이다. 정기를 함부로 흩어버리지 않고 항상 유연한 자세를 지키면 언제나 영아같이 생생한 생명력을 지니게 될 것이다. 영아는 무지, 무욕하고 오직 무위자연의 상태로 자라나는 생명체이기 때문에 노자는 영아(嬰兒)를 찬미했다.

❢ 滌除玄覽, 能無疵乎?

내 마음의 현묘한 거울을 닦아서 티 한 점 없게 할 수 있겠는가? 척제(滌除)는 깨끗이 씻어 티끌을 없앤다는 뜻이다. 玄覽(현람)에는 크게 세 가지 설이 있다. 첫째, 마음을 의미한다(하상공·왕진·육희성). 둘째, 뛰어난 통찰력을 의미한다(왕필·소철). 셋째, 궁극적으로는 제거해야 할 뛰어난 견해이다(임희일·동사정·오징·설혜). 첫 번째 견해를 취한다. 이와 관련하여 고형은 통행본의 '람'은 '감(鑑)'과 같다고 했다. 『초사』「이소」 등을 보면 알 수 있다. 그러므로 '현람'은 현묘한 거울이라는 뜻으로 마음을 은유한 것이다. 능무자호(能無疵乎)의 자(疵)는 하자나 흠, 티끌의 뜻이다. 따라서 현묘한 지혜의 거울을 티끌이 없도록 깨끗이 씻고 닦아낸다는 말이다.

❢ 愛民治國, 能無爲乎?

백성을 아끼고 나라를 다스리면서 무위(無爲)로써 할 수 있겠는가? 백성을 아끼고 나라를 다스림에 있어 무위의 도를 따라야 한다는 말이다. 무위(無爲)는 무위자연의 도를 따라 무위이치(無爲而治)한다는 뜻이다.

❢ 天門開闔, 能爲雌乎?

하늘의 문을 열고 닫는 것도 암컷처럼 자연스럽게 할 수 있겠는가? 천문(天門)에도 여러 설이 있다. 첫째, 모든 변화가 나오는 곳이다(왕필·육희성·소철·동사정). 둘째, 북극 자미궁을 의미하며, 인체에서는 코를 가리킨다(하상공·왕진). 셋째, 마음이다(초굉). 그런데 이 말은 『장자』에도 나온다. "마음이 그렇다고 생각하지 않은 것에는 천문도 열리지 않는다(「천운」)." "삶도 있고 죽음도 있고 나오는 것도 있고 들어가는 것도 있다. 들고남에 그 모습을 보이지 않는 것을 천문이라고 한다(「경상초」)." 따라서 천문(天門)은 첫째 의미인 모든 변화가 나오는 곳으로 보는 것이 적절하다. 개합(開闔)은 열고 닫는다는 뜻이다. 능위자호(能爲雌乎)의 자(雌)는 암컷이다. 하늘의 문이 열리고 닫히는 것처럼 변화가 무쌍한 가운데서도 언제나 암컷으로 상징되는 퇴양과 순응의 미덕을 지닐 수 있겠는가라는 말이다. 이것은 "수컷을 알고 있으면서 암컷을 지키면 천하의 계곡이 된다"(28장)는 말과 상통한다.

❢ 明白四達, 能無知乎?

명백히 알아 사방으로 통달하면서도 지혜를 씀이 없게 할 수 있겠는가? 인간적인 지혜나 교지를 부리지 말아야 한다는 것이다.

❢ 生之畜之. 生而不有, 爲而不恃, 長而不宰, 是謂玄德.

낳아주고 길러주되, 낳으면서 자기 것으로 하지 않고, 베풀어주면서도 자랑하지 않으며, 길러주면서도 주인처럼 마음대로 하지 않는 것을 일러 현묘한 덕이라 한다. 위이불시(爲而不恃)의 위(爲)는 해주거나 베풀어주는 것이고, 시(恃)는 자랑하다, 공을 내세우다, 자만(自慢)하고 자교(自驕)하다는 뜻이다. 장(長)은 길러 주다는 뜻이고, 재(宰)는 주재하다, 지배하다의 뜻이다. 이와 유사한 문장이 제51장에 다시 나온다.

제11장

무용(無用): 무의 쓰임

서른 개의 바퀴살이 하나의 바퀴통에 모여 있으되, 바퀴통 속이 비어 있어 수레의 쓸모가 있다. 진흙을 이겨서 그릇을 만들되, 그릇 가운데가 비어 있어 그릇의 쓸모가 있다. 방문과 창문을 뚫어 방을 만들되, 방 안의 빈 공간으로 인해 방의 쓸모가 있다. 그러므로 있음(有)이 이로운 것은 없음(無)이 쓰일 수 있기 때문이다.

三十輻共一轂, 當其無, 有車之用. 埏埴以爲器, 當其無, 有器之用.
삼십폭공일곡, 당기무, 유거지용, 선식이위기, 당기무, 유기지용.

鑿戶牖以爲室, 當其無, 有室之用. 故有之以爲利, 無之以爲用.
착호유이위실, 당기무, 유실지용. 고유지이위리, 무지이위용.

三(석 삼), 十(열 십), 輻(바퀴살 폭), 共(함께(할) 공), 一(한 일), 轂(바퀴통 곡), 當(마땅할 당, 해당할 당), 其(그 기), 無(없을 무), 有(있을 유), 車(수레 거), 之(갈 지, 어조사 지), 用(쓸 용), 埏(흙을 이길 연, 반죽할 연), 埴(찰흙 식, 점토 식), 以(써 이), 爲(할 위, 될 위, 여길 위), 器(그릇 기), 鑿(뚫을 착), 戶(집 호), 牖(창 유), 室(집 실), 故(연고 고, 옛 고), 利(이로울 이)

The Utility of Not-Being

Thirty spokes unite around the nave;
From their not-being (loss of their individuality)
Arises the utility of the wheel.
Mold clay into a vessel;
From its not-being (in the vessel's hollow) Arises the utility of the vessel.
Cut out door and windows in the house (-wall),
From their not-being (empty space) arises the utility of the house.
Therefore by the existence of things we profit.
And by the non-existence of things we are served.

王弼註

三十輻共一轂, 當其無, 有車之用.
轂所以能統三十輻者, 無也. 以其無能受物之故, 故能以實統衆也.

埏埴以爲器, 當其無, 有器之用. 鑿戶以爲室, 當其無, 有室之用. 故有之以爲利, 無之以爲用.
木埴壁所以成三者, 而皆以無爲用也. 言無者, 有之所以爲利, 皆賴無以爲用也.

三十輻共一轂, 當其無, 有車之用.

서른 개의 바퀴살이 하나의 바퀴통에 모여 있으되, 바퀴통 속이 비어 있어 수레의 쓸모가 있다. 삼십폭(三十輻)은 서른 개의 바퀴살이다. 옛날에는 차륜(車輪)의 살을 30개로 했다. 하상공은 "옛날에 수레의 바퀴살이 서른 개였던 것은 한 달의 날수를 본뜬 것이다"라고 하였다. 『주례』 「고공기」에서도 "차상(車箱)이 네모난 것은 땅을 본뜬 것이고, 덮개가 둥그런 것은 하늘을 본뜬 것이고, 수레의 바퀴살이 서른 개인 것은 해와 달을 본뜬 것이다"라고 하였다. 고환본에서도 엄준·고환을 인용하면서 "달은 하늘에 걸려 쉬지 않고 움직이며, 수레는 땅을 구르면서 쉬지 않고 움직이기 때문에 옛날 수레는 달을 본떴다"고 하였다. 공일곡(共一轂)의 곡(轂)는 바퀴통으로 차륜의 중심에 있는 동그란 통을 말하며, 30개의 바퀴살이 모두 하나의 바퀴통에 집중되어 있다. 바퀴통 한복판은 비어 있어 차축(車軸)을 꽂게 되어 있다. 당기무 유거지용(當其無 有車之用)은 바퀴통 속에 아무 것도 없기 때문에 수레의 쓸모가 있다는 말이다. 만약에 바퀴통 속에 공간이 없다면 차축을 끼울 수가 없고 따라서 수레의 구실을 못한다.

❢ 埏埴以爲器, 當其無, 有器之用. 鑿戶牖以爲室, 當其無, 有室之用.

진흙을 이겨서 그릇을 만들되, 그릇 속에 비어 있기 때문에 그릇의 쓸모가 있다. 방문과 창문을 뚫어 방을 만들 때, 방안이 비어 있어 방의 쓸모가 있게 된다. 선(埏)은 연으로도 읽으며, 흙을 이긴다는 뜻이다. 식(埴)은 점토나 진흙이라는 뜻이다. 그래서 선식(埏埴)은 진흙을 이겨서 그릇을 만든다는 뜻이다. 당기무 유기지용(當其無 有器之用)은 무슨 그릇이든지 속이 비어 있어서 그릇의 용도가 있게 된다. 착(鑿)은 천착하다, 뚫다의 뜻이다. 호(戶)는 방문을, 유(牖)는 창문을 가리킨다. 옛날에 방을 만들 때는 동쪽에 방문을 내고, 서쪽에 창문을 냈다고 한다. 당기무 유실지용(當其無 有室之用)은 방 속의 빈 공간으로 인해 방이 용도를 갖게 된다는 뜻이다.

❢ 故有之以利, 無之以爲用

그러므로 있음이 이로운 것은 없음이 쓸모가 있기 때문이다. 즉 유형(有形)적인 물건이 이로운 것은 유형적인 것 자체가 아니라 바로 무(無), 즉 공허가 활용되기 때문이다. 여기에서 있음(有)은 수레·그릇·방 자체를 말하고, 없음(無)이란 바퀴통·그릇·방의 빈 공간을 가리킨다.

이러한 실례를 들어 유형(有形)적 유보다는 공허한 무의 효능이 크다는 것을 주장했다. 설혜는 "이 문장들이 유·무를 모두 이야기하고 있기는 하지만 그 근본적 의미를 살펴보면 실상은 '유'에 빗대어서 '무'가 얼마나 귀한지 밝히는 것이다. 대개 '유'가 이로운 것은 사람들이 모두 알지만 '무'가 쓰임이 된다는 것은 모두들 지나쳐버리고 생각하지 않으므로 노자가 몇 가지 경우를 빌려서 밝힌 것이다"라고 하였다. 타당한 지적이다. 노자의 이런 주장은 특히 동양 예술에서 높게 보는 경지다. 동양의 음악이나 그림은 이 무의 효능을 잘 살렸기 때문에 더욱 심오하고 유현하다. 한편 유는 현상세계이고 무는 정신세계라고 볼 수 있다. 오늘의 세계를 지배하는 서구적 사상은 현상세계의 유형적(有形的)인 것만을 추구하여 골몰하고 있는 느낌이며 이로 인해 인류사회가 분쟁에 휘말리는 경우가 많다. 정신세계의 무형적 효용에 대한 각성이 필요한 시기라 하겠다.

제12장

위복(爲腹): 배를 위함

오색은 사람의 눈을 멀게 하고, 오음은 사람의 귀를 멀게 하며, 오미는 사람의 입맛을 해친다. 말 달리며 사냥하는 것은 사람의 마음을 미치게 하고, 얻기 어려운 재물은 사람의 행실을 그르치게 한다. 이 때문에 성인은 배를 위하고 눈을 위하지 않는다. 그러므로 외부의 저것을 버리고 내면의 이것을 취한다.

五色令人目盲. 五音令人耳聾. 五味令人口爽. 馳騁田獵, 令人心發狂.
오색영인목맹. 오음영인이농. 오미영인구상. 치빙전렵, 영인심발광.

難得之貨, 令人行妨. 是以聖人爲腹, 不爲目. 故去彼取此.
난득지화, 영인행방. 시이성인위복, 불위목. 고거피취차.

五(다섯 오), 色(빛 색), 令(하여금 령, 명령 령, 아름다울 령), 人(사람 인), 目(눈 목), 盲(소경 맹), 音(소리 음), 耳(귀 이), 聾(귀머거리 롱), 味(맛 미), 口(입 구), 爽(시원할 상, 밝을 상, 어긋날 상, 망할 상), 馳(말달릴 치), 騁(달릴 빙), 田(밭 전, 사냥할 전), 獵(사냥할 렵), 心(마음 심), 發(필 발, 보낼 발), 狂(미칠 광), 難(어려울 난), 得(얻을 득), 之(갈 지, 어조사 지), 貨(재화 화), 行(갈 행, 다닐 행), 妨(방해할 방), 以(써 이), 聖(성인 성), 人(사람 인), 爲(할 위, 될 위, 여길 위), 腹(배 복), 不(아닐 불), 故(연고 고, 옛 고), 去(갈 거, 버릴 거), 彼(저 피), 取(취할 취), 此(이 차)

The Senses

The five colors blind the eyes of man;
The five musical notes deafen the ears of man;
The five flavors dull the taste of man;
Horse-racing, hunting and chasing madden the minds of man;
Rare, valuable goods keep their owners awake at night.

Therefore the Sage: Provides for the belly and not the eye.
Hence, he rejects the one and accepts the other.

王弼註

五色令人目盲，五音令人耳聾，五味令人口爽，馳騁 獵令人心發狂.
爽差失也. 失口之用，故謂之爽. 夫耳目口心，皆順其性也. 不以順性命，反以傷自然，故曰盲聾爽狂也.

難得之貨令人行妨.
難得之貨塞人正路，故令人行妨也.

是以聖人爲腹不爲目，故去彼取此.
爲腹者以物養己，爲目者以物役己，故聖人不爲目也.

❢ 五色令人目盲. 五音令人耳聾. 五味令人口爽.

오색은 사람의 눈을 멀게 하고, 오음은 사람의 귀를 멀게 하며, 오미는 사람의 입맛을 해친다. 오색은 청·적·황·흑·백색이다. 오색은 모든 색의 기본이므로 사람이 오색 자체를 멀리할 수는 없다. 그러므로 이 문장에서 오색이란 꼭 구체적인 빛깔

다섯 가지라기보다 휘황찬란하게 좋은 색깔로 꾸며진 모양을 의미할 것이다. 간혹 "오색은 눈을 기르지만 지나치면 눈을 멀게 한다(왕진)"든지 "오색만을 가까이하여 무색의 색을 반조(反照)할 수 있는 사람이 드물기 때문에 눈이 먼 것이라고 할 수 있다(범응원)"는 해설도 볼 수 있는데, 오색을 상징적으로 해석할 필요가 있다. 뒤에 나오는 오미나 오음의 경우도 마찬가지다. 오미는 신맛·쓴맛·단맛·매운맛·짠맛이고, 오음은 궁·상·각·치·우다.

❢ 馳騁田獵, 令人心發狂. 難得之貨, 令人行妨.

말 달리며 사냥하는 것은 사람의 마음을 미치게 하고, 얻기 어려운 재물은 사람의 행실을 그르치게 한다. 치빙(馳騁)은 말을 달리는 것이고, 전렵(田獵)은 사냥하는 것이다. 영인심발광(令人心發狂)은 사람의 마음을 발광시킨다, 미치게 한다, 즉 마음을 방탕(放蕩)하게 만들고 안정되지 못하게 한다는 뜻이다. 왕진은 치빙·전렵의 중독성을 경계하면서 "거친 벌판을 가로질러 짐승을 쫓으며 까마득한 낭떠러지까지 마차를 달린다. 육룡(六龍: 마차를 끄는 여섯 필의 말)의 튼튼한 발은 만 명의 기병도 따라오지 못하니 수리와 앞을 다투고 곰과 어울려 용맹을 자랑한다. 해와 달이 지고 깃발이 어지럽게 휘날려도 말을 달리면서 돌아갈 줄 모른다. 죽이고 사로잡는 것을 일삼고, 비바람 속에 지내면서 궁실은 비워두니 가히 발광했다고 할 만하다"고 하였다.

난득지화(難得之貨)는 귀중한 보화(寶貨)나 얻기 어려운 재화(財貨)라는 뜻이다. 영행인방(令人行妨)은 사람의 행동을 사악(邪惡)하게 만든다, 즉 사람을 타락시킨다는 뜻이다. 방(妨)은 다친다와 같다. 하상공은 "방은 상이다. 마음이 탐욕하고 만족할 줄 모르면 행실이 잘못되고 몸을 욕되게 한다"(妨, 傷也. 心貪意欲, 不知厭足, 則行傷身辱也.)고 했다.

『장자』「천지」에도 이 장과 비슷한 글이 있다. 즉 "대체로 본성을 잃게 하는 것에는 다섯 가지가 있다. 첫째는 오색(五色)이 눈을 어지럽혀 시력을 흐리게 하는 것이다. 둘째는 오성(五聲)이 귀를 어지렵혀 청각을 둔하게 하는 것이다. 셋째는 오취(五臭)가 코를 지져 코가 막히고 머리를 아프게 하는 것이다. 넷째는 오미(五味)가 입을 흐리게 하여 맛을 알 수 없게 만드는 것이다. 다섯째는 취사선택의 판단이 마음을 어지렵혀 사람의 본성을 날아 흩어지게 하는 것이다. 이 다섯가지는 모두 생을 해치는 것이다."

❢ 是以聖人爲腹. 不爲目. 故去彼取此.

이 때문에 성인을 배를 위하고 눈을 위하지 않는다. 그러므로 외부의 저것을 버리고 내면의 이것을 취한다. 우선 성인은 배를 위하지 눈을 위하지 않는다. 왕필은 "배를 위하는 자는 외계의 물질로 자기를 기르지만, 눈을 위하는 자는 외계의 물질에게 자기가 부려진다. 따라서 성인은 눈을 위하지 않는다"고 풀었다. 제3장에도 "그러므로 성인의 다스림은 마음을 허정하게 하고 배를 실하게 채운다"(是以聖人之治, 虛其心, 實其腹)고 했다. 즉 배를 위한다는 것은 인간 생명의 근본인 배를 부르게 하여 무위자연의 도를 따라 기른다는 뜻이고, 눈을 위하지 않는다는 것은 감관이나 감각적 생활 또는 교사다욕(巧詐多慾)의 인위적 작위를 하지 않는다는 뜻이다. 고거피취차(故去彼取此)는 저것을 버리고 이것을 취한다는 말이다. 피(彼)는 감각적 생활이나 외형적(外形的) 물질생활이며, 거피(去彼)는 눈을 위하지 않는 것(不爲目)이다. 차(此)는 본질적 생활, 소박하고 욕심 없는 생활이며, 취차(取此)는 배를 위하는 것(爲腹)이다. 즉 '저것'이란 눈 또는 눈으로 대변되는 사회적 욕망을 좇는 삶을 가리키고, '이것'이란 배 또는 배로 대변되는 자연적 욕망에 충실한 삶을 가리킨다. 이 말은 여기 외에도 제38장과 제72장 두 곳에서 더 나온다.

여기서 노자는 인위적이고 외형적인 물질문명이 인간의 소박한 감관을 해치고 있다고 보았다. 눈부시게 찬란한 빛, 시끄러운 음악 소리, 잡다한 맛은 물질문명의 소산이다. 특히 현대인은 이런 감각적이고 관능적 물질문명에 의해 마비되어 가고 있다. 오늘의 사람들은 배를 채우고 삶의 충실을 위하지 않고 말초신경의 자극만을 추구하다 허물어지고 있다. 병들어 창백한 도시문명, 관능적 퇴폐문화 속에서 사람들은 태양의 빛과 대지 속의 자연적 삶을 상실하고 있다. 노자는 병든 상태에서 벗어나 소외된 인간성을 회복하고 무위자연의 삶으로 돌아 갈 것을 주장한다.

제13장
총욕(寵辱): 총애와 욕됨

총애와 욕됨은 다 같이 놀라고 걱정할 만한 일로 여기고, 큰 근심거리를 내 몸과 같이 귀하게 여겨 잘 받들어라. 총애와 욕됨은 다 같이 놀라고 두려워할 만한 일로 여기라는 말은 무슨 뜻인가? 총애를 하찮은 것으로 여기고, 이를 얻어도 놀라고 잃어도 놀란다는 말이다. 이를 일러 총애와 욕됨은 다같이 놀라고 걱정할 만한 일로 여긴다는 것이다. 큰 근심거리를 내 몸과 같이 귀하게 여겨 잘 받들라는 말은 무슨 뜻인가? 나에게 큰 근심거리가 있는 까닭은 내게 몸이 있기 때문이니, 내게 몸이 없다면 무슨 근심이 있겠는가? 그러므로 천하를 소중하게 여기는 것을 자기 몸을 소중하게 여기듯 하는 사람에게 비로소 천하를 맡길 수 있고, 천하를 아끼고 사랑하는 것을 자기 몸 아끼듯이 하는 사람에게 비로소 천하를 줄 수가 있느니라.

寵辱若驚, 貴大患若身. 何謂寵辱若驚? 寵爲下, 得之若驚, 失之若驚,
총욕약경, 귀대환약신. 하위총욕약경? 총위하, 득지약경, 실지약경,

是謂寵辱若驚. 何謂貴大患若身? 吾所以有大患者, 爲吾有身.
시위총욕약경. 하위귀대환약신? 오소이유대환자, 위오유신.

及吾無身, 吾有何患? 故貴以身爲天下者, 若可以寄天下.
급오무신, 오유하환? 고귀이신위천하자, 약가이기천하.

愛以身爲天下者, 若可以託天下.
애이신위천하자, 약가이탁천하.

寵(괼 총, 은혜 총), 辱(욕될 욕), 若(같을 약, 만약 약), 驚(놀랄 경), 貴(귀할 귀), 大(큰 대), 患(근심 환), 身(몸 신), 何(어찌 하), 謂(이를 위), 爲(할 위, 될 위, 여길 위), 下(아래 하), 得(얻을 득), 之(갈 지, 어조사 지), 失(잃을 실), 是(이 시, 옳을 시, 이에 시), 吾(나 오), 所(바 소), 以(써 이), 有(있을 유), 者(놈 자), 及(미칠 급), 故(연고 고, 옛 고), 天(하늘 천), 可(가할 가, 옳을 가), 寄(부칠 기, 붙일 기, 맡길 기), 愛(사랑 애), 託(붙일 탁, 맡길 탁)

Praise and Blame

"Favor and disgrace cause one dismay;
What we value and what we fear are within our Self."

What does this mean: "Favor and disgrace cause one dismay?"
Those who receive a favor from above Are dismayed when they receive it,
And dismayed when they lose it.

What does this mean: "What we value and what we fear are within our Self?"
we have fears because we have a self.
When we do not regard that self as self, What have we to fear?

Therefore he who values the world as his self
May then be entrusted with the government of the world;
And he who loves the world as his self,
The world may then be entrusted to his care.

王弼註

寵辱若驚, 貴大患若身. 何謂寵辱若驚. 寵爲下, 得之若驚, 失之若驚, 是謂寵辱若驚.
寵必有辱, 榮必有患, 驚辱等, 榮患同也. 爲下, 得寵辱榮患若驚, 則不足以亂天下也.

何謂貴大患若身.
大患, 榮寵之屬也. 生之厚必入死之地, 故謂之大患也. 人迷之於榮寵, 返之於身, 故曰大患若身也.

吾所以有大患者, 爲吾有身,
由有其身也.

及吾無身,
歸之自然也.

吾有何患. 故貴以身爲天下, 若可寄天下,
無以易其身, 故曰貴也. 如此乃可以託天下也.

愛以身爲天下, 若可託天下.
無物可以損其身, 故曰 愛也. 如此乃可以寄天下也. 不以寵辱榮患損易其身, 然後乃可以天下付之也.

❢ 寵辱若驚, 貴大患若身.

총애나 욕됨은 다 같이 놀라고 걱정할 만한 일로 여기고, 큰 근심거리를 자기 몸과 같이 귀하게 여겨 받든다. 약(若)은 내(乃), 즉(則), 혹은 같다는 뜻이다. 경(驚)은 놀라고 두려워한다는 뜻이다. 총애(寵愛)이나 욕됨(辱)은 다 같이 비실상적(非實相的)인 인간사회의 허구(虛構)다. 이러한 것이 실체적인 나에게 미쳐오므로 내가 놀라고 조심하는 것이다. 소철은 "옛날의 달인은 총애에 놀라는 것이 욕됨에 놀라는 것과 같았다. 총애가 욕됨에 앞서 찾아온다는 걸 알았기 때문이다"라고 하였다. 왕필은 "총애를 얻게 되면 그 안에는 반드시 욕됨이 있기 때문에 욕됨을 받는 것처럼 총애를 받는 것도 달가워하지 않는다"는 것이다. 이렇게 보면 총애나 욕됨에 모두 놀라는 듯이 걱정하는 사람은 성인이거나 깨달은 사람이다. 귀대환약신(貴大患若身)은 대환(大患)을 내 자신의 몸과 같이 귀하게 여겨 받든다는 말이다. 귀(貴)는 귀하게 여긴다는 뜻이기 보다는 두려워한다(畏: 하상공), 어렵게 여긴다(難: 소철)는 뜻이다. 대환(大患)은 인간의 큰 환난이나 근심거리, 즉 현세적 불행 등이다. 이 문장은 총애의 이면에는 욕됨이 있기 때문에 욕됨이 달갑지 않은 것처럼 총애도 달갑지 않다는 것이다. 사랑이 깊으면 비록 배반을 당하지 않았더라도 사랑이 점차 식어가면서 괴로워하게 마련이다. 그러므로 사랑을 얻었다고 기뻐하지 않는 것이 현명한 태도이다.

❢ 寵爲下, 得之若驚, 失之若驚, 是謂寵辱若驚.

총애를 하찮은 것으로 여기고 얻어도 놀라 걱정하며 잃어도 놀라 걱정한다. 이것을 총애나 욕됨에 모두 놀라고 걱정한다고 한다. 총애가 하찮다고 한 이유는 그것이 욕됨의 시초이기 때문이다. "총애가 욕됨의 근본이며, 총애를 받은 이후에 욕됨이 있기 때문에 하찮은 것이라고 하였다(동사정)." 그렇기 때문에 "총애를 얻음에도 놀라듯이 하고 총애를 잃음에도 놀라듯이 하여, 총애에는 편안해 하면서 욕됨에만 놀라지 않는다(소철)." "총애를 얻음에 놀란다는 것은 높은 자리에 있으면서도 마치 깊고 위험한 곳에 임한 듯 하는 것이며, 총애를 잃음에 놀란다는 것은 재앙이 거듭 일어날까 두려워하는 것이다(하상공)."

❢ 吾所以有大患者, 爲吾有身, 及吾無身, 吾有何患?

내게 큰 근심이 있는 것은 내게 몸이 있기 때문이니, 내게 몸이 없다면 무슨 근심이 있겠는가? 몸이 있기 때문에 근심이 있다는 말이다. 오소이유대환자(吾所以有大患者)는 나에게 큰 근심이 있는 까닭이라는 말이다. 위오유신(爲吾有身)은 내게 몸이 있기 때문이라는 말이다. 급오무신(及吾無身)은 내 몸이 없으면 하는 뜻이다.

한편 이 문장에 대하여 도교와 불교의 영향을 받은 해설들이 있다. 즉 “능히 천지 위화(委化)가 모두 나의 실유(實有)가 아님을 알아서 형체를 떠나고 지혜를 버리며, 몸이 몸 아님을 깨우치고 대도(大道)와 함께 한다면 다시 무슨 근심이 있겠는가(현종어주).” “몸을 잊고 정신을 기르는 것을 몸이 없다[無身]고 한다(절해. 고환본).” “좌망(坐忘)하고 나를 잃으며, 몸을 늘어뜨리고 형체를 떠난다. 몸에 나아가면서도 몸이 없으니 몸이 괴멸되는 것이 아니기 때문에 (몸이) 없다고 하였다(성현영).” 그런데 하상공도 “내가 만약 몸이 없어서 도를 얻고 자연으로 돌아가게 된다면 가볍게 구름을 날고 무간(無間)을 출입하며 도와 함께 신명에 통할 것이니 무슨 근심이 있겠는가”라고 하여 역시 이런 식으로 해설하고 있다.

하지만 노자는 몸이 있기 때문에 근심이 있다는 데서 몸을 더욱 중시해야 한다는 것을 강조한다. 몸이 환란이나 근심의 근원이기는 하지만 몸은 이미 있고, 부정할 수 없는 현실이다. 그러므로 이 몸을 잘 간수하지 않으면 삶은 더욱 고통스러워진다. 삶이 꼭 몸으로만 다 이루어지지는 않겠지만 삶을 잘 대변하는 것으로는 몸만한 것도 없다. 더구나 나의 몸은 무위자연의 도가 현묘한 조화로써 있게 해준 것으로 도의 소산이다. 따라서 무엇보다도 귀중하고 소중하다. 또한 모든 위험에서 몸을 안전하게 보전하려는 사람은 삶에서 몸보다 더 외적인 것, 가령 명예나 재산 따위로 인해 삶을 해치는 일은 하지 않을 것이다. 만약 그가 자신에게와 마찬가지로 다른 사람에게도 그렇게 할 수 있다면 그만큼 ‘내 삶’을 온전하게 지켜줄 수 있는 사람이다. 이런 사람은 천하의 주인이 될 자격이 있는 사람이다.

❢ 故貴以身爲天下者, 若可以寄天下. 愛以身爲天下者, 若可以託天下.

그러므로 천하를 소중히 여기는 것을 자기 몸을 소중히 여기듯 하는 사람에게 천하를 맡길 수 있고, 천하를 아끼고 사랑하기를 자기 몸을 아끼듯 하는 사람에게 천하를 줄 수 있다. 고귀이신위천하(故貴以身爲天下)는 내 몸을 귀중히 여기는 태도를 가지고 천하를 다스린다는 말이다. '약(若)'은 '즉(則)'과 같은 뜻이다. 약가기천하(若可寄天下)는 그런 사람에게는 천하를 맡길 만하다는 말이다. 애이신위천하 약가탁천하(愛以身爲天下 若可託天下)는 내 몸을 사랑하는 태도로 천하를 다스리는 자에게는 천하를 맡길 만하다는 말이다. 옛말에 "천하는 중한 물건이지만 그것으로도 생을 해치지 않으니 다른 물건은 말해 무엇 하겠는가. 오직 천하로 그 생을 해치지 않는 사람에게만 천하를 맡길 수 있다"라고 했는데, 뜻이 상통한다. 나의 몸은 자연의 도를 따라 스스로 있는 것이다. 내 몸을 잘 양육하는 길은 무위자연의 도를 따르는 것이다. 그렇게 되면 천하 만물도 저절로 다 잘 자라게 마련이다. 사람들은 현실적인 인간사회의 허구에 미혹되어, 사랑을 받으면 좋아하고, 미움을 받으면 슬퍼한다. 노자는 이런 미망을 버리고 나아가 그런 허구의 사랑이나 욕됨을 경계하고 멀리하라고 한다.

제14장

도기(道紀): 도의 줄기

보려 해도 보이지 않으니 평범하다(夷)고 하고, 들으려 해도 들리지 않으니 소리 없다(希)고 하고, 만지려 해도 만질 수 없으니 은미하게 숨겨져 있다(微)고 한다. 이 세 가지는 말로도 따질 수 없어 불가사의하니, 그러므로 혼재하여 하나가 되어 있다. 그 하나인 도는 위라 해서 밝지 않고 아래라 해서 어둡지 않으며, 끊임없이 이어져 이름 지을 수 없으니, 무물(無物)로 돌아간다. 이것을 일러 형상 없는 형상이라 하고, 물 없는 물상(物象)이라 하니, 다만 황홀하다고 하는구나. 앞에서 맞이해도 그 머리를 볼 수 없고, 뒤를 좇아가도 그 후미를 볼 수 없구나. 옛날의 도를 잡아 지금의 일을 다스리니 오래된 시원(始原)을 알 수 있네. 이것을 일러 도의 줄기라 하니라.

視之不見, 名曰夷. 聽之不聞, 名曰希. 搏之不得, 名曰微. 此三者不可
시지불견, 명왈이. 청지불문, 명왈희. 박지부득, 명왈미. 차삼자불가

致詰, 故混而爲一. 其上不皦, 其下不昧, 繩繩不可名, 復歸於無物.
치힐, 고혼이위일. 기상불교, 기하불매, 승승불가명, 복귀어무물.

是謂無狀之狀，無物之象，是謂惚恍．迎之不見其首，隨之不見其後．
시위무상지상，무물지상，시위홀황．영지불견기수，수지불견기후．

執古之道，以御今之有．能知古始．是謂道紀．
집고지도，이어금지유．능지고시．시위도기．

視(볼 시), 之(갈 지, 어조사 지), 不(아닐 불), 見(볼 견), 名(이름 명), 曰(가로 왈), 夷(오랑캐 이, 평평할 이, 평범할 이, 손상될 이), 聽(들을 청), 聞(들을 문), 希(드물 희, 바랄 희), 搏(잡을 박), 得(얻을 득), 微(작을 미, 은미할 미, 아닐 미), 此(이 차), 三(석 삼), 者(놈 자), 可(가할 가, 옳을 가), 致(이를 치, 이룰 치, 지극할 치), 詰(물을 힐, 따질 힐), 故(연고 고, 옛 고), 混(섞일 혼), 而(말 이을 이), 爲(할 위, 될 위, 여길 위), 一(한 일), 其(그 기), 上(위 상), 皦(옥설 휠 교, 밝을 교, 뚜렷할 교), 下(아래 하), 昧(어두울 매), 繩(노끈 승, 끝없는 모양 승), 復(돌아갈 복, 다시 부), 歸(돌아갈 귀), 於(어조사 어), 無(없을 무), 物(만물 물), 是(이 시, 옳을 시, 이에 시), 謂(이를 위), 狀(모양 상), 象(코끼리 상, 모양 상, 같을 상), 惚(황홀할 홀), 恍(황홀할 홀), 迎(맞이할 영), 首(머리 수), 隨(따를 수), 後(뒤 후), 執(잡을 집), 古(옛 고), 道(길 도), 以(써 이), 御(어거할 어, 다스릴 어), 今(이제 금), 有(있을 유), 能(능할 능), 知(알 지), 始(비로소 시, 처음 시), 紀(벼리 기, 실마리 기)

Prehistoric Origins

Looked at, but cannot be seen. That is called the Invisible (yi).
Listened to, but cannot be heard. That is called the Inaudible (hsi).
Grasped at, but cannot be touched. That is called the Intangible (wei).
These three elude our inquiries. And hence blend and become One.

Not by its rising, is there light, Nor by its sinking, is there darkness.
Unceasing, continuous, It cannot be defined,
And reverts again to the realm of nothingness,

That is why it is called the Form of the Formless, The Image of Nothingness.
That is why it is called the Elusive:
Meet it and you do not see its face; Follow it and you do not see its back.

王弼註

視之不見, 名曰夷, 聽之不聞, 名曰希, 搏之不得, 名曰微. 此三者, 不可致詰, 故混而爲一.

無狀無象, 無聲無響, 故能無所不通, 無所不往. 不得而知, 更以我耳, 目, 體不知爲名, 故不可致詰混而爲一也.

其上不皦, 其下不昧, 繩繩不可名. 復歸於無物, 是謂無狀之狀, 無物之象.

欲言無邪, 而物由以成. 欲言有邪, 而不見其形. 故曰 無狀之狀, 無物之象也.

是謂惚恍.

不可得而定也.

迎之, 不見其首, 隨之不見其後, 執古之道, 以御今之有,

有有其事.

能知古始, 是謂道紀.

無形無名者, 萬物之宗也. 雖今古不同, 時移俗易, 故莫不由乎此以成其治者也. 故可執古之道以御今之有. 上古雖遠, 其道存焉, 故雖在今可以知古始也.

❢ 視之不見, 名曰夷. 聽之不聞, 名曰希. 搏之不得, 名曰微.

보려 해도 보이지 않으니 평범하다 하고, 들으려 해도 들리지 않으니 소리 없다고 하며, 잡으려 해도 잡히지 않으니 은미하게 숨겨져 있다 한다. '이(夷)'는 평범해서 눈에 띄지 않는 것을 뜻하고, '희(希)'는 소리가 없는 것을 가리키며, '미(微)'는 원래 숨겨져 있다[幽隱]는 의미이다. 모두 감각으로는 포착할 수 없음을 묘사한 것이다. '박(搏)'은 잡다는 뜻이다. 하상공은 "빛이 없음을 이라 하고, 소리 없음을 희라 하고, 형체 없음을 미라 한다"(無色日夷, 無聲日希, 無形日微)고 풀었다. 도가 형이상적 존재로 빛과 소리와 형체가 없는 허무한 것이기 때문에 눈으로도 볼 수 없고, 귀로도 들을 수 없고, 또 손으로도 만질 수 없다는 것을 나타낸다.

❢ 此三者不可致詰, 故混而爲一.

이 세 가지는 말로 따질 수 없어 불가사의하니, 그러므로 혼재하여 하나가 되어 있다. 치힐(致詰)은 힐문하는 것 곧 따져 묻고 궁구하여 밝히는 것이다. 도는 이들 셋을 혼합한 하나의 존재다. 즉 무색(無色)·무성(無聲)·무형(無形)의 혼연일체(渾然一體)을 이루고 있다는 것이다.

❢ 其上不皦, 其下不昧,

그 위라 해서 밝지 않고, 아래라 해서 어둡지 않다. 교(皦)는 밝게 빛나고, 매(昧)는 어둡다는 뜻이다. 이약은 "무릇 사물은 위는 밝고 아래는 어둡지만 도는 위가 없기 때문에 밝지 않고 아래가 없기 때문에 어둡지 않다"고 하였다. 도가 위라 해서 밝지 않다는 것은 인간의 감각이나 인식을 초월한 존재라는 뜻이다. 아래라서 어둡지 않다는 것은 도는 아래로 내려와서 만물의 생성화육에 나타나고 작용하고 있음을 말한다.

❢ 繩繩不可名, 復歸於無物.

끝없이 이어져 이름 지을 수 없으니 무물로 돌아간다. 승승(繩繩)은 끊임없이 이어지는 모습을 말한다. 왕회는 현현(玄玄)과 같다고 풀었다. 즉 도는 유현심수(幽玄深邃)하면서 끝없이 어디에나 있는 무한(無限)한 존재라는 뜻이다. 복귀어무물(復歸於無物)은 도는 만물에 끝없이 퍼지고 나타나고 작용하지만 결국은 다시 무(無)로 돌아간다는 말이다. 무물(無物)은 무형적 실체, 즉 무(無)적 존재를 말한다. 오징에 따르면 여기에서 '무물'은 도다. 이 글은 '하나'에 대한 서술이긴 하지만 그 하나를 도로 볼 수 있다. 또 "무물(無物)이란 오묘함의 근본이다. 무릇 어떤 계기에 따라 자취가 드러날 때는 볼 수도 있고 들을 수도 있지만 근본 뿌리로 되돌아가면 이름도 없고 상(相)도 없다. 그러므로 무물로 돌아간다고 하였다(성현영. 강사제본)".

❢ 是謂無狀之狀, 無物之象, 是謂惚恍.

이것을 일러 형상 없는 형상이라 하고 물 없는 물상이라 하니, 다만 황홀하다고 한다. 왕필은 "없다(無)고 말하려니 사물이 그것으로 인해 만들어지고, 있다(有)고 말하려니 그 모습을 볼 수 없기 때문에 형상이 없는 형상, 사물이 없는 상이라고 하였다"고 했다. 소철은 '상(狀)'과 '상(象)'을 구분하는데 전자는 좀 더 형체에 가까운 것이고, 후자는 형체화 되지 않은, 상이 미미하게 드러난 것을 말한다고 했다. 『한비자』 「해로」에는 코끼리의 뜻도 있는 이 '상(象)'이라는 글자에 대해 자세한 설명이 나온다. "사람들은 살아 있는 코끼리를 보는 것이 드물기 때문에 죽은 코끼리의 뼈를 얻어서 그 모습을 생각해보고 살아 있을 때를 상상했다. 그러므로 사람들이 생각으로 상상하는 것을 모두 상(象)이라고 한다." 홀황(惚恍)은 황홀하다, 있는 듯하면서 안보이고, 없는 듯하면서 어디에나 있다는 말이다. 즉 '홀황'은 형체가 없어서 어디 한곳에 매여 있지 않거나 정해지지 않은 모습이다. 이약에 따르면 '황'은 있는 것과 같은 것[有]이고, '홀'은 없는 것과 같은 것[無]을 의미한다.

❢ 迎之不見其首, 隨之不見其後.

앞에서 맞이해도 그 머리를 볼 수 없고, 뒤를 좇더라도 그 후미를 볼 수 없다. 즉 하나인 도는 앞에서 보아도 머리나 시작을 볼 수 없고 뒤에서 보아도 꼬리나 끝을 볼 수 없다. 공간적으로 앞뒤가 없고, 시간적으로 처음과 끝이 없는 도는 우주와 더불어 무궁하다.

❢ 執古之道, 以御今之有. 能知古始. 是謂道紀.

옛날의 도를 잡아 지금의 일을 다스리니 오래된 시원을 알겠구나. 이것을 일러 도의 줄기라 한다. 집(執)은 잡다, 파악하다의 뜻이다. 어(御)는 부리다, 다스리다는 뜻이다. 능지고시(能知古始)는 태고 때의 만물의 시원(始原)이나 근원을 알 수 있다는 말이다. 도기(道記)는 도의 본질이나 줄기라는 말이다.

제15장

불영(不盈): 채우지 않음

옛날에 도를 잘 터득한 선비는 미묘하고 깊이 통달하였으니 그 심오한 경지를 알 수가 없다. 알 수가 없으므로, 억지로 표현해 보려 한다. 신중하기가 겨울에 하천을 건너는 것 같고, 머뭇거리고 조심하는 것이 사방의 적을 두려워하는 듯하고, 의젓하기는 손님처럼 처신하고, 풀어지기는 마치 얼음이 막 녹아내리는 것 같고, 질박하고 돈후하기는 통나무 원목과 같고, 넓게 트여있기는 큰 골짜기 같고, 혼연함은 마치 탁한 물과 같다. 누가 능히 혼탁함 속에서 고요함으로써 점차 맑게 할 수 있겠는가. 누가 능히 편안함 속에서 움직여서 점차 생동감 있게 살릴 수 있겠는가. 이러한 무위자연의 도를 몸에 간직하고 있는 자는 가득 채우려 하지 않는다. 오직 채우려 하지 않기 때문에, 능히 낡은 것을 버리고 새롭게 이룰 수가 있다.

古之善爲士者, 微妙玄通, 深不可識. 夫唯不可識, 故强爲之容. 豫兮若
고지선위사자, 미묘현통, 심불가식. 부유불가식, 고강위지용. 예혜약

冬涉川, 猶兮若畏四隣, 儼兮其若客, 渙兮若冰之將釋, 敦兮其若樸,
동섭천, 유혜약외사린, 엄혜기약객, 환혜약빙지장석, 돈혜기약박,

曠兮其若谷，混兮其若濁．孰能濁以靜之徐淸．孰能安以動之徐生．
광혜기약곡，혼혜기약탁．숙능탁이정지서청．숙능안이동지서생．

保此道者，不欲盈．夫唯不盈，故能蔽而新成．
보차도자，불욕영．부유불영，고능폐이신성．

古(옛 고), 之(갈 지, 어조사 지), 善(착할 선, 잘할 선), 爲(할 위, 될 위, 여길 위), 士(선비 사), 者(놈 자), 微(작을 미, 은미할 미, 미묘할 미), 妙(묘할 묘), 玄(검을 현, 그윽할 현), 通(통할 통, 두루 알 통), 深(깊을 심), 不(아닐 불), 可(가할 가, 옳을 가), 識(알 식, 적을 지), 夫(무릇(대저) 부, 지아비 부), 唯(오직 유), 故(연고 고, 옛 고), 强(굳셀 강, 힘쓸 강, 억지로 강), 容(얼굴 용, 꾸밀 용, 받아들일 용), 豫(미리 예, 기뻐할 예, 주저할 예), 兮(어조사 혜), 若(같을 약, 만약 약), 冬(겨울 동), 涉(건널 섭), 川(내 천), 猶(같을 유, 오히려(여전히) 유), 畏(두려워할 외), 四(넉 사), 隣(이웃 린), 儼(의젓할 엄, 공손할 엄), 其(그 기), 客(손 객), 渙(흩어질 환, 어질 환), 冰(어름 빙), 將(장수 장, 장차 장), 釋(풀 석, 풀릴 석, 기뻐할 역), 敦(도타울 돈, 힘쓸 돈, 단속할 돈), 樸(통나무 박, 순박할 박), 曠(빌 광, 밝을 광, 멀 광), 谷(골 곡), 混(섞일 혼), 濁(흐릴 탁), 孰(누구 숙), 能(능할 능, 잘할 능), 以(써 이), 靜(고요할 정), 徐(천천할 서, 평온할 서), 淸(맑을 청), 安(편안할 안), 動(움직일 동), 生(날 생, 살 생), 保(보전할 보), 此(이 차), 道(길 도), 者(놈 자), 欲(하고자 할 욕), 盈(찰 영), 故(연고 고, 옛 고), 蔽(가릴 폐, 시들 폐), 而(말 이을 이), 新(새 신), 成(이룰 성)

The Wise Ones of Old

The wise ones of old had subtle wisdom and depth of understanding,
So profound that they could not be understood.
And because they could not be understood,
Perforce must they be so described:
Cautious, like crossing a wintry stream,
Irresolute, like one fearing danger all around,
Grave, like one fearing danger all around,
Self-effacing, like ice beginning to melt,

Genuine, like a piece of undressed wood,
Open-minded, like a valley,
And mixing freely, like murky water.

Who can find repose in a muddy world?
By lying still, it becomes clear,
Who can maintain his calm for long?
By activity, it comes back to life.

He who embraces this Tao
Guards against being over-full.
Because he guards against being over-full,
He is beyond wearing out and renewal.

王弼註

古之善爲士者, 微妙玄通, 深不可識. 夫唯不可識, 故强爲之容. 豫焉若冬涉川,
冬之涉川, 豫然若欲度, 若不欲度, 其情不可得見之貌也.

猶兮若畏四隣,
四隣合攻中央之主, 猶然不知所趣向者也. 上德之人, 其端兆不可覩, 德趣不可見, 亦猶此也.

儼兮其若容, 渙兮若氷之將釋, 敦兮其若樸, 曠兮其若谷, 混兮其若濁.
凡此諸若, 皆言其容象不可得而形名也.

孰能濁以靜之徐淸. 孰能安以久動之徐生.
夫晦以理, 物則得明, 濁以靜, 物則得淸, 安以動, 物則得生. 此自然之道也. 孰能者, 言其難也. 徐者詳愼也.

保此道者, 不欲盈.
盈必溢也.

夫唯不盈, 故能蔽, 不新成.
蔽覆蓋也.

❢ 古之善爲士者, 微妙玄通, 深不可識.

옛날에 도를 잘 터득한 사람은 미묘하고 깊이 통달하였으니, 그 심오한 경지를 알 수 없다. 선위사자(善爲士者)는 도를 잘 행하거나 터득한 선비이다. '사(士)'가 '도(道)'로 된 판본도 있다. '사'일 경우도 도를 행하거나 터득한 선비를 가리키므로 의미는 같다. 미묘현통(微妙玄通)의 미묘(微妙)는 도를 터득하여 숨고 나타나는 것이 헤아릴 수 없는 미묘한 경지에 도달했다는 뜻이고, 현통(玄通)은 천지만물의 정리(情理)와 도리(道理)에 대하여 꿰뚫어 관찰하여 막힘이 없는 현묘한 경지에 통달했다는 뜻이다. 심불가식(深不可識)은 미묘현통하여 그 심오한 경지를 알 수 없다는 뜻이다.

❢ 强爲之容, 豫兮若冬涉川,

억지로 형용해 보기로 한다. 신중하기가 겨울에 하천을 건너는 것 같다. 예혜(豫兮)의 예(豫)는 본래는 짐승의 이름이며, 그 짐승이 잘 망설였음으로 망설이고 주저한다는 뜻으로 변했다. 여기서는 신중하고 조심성 있다는 뜻이다. 혜(兮)는 언(焉)과 같은 어조사이다. 약동섭천(若冬涉川)은 마치 겨울에 하천을 건너가듯 하다는 것으로, 즉 심히 겁내고 두려워한다는 뜻이다.

❢ 猶兮若畏四隣, 儼兮其若客, 渙兮若冰之將釋,

망설임은 사방의 적을 두려워하는 듯하고, 의젓하기는 손님같이 처신하고, 풀어지기는 마치 얼음이 막 녹아내리는 것 같다. 유(猶)는 망설이다는 뜻이다. 엄혜(儼兮)는 근엄하고 단정한 모습니다. 환혜(渙兮)는 풀어져서 흩어진다는 뜻인데, 여기서는 태도가 넉넉하고 여유 있는 것을 가리킨다. 약빙지장석(若冰之將釋)은 마치 봄의 햇빛에 얼음이 녹듯이 도를 터득한 사람은 무위자연을 따른다는 말이다. "도를 지닌 사람은 속된 세상에 살면서 가난해도 아첨하지 않고 부자가 되어도 교만하지 않는다. 욕심에 물들지 않고 마음속에 자취를 남기지 않아 그 마음이 마치 햇빛을 만난 얼음 같아서 녹아서 어떠한 흔적도 남기지 않는다"는 말이 있는데, 의미가 상통한다.

❢ 敦兮其若樸, 曠兮其若谷, 混兮其若濁.

돈후하기는 통나무 원목 같고, 넓게 트여있기는 큰 골짜기 같고, 혼연함은 탁류(濁流)와 같다. 돈혜(敦兮)는 돈후하고 질박하며 가식(假飾)이 없다는 뜻이다. 박(樸)은 산에서 자른 통나무 원목을 말한다. 광혜(曠兮)는 넓게 트이고 허정하다는 것이다. 약곡(若谷)은 골짜기 같다는 말로서, 도를 터득한 사람이 허정한 마음과 겸하(謙下)하고 스스로 퇴장(退藏)한다는 것을 의미한다. 혼(混)은 혼돈(混沌), 혼연(渾然)의 뜻이다. 탁(濁)은 탁류(濁流)이다. 도(道)는 있는 듯 없는 듯 하고, 흐릿하며 어디에나 엉키어 있다. 유별나게 시비선악을 면도날로 자르듯 가리지도 않는다. 따라서 도를 터득한 사람도 현상계나 모든 사람과 혼연일체가 되어 혼돈하게 엉켜 있을 뿐, 각별나게 초연한 자세를 취하지 않는다. "흐릿하기는 마치 탁한 물과 같다"는 말은 "빛을 누그러뜨리고 먼지와 함께 한다"(4장과 56장)는 말과 통한다. "지혜를 가리고 빛을 감추어서 마음대로 듣고 살피지 못하도록 한 것이 마치 물이 혼탁한 것과 같으니 들여다볼 길이 없게 하는 것이다"(고환). "드넓기는 마치 골짜기와 같다"는 말은 "뛰어난 덕은 골짜기와 같다"(41장)는 말과 통한다.

『문자』「상인」의 해설을 보면 "신중함은 마치 겨울에 하천을 건너는 것 같다"는 것은 감히 행하지 못하는 것이다. "망설임은 마치 사방의 적을 두려워하는 것 같다"는 것은 스스로 다치는 것을 두려워하는 것이다. "의젓하기는 마치 손님처럼 처신한다"는 것은 겸손하고 공경하는 것이다. "풀어 흩어져 여유있고 넉넉하기는 마치 얼음이 녹는 듯하다"는 것은 감히 쌓아두지 않는 것이다. "질박하고 돈후하기는 마치 통나무 원목과 같다"는 것은 모나게 행동하지 않는 것이다. "혼연하기는 마치 탁한 물과 같다"는 것은 감히 맑고 밝게 행동하지 않는 것이다. "넓게 트여있기는 마치 골짜기와 같다"는 것은 감히 가득 채우지 않는 것이다.

❢ 孰能濁以靜之徐淸. 孰能安以動之徐生.

누가 능히 혼탁함 속에서 고요함으로써 서서히 맑게 할 수 있겠는가? 누가 능히 편안하게 움직여서 서서히 생동감 있게 살릴 수 있겠는가? "옛날에 도를 잘 터득한 사람(선비)"만이 그렇게 할 수 있다는 뜻이다. 특히 '안(安)'은 세속의 안락함을 의미한다는 견해도 있고(임희일·소철), 행동하는 사람의 편안한 심적 상태를 가리킨다는 견해도 있다. 여기서는 전자를 취했다. 후자의 의미를 취한 여혜경은 "사람들은 모두 똑똑하고 밝기를[昭昭] 원하니 누가 혼탁함을 가지고 고요함을 견지함으로써 서서히 맑아질 수 있는가. 서서히 맑아지면 비추지 않는 것이 없다. 사람들은 모두 앞서기를 원하니 누가 편안함으로 움직여서 서서히 살아날 수 있겠는가.

❢ 保此道者, 不欲盈. 夫唯不盈, 故能蔽而新成.

이런 도를 간직한 사람은 가득차기를 원하지 않는다. 오직 가득차기를 원하지 않기에, 능히 낡은 것을 버리고 새롭게 이룰 수 있다. 특히 '고능폐이신성(故能蔽而新成)'에 대한 해석이 명확하지 못하다. 왕필은 "가득 차면 반드시 넘친다"고만 했다. 제9장의 "가득 채움을 유지하는 것은 적당히 그만둠만 못하다"는 말과 상통한다. '폐(蔽: 왕필본)'는 '폐(敝: 부혁본)' 또는 '피(弊: 고환본)'로 되어 있는 판본이 대부분이고, 그 경우 옛것(故)이라는 의미로 해석하는 경우가 많다. 특히 왕필본에서는 대개 마지막 구절이 "……새로운 것을 이루려고 하지 않는다(不新成)"고 되어 있다. 또 왕필은 "폐(蔽)란 덮는 것이다"라고 하였고, 하상공도 "폐(蔽)란 빛을 가리는 것이다"라고 하였다. 「도응훈」에서도 이 문장을 공자의 지만(持滿)의 도리(가득 찬 것을 유지하는 도리)와 관련 있다고 했다.

제16장

복명(復命): 명으로 돌아감

텅 빈 데에 이르기를 지극히 하고, 고요함을 지키기를 돈독하게 한다. 만물들이 앞 다투어 일어남에도, 나는 그것(허정)을 통해 그들이 결국 되돌아가게 될 것임을 안다. 모든 만물은 무성했다가 각기 그 뿌리로 돌아가니, 뿌리로 돌아감을 고요함이라 하고, 이것을 일러 제 명으로 돌아간다고 한다. 명으로 돌아가는 것을 항구함이라 하고, 항구함을 아는 것을 밝음이라 한다. 항구함을 모르고 망령되이 함부로 움직이면 흉하게 된다. 항구함을 알면 너그러워지고, 너그러워지면 사사로움을 떠나 공정하게 될 것이고, 공정하게 되면 왕이 된다. 왕이 되면 하늘과 같이 되고, 하늘과 같이 되면 도에 부합되고, 도와 부합하면 장구하게 될 것이니, 죽을 때까지 위태롭지 아니하다.

致虛極, 守靜篤. 萬物竝作, 吾以觀復. 夫物芸芸, 各復歸其根. 歸根曰
치허극, 수정독. 만물병작, 오이관복. 부물운운, 각복귀기근. 귀근왈

靜, 是謂復命. 復命曰常, 知常曰明. 不知常, 妄作凶. 知常容, 容乃公,
정, 시위복명. 복명왈상, 지상왈명. 부지상, 망작흉. 지상용, 용내공,

公乃王，王乃天，天乃道，道乃久，沒身不殆.
공내왕，왕내천，천내도，도내구，몰신불태.

致(이를 치, 이룰 치, 지극할 치), 虛(빌 허), 極(다할 극, 자주 극), 守(지킬 수), 靜(고요할 정), 篤(도타울 독), 萬(일만 만), 物(만물 물), 竝(아우를 병, 짝할 병), 作(일어날 작, 지을 작), 吾(나 오), 以(써 이), 觀(볼 관, 누관 관), 復(회복할 복, 다시 부), 夫(무릇·대저 부, 지아비 부), 芸(운향(향초) 운, 많을 운, 재주 예), 各(각각 각), 歸(돌아갈 귀), 其(그 기), 根(뿌리 근), 曰(가로 왈), 靜(고요할 정), 是(이 시, 옳을 시, 이에 시), 謂(이를 위), 命(목숨 명, 명령 명, 천명 명), 常(항상 상), 知(알 지), 明(밝을 명), 不(아닐 불), 妄(망녕될 망), 凶(흉할 흉), 容(얼굴 용, 꾸밀 용, 받아들일 용), 乃(이에 내), 公(공변될 공, 공평할 공), 王(임금 왕), 天(하늘 천), 道(길 도), 久(오랠 구), 沒(빠질 몰, 마칠 몰), 身(몸 신), 殆(위태할 태, 두려워할 태, 가까울 태)

Knowing the Eternal Law

Attain the utmost in passivity,
Hold firm to the basis of Quietude.

The myriad things take shape and rise to activity,
But I watch them fall back to their repose.
Like vegetation that luxuriantly grows
But returns to the root (soil) from which it springs.

To return to the root is Repose;
It is called going back to one's Destiny.
Going back to one's Destiny is to find the Eternal Law.
To know the Eternal Law is Enlightenment.

And not to know the Eternal Law Is to court disaster

He who knows the Eternal Law is tolerant;
Being tolerant, he is impartial;
Being impartial, he is kingly;
Being kingly, he is in accord with Nature;
Being in accord with Nature, he is in accord with Tao;
Being in accord with Tao, he is eternal,
And his whole life is preserved from harm.

王弼註

致虛極, 守靜篤.
言致虛, 物之極篤, 守靜, 物之眞正也.

萬物竝作,
動作生長

吾以觀復.
以虛靜觀其反復. 凡有起於虛, 動起於靜, 故萬物雖並動作, 卒復歸於虛靜, 是物之極篤也.

夫物芸芸, 各復歸其根.
各返其所始也.

歸根曰靜, 是謂復命. 復命曰常,
歸根則靜, 故曰 靜. 靜則復命, 故曰 復命也. 復命則得性命之常, 故曰常也.

知常曰明, 不知常, 妄作凶.
常之爲物, 不偏不彰, 無皦昧之狀, 溫凉之象, 故曰 知常曰明也. 唯此復, 乃能包通萬物, 無所不容. 失此以往, 則邪入乎分, 則物離其分, 故曰 不知常則妄作凶也.

知常容,
無所不包通也.

容乃公,
無所不包通, 則乃至於蕩然公平也.

公乃王,
蕩然公平, 則乃至於無所不周普也.

王乃天,

無所不周普, 則乃至於同乎天也.

天乃道,
與天合德, 體道大通, 則乃至於極虛無也.

道乃久.
窮極虛無, 得道之常, 則乃至於不窮極也.

沒身不殆.
無之爲物, 水火不能害, 金石不能殘. 用之於心, 則虎兕無所投其齒角, 兵戈無所容其鋒刃, 何危殆之有乎.

❢ 致虛極, 守靜篤.

텅 빈 데에 이르기를 지극히 하고, 고요함을 지키기를 돈독히 한다. 치허(致虛)를 끝까지 하고, 수정(守靜)을 돈독히 하라. 즉 마음을 끝까지 공허하게 갖고 돈독하게 허정을 지켜라는 말이다. 왕필과 하상공은 이와는 달리 허극(虛極)에 이른다고 풀이했다. 허(虛)와 정(靜)은 노자사상에서 핵심이다. 이것을 쉽게 무욕과 무위로 이해하면 된다. 즉 비었다는 것은 욕심을 비웠다는 말이고, 고요하다는 것은 억지로 하지 않는다는 말이다. 물론 무욕이라야 무위가 가능하고, 무위라야 무욕을 알 수 있으므로 둘은 크게 다르지 않다. 사람의 다음은 본래 허정(虛靜)하다. 그러나 현세와 외물(外物)에 이끌려 명리(名利)나 욕구에 흔들리고 눈이 가리어 바르게 보지 못한다. 따라서 '치허(致虛)'와 '수정(守靜)'의 수양과 공부를 지극하고 독실하게 하면 다시 허정한 본심을 되찾을 수가 있다. 범응원(范鷹元)은 "마음을 공허하게 갖고 허정을 지키는 것은 세상을 버리고 사람에게서 떨어지라는 뜻이 아니다. 만물에 나의 본심을 흐트리지 않는 것을 참다운 허(虛)의 극, 또는 정(靜)의 독이라 한다"(致虛 · 守靜, 非謂絶物雜人也. 萬物無足以撓吾本心者, 此眞所謂虛極, 靜篤也)고 했다. 『순자』「해폐(解蔽)」에 다음과 같은 내용이 있다. "비운다

(허)는 것은 언제나 새로운 생각이 들어올 수 있도록 자리를 비워두는 것이다. 또 전일하게 한다(일)는 것은 서로 모순되는 생각이 있더라도 그 중 한 생각이 다른 한 생각을 해치지 않도록 하는 것이다. 고요하게 한다(정)는 것은 마음속의 어지러운 생각으로 앎을 해치지 않도록 하는 것이다. 이런 세 가지 공부를 잘 실천하면 마음은 크게 청명해져서 방 안에 앉아서 사해를 보고, 현재에 살면서 오래된 옛날을 알 수 있으며, 만물을 흘낏 보고서 그 실정을 알고, 치란(治亂)을 살펴서 그 법도에 통하게 된다."

❢ 萬物竝作, 吾以觀復. 夫物芸芸, 各復歸其根.

만물이 앞 다투어 일어남에 나는 그것(허정)을 통해 그들이 결국 돌아가게 됨을 본다. 만물은 무성했다가 각기 자신의 뿌리로 돌아간다. 병작(竝作)은 다 함께 일어난다, 나란히 일어난다, 혹은 앞 다투어 일어난다는 뜻이다. 오이관복(吾以觀復)은 나는 허정한 도를 잘 지킴으로써 만물이 결국은 무(無)인 도에 돌아하는 것을 볼 수가 있다는 뜻이다. 즉 허정(虛靜)을 지극하고 돈독하게 견지해서 사물의 궁극처를 알 수 있다는 말이다. 여기서 이(以)는 '치허(致虛)'와 '수정(守靜)'을 받는다. 운운(芸芸)은 초목이 우거진 모양이나 만물이 잡다하게 많은 것을 형용한 말이다. 각복귀기근(各復歸其根)은 각자 자기 뿌리로 되돌아간다는 뜻이다. 범응원은 "뿌리로 되돌아간다고 한 것은 허정한 본심으로 돌아감이다"(歸根者, 反本心之虛靜也)고 했다. 왕필은 "무릇 모든 존재하는 것은 허(虛)에서 생겨나고 움직임은 고요함에서 일어나니 만물이 모두 함께 움직이더라도 마침내는 허·정에 복귀한다"고 했다.

❢ 歸根曰靜, 是謂復命. 復命曰常, 知常曰明. 不知常, 妄作凶.

뿌리로 돌아가는 것을 고요함이라 하니, 이것은 제 명으로 돌아가는 것을 말한다. 명으로 돌아가는 것을 항구함이라 하니, 항구함을 아는 것을 밝음이라 한다.

항구함을 모르고 함부로 행동하면 흉하다. 복명(復命)은 본성(本性)에 복귀한다는 뜻이다. 상(常)은 상도(常道)나 항구함을 말한다. 우주만물은 유에서 나오고 유는 무에서 나왔으니, 우주만물은 유로 유는 다시 허정의 무로 돌아가게 마련인데, 이러한 불변의 진리를 상(常)이라 한다. 명(明)은 총명이나 참다운 지혜를 말한다. 망작흉(妄作凶)은 도를 밝게 모르면, 함부로 행동하고 일을 저질러 흉하고 패하는 결과를 초래한다는 말이다.

❢ 知常容, 容乃公, 公乃王, 王乃天, 天乃道, 道乃久, 沒身不殆.

항구한 도리를 알면 너그러워지고, 너그러워지면 공정하게 되고, 공정하면 왕이 되고, 왕이 되면 하늘과 같이 되고, 하늘과 같이 되면 도와 부합하고, 도와 부합하면 장구하게 되니, 죽을 때까지 위태롭지 않다. 용(容)은 포용이나 관용(寬容)으로서 너그러움을 뜻한다. 공정하면 왕이 된다는 것은 공정한 사람에게 천하의 인심이 쏠리는 것을 말한다고 볼 수 있다. 『상서』「홍범」에서도 왕도를 위해 공정함을 강조한다. 즉 "치우침도 없고 쏠림도 없이 왕의 의로움을 따른다. 좋아하는 것을 만들지 않고 왕의 길(道)을 따르며, 미워하는 것을 만들지 않고 왕의 길(路)을 따른다." 이 모든 연상의 고리가 귀착하는 곳이 몰신불태(沒身不殆), 즉 죽을 때가지 위태롭지 않다는 것이다.

제17장
지유(知有): 왕이 있다는 것만 앎

가장 훌륭한 임금은 백성들이 그가 있다는 것만 알 뿐이고, 그 다음은 그를 친하게 여기고 칭송하며, 그 다음은 그를 두려워하고, 그 다음은 그를 업신여긴다. 믿음이 부족하면 불신이 생기니, 그 말을 귀히 여겨 아낀다. 말을 귀히 여겨 아끼면 공이 이루어지고 일이 잘 되어도, 백성들은 모두 내가 저절로 그렇게 되었다고 말한다.

太上, 下知有之. 其次, 親而譽之. 其次, 畏之. 其次, 侮之. 信不足焉,
태상, 하지유지. 기차, 친이예지. 기차, 외지. 기차, 모지. 신부족언,

有不信焉. 猶其貴言. 功成事遂, 百姓皆謂我自然.
유불신언. 유기귀언. 공성사수, 백성개위아자연.

太(클 태, 심할 태), 上(위 상), 下(아래 하), 知(알 지), 有(있을 유), 之(갈 지, 어조사 지), 其(그 기), 次(버금 차), 親(친할 친), 而(말 이을 이), 譽(기릴 예), 畏(두려워할 외), 信(믿을 신), 不(아닐 불), 足(족할 족, 발 족), 焉(어조사 언), 猶(오히려(여전히) 유, 같을 유), 貴(귀할 귀), 言(말씀 언), 功(공 공), 成(이룰 성), 事(일 사, 일삼을 사, 섬길 사), 遂(이룰 수, 드디어 수), 百(일백 백), 姓(성 성), 皆(대 개), 謂(이를 위), 我(나 아), 自(스스로 자), 然(그럴 연)

The Decline of Tao

On the decline of the great Tao,
The doctrine of "humanity" and "justice" arose.
When knowledge and cleverness appeared,
Great hypocrisy followed in its wake.

When the six relationships no longer lived at peace,
There was (praise of) " kind parents" and "filial sons."

When a country fell into chaos and misrule,
There was (praise of) "loyal ministers."

王弼註

大道廢，有仁義，
失無爲之事，更以施慧立善，道進物也.
慧智出，有大僞，
行術用明，以察姦僞，趣覩形見，物知避之. 故智慧出則大僞生也.
六親不和有孝慈，國家昏亂有忠臣.
甚美之名，生於大惡，所謂美惡同門. 六親，父子，兄弟，夫婦也. 若六親自和，國家自治，則孝慈，忠臣不知其所在矣. 魚相忘於江湖之道，則相濡之德生也.

❢ 大道廢，有仁義. 知慧出，有大僞.
큰 도가 무너지고서 인의가 있게 되었고, 지혜가 나오고서 큰 거짓이 생겼다.

대도폐(大道廢)에서 대도(大道)는 무위자연의 도이며, 폐(廢)는 폐기되다, 쇠진하다는 뜻이다. 유인의(有仁義)는 인위적인 도덕으로 인의가 나타나게 되었다는 말이다. 감산은 "대도는 남을 사랑하겠다는 의식을 갖지 않으면서도 모든 것이 저마다 잘 되게끔 해준다. 인의의 도덕은 남을 사랑하겠다는 의식을 가지면서 친소의 구별에 따른 분수를 세운다. 그래서 대도가 무너짐으로써 인의가 있게 되었다고 한다"(大道無心愛物, 而物物名得其所. 仁義則有心愛物, 即有親疏區別之分. 故曰大道廢, 有仁義)고 풀었다. 대도(大道)는 무위(無爲)이고 자연이며, 인의(仁義)는 유위(有爲)이고 인위적인 작위이다. 제38장에서도 "도를 잃은 뒤에 덕이 있고, 덕을 잃은 뒤에 인이 있으며, 인을 잃은 뒤에 의가 있다"(失道而後德, 失德而後仁, 失仁而後義)고 했다.

이 문장은 특히 인의를 부정적으로 보기 때문에 노자사상이 유교에 반한다는 증거로 되어왔다. 그래서 유교 국가에서 노자를 옹호하려던 사람들은 흔히 이 문장이 유교사상에 반한다는 것을 부정하려 했다. 예컨대 소철은 "대도가 융성하던 때는 인의가 그 가운데 행해지고 있었으므로 백성들이 알지 못했다. ……육친이 바야흐로 서로 화목하면 누가 효도하고 자애롭게 행동하지 않겠는가. 국가가 바야흐로 다스려지면 누가 충신이 아니겠는가. 요임금은 불효하지 않았지만 효도에 순임금을 드는 것은 요임금에게 고수(瞽叟) 같은 아버지가 없었기 때문이고, 이윤과 주공이 불충하지는 않았지만 충신으로 용봉(龍逢)과 비간(比干)을 드는 것은 그들에게 걸과 주라는 폭군이 없었기 때문이다"라고 하여 노자가 결코 인의와 효자(孝慈)를 부정하지 않았다고 주장했다. 하상공 이하 여러 주해도 마찬가지다.

지혜출(知慧出)은 인간이 지혜를 사용하게 되었다는 말이다. 소박한 태고 때에는 사람들은 무위자연의 도를 따라 무지·무욕·무위하며 살았으나, 시간이 흐르면서 차츰 지식이나 기술이나 꾀를 갖게 되었다. 유대위(有大僞)는 큰 거짓이 있게 되었다는 말이다. 노자의 입장에서 보면 유가에서 숭상하는 예악(禮樂), 인의도덕, 교화덕치도 모두 큰 거짓이다. 더구나 법가(法家)가 주장하는 법률제도나 상벌 등은 거짓의 대표적인 본보기이다. 왕필본에는 혜지(慧智)로 되었고, 하상공본에는 지혜(智惠)로 되어 있다.

❢ 六親不和, 有孝慈. 國家昏亂, 有忠臣.

육친이 불화하면서 효도와 자애로움이 생겼고, 나라가 혼란해지면서 충신이 생겼다. 육친(六親)은 부자, 형제, 부부 등 가족관계에 있는 사람들을 말한다. 국가혼란(國家昏亂)은 나라가 어둡고 어지러워진다는 뜻이다. 특히 여기서는 유가가 내세운 도덕·윤리·규범이 상대적 타락에서 나온 것이므로 이러한 것들마저 버리고 소박한 상태에 돌아가라고 했다. 윤리를 적극적으로 내세우지 말고 모든 사람이 허정(虛靜)으로 돌아갈 것을 말한 것이다.

제19장
박소(樸素): 소박하고 순진함

총명을 끊고 지혜를 버리면 백성들의 이익이 백배나 될 것이다. 인을 끊고 의를 버리면 백성들은 다시 효도하고 자애로워질 것이다. 기교를 끊고 이로움을 버리면 도적이 사라질 것이다. 이 세 가지는 꾸민 것이기에 나라를 다스리기에 충분하지 못하다. 그러므로 귀의할 곳을 있게 해야 하니, 순진한 바탕을 소탈하게 드러내고 질박함을 품어 지키며, 사심을 적게 하고 욕심을 줄여야 한다.

絕聖棄智, 民利百倍. 絕仁棄義, 民復孝慈. 絕巧棄利, 盜賊無有.
절성기지, 민리백배. 절인기의, 민복효자. 절교기리, 도적무유.

此三者, 以爲文不足. 故令有所屬. 見素抱樸, 小私寡欲.
차삼자, 이위문부족. 고영유소속. 현소포박, 소사과욕.

絶(끊을 절), 聖(성인 성), 棄(버릴 기), 智(슬기 지), 民(백성 민), 利(이로울 리, 날카로울 리), 百(일백 백), 倍(곱 배), 仁(어질 인), 義(옳을 의, 뜻 의), 復(회복할 복, 다시 부), 孝(효도 효), 慈(사랑 자), 巧(공교할 교), 盜(훔칠 도, 도둑 도), 賊(도적 적, 해칠 적), 無(없을 무), 有(있을 유), 此(이 차), 三(석 삼), 者(놈 자), 以(써 이), 爲(할 위, 될 위, 여길 위), 文(글월 문, 꾸밀 문), 不(아닐 불), 足(족할 족, 발 족), 故(연고 고, 옛 고), 令(하여금 령, 아름다울 령), 所(바 소), 屬(모일 속, 모일 속, 붙을 촉), 見(볼 견, 나타낼 현), 素(본디 소, 바탕 소, 흴 소), 抱(안을 포, 던질 포), 樸(통나무 박, 순진할 박), 小(작을 소), 私(사사로울 사), 寡(적을 과), 欲(하고자 할 욕, 욕심 욕)

Realize the Simple Self

Banish wisdom, discard knowledge,
And the people shall profit a hundredfold;
Banish "humanity," discard "justice"
And the people shall recover love of their kin;
Banish cunning, discard "utility,"
And the thieves and brigands shall disappear.
As these three touch the externals and are inadequate,
The people have need of what they can depend upon;

Reveal thy simple self, Embrace thy original nature,
Check thy selfishness, Curtail thy desires.

王弼註

絶聖棄智，民利百倍，絶仁棄義，民復孝慈，絶巧棄利，盜賊無有．此三者以爲文不足，故令有所屬，見素抱樸，少私寡欲．

聖智才之善也，仁義人之善也，巧利，用之善也．而直云絶．文甚不足，不令之有所屬，無以見其指．故曰此三者以爲文而未足，故令人有所屬，屬之於素樸寡欲．

❢ **絕聖棄智, 民利百倍. 絕仁棄義, 民復孝慈. 絕巧棄利, 盜賊無有.**

총명을 끊고 지혜를 버리면 백성들의 이익이 백배나 될 것이다. 인을 끊고 의를 버리면 백성들은 다시 효도하고 자애로워질 것이다. 기교를 끊고 이로움을 버리면 도적이 사라질 것이다. 절성기지(絶聖棄智)에서 절(絶)과 기(棄)는 동사로 끊다와 버린다는 뜻이다. 성(聖)은 타고난 자질이 민첩하고 덕성이 온전하며, 슬기로움이 심원하고 미묘한 데까지 미쳐서 언행이 윤리와 부합하는 것을 말한다. 노자가 높이는 성인이 아니라 '총명'의 뜻이다. 지(智)는 만물의 이치를 환히 깨닫고 멀거나 가까운, 그리고 그윽하고 미묘한 이치를 환히 꿰뚫어 보는 것을 말한다. 한편 유가에서 높이는 경지가 성(聖)이다. 『주례(周禮)』「대사도(大司徒)」에는 "여섯 가지 덕은 지·인·성·의·중·화(六德知仁聖義中和)"라고 했다. 또 『대대례(大戴禮)』「사대편(四代篇)」에는 "성은 지가 아름답게 꽃피운 것(聖, 知之華也)이고, 지는 인이 열매 맺은 것(知, 仁之實也)이며, 인은 신이 그릇으로 삼은 것(仁, 信之器也)이고, 신은 의가 거듭된 것(信, 義之重也)이며, 의는 이로움이 근본으로 삼은 것이다(義, 利之本也)"고 했다. 따라서 성(聖)은 지혜의 꽃이고 총명인데, 노자는 이러한 인간적 지혜나 총명을 배척했다. 『여씨춘추(呂氏春秋)』「당무편(當務篇」에 "망녕된 생각을 속에 품고 있는 것이 성이다(妄意關內中藏, 聖也). 때를 아는 것이 지혜이고(知時, 智也), 고르게 나누는 것이 인이다(分均, 仁也)"고 했다. 성(聖)과 지(智)를 끊어 버린다는 것은 속세에서 높이는 철인들의 학문이나 지식 또는 유가에서 말하는 성인지치(聖人之治) 같은 것을 버린다는 뜻이다. 하지만 노자는 총명과 지혜를 무조건 배척한 것이 아니라 잘못된 총명과 지혜를 공격했을 뿐이다. 이것은 제33장에서 "남을 아는 사람은 지혜롭고, 자신을 아는 사람은 밝다"고 한 것이나, 제47장에서 "문을 나서지 않아도 천하를 알고, 창문으로 내다보지 않아도 천도를 안다"고 한 데서도 알 수 있다. 민리백배(民利百倍)는 백성들의 이득이 백배로 늘 것이라는 말이다. 절인기의(絶仁棄義)는 인의를 끊어버린다는 뜻이다. 민복효자(民復孝慈)는 백성들이 효자(孝慈)로 다시 돌아간다는 뜻이다. 인위적인 윤리도덕을 없애면 사람은 스스로 본성인 효자로 되돌아갈 것이라는 말이다. 절교기리(絶巧棄利)에서 교(巧)는 간교(奸巧)나 기술이고, 이(利)는 이득이나 재물이다. 간교한 기술이나 물질적 이득을 버린다는 말이다. 도적무유(盜賊無有)는 도적이 사라진다는 말이다.

❢ 此三者, 以爲文不足.

이 세가지는 꾸민 것이기에 나라를 다스리기에 부족한 것이다. 차삼자(此三者)는 이 세가지라는 말로서, 성지(聖智), 인의(仁義), 교리(巧利)를 가리킨다. 이위문(以爲文)에서 이위(以爲)는 ~으로 친다는 것이며, 문(文)은 인간이 만든 문식(文飾), 문명적인 것을 말한다. 부족(不足)은 문식으로서는 백성을 잘 다스리거나 교화하기에 부족하다는 말이다. 하상공은 "문으로써는 백성을 교화하는데 부족하다(文不足以敎民)"고 풀었다.

❢ 故令有所屬. 見素抱樸, 小私寡欲.

그러므로 귀의할 곳을 있게 해야 하니 순진한 바탕을 소탈하게 드러내고 질박함을 품어 지키며 사심을 적게 하고 욕심을 줄여야 한다. 고영유소속(故令有所屬)은 그러므로 백성들이 귀의할 곳을 있게 한다는 뜻이다. 속(屬)은 종속(從屬)하다, 귀속하다, 귀의하다는 뜻이다. 현소포박(見素抱樸)에서 소(素)는 원래 염색하지 않은 흰 바탕의 명주나 명주실이나 순진한 본 바탕을 의미한다. 박(樸)은 산에서 자른 대로의 통나무 원목을 말한다. 현(見)은 드러낸다는 것이고, 포(抱)는 속에 품다는 뜻이다. 따라서 현소(見素)는 순진한 바탕을 소탈하게 밖으로 나타낸다는 것이며, 포박(抱樸)은 소박한 것을 마음속에 품고 지킨다는 말이다. 소사과욕(少私寡欲)은 사심(私心)과 욕심을 적게 한다는 말이다.

여기서는 성지(聖智)·인의(仁義)·교리(巧利)를 가지고는 사람들이 잘 살 수 없다고 한다. 이기심과 욕심을 버리고 허무의 도를 따라 순진·소박해야 인류는 행복하게 자기의 삶을 누릴 수가 있다는 것이다. 노자는 소박(素朴)을 중시했다. 소박은 문명의 허식(虛飾)과 허구(虛構)를 버리고 자연으로 돌아가는 것이다. 인간의 교지(巧智)나 미망(迷妄), 독선적인 고집이나 주장, 또는 일방적인 가치 설정 등을 떠나 허정(虛靜)과 대졸(大拙)에 돌아가는 것이다.

제20장

사모(食母): 유모

학문을 끊으면 근심이 없을 것이다. '예'라고 대답하는 것과 '응'이라고 대답하는 것이 얼마나 차이가 날까? 선과 악이 얼마나 차이가 날까? 남이 두려워하는 것을 나 또한 두려워하지 않을 수 없지만, 황당하게도 내게는 판단 기준이 되는 그 중심이 없구나. 뭇사람들은 희희낙락하며 큰 잔치를 즐기는 듯하고 봄날 누각에 오르는 듯한데, 나는 홀로 쓸쓸하여 아무런 조짐도 없어 마치 웃을 줄 모르는 갓난아이와 같고, 고달프고 고달픈데도 돌아갈 곳이 없는 것 같구나. 뭇사람들은 모두 여유가 있는데, 나만 홀로 버려져 있는 듯하구나. 나는 어리석은 자의 마음처럼, 혼탁하기만 하구나. 세상 사람들은 환하게 밝은데 나만 홀로 깜깜하여 어둡구나. 세상 사람들은 똑똑한데 나만 홀로 어리숙하구나. 평온하고 고요하기는 바다 같으면서도, 바람 따라 이리저리 떠돌아다니는 것이 끝도 없는 것 같구나. 뭇사람들은 모두 쓸모가 있는데, 나만 홀로 우둔하고 촌스럽구나. 나만 홀로 남과 달리 양육하는 유모를 귀하게 여기는구나.

絕學無憂. 唯之與阿, 相去幾何? 善之與惡, 相去若何? 人之所畏,
절학무우. 유지여아, 상거기하? 선지여악, 상거약하? 인지소외,

不可不畏. 荒兮其未央哉! 衆人熙熙, 如享太牢, 如春登臺,
불가불외. 황혜기미앙재! 중인희희, 여향태뢰, 여춘등대,

我獨泊兮其未兆, 如嬰兒之未孩. 儽儽兮, 若無所歸. 衆人皆有餘,
아독박혜기미조, 여영아지미해. 래래혜, 약무소귀. 중인개유여,

而我獨若遺. 我愚人之心也哉! 沌沌兮. 俗人昭昭, 我獨昏昏.
이아독약유. 아우인지심야재! 돈돈혜. 속인소소, 이독혼혼.

俗人察察, 我獨悶悶. 澹兮其若海, 飂兮若無止. 衆人有以, 而我獨頑且鄙.
속인찰찰, 아독민민. 담혜기약해, 요혜약무지. 중인유이, 이아독완차비.

我獨異於人, 而貴食母.
아독이어인, 이귀사모.

絶(끊을 절), 學(배울 학, 학문 학), 無(없을 무), 憂(근심 우), 唯(오직 유, '예'하고 공손히 대답할 유), 之(갈 지, 어조사 지), 與(더불 여, 줄 여), 阿(언덕 아, 아첨할 아, '응'하고 대답할 아), 相(서로 상, 볼 상, 도울 상, 재상 상), 去(갈 거, 버릴 거, 서로 떨어질 거), 幾(기미 기, 몇 기, 거의 기), 何(어찌 하), 善(착할 선, 잘할 선), 惡(악 악, 추악할 악 싫어할 오), 若(같을 약, 만약 약), 人(사람 인), 所(바 소), 畏(두려워할 외), 不(아닐 불), 可(가할 가, 옳을 가), 荒(거칠 황, 황폐할 황, 빌 황, 공허할 황), 其(그 기), 未(아닐 미, 장래 미), 央(가운데 앙, 다할 앙, 선명한 모양 영), 哉(어조사 재), 衆(무리 중, 많을 중), 熙(빛날 희, 기뻐할 희), 如(같을 여, 만약 여), 享(누릴 향, 제사드릴 향), 太(클 태, 심할 태, 통할 태, 처음 태), 牢(우리 뢰, 둘러쌀 뢰, 감옥 뢰), 登(오를 등), 春(봄 춘), 臺(대 대), 我(나 아), 獨(홀로 독), 泊(배댈 박, 머무를 박, 몸을 기탁할 박), 兆(조짐 조, 점칠 조), 嬰(갓난아이 영), 兒(아이 아), 孩(어린아이 해, 어린아이가 웃을 해), 儽(게으를 래, 나른할 래, 고달플 래), 歸(돌아갈 귀), 皆(다 개), 有(있을 유), 餘(남을 여, 넉넉할 여, 여유 있을 여, 결말 여), 而(말 이을 이), 遺(끼칠 유, 후세에 전할 유, 잃을 유, 버릴 유), 愚(어리석을 우), 心(마음 심), 也(어조사 야), 沌(어두울 돈, 어리석을 돈, 우매할 돈), 俗(풍속 속, 범속할 속, 평범할 속, 세상 속), 昭(밝을 소, 빛날 소), 昏(어두울 혼, 해질 무렵 혼), 察(살필 찰, 조사할 찰, 생각하여 볼 찰),悶(번민할

민, 어두울 민, 깨닫지 못할 민), 澹(담박할 담, 조용할 담), 海(바다 해), 飂(높이 부는 바람 요, 빌 요, 공허할 요), 止(그칠 지, 머무를 지), 頑(완고할 완, 둔할 완), 且(또 차), 鄙(시골 비, 촌스러울 비, 완고할 비, 인색할 비, 천할 비), 異(다를 이), 於(어조사 어), 貴(귀할 귀), 食(밥 식, 밥 사, 기를 식), 母(어미 모)

The World and I

Banish learning, and vexations end.
Between "Ah!" and "Ough!" How much difference is there?
Between "good" and "evil" How much difference is there"
That which men fear Is indeed to be feared;
But, alas, distant yet is the dawn (of awakening)!

The people of the world are merry-marking,
As if partaking of the sacrificial feasts,
As if mounting the terrace in spring;
I alone am mild, like one unemployed,
Like a new-born babe that cannot yet smile,
Unattached, like one without a home.

The people of the world have enough and to spare,
But I am like one left out,
My heart must be that of a fool, Being muddled, nebulous!

The vulgar are knowing, luminous; I alone am dull, confused.
The vulgar are clever, self-assured; I alone, depressed.
Patient as the sea, Adrift, seemingly aimless.

The people of the world all have a purpose;
I alone appear stubborn and uncouth.
I alone differ from the other people,
And value drawing sustenance from the Mother.

王弼註

絕學無憂. 唯之與阿, 相去幾何. 善之與惡, 相去若何. 人之所畏, 不可不畏.
下篇爲學者日益, 爲道者日損. 然則學求益所能, 而進其智者也. 若將無欲而足, 何求於益. 不知而中, 何求於進. 夫燕雀有匹, 鳩鴿有仇, 寒鄕之民, 必知旃裘. 自然已足, 益之則憂. 故續鳧之足, 何異截鶴之脛, 畏譽而進, 何異畏刑. 唯阿美惡, 相去何若. 故人之所畏, 吾亦畏焉. 未敢恃之以爲用也.

荒兮其未央哉.
歎與俗相返之遠也.

衆人熙熙, 如享太牢, 如春登臺.
衆人迷於美進, 惑於榮利, 欲進心競, 故熙熙如享太牢, 如春登臺也.

我獨泊兮其未兆, 如嬰兒之未孩,
言我廓然無形之可名, 無兆之可擧, 如嬰兒之未能孩也.

儽儽兮若無所歸.
若無所宅

衆人皆有餘, 而我獨若遺.
衆人無不有懷有志, 盈溢胸心, 故曰 皆有餘也. 我獨廓然無爲無欲, 若遺失之也.

我愚人之心也哉.
絶愚之人, 心無所別析, 意無所好欲, 猶然其情不可覩, 我頹然若此也.

沌沌兮,
無所別析, 不可爲明.

俗人昭昭,
耀其光也.

我獨昏昏, 俗人察察,
分別別析也.

我獨悶悶. 澹兮其若海,
情不可覩.

飂兮若無止.
無所繫縶.

衆人皆有以,
以用也. 皆欲有所施用也.

而我獨頑似鄙.
無所欲爲, 悶悶昏昏, 若無所識, 故曰 頑且鄙也.

我獨異於人, 而貴食母.
食母, 生之本也. 人者皆棄生民之本, 貴末飾之華, 故曰 我獨欲異於人.

❢ 絕學無憂.

학문을 끊으면 근심도 없어진다. 이 문장은 언제나 세상의 변화를 두려워하고 사회적 가치보다는 개인의 생명을 더 존중하자는 노자의 심중이 담겨 있는 글로 생각된다. 여기서 말하는 학문은 넓게는 인의·충신·효제(仁義·忠信·孝悌)와 같은 윤리도덕, 또는 유가에서 높이는 예악에 의한 정교(政敎)나 문물의제(文物儀制), 좁게는 지식이나 예법 및 선악과 같은 가치규범 등이다. 이 모든 것은 속세에서 인간들이 자의적(恣意的)으로 만든 것이어서, 이러한 것들을 버려야 마음이 허정(虛靜)해지고 따라서 근심도 없어질 수 있다. 그렇지 못하고 문식(文飾)과 허구(虛構)에 찬 학문이나 예교(禮敎)에 엉키면 엉킬수록 도에서 떨어져 속세의 분잡(紛雜)과 부화(浮華)에 휩싸이게 된다. 제48장에서는 "학문을 하면 나날이 더하게 되고, 도를 하면 나날이 덜어내게 된다. 덜어내고 또 덜어내면 무위에 이르게 된다. 무위로는 하지 못하는 것이 없다"(爲學日益, 爲道日損, 損之又損, 以至於無爲, 無爲而無不爲)고 했듯이 학문을 하면 할수록 도가 쇠퇴한다고 볼 수 있다. 왕필도 방금 인용한 제48장의 글을 언급하면서 학문을 하여 무엇인가 증진시키려는 시도는 자연의 본성을 해치므로 근심을 낳고, 무엇인가 증진시키려는 좋은 의도가 오히려 나쁜 결과를 가져오는 것처럼 아름다움과 추악함이라는 대립면도 그리 멀리 떨어진 것이 아니므로 언제나 조심해야 한다는 논지로 이 문장을 설명한다.

인간의 탐욕이나 악덕은 인간의 지혜와 더불어 늘어나게 마련이다. 따라서 배움이나 학문을 그만두면 그만큼 탐욕이나 악덕도 적어질 것이라는 게 노자의 입장이다. 이것은 유가의 철학과 정 반대되는 논리이다. 유가의 입장은 다음과 같다. 하늘이 부여해준 본성(本性) 속에 있는 천리(天理)에 눈을 뜨고 스스로 수양하여 천리에 맞게 행동함으로써 육체와 나에 엉킨 사욕(私欲)에서 벗어나 본연의 성(性)으로 나아가야 한다. 이를 위해 사람은 적극적으로 배우고 실천해야 한다는 것이 유가의 입장이다.

❢ 唯之與阿, 相去幾何? 善之與惡, 相去若何?

'예'라고 대답하는 것과 '응'이라고 대답하는 것이 얼마나 차이가 날까? 선과 악이 얼마나 차이가 날까? 유지여아(唯之與阿)에서 유(唯)는 '네!'하는 공손한 대답이고, 아(阿)는 '그래!' 또는 '응'하는 예사로운 대답이다. 『예기(禮記)』「곡례편(曲禮篇)」에는 '唯(네)'와 '阿(응)'을 엄하게 가려야 한다고 되어 있다. 이것을 노자는 반박하고 그 차이가 얼마나 되느냐고 했다. 상거기하(相去幾何)는 서로의 차이가 얼마나 되느냐는 말이다. 선지여악(善之與惡)은 이 세상에서 사람들이 말하는 선과 악을 뜻한다. 성현영(成玄英)은 "자기 뜻에 맞으면 선이고, 마음에 거슬리면 악이다"(順意爲善, 違心爲惡)고 했다. 그래서 세상 사람이 말하는 선이나 악도 결국은 자의적(恣意的) 가치판단에 불과할 뿐이다. 상거약하(相去若何)는 그 차이가 얼마나 되는가라는 말이다.

❢ 人之所畏, 不可不畏, 荒兮其未央哉.

세상 가람들이 두려워하는 것은 나 또한 두려워하지 않을 수 없지만, 황당하게도 나에게는 판단 기준이 되는 그 중심이 없구나. 공손한 대답과 불경스러운 대답, 아름다움과 추악함은 백지 한 장 차이이기 때문에 설령 지금은 공손한 대답을 듣는다고 하더라도 언제 불경스러운 대답으로 바뀔지 모르며, 지금은 아름답다는 칭송을 듣는다고 하더라도 언제 추악하다는 비난을 당할지 모른다. 그러므로 언제나 매사를 조심스러워하는 것이 좋겠다는 것이 이 문장의 뜻인 것 같다. 황혜기미앙

재(荒兮其未央哉)에서 荒兮(황혜)는 막연하고 걷잡을 수 없이 광막하다, 황폐하다, 황당하다는 뜻이다. 미앙(未央)은 끝이 없다는 뜻도 있고 중심이 없다는 뜻도 있다. 고형(高亨)은 "荒兮其未央은 망망하고 끝이 없음과 같다(猶云茫茫其無極耳)"고 하여 끝이 없다는 뜻으로 풀었다. 앙(央)을 진(盡)과 같은 글자로 보고, 미앙(未央)을 대부분 끝이 없다는 뜻으로 풀이한다. 여기서는 앙(央)을 중앙(中央)으로 보고 세상 사람들이 두려워하는 것을 나 또한 두려워해야 하겠지만, 두려워할 대상을 판단할 수 있는 기준이 될 수 있는 중심이 없다는 뜻으로 풀이한다.

❢ 衆人熙熙, 如享太牢, 如春登臺, 我獨泊兮其未兆, 如嬰兒之未孩.

뭇사람들은 희희낙락하며 큰 잔치를 즐기는 듯하고 봄날 누각에 오르는 듯한데, 나는 홀로 쓸쓸하여 아무런 조짐도 없어 마치 웃을 줄 모르는 갓난아이와 같구나. 희희(熙熙)는 즐거운 모양으로서 좋아하며 들떠 있다는 뜻이다. 하상공은 이것을 "방탕하고 정욕에 넘친다(熙熙, 放淫多情欲也)"고 했다. 왕필은 "모든 사람들이 부귀영달에 미혹되어 내닫고자 한다"고 했다. 여향태뢰(如享太牢)는 풍성한 잔치를 받아 먹는 듯하다는 뜻이다. 태뢰(太牢)는 제사에 올리기 위한 소(牛)·돼지(豕)들로, 여기서는 풍성한 음식을 마련한 잔치라는 뜻이다. 여춘등대(如春登臺)는 봄에 누대에 오르는 듯하다는 뜻이다. 하상공본에는 '여등춘대(如登春臺)'라 하면서, "봄에 누대에 오르는 듯하다"는 것은 "봄에는 음양이 서로 사귀고 만물이 그에 감동하여 자라나므로 누대에 올라 그것을 바라보면 마음이 풀어지는 듯한[淫淫然] 것을 가리킨다"고 했다. 비슷한 의미이다. 아독박혜(我獨泊兮)는 나 혼자만이 염정(恬靜)하다는 뜻이다. 박(泊)은 담박(淡泊)하고, 염정하고, 조용하다는 뜻이다. 혹은 '박(泊)'은 아무것도 하지 않는 것(『설문』) 또는 고요히 움직이지 않는 것을 의미한다(소철). 기미조(其未兆)는 아무런 조짐도 없다는 뜻이다. 미해(未孩)에서 해(孩)는 어린아이가 웃는다는 해(咳)와 같다. 그래서 여영아지미해(如嬰兒之未孩)는 웃을 줄도 모르는 어린아이와 같다는 뜻이다. 즉 도를 터득한 노자 자신은 마음이 허정하고 아무런 욕구도 없어 웃음조차 모르는 어린아이 같다는 의미도 된다.

❢ 儽儽兮, 若無所歸. 衆人皆有餘, 而我獨若遺. 我愚人之心也哉! 沌沌兮.

고달프고 고달픈데도 돌아갈 곳이 없는 것 같구나. 뭇사람들은 모두 여유가 있는데, 나만 홀로 버려져 있는 듯하구나. 나는 어리석은 자의 마음처럼, 혼탁하고 어리석기만 하구나. 래래혜(儽儽兮)는 피곤하여 지치거나 고달프다는 뜻이다. 약무소귀(若無所歸)는 돌아갈 곳이 없는 것과도 같다는 뜻이다. 중인개유여(衆人皆有餘)는 세상 사람들은 여유가 있다는 뜻이다. 유여(有餘)에 대하여 하상공은 "뭇사람들은 여분의 재물을 가지고 자신을 사치하고, 여분의 지혜를 가지고 남을 속인다"(衆人餘財以爲奢, 餘智以爲詐)고 풀었다. 유(遺)는 버려졌다는 뜻이다(하상공). 아독약유(我獨若遺)는 나만 홀로 버려진 듯하다는 뜻이다. 즉 세상 사람들이 지나치게 가지고 있는 재물이나 지혜 혹은 욕심 같은 것이 없다는 말이다. 우인(愚人)은 세속적 지식이나 간교를 갖지 않은 순진 소박한 사람이다. 세상 사람들은 우인이라 하지만 노자는 그를 높이고 있다. 돈돈혜(沌沌兮)는 혼돈(渾沌)하다거나 어리석고 무지하다거나 혹은 혼탁하고 어리석다는 뜻이다.

❢ 俗人昭昭, 我獨昏昏. 俗人察察, 我獨悶悶. 澹兮其若海, 飂兮若無止. 衆人有以, 而我獨頑且鄙. 我獨異於人, 而貴食母.

세상 사람들은 환하게 밝은데 나만 홀로 깜깜하게 어둡구나. 세상 사람들은 똑똑한데 나만 홀로 어리숙하구나. 깊고 고요하기는 바다 같으면서도, 바람 따라 이리저리 떠돌아다니는 것이 끝도 없는 것 같구나. 뭇사람들은 모두 쓸모가 있는데, 나만 홀로 우둔하고 촌스럽구나. 나만 홀로 남과 달리 양육하는 유모를 귀하게 여기는구나. 소소(昭昭)는 재간 있고 영악하다는 뜻이다. 왕필은 "빛이 번쩍이는 것이다(耀其光也)"고 했다. 감산은 "소소란 교묘한 지혜를 밖에 내보이는 것을 말한다(昭昭, 謂智巧現於外也)"고 했다. 혼혼(昏昏)은 어둡다, 우매하다의 뜻이고, 찰찰

(察察)은 엄밀하게 살펴 밝게 가려낸다는 뜻이다. 민민(悶悶)은 흐리멍덩하다 혹은 혼돈하다는 뜻이다.

담혜기약해(澹兮其若海)에서 담(澹)은 염정(恬靜), 즉 평온하고 고요하다는 뜻이다. 따라서 평온하고 고요하기는 바다와도 같다는 말이다. 판본에 따라서는 '담혜기약해(淡兮其若海)'나 '홀혜기약회(忽兮其若晦)' 등으로 되어 있는데, 여기서는 왕필본을 따랐다. 요혜약무지(飂兮若無止)에서 요(飂)는 바람에 나부끼는 것이고, 무지(無止)는 그침이 없다, 혹은 끝없다는 뜻이다. 중인개유이(衆人皆有以)에서 이(以)는 용(用)과 같아서 유이(有以)는 쓸모가 있다, 능력이 있다는 뜻이다. 따라서 뭇사람들은 모두 쓸모가 있다는 말이다. 완차비(頑且鄙)에서 완(頑)은 완고하고 우둔하다, 비(鄙)는 비천하다, 촌티난다는 뜻이다. 『광아(廣雅)』「석고(釋詁)」에 "완(頑)은 우(愚)다"라고 했다. 『사기(史記)』「악서(樂書)」에는 "비(鄙)는 루(陋)다"라고 했다. 차(且)는 왕필본에는 사(似)로 되어 있다. 귀사모(貴食母)에서 귀(貴)는 높인다, 귀히 여긴다는 뜻이다. 사모(食母)는 젖을 먹여주는 어머니, 유모라는 말로서 만물을 키워주는 도를 암시한다. 왕필은 "사모(食母)는 생명의 근본이다(食母, 生之本地)"고 했고, 하상공은 "사(食)는 용(用)이고 모(母)는 도(道)다"라고 주했다. 범응원은 "사(食)는 사람을 키우는 것으로 없어서는 안 될 것이다. 모(母)는 도(道)를 말한다(食者, 養人之物, 人之所不可無者也. 母者, 指道而言也)"고 했다. 사모(食母)는 『예기(禮記)』「내측편」에 보이며 유모(乳母)라고 주했다. 이처럼 '사모(食母)'에 대해서 여러 가지 설명이 있지만 어떤 견해에서든 생명의 배양과 관련된다. 『예기』「내칙」에 "대부의 자식에게는 유모[食母]가 있고, 사(士)의 경우에는 부인이 직접 그 자식을 기른다"는 말이 있으므로 유모로 보는 것이 적절하다. 유모는 낮은 신분이지만 젖을 주어 생명을 기르는 사람이다.

제21장

종도(從道): 도를 따름

큰 덕의 모습은 오직 도만을 따르니, 도라는 물건은 오로지 있는 듯 황(恍)하고 없는 듯 홀(惚)하다. 없는 듯 홀하고 있는 듯 황하니 그 가운데 상(象)이 있고, 있는 듯 황하고 없는 듯 홀하니 그 가운데 물(物)이 있다. 그윽하고 어둡되 그 가운데 정(精)이 있으니, 그 정은 진실로 참되고 그 가운데 믿음이 있다. 예로부터 지금까지 그 이름이 사라진 적이 없으니 이로써 만물의 근원을 살핀다. 내가 어떻게 만물 근원의 실상(實狀)을 알겠는가. 이 도 때문이다.

孔德之容, 惟道是從. 道之爲物, 惟恍惟惚. 惚兮恍兮, 其中有象. 恍兮
공덕지용, 유도시종. 도지위물, 유황유홀. 홀혜황혜, 기중유상, 황혜

惚兮, 其中有物. 窈兮冥兮, 其中有精. 其精甚眞, 其中有信.
홀혜, 기중유물. 요혜명혜, 기중유정. 기정심진, 기중유신.

自古及今, 其名不去, 以閱衆甫. 吾何以知衆甫之狀哉? 以此.
자고급금, 기명불거, 이열중보. 오하이지중보지상재? 이차.

孔(구멍 공, 매우 공, 클 공, 공자 공), 德(덕 덕, 큰 덕), 之(갈 지, 어조사 지), 容(얼굴 용, 꾸밀 용, 받아들일 용), 惟(오직 유, 생각할 유), 道(길 도), 是(이 시, 옳을 시, 이에 시), 從(좇을 종), 爲(할 위, 될 위, 여길 위), 物(만물 물), 恍(황홀할 황, 형체가 없는 모양 황, 미묘하여 알 수 없는 모양 황), 兮(어조사 혜), 惚(황홀할 홀, 흐릿할 홀, 확실하게 보이지 않는 모양 홀), 其(그 기), 中(가운데 중, 마음 중, 맞을 중), 有(있을 유), 象(모양 상, 코끼리 상, 같을 상), 窈(그윽할 요, 심원할 요, 유현할 요, 고상할 요), 冥(어두울 명, 그윽할 명), 精(정미로울 정, 면밀할 정), 其(그 기) 甚(심할 심, 두터울 심), 眞(참 진), 信(믿을 신), 自(스스로 자), 古(옛 고), 及(미칠 급, 및 급), 今(이제 금), 名(이름 명), 不(아닐 불), 去(갈 거, 없앨 거, 서로 떨어질 거), 以(써 이), 閱(검열할 열, 고를 열, 돌볼 열), 衆(무리 중, 많을 중), 甫(클 보, 사나이 보), 吾(나 오), 何(어찌 하), 知(알 지), 狀(형상 상, 형용할 상), 哉(어조사 재), 此(이 차)

Manifestations of Tao

The marks of great Character. Follow alone from the Tao.

The thing that is called Tao Is elusive, evasive.
Evasive, elusive, Yet latent in it are forms.
Elusive, evasive, Yet latent in it are objects.
Dark and dim, Yet latent in it is the life-force.
The life-force being very true, Latent in it are evidences.

From the days of old till now
Its Named (manifested forms) have never ceased,
By which we may view the Father of All Things.
How do I know the shape of the Father of All Things?
Through these (manifested forms)!

王弼註

孔德之容, 惟道是從.
孔空也. 惟以空爲德, 然後乃能動作從道也.

道之爲物, 惟恍惟惚.
恍惚無形不繫之歎也.

惚兮恍兮, 其中有象, 恍兮惚兮, 其中有物.
以無形始物, 不繫成物, 萬物以始以成, 而不知其所以然. 故曰 恍兮惚兮, 惚兮恍兮, 其中有象也.

窈兮冥兮, 其中有精,
窈冥深遠之歎. 深遠不可得而見, 然而萬物由之. 其可得見, 以定其眞, 故曰 窈兮冥兮, 其中有精也.

其精甚眞, 其中有信.
信信驗也. 物反窈冥, 則眞精之極得, 萬物之性定, 故曰 其精甚眞, 其中有信也.

自古及今, 其名不去,
至眞之極, 不可得名. 無名, 則是其名也. 自古及今, 無不由此而成, 故曰 自古及今, 其名不去也.

以閱衆甫.
衆甫物之始也, 以無名說萬物始也.

吾何以知衆甫之狀哉. 以此.
此上之所云也. 言吾何以知萬物之始於無哉, 以此知之也.

❢ 孔德之容, 惟道是從.

큰 덕의 모습은 오직 도만을 따른다는 말이다. '공덕(孔德)'은 큰 덕 또는 성대한 덕이고, '용(容)'은 용모 또는 모습이라는 뜻이다. 공덕지용(孔德之容)은 큰 덕의 모습이다. 유가에서는 도를 행하고서 마음에 얻는 것을 덕이라 하고, 노자는 도가 인간생활에 적용된 것이 덕이라 한다. 소철은 "도는 형태가 없으나 운행하여 덕을 이루면 모습이 있게 된다. 따라서 덕은 도가 발현된 것이다(道無形也, 及其運而爲德, 則有容矣. 故德者, 道之見也)"고 했다. 한비자는 "덕은 도의 공효이다(德者, 道之功也)"고 했고, 육덕명은 "덕은 도의 쓰임이다(德者, 道之用也)"고 했다. 엄명봉은 "덕은 곧 도의 형식이다(德就是道的形式)"고 했다. 따라서 도와 덕은 둘이면서도 하나인 본체(體)와 활용(用)의 관계를 이룬다. 사람에게 있어서 덕은 도의 작용이요 현현(顯現)이다. 유도시종(惟道是從)은 오직 도만을 따른다는 말이다.

❢ 道之爲物, 惟恍惟惚. 惚兮恍兮, 其中有象. 恍兮惚兮, 其中有物. 窈兮冥兮, 其中有精. 其精甚眞, 其中有信.

도라는 물건은 오로지 있는 듯 황(恍)하고 없는 듯 홀(惚)하다. 없는 듯 홀하고 있는 듯 황하니 그 가운데 상(象)이 있고, 있는 듯 황하고 없는 듯 홀하니 그 가운데 물(物)이 있다. 그윽하고 어둡되 그 가운데 정(精)이 있으니, 그 정은 진실로 참되고 그 가운데 믿음이 있다. 도지위물(道之爲物)은 '도라는 것은'이라는 말이다. 유황유홀(惟恍惟惚)에서 유(惟)는 오직, 황(恍)과 홀(惚)은 둘 다 있는 듯 없는 듯, 어렴풋하다는 뜻이다. 제14장에도 '무물지상 시위홀황(無物之象. 是謂惚恍)'으로 나와 있다.

'상(象)'과 '물(物)'은 서로 구별되는 말로 '상'은 감각할 수는 있지만 아직 구체적인 모양과 질량이 없는 것이고, '물'은 모양과 질량을 갖춘 물건이다. 왕진의 설명에 따르면 태초의 기운이 무(無)에서 유(有)로 들어가는 모습이 '상'이라면 태시(太始)의 기운이 유에 힘입어 형체를 만든 것이 '물'이다. 오징도 "'물'이란 사물이 생긴 이후의 형체이고, '상'이란 사물이 생기기 이전의 기"라고 하여 마찬가지로 설명했다. 그러므로 여기에서의 상·물은 앞에 제14장의 상(象)·상(狀)과 견줄 수 있는 말이며, 이 문장이 "이것을 형상 없는 형상이라고 하고, 사물 없는 물상이라고 하니 이것을 황홀하다고 한다(14장)"는 말과 상통한다.

요혜명혜(窈兮冥兮)에서 요(窈)는 깊고 아득하다며, 명(冥)은 어둡다는 뜻이다.

도가 추상적인 것이라서 유현(幽玄)하고 보이지 않는다는 말이다. 기중유정(其中有精)에서 정(精)은 정령(精靈), 또는 생명의 근원, 생명력, 생명의 본질, 정기(精氣)의 뜻이다. 진(眞)은 진실, 사실, 참된 것이며, 신(信)은 신실함이나 성실함, 혹은 믿음이다.

❢ 自古及今, 其名不去, 以閱衆甫. 吾何以知衆甫之狀哉? 以此

예로부터 지금까지 그 이름이 사라진 적이 없으니 이로써 만물의 근원을 살핀다. 내가 어떻게 만물 근원의 실상(實狀)을 알겠는가. 이 도 때문이다. 자고급금(自古及今)은 예부터 오늘에 이른다는 말이다. 기명불거(其名不去)는 도라는 이름에 변함이 없고, 여전히 도라고 불린다는 뜻이다. 열중보(閱衆甫)에서 열(閱)은 살핀다, 검열한다며, 중보(衆甫)는 중보(衆父)로 모든 종족의 장로(長老)라는 뜻이다. '보(甫)'는 '보(父)'와 통하는 글자로 모두 남자의 미칭(美稱)이다. 따라서 만물의 근원을 살핀다는 말이 된다.

제22장

포일(抱一): 하나를 품음

굽히면 온전할 수 있고, 구부리면 바르게 펼 수 있으며, 움푹 패이면 채울 수 있고, 낡고 해지면 새로워질 수 있으며, 적게 가지면 얻게 되고, 많이 가지면 미혹된다. 그러므로 성인은 하나를 껴안아 지킴으로써 천하의 모범이 된다. 성인은 자기 스스로 드러내지 않아서 오히려 밝게 되고, 자기 스스로 옳다고 하지 않아서 도리어 드러나고, 자기 스스로 자랑하지 않아서 도리어 공이 있고, 자기 스스로 뽐내지 않아서 도리어 오래 간다. 성인은 오직 다투지 않음으로 인해 천하도 그와 다툴 수가 없게 된다. 옛말에 '굽히면 온전해진다'고 한 말이 어찌 헛된 말이겠는가. 그래야 진실로 온전하게 되어 도에 돌아갈 것이다.

曲則全, 枉則直, 窪則盈, 敝則新, 少則得, 多則惑. 是以聖人抱一,
곡즉전, 왕즉직, 와즉영, 폐즉신, 소즉득, 다즉혹, 시이성인포일,

爲天下式. 不自見故明, 不自是故彰, 不自伐故有功, 不自矜故長.
위천하식. 불자현고명, 불자시고창, 불자벌고유공, 불자긍고장.

夫唯不爭，故天下莫能與之爭．古之所謂曲則全者，豈虛言哉!
부유부쟁，고천하막능여지쟁．고지소위곡즉전자，기허언재!

誠全而歸之．
성전이귀지．

曲(굽을 곡, 자세할 곡, 간절할 곡), 則(곧 즉, 법칙 칙), 全(온전할 전, 온통 전), 枉(굽을 왕), 直(곧을 직, 바룰 직), 窪(웅덩이 와, 우묵할 와), 盈(찰 영), 敝(해질 폐, 부서질 패), 新(새 신), 少(적을 소), 得(얻을 득), 多(많을 다), 惑(미혹할 혹, 의심할 혹, 정신이 헷갈리게 할 혹), 是(이 시, 옳을 시, 이에 시), 以(써 이), 聖(성인 성), 人(사람 인), 抱(안을 포, 던질 포), 一(한 일), 爲(할 위 될 위, 여길 위), 天(하늘 천), 下(아래 하), 式(법 식, 본받을 식, 표창할 식), 不(아닐 불), 自(스스로 자), 見(볼 견, 나타낼 현), 故(연고 고, 옛 고), 明(밝을 명), 彰(밝을 창, 드러낼 창, 무늬 창), 伐(칠 벌, 자랑할 벌, 공훈 벌), 有(있을 유), 功(공 공), 矜(불쌍히 여길 긍, 자랑할 긍, 존중할 긍), 長(길 장), 夫(무릇(대저) 부, 지아비 부), 唯(오직 유, 대답할 유), 爭(다툴 쟁), 莫(없을 막, 말 막), 能(능할 능), 與(더불 여, 줄 여), 古(옛 고), 所(바 소), 謂(이를 위), 者(놈 자), 豈(어찌 기), 虛(빌 허), 言(말씀 언), 哉(어조사 재), 誠(정성 성, 참될 성, 공경할 성, 참으로 성), 而(말 이을 이), 歸(돌아갈 귀)

22. Futility of Contention

To yield is to be preserved whole.
To be bent is to become straight.
To be hollow is to be filled.
To be tattered is to be renewed.
To be in want is to possess.
To have plenty is to be confused.

Therefore the Sage embraces the One,
And becomes the model of the world.
He does not reveal himself, And is therefore luminous.

He does not justify himself, And is therefore far-famed.
He does not boast of himself, And therefore people give him credit.
He does not pride himself, And is therefore the chief among men.

Is it not indeed true, as the ancients say,
"To yield is to be preserved whole?"
Thus he is preserved and the world does him homage.

王弼註

曲則全,
不自見其明則全也.

枉則直,
不自是, 則其是彰也.

窪則盈,
不自伐, 則其功有也.

幣則新,
不自矜, 則其德長也.

少則得, 多則惑.
自然之道, 亦猶樹也. 轉多轉遠其根, 轉少轉得其本. 多則遠其眞, 故曰 惑也. 少則得其本, 故曰 得也.

是以聖人抱一, 爲天下式.
一少之極也. 式猶則之也.

不自見故明, 不自是故彰, 不自伐故有功, 不自矜故長. 夫唯不爭, 故天下莫能與之爭. 古之所謂曲則全者, 豈虛言哉, 誠全而歸之.

❢ 曲則全, 枉則直, 窪則盈, 敝則新, 少則得, 多則惑.

굽히면 온전할 수 있고, 휘어지면 바르게 펼 수 있으며, 움푹 패이면 채울 수 있고, 낡고 해지면 새롭게 될 수 있으며, 적게 가지면 얻게 될 수 있고, 많이 가지면 미혹된다. 곡즉전(曲則全)은 굽히면 도리어 온전해진다는 말이다. 『장자』 「산목편(山木編)」에 "곧은 나무는 먼저 잘리고, 단 샘물은 먼저 고갈된다(直木先式, 甘泉先竭)"고 했다. 또 "이 나무는 쓸모가 없어 천수를 누린다(此木以不材, 得終其天年)"고 했다. 노자와 같은 생각이다. 즉 나무로 치면 구부러져 쓸모가 없으면 사람에게 버림을 받고 잘리지 않으니 따라서 언제까지나 자연 속에 살아서 보전할 수 있다는 뜻이다. 여기에 나오는 여섯 구절이 모두 "굽히면 온전할 수 있다"는 말을 부연한 것이다. 누구나 자존심이 있고 욕심이 있기 때문에 허리를 굽히고 누추하게 살기 싫어하지만 남들이 가지 않는 그 길이 결국 승리하는 길이라는 것이 노자의 입장이다. 왕즉직(枉則直)은 구부리면 곧게 펼수 있다는 말이다. 와즉영(窪則盈)에서 와(窪)는 우묵하게 패이다는 뜻으로, 땅도 우묵하게 패여야 도리어 물로 채워질 수가 있다는 말이다. 폐즉신(敝則新)에서 폐(敝)는 옷이 낡아 해어지다는 뜻으로, 낡아야 도리어 새롭게 된다는 말이다. 소즉득(少則得)은 적게 가지면 얻게 된다는 것이다. 하상공은 "스스로 적게 취하면 도리어 많은 것을 얻게 된다. 천도는 겸양하는 자를 돕고, 신명은 텅 빈 곳에 깃든다(自受取少, 則得多也. 天道祐謙, 神明託虛)"고 했다. 욕심이 적어야 도리어 많은 것을 얻을 수가 있다는 말이다. 다즉혹(多則惑)은 많이 가지면 도리어 미혹된다는 말이다. 하상공은 "재물이 많으면 간수하는 데 미혹되고 배움이 많으면 들은 바 여러 가지 말에 미혹된다(財多者惑於所守, 學多者惑於所聞)"고 풀었다.

❢ 是以聖人抱一, 爲天下式.

그러므로 성인은 하나를 껴안아 지킴으로써 천하의 모범이 된다. 포일(抱一)에서 포(抱)는 지키다(守), 껴안다는 뜻이고, 일(一)은 도다. 즉 도를 지키고 따르다. 천하식(天下式)은 천하의 법식(法式), 표본, 모범, 규범(規範)이다.

❢ 不自見故明, 不自是故彰, 不自伐故有功, 不自矜故長.

성인은 자기 스스로 드러내지 않아서 오히려 밝게 되고, 자기 스스로 옳다고 하지 않아서 도리어 드러나고, 자기 스스로 자랑하지 않아서 도리어 공이 있고, 자기 스스로 뽐내지 않아서 도리어 오래 간다. 불자현(不自見)에서 현(見)은 현(現)과 같으며, 스스로 남들 앞에 나타나지 않는다는 말이다. 불자시(不自是)는 스스로 옳다고 하지 않는다는 말이다. 고창(故彰)은 밝게 나타난다는 말이다. 불자벌(不自伐)에서 벌(伐)은 자기의 공을 자랑한다는 말이다. 불자긍(不自矜)에서 긍(矜)은 자기의 능력을 자만하고 자랑한다는 뜻이다. 제24장에서 노자는 이 문장을 뒤집어 "자기 스스로 드러내는 사람은 밝지 못하고, 자기 스스로 옳다는 사람은 드러나지 않으며, 자기 스스로 자랑하는 사람은 공이 없고, 자기 스스로 뽐내는 사람은 오래 가지 못한다(自見者不明, 自是者不彰, 自伐者無功, 自矜者不長)"고 했다.

❢ 夫唯不爭, 故天下莫能與之爭. 古之所謂曲則全者, 豈虛言哉! 誠全而歸之.

성인은 오직 다투지 않음으로 인해 천하도 그와 다툴 수가 없게 된다. 옛말에 '굽히면 온전해진다'고 한 말이 어찌 헛된 말이겠는가. 그래야 진실로 온전하게 되어 도에 돌아갈 것이다. 막능여지쟁(莫能與之爭)은 그와 다툴 수 없다는 말이다. 고지소위(古之所謂)는 옛사람이 말한 바라는 뜻이다. 허언(虛言)은 빈말이나 헛된 말이라는 뜻이다. 성전이귀지(誠全而歸之)에서 성(誠)은 참으로, 진실로이며, 전이귀지(全而歸之)는 온전해져서 도에 복귀할 수가 있다는 말이다. "진실로 온전하게 된다"는 말은 "굽히면 온전해진다"는 교훈을 잘 지키면 진실로 온전하게 된다는 뜻이다.

제23장

동도(同道): 도와 함께 함

말이 별로 없는 것이 자연이다. 그러므로 회오리바람은 아침나절을 넘기지 못하고, 소나기 역시 하루를 넘기지 못한다. 누가 그렇게 만드는가. 바로 천지다. 천지도 오히려 오래 하지 못하거늘 하물며 사람은 어떠하겠는가. 그러므로 도를 따라 일에 종사하는 사람은 도와 함께 하고, 덕 있는 사람은 덕과 함께 하고, 도덕을 잃은 사람은 그 무도실덕(無道失德)과 함께 한다. 도와 함께 하는 사람은 도 또한 그를 즐거이 받아들이고, 덕과 함께 하는 사람은 덕 또한 그를 즐거이 받아들이며, 무도실덕(無道失德)과 함께 하는 사람은 무도실덕 또한 그를 즐거이 받아들인다. 신뢰가 부족하면 불신이 생겨나게 된다.

希言自然. 故飄風不終朝, 驟雨不終日. 孰爲此者? 天地. 天地尙不能久,
희언자연. 고표풍불종조. 취우불종일. 숙위차자? 천지. 천지상불능구,

而況於人乎? 故從事於道者, 同於道. 德者同於德. 失者同於失. 同於道者,
이황어인호? 고종사어도자, 동어도. 덕자동어덕. 실자동어실. 동어도자,

道亦樂得之. 同於德者, 德亦樂得之. 同於失者, 失亦樂得之. 信不足焉,
도역낙득지. 동어덕자, 덕역낙득지. 동어실자, 실역낙득지. 신부족언,

有不信焉.
유불신언.

希(바랄 희, 드물 희), 言(말씀 언), 自(스스로 자), 然(그럴 연), 故(연고 고, 옛 고), 飄(회오리 바람 표), 風(바람 풍). 不(아닐 불), 終(마칠 종, 죽을 종), 朝(아침 조, 조정 조), 驟(달릴 취, 빠를 취, 자주 취), 雨(비 우), 日(날 일), 孰(누구 숙), 爲(할 위, 될 위, 여길 위), 此(이 차), 者(놈 자), 天(하늘 천), 地(땅 지), 尙(높일 상, 숭상할 상, 오히려 상), 能(능할 능), 久(오랠 구), 而(말 이을 이), 況(하물며 황), 於(어조사 어), 人(사람 인), 乎(어조사 호), 故(연고 고, 옛 고), 從(좇을 종), 事(일 사, 일삼을 사, 섬길 사), 道(길 도), 同(같을 동), 德(덕 덕, 큰 덕), 失(잃을 실), 亦(또 역), 樂(즐길 락, 풍류 악, 좋아할 요), 得(얻을 득), 之(갈 지, 어조사 지), 信(믿을 신), 足(넉넉할 족, 발 족), 焉(어조사 언), 有(있을 유)

Identification with Tao

Nature says few words:
Hence it is that a squall lasts not a whole morning.
A rainstorm continues not a whole day.
Where do they come from? From Nature.
Even Nature does not last long (in its utterances),
How much less should human beings?

Therefore it is that:
He who follows the Tao is identified with the Tao.
He who follows Character (Teh) is identified with Character.
He who abandons (Tao) is identified with abandonment (of Tao).
He who is identified with Tao, Tao is also glad to welcome him.

He who is identified with character,
Character is also glad to welcome him.
He who is identified with abandonment,
Abandonment is also glad to welcome him.
He who has not enough faith Will not be able to command faith from others.

王弼註

希言自然.
聽之不聞, 名曰希. 下章言, 道之出言, 淡兮其無味也, 視之不足見, 聽之不足聞. 然則無味不足聽之言, 乃是自然之至言也.

故飄風不終朝, 驟雨不終日. 孰爲此者, 天地.. 天地尙不能久, 而況於人乎.
言暴疾美興不長也.

故從事於道者, 道者同於道,.
從事謂擧動從事於道者也. 道以無形無爲成濟萬物, 故從事於道者以無爲爲君, 不言爲敎, 綿綿若存, 而物得其眞. 與道同體, 故曰同於道.

德者同於德,
得少也. 少則得, 故曰得也. 行得則與得同體, 故曰 同於得也.

失者同於失.
失, 累多也. 累多則失, 故曰失也. 行失則與失同體, 故曰 同於失也.

同於道者, 道亦樂得之, 同於德者, 德亦樂得之, 同於失者, 失亦樂得之.
言隨行其所, 故同而應之.

信不足焉, 有不信焉.
忠信不足於下, 焉有不信焉.

❢ 希言自然. 故飄風不終朝, 驟雨不終日. 孰爲此者? 天地. 天地尙不能久, 而況於人乎?

말이 별로 없는 것이 자연이다. 그러므로 회오리바람은 아침나절을 넘기지 못하고, 소나기 역시 하루를 넘기지 못한다. 누가 그렇게 만드는가. 바로 천지다. 천지도 오히려 오래 하지 못하거늘 하물며 사람은 어떠하겠는가. 희언(希言)은 무언(無言)이나 과언(寡言)으로 좀처럼 말이 없다는 뜻이다. 희언자연(希言自然)은 공자가 『논어』에서 "하늘이 무슨 말을 하더냐? 사시가 돌아가고, 백물이 생겨나는데, 하늘이 무슨 말을 하더냐?(天何言哉, 四時行焉, 百物生焉, 天何言哉)"라고 한 말과 일맥상통한다. 좁게 풀면, "정치도 무위자연의 도를 따라서 명령이나 법령을 적게 해야지 스스로 잘 다스려진다"는 뜻이 된다. 장석창(將錫昌)은 다음과 같이 주했다. "다언(多言)은 호령이나 법령이 많은 정치이고, 희언(希言)은 그런 것이 적은 정치다. 즉 하나는 유위(有爲)이고 하나는 무위(無爲)이다(多言者, 多聲敎法令之治. 希言者, 少聲敎法令之治. 故一卽有爲, 一卽無爲也)." 노자의 자연 개념은 물리적 자연에서 추상되었겠지만 그것은 무엇보다 교훈을 주는 자연이며, 무위의 자연이다. 또한 삶의 자연이며 인간의 자연이다.

표풍(飄風)은 회오리바람 또는 사나운 바람이라는 뜻이다. 오징은 "표(飄)는 광질(狂疾)이다"고 했고, 왕회는 "표풍(飄風)은 폭정이 천하의 백성을 호령하고 헌령과 금법을 비유한 것이다(飄風以喩暴政之號令天下, 憲令法禁是也)"라고 풀었다. 불종조(不終朝)는 아침나절을 넘기지 못한다는 뜻이다. 회오리바람이나 세찬 바람은 잠시 불다가 멈추고 만다는 말이다. 취우(驟雨)는 소낙비나 폭우의 뜻이다. 왕회는 "취우는 폭정이 백성을 채찍질하고 무거운 세금과 노역을 부과함을 비유한 것이다(驟雨以喩暴政之鞭策百姓, 賦稅勞役是也)"고 했다. 불종일(不終日)은 하루를 넘기지 못한다는 뜻이다. 숙위차자(孰爲此者)는 폭풍이나 폭우를 누가 내리게 하는가라는 말이다. 황어인호(況於人乎)는 하물며 사람이 하는 잘못된 일이 어찌 오래 갈 수가 있겠는가는 뜻이다.

❢ 故從事於道者, 同於道. 德者同於德. 失者同於失.

그러므로 도를 따라 일에 종사하는 사람은 도와 함께 하고, 덕 있는 사람은 덕과 함께 하고, 도덕을 잃은 사람은 그 무도실덕(無道失德)과 함께 한다. 종사어도자동어도(從事於道者同於道)는 도를 따라 일에 종사하는 사람은 도와 함께 한다는 뜻이다. 왕필본에는 '종사어도자, 도자동어도(從事於道者, 道者同於道)'라고 하여 '도자(道者)'가 더 들어가 있으나, 불필요하다. 덕자동어덕(德者同於德)은 덕있는 사람은 덕과 함께 한다. 실자동어실(失者同於失) 덕을 잃은 자는 실덕(失德)과 함께 함께 한다는 뜻으로 포학무도한 정치를 하게 된다는 것이다.

❢ 同於道者, 道亦樂得之. 同於德者, 德亦樂得之. 同於失者, 失亦樂得之.

도와 함께 하는 사람은 도 또한 그를 즐거이 받아들이고, 덕과 함께 하는 사람은 덕 또한 그를 즐거이 받아들이며, 무도실덕(無道失德)과 함께 하는 사람은 무도실덕 또한 그를 즐거이 받아들인다. 도역낙득지(道亦樂得之)는 무위자연의 도와 일체가 되면, 도도 즐겁게 그러한 다스림이나 사람을 받아들이고 만물이 스스로 낳고 길러지게 된다는 뜻이다. 덕역낙득지(德亦樂得之)는 덕과 일체가 되면, 덕도 즐거이 그를 받아들여 인의예지와 같은 유가의 덕행이라도 결실을 맺도록 해준다는 뜻이다. 실역낙득지(失亦樂得之)는 도덕을 잃어버린 무도실덕(無道失德)한 자는 포악무도한 학정(虐政)의 결과를 가져다준다는 뜻이다.

❢ 信不足焉, 有不信焉.

신뢰가 부족하면 불신이 생겨나게 된다. 이 문장은 제17장에 이미 나왔다. 성신(誠信)이 부족하면 신임을 얻지 못하고 불신이 싹튼다. 하늘은 말이 없다. 그러나 우주의 운행을 주재하고 천지 만물의 생성화육을 주관하고 있다. 즉 말없는 속에서 모든 것이 자기 스스로 존재하고, 변화하고, 돌면서 무위자연의 도를 따른다. 시끄럽고 포악한 것은 오래 가지 못하는 법이다. 천지 기(氣)의 부조화로 이루어지는 폭풍우는 길게 계속되지 못한다. 그렇거늘 어찌 시끄럽게 호령하고 야단치고 가렴주구로써 백성을 볶아대는 포악한 학정이 오래 가겠는가. 노자는 제17장에서도 무위자연의 도를 따라 무위이치(無爲而治) 할 것을 주장했다. 그리고 동시에 유가적(儒家的) 인의예지(仁義禮智)의 인위적인 덕치(德治)까지는 용납되지만, 도와 덕을 모두 잃은 포악무도한 학정은 용납할 수 없음을 암시했다. 바람직한 정치는 위정자가 '말을 아끼고(貴言) 말을 적게 하는 것(希言)'이다. 위정자가 허정(虛靜)해야 도를 따라 모든 것이 잘 다스려지게 될 것이다. 성신(誠信)하다는 것은 무위자연의 도를 따라 허정을 지키고 무위를 해나가는 것이다. 그러면 모든 것이 앞으로 나가 뻗고 열매를 맺는다. 유신(有信)이라는 말도 앞으로 전진하고 결실을 맺는다는 뜻이다.

제24장

불처(不處): 스스로 자처하지 않음

뒤꿈치를 들고서는 오래 서 있을 수 없고, 가랑이를 벌리고는 오래 걷지 못한다. 스스로 드러내는 사람은 밝지 못하고, 스스로 옳다는 사람은 드러나지 못하고, 스스로 자랑하는 사람은 공이 없게 되고, 스스로 뽐내는 사람은 오래 가지 못한다. 이런 것들은 도에서 보면, 누구나 싫어하는 음식 찌꺼기나 군더더기 살이다. 모든 사람이 싫어한다. 그러므로 도를 지닌 사람은 자처하지 않는다.

企者不立, 跨者不行. 自見者不明, 自是者不彰, 自伐者無功,
기자불립, 과자불행. 자현자불명, 자시자불창, 자벌자무공,

自矜者不長. 其在道也, 曰餘食贅形. 物或惡之, 故有道者不處.
자긍자부장. 기재도야, 왈여사췌형. 물혹오지, 고유도자불처.

企(꾀할 기, 발 돋음할 기, 바랄 기), 者(놈 자), 不(아닐 불), 立(설 립), 跨(사타구니를 벌리고 타넘을 과, 건너갈 과, 걸터앉을 고), 行(갈 행, 행할 행), 自(스스로 자), 見(볼 견, 나타낼 현), 明(밝을 명, 밝힐 명), 是(이 시, 옳을 시, 이에 시), 彰(밝을 창, 들어낼 창, 무늬 창), 伐(칠 벌, 자랑할 벌, 공적 벌), 無(없을 무), 功(공 공), 矜(불쌍히 여길 긍, 자랑할 긍, 아낄 긍, 공경할 긍), 長(길 장), 其(그 기), 在(있을 재), 道(길 도), 也(어조사 야), 曰(가로 왈), 餘(남을 여, 넉넉할 여, 결국 여),

食(밥 식(사) 먹을 식(사)), 贅(혹 췌, 군더더기 췌), 形(형상 형, 형용할 형), 物(만물 물), 或(혹 혹, 항상 혹), 惡(악 악, 추악할 악, 미워할 오), 之(갈 지, 어조사 지), 故(연고 고, 옛 고), 有(있을 유), 處(곧 처, 처할 처, 머무를 처, 처리할 처)

The Dregs and Tumors of Virtue

He who stands on tiptoe does not stand (firm);
He who strains his strides does not walk (well);
He who reveals himself is not luminous;
He who justifies himself is not far-famed;
He who boasts of himself is not given credit;
He who prides himself is not chief among men.
These in the eyes of Tao
Are called "the dregs and tumors of Virtue," Which are things of disgust.
Therefore the man of Tao spurns them.

王弼註

企者不立,

物尙進則失安, 故曰 企者不立.

跨者不行, 自見者不明, 自是者不彰, 自伐者無功, 自矜者不長. 其在道也, 曰餘食贅行,

其唯於道而論之, 若郤至之行, 盛饌之餘也. 本雖美, 更可穢也. 本雖有功而自伐之, 故更爲肬贅者也.

物或惡之, 故有道者不處.

❢ 企者不立, 跨者不行.

뒤꿈치를 들고서는 오래 서 있을 수 없고, 가랑이를 벌리고는 오래 걷지 못한다. 기자불립(企者不立)에서 기(企)는 跂(기)와 같고, 발뒤꿈치를 들고 발끝을 딛고 서다는 뜻이다. 불립(不立)은 제대로 오래 설 수가 없다는 뜻이다. 이 문장은 남보다 높아지려고 까치발을 하면 오래 가지 못해 주저앉고 만다는 뜻이 있다. 범응원은 "서서 발뒤꿈치를 드는 것은 남보다 높이 서려고 하는 것이지만 어찌 오래 설 수 있겠는가"라고 했다. 과(跨)는 다리 가랑이를 벌리고 걷는다는 뜻이다. 조금이라도 더 높아지고자 발돋움하고 또 조금이라도 더 빨리 가고자 가랑이를 벌리고 가지만 이런 것은 다 자연스런 태도가 아니고 억지다. 억지는 무리가 따르고 따라서 제대로 될 수가 없는 것이다. 자연의 도에 비하여 인간의 지략을 무가치하다고 치는 노자의 기본정신을 이런 면에서도 이해해야 한다.

❢ 自見者不明, 自是者不彰, 自伐者無功, 自矜者不長.

스스로 드러내는 사람은 밝지 못하고, 스스로 옳다는 사람은 드러나지 못하고, 스스로 뽐내는 사람은 오래 가지 못한다. 이 네 구절은 제23장에서 이미 나왔다. 다만 문장을 뒤집어 말했을 뿐이고 뜻은 비슷하다. 현(見)은 드러내는 것이며, 창(彰)은 환하게 드러난다는 것이고, 벌(伐)은 스스로 떠벌리는 것이고, 긍(矜)은 스스로를 대단하다고 여기는 것이다. 장(長)은 장점을 가진다, 우두머리가 된다, 오래 간다로 새길 수 있는데, 여기서는 오래 간다는 뜻으로 새겼다.

❢ 其在道也, 曰餘食贅形. 物或惡之, 故有道者不處.

이런 것들은 도에서 보면, 누구나 싫어하는 음식 찌꺼기나 군더더기 살이다. 그러므로 도를 지닌 사람은 그렇게 처신하지 않는다. 기재도야(其在道也)는 '앞에서 말한 것들은 무위자연의 도에서 볼 때'라는 말이다. 여사췌형(餘食贅形)에서 여사(餘食)는 여분의 밥을, 췌형(贅形)은 쓸데없는 혹을 말한다. 왕필과 하상공본에는 췌행(贅行)으로 되어 있다. 여사(餘食)는 먹고 남은 음식, 특히 잔치에서 남은 음식을 가리킨다. 췌행(贅行)은 글자 그대로 쓸데없는 행동을 의미한다고 볼 수도 있고(왕필·하상공·왕진), '행(行)'을 '형(形)'과 같은 글자로 보아 군더더기 살 또는 사마귀로 볼 수도 있다(사마광·소철·오징·초굉). 모두 의미가 통하지만 찌꺼기 음식과 더 잘 어울리려면 사마귀나 군더더기 살로 보는 것이 적절하겠다. 찌꺼기 음식은 처음에는 맛있었지만 나중에는 혐오하는 것이 되고, 사마귀는 처음에는 살이었지만 나중에는 필요 없는 것이 된다. 자기를 내세우고 자랑하는 사람은 처음에는 주목받지만 나중에는 안위를 걱정해야 할 처지가 된다. 그러므로 찌꺼기 음식이나 사마귀 같다. 물혹오지(物或惡之)에서 혹(或)은 노상(常), 物은 사람(人)으로, 사람들이 노상 미워한다(惡)는 말이다. 불처(不處)는 자처하지 않는다, 혹은 처신하지 않는다는 뜻이다.

제25장

혼성(混成): 혼연히 이루어져 있음

혼연히 이루어진 것이 있어서 천지보다 먼저 생겼다. 소리도 없고 형체도 없건만, 홀로 우뚝 서서 언제고 변하지 않고 두루 운행하여 그치지 않으니, 가히 천하의 어미로 삼을 만하다. 나는 그 이름을 알지 못하니 억지로 자를 붙여 도라 하고, 억지로 이름을 붙여 '크다(大)'고 한다. 크므로 아득히 펼쳐져 나갈 것이고, 가면 멀어질 것이고, 멀어지면 돌아올 것이다. 그러므로 도가 크고, 하늘이 크고, 땅이 크고, 사람 또한 크다. 나라 안에 네 가지 큰 것이 있으니, 사람이 그 중 하나를 차지한다. 사람은 땅을 본받고, 땅은 하늘을 본받고, 하늘은 도를 본받고, 도는 자연을 본받는다.

有物混成, 先天地生. 寂兮寥兮, 獨立不改, 周行而不殆, 可以爲天下母.
유물혼성, 선천지생. 적혜요혜, 독립불개, 주행이불태, 가이위천하모.

吾不知其名, 强字之曰道, 强爲之名曰大. 大曰逝, 逝曰遠, 遠曰反.
호부지기명, 강자지왈도, 강위지명왈대. 대왈서, 서왈원, 원왈반.

故道大, 天大, 地大, 人亦大. 域中有四大. 而人居其一焉. 人法地,
고도대, 천대, 지대, 인역대. 역중유사대, 이인거기일언. 인법지,

地法天, 天法道, 道法自然.
지법천, 천법도, 도법자연.

有(있을 유), 物(만물 물), 混(섞일 혼), 成(이룰 성), 先(먼저 선), 天(하늘 천), 地(땅 지), 生(날 생, 살 생), 寂(고요할 적, 평온할 적), 兮(어조사 혜), 寥(쓸쓸할 요, 텅빌 요), 獨(홀로 독), 立(설 립), 不(아닐 불), 改(고칠 개), 周(두루 주), 行(갈 행, 다닐 행), 而(말 이을 이), 殆(위태할 태, 해칠 태, 가까울 태, 거의 태), 可(가할 가, 옳을 가), 以(써 이), 爲(할 위, 될 위, 여길 위), 下(아래 하), 母(어미 모), 吾(나 오), 知(알 지), 其(그 기), 名(이름 명), 强(굳셀 강, 힘쓸 강, 억지로 강), 字(글자 자, 아이 밸 자, 기를 자, 사랑할 자, 자(字) 자), 之(갈 지, 어조사 지), 曰(가로 왈), 道(길 도), 大(큰 대), 逝(갈 서, 빠를 서), 遠(멀 원), 反(돌이킬 반, 배반할 반, 도리어 반), 故(연고 고, 옛 고), 亦(또 역), 人(사람 인), 域(지경 역), 中(가운데 중, 마음 중, 맞을 중), 四(넉 사), 居(거할 거, 살 거), 一(한 일), 焉(어조사 언), 法(법 법, 본받을 법), 自(스스로 자), 然(그럴 연)

The Four Eternal Models

Before the Heaven and Earth existed, There was something nebulous:
Silent, isolated, Standing alone, changing not,
Eternally revolving without fail,
Worthy to be the Mother of All Things.
I do not know its name And address it as Tao.
If forced to give it a name, I shall call it "Great."
Being great implies reaching out in space,
Reaching out in space implies far-reaching,
Far-reaching implies reversion to the original point.

Therefore:
Tao is Great,
The Heaven is great,
The Earth is great,
The King is also great.
There are the Great Four in the universe,
And the King is one of them.

Man models himself after the Earth;
The Earth models itself after Heaven;
The Heaven models itself after Tao;
Tao models itself after nature.

王弼註

有物混成, 先天地生,
混然不可得而知, 而萬物由之以成, 故曰混成也. 不知其誰之子, 故先天地生.

寂兮寥兮, 獨立不改,
寂廖無形體也. 無物之匹, 故曰獨立也. 返化終始, 不失其常, 故曰不改也.

周行而不殆, 可以爲天下母.
周行無所不至而免殆, 能生全大形也, 故可以爲天下母也.

吾不知其名,
名以定形. 混成無形, 不可得而定, 故曰不知其名也.

字之曰道,
夫名以定形, 字以稱可. 言道取於無物而不由也, 是混成之中, 可言之稱最大也.

强爲之名曰大.
吾所以字之曰道者, 取其可言之稱最大也. 責其字定之所由, 則繫於大. 大有繫則必有分, 有分則失其極矣, 故曰 强爲之名曰大.

大曰逝,
逝行也. 不守一大體而已, 周行無所不至, 故曰逝也.

逝曰遠, 遠曰反.

遠極也. 周無所不窮極, 不偏於一逝, 故曰 遠也. 不隨於所適, 其體獨立, 故曰 反也.

故道大, 天大, 地大, 王亦大.

天地之性人爲貴, 而王是人之主也, 雖不職大, 亦復爲大. 與三匹, 故曰 王亦大也.

域中有四大,

四大, 道·天·地·王也. 凡物有稱有名, 則非其極也. 言道則有所由, 有所由, 然後謂之爲道, 然則是道稱中之大也. 不若無稱之大也. 無稱不可得而名曰域也. 道·天·地·王皆在乎無稱之內, 故曰 域中有四大者也.

而王居其一焉.

處人主之大也.

人法地, 地法天, 天法道, 道法自然.

法謂法則也. 人不違地, 乃得全安, 法地也. 地不違天, 乃得全載, 法天也. 天不違道, 乃得全覆, 法道也. 道不違自然, 乃得其性, 法自然者, 在方而法方, 在圓而法圓, 於自然無所違也. 自然者, 無稱之言, 窮極之辭也. 用智不及無知, 而形魄不及精象, 精象不及無形, 有儀不及無儀, 故轉相法也. 道順自然, 天故資焉. 天法於道, 地故則焉. 地法於天, 人故象焉. 所以爲主, 其一之者主也.

❢ 有物混成, 先天地生.

혼연히 이루어진 것이 있어서 천지보다 먼저 생겼다. 유물혼성(有物混成)은 무엇인가가 있어서 혼돈한 상태를 이루고 있다는 것이다. 여기서 물(物)은 제21장에서 말한 '도지위물(道之爲物)의 물(物)이며 도라는 말이다. 도라는 이름을 부르기 전의 근원적인 어떠한 것, 혹은 무엇이라는 뜻으로 물(物)이라 했다. 혼성(混成)은 현상세계 이전에 근원적 실재인 도가 혼연한 상태를 이루고 있다는 뜻이다. 그러나 혼연하지만 도는 만물의 근원이고 오직 하나인 존재로서 혼연일체를 이루고 있다. 제14장에서는 도를 이(夷)·희(希)·미(微)라 하면서 "혼연하여 하나를 이루고 있다(混而爲一)"고 했다. 왕필은 "혼연하여 알 수가 없다. 그러나 만물이 그것으로 말미암아 이루어지므로 혼성이라 한다"고 풀었다. 하상공은 "도는 무형이며 혼돈하면서 이루어져 있다(謂道無形, 混沌而成)"고 했다. 선천지생(先天地生)은 천지보다 먼저 생겼다는 말이다. "천지보다 먼저 생겨났다"는 말은 제4장의 "상제보다도 앞서 있는 것 같다"는 말 등과 함께 도의 근원성과 선험성을 말해준다.

❢ 寂兮寥兮, 獨立不改, 周行而不殆, 可以爲天下母.

소리도 없고 형체도 없건만, 홀로 우뚝 서서 언제고 변하지 않고 두루 운행하여 그치지 않으니, 가히 천하의 어미로 삼을 만하다. 적혜요혜(寂兮寥兮)에서 적(寂)은 소리가 없어 고요하다이고, 요(寥)는 형태가 없어 보이지 않는다(하상공)는 뜻이다. 엄영봉은 "적(寂)은 조용히 소리 없음이고, 요(寥)는 움직이면서 형태가 없음이다(寂兮, 靜而無聲 寥兮, 動而無形)"고 풀었다. 소리나 형태는 현상계에서나 인지(認知)되는 것이다. 독립불개(獨立不改)는 홀로 서서 변하지 않는다는 뜻으로 도가 영구불변하다는 것을 말한다. 왕필은 이것을 "짝할 사물이 없으므로 홀로 섰다고 하였고, 변화하고 마치고 시작함에도 그 항상됨을 잃지 않으므로 변하지 않는다고 하였다"고 하였다. 한편 설혜는 "무릇 사물은 뒤따르는 것이 있으면 그 세력이 공고해지고, 도와주는 것이 없으면 힘이 쉽게 떨어지는 법이다. 그래서 홀로 선 것은 쉽게 변한다. ……그렇지만 도는 만물 위에 홀로 서서도 변함이 없다"고 했다. 결국 도는 어떤 것에 의존하지 않고 스스로 존재한다는 의미다. 다른 것에 의존하지 않고 스스로 존재하는 것을 실체라고 한다. 모두 도의 절대성과 영구성을 밝힌 말이다. 주행이불태(周行而不殆)에서 주행(周行)은 두루 어디에나 간다는 것이고, 불태(不殆)는 태(殆)가 태(怠)로 쓰여 그치지 않는다는 뜻이다. 그래서 도는 보편적으로 어디에나 미치고 동시에 두루 순환(循環)하며 운행하고 그치지 않는다는 것이다. 가이위천하모(可以爲天下母)는 천하 만물의 어미로 삼을 만하다는 뜻이다. 도에서 우주·천지·만물이 나왔고 또 도를 따라 모든 운행이 이루어지기 때문이다.

❢ 吾不知其名，强字之曰道，强爲之名曰大.

나는 그 이름을 알지 못하니 억지로 자를 붙여 도라 하고, 억지로 이름을 붙여 '크다(大)'고 한다. 소리도 없고 형체도 없어 지각으로 알 수 없고, 어떤 것에도 의존하지 않고 스스로 존재하는 '물(物)'이므로 이름을 알 수 없다. 그것에 자(字)를 붙여 도(道)라 한다고 하였는데, "천지 만물이 모두 함께 여기에서 나오기 때문에 길이라는 의미의 도라는 글자를 빌려서 자로 삼은 것이다(오징)." 자(字)는 이름을 공경하기 위해 대신 부르는 것이다. 그리고 자(字)는 이름에서 나오므로 다시 이름을 붙이는데, 그 이름이 진짜 이름이 아니므로 노자는 "억지로 이름을 붙여 '크다(大)'"고 한 것이다. 강(强)이 왕필본에는 없고, 부혁본과 범응원본에는 있다.

❢ 大曰逝，逝曰遠，遠曰反. 故道大，天大，地大，人亦大. 域中有四大，而人居其一焉.

크므로 아득히 펼쳐져 나갈 것이고, 가면 멀어질 것이고, 멀어지면 돌아올 것이다. 그러므로 도가 크고, 하늘이 크고, 땅이 크고, 사람 또한 크다. 나라 안에 네 가지 큰 것이 있으니, 사람이 그 중 하나를 차지한다. 여기서 '왈(曰)'은 '즉(則)'의 뜻이고(마서륜), '서(逝)'는 '행(行)'의 뜻이다(왕필). 또 '서(逝)'는 쉬지 않고 흘러나간다는 '유행불식(流行不息)의 뜻도 있다. 대왈서(大曰逝)는 도가 광대무변해서 우주, 만물 어디에나 번져 나간다는 말이다. 서왈원(逝曰遠)은 도의 유행(流行)이 무소부지(無所不至), 즉 이르지 않는 곳이 없다는 말이다. 이것은 도의 무한한 원심력을 가리킨다. 원왈반(遠曰反)은 끊 없이 멀리가면 다시 되돌아온다는 뜻이다. 무한한 원심력은 다시 근원으로 되돌아오는 구심력으로 변한다. 이것은 제16장에 "모든 만물은 무성했다가 다시 그 뿌리로 되돌아간다(夫物芸芸，各復歸其根)"는 말과 상통한다. 인역대(人亦大)는 사람 역시 크다는 말이다. 왕필본과 하상공본에는 '왕역대(王亦大)'로 되어 있다. 아래 문장과의 연결성에서도 그렇지만 천·지·인(天·地·人) 삼재사상(三才思想)도 있으므로 '인(人)'이 적절하다. 역(域)은 나라다.

❢ 人法地, 地法天, 天法道, 道法自然.

사람은 땅을 본받고, 땅은 하늘을 본받고, 하늘은 도를 본받고, 도는 자연을 본받는다. 여기서 법(法)은 법도를 따른다는 뜻이다. 인법지(人法地)는 사람은 땅의 법도를 따른다는 것이다. 사람은 땅 위에서 살고 땅에서 나오는 것으로 길러진다. 사람은 땅을 거역하고 살 수가 없다. 여기서 문제가 되는 구절은 도법자연(道法自然)이다. 왕필은 “지혜를 쓰는 것(사람)은 무지한 것(땅)보다 못하고, 형체가 있는 것(땅)은 정기로 이루어진 상(하늘)보다 못하고, 정기로 이루어진 상은 형체가 없는 것(도)보다 못하고, 법칙이 있는 것(도)은 법칙이 없는 것(자연)보다 못하므로 차례대로 서로 본받는다”라고 하여 도가 자연보다 하위 개념인 것처럼 말했다. 그렇지만 노자의 도보다 상위의 개념은 있을 수 없다. 도는 우주의 운행을 주재하고 만물의 생성화육의 근원이자 원리이다. 따라서 도 이상의 존재가 있을 수 없다. 이에 대해 하상공은 “도의 본성은 자연이다. 법도로 삼을 바가 없다(道性自然 無所法也)”고 했다. 오징은 “도는 스스로 되었으므로 크다고 친다. 따라서 자연을 따랐다고 한다. 도 밖에 따로 자연이 있는 것이 아니다(道之所以大, 以其自然, 故曰法自然. 非道之外別自然也)”고 했다. 따라서 도법자연(道法自然)은 만물을 생성 화육하는 것이 바로 도의 본성이요 자연의 모습이라는 뜻이다. 여기의 핵심은 결국 사람이나 왕이 자연을 본받아야 한다는 것이다. 자연을 본받는다는 것은 자연의 무위를 본받는다는 말이다. 무위는 고요함과 순응이다. 왕필은 “자연을 본받는 사람은 네모난 곳에 있으면 네모난 것을 본받고, 둥근 데에 있으면 둥근 것을 본받으니 자연에 거스름이 없다”고 하였다.

제26장

치중(輜重): 짐수레(고요함과 중후함)

무거움은 가벼움의 근본이 되고, 고요함은 조급함의 주인이다. 이 때문에 성인은 하루 종일 길을 가도 옷과 음식을 실은 짐수레 곁을 떠나지 않으며, 비록 영화로운 궁궐에 있든 물러나 편안한 거처에 머물든 모두 초연하다. 어찌 만승의 군주가 되어서 그 몸으로 천하에 경거망동하겠는가. 가벼우면 근본을 잃고, 조급하면 주인의 자리를 잃는다.

重爲輕根, 靜爲躁君. 是以聖人終日行, 不離輜重, 雖有榮觀燕處超然.
중위경근, 정위조군. 시이성인종일행, 불리치중, 수유영관연처초연.

奈何萬乘之主而以身輕天下? 輕則失根, 躁則失君.
나하만승지주이이신경천하? 경즉실근, 조즉실군.

重(무거울 중, 짐 중, 거듭 중), 爲(할 위, 될 위, 여길 위), 輕(가벼울 경), 根(뿌리 근, 본원 근), 靜(고요할 정), 躁(조급(성급)할 조, 시끄러울 조), 君(임금 군, 주인 군), 是(이 시, 옳을 시, 이에 시), 以(써 이), 聖(성인 성), 人(사람 인), 終(마칠 종), 日(날 일), 行(갈 행, 다닐 행), 不(아닐 불), 離(떠날 리), 輜(짐수레 치), 雖(비록 수), 有(있을 유), 榮(꽃 영, 영화로울 영), 觀(볼 관, 경관 관, 누각 관), 燕(제비 연, 연나라 연, 잔치 연, 편안히 쉴 연), 處(곳 처, 처할 처, 처리할 처), 超(넘을 초, 멀어질 초, 뛰어날 초), 然(그럴 연), 奈(어찌 나, 나락 나), 何(어찌 하), 萬(일만 만), 乘(탈 승),

之(갈 지, 어조사 지), 主(주인 주), 而(말 이을 이), 以(써 이), 身(몸 신), 天(하늘 천), 下(아래 하), 則(곧 즉, 법칙 칙), 失(잃을 실)

Heaviness and Lightness

The Solid is the root of the light;
The Quiescent is the master of the Hasty.

Therefore the Sage travels all day
Yet never leaves his provision-cart.
In the midst of honor and glory, He lives leisurely, undisturbed.

How can the ruler of a great country
Make light of his body in the empire (by rushing about)?

In light frivolity, the Center is lost; In hasty action, self-mastery is lost.

王弼註

重爲輕根, 靜爲躁君.
凡物, 輕不能載重, 小不能鎭大. 不行者使行, 不動者制動. 是以重必爲輕根, 靜必爲躁君也.
是以聖人終日行, 不離輜重,
以重爲本, 故不離.
雖有榮觀, 燕處超然.
不以經心也.
柰何萬乘之主, 而以身輕天下. 輕則失本, 躁則失君.
輕不鎭重也. 失本, 爲喪身也. 失君, 爲失君位也.

❢ **重爲輕根, 靜爲躁君.**

무거움은 가벼움의 근본이 되고, 고요함은 조급함의 주인이다. 즉 무거움은 가벼운 것의 깊은 뿌리가 되고 허정(虛靜)은 조동(躁動)을 다스리는 임금이 된다. 중위경근(重爲輕根)은 무거운 것이 가벼운 것의 뿌리가 된다는 말이다. 신중한 사람은 깊은 뿌리같이 태연자약하고 경거망동한 사람은 결국 신중한 사람에게 쫓기게 된다. 이 구절은 "군자가 무겁게 행동하지 않으면 위엄이 없다"는 『논어』 「학이」편의 말을 연상시킨다. 하상공은 이 구절을 다음과 같이 풀었다. "임금이 신중하지 못하면 존귀하지 못하고 내 몸을 다스리는 데 신중하지 못하면 신령을 잃는다. 초목의 꽃은 가벼우므로 영락해 떨어진다. 그러나 뿌리는 무거우므로 오래간다. 임금이 허정(虛靜)하지 못하면 위엄이 없고 내 몸을 다스리는데 허정하지 못하면 몸이 위태롭게 된다. 용은 고요하므로 능히 변화 할 수가 있으나 호랑이는 조급하므로 일찍 죽는다"(人君不重, 則不尊. 治身不重, 則失神. 草木之華輕, 故零落. 根重, 故長存也. 人君不靜, 則失威. 治身不靜, 則身危. 龍靜, 故能變化. 虎躁, 故夭虧). 무거움과 조용함이 가벼움이나 조동을 누르고 이긴다는 뜻이다. 왕필은 "무릇 사물은 가벼운 것이 무거운 것을 실을 수 없고, 작은 것은 큰 것을 누를 수 없다. 가지 않는 사람은 가는 사람을 부릴 수 있고, 움직이지 않는 사람은 움직이는 사람을 제압할 수 있다. 그러므로 무거운 것은 가벼운 것의 뿌리고, 고요함은 조급함의 주인이다"고 했다. "고요함은 조급함의 주인이다"라는 말은 "고요히 안정하면 더위를 이길 수 있으니 맑고 고요해야만 천하의 주인이 될 수 있다(45장)"라든지 "허함에 이르기를 지극히 하고, 고요함을 지키기를 돈독히 한다(16장)"는 말과 일맥상통한다. 고요함을 견지한다는 것은 무위의 다른 표현이다.

❢ **是以聖人終日行, 不離輜重, 雖有榮觀燕處超然.**

이 때문에 성인은 하루 종일 길을 가도 옷과 음식을 실은 짐수레 곁을 떠나지 않으며, 비록 영화로운 궁궐에 있든 물러나 편안한 거처에 머물든 모두 초연하다. 여기서 '치중(輜重)'은 무거운 짐수레라는 뜻으로 고요함(靜)과 중후함(重)을 비유한 것이다. 즉 성인은 하루 종일 길을 가도 또는 도를 행해도 정(靜)과 중(重)에서 이탈하지 않는다. '영관(榮觀)'은 호화로운 궁관이라는 견해(하상공·성현영·왕진 등)와 좋은 볼거리라는 견해(육희성·오징 등)가 있다. '연처(燕處)'는 '연거(燕居)'와 같은 말로(설혜) 조정에서 물러나와 편안하게 거처하는 곳을 가리킨다. 『예기』의 한 편명인 '공자연거(孔子燕居)'라는 말에서 이런 용례를 발견할 수 있다. 앞의 호화로운 궁관과 대비되는 말이다. '초연(超然)'은 고고히 솟아올라 얽매임이 없는 것을 가리킨다(설혜). 오징에 따르면 "군자가 길한 일로 길을 갈 때는 승거(乘車)를 타고 군사들은 병거(兵車)를 타는데 두 수레가 모두 가벼운 수레다. 이 가벼운 수레 뒤에 치거(輜車)가 있어서 침식에 소용되는 물건을 싣는데 그것을 중거(重車)라고 한다. 비록 가벼운 수레에 타고 있더라도 하루 종일 중거와 서로 떨어지지 않으므로 길한 행차에는 하루에 50리를 가고, 군사가 행군할 때는 하루에 30리를 가게 된다. 가벼운 수레에 탔다고 감히 빨리 나아가고 질러가면서 뒤에 있는 치중을 돌보지 않는 일 따위는 하지 않는 것이다." 그러므로 이 문장에는 빠르게 갈 수 있다고 경거망동하지 않는다는 의미가 있다.

❢ 奈何萬乘之主而以身輕天下? 輕則失根, 躁則失君.

어찌 만승의 군주가 되어서 그 몸으로 천하에 경거망동하겠는가. 가벼우면 근본을 잃고, 조급하면 주인의 자리를 잃는다. 만승(萬乘)의 큰 나라 임금은 천자인데, 어찌 천자가 자신을 천하 만인 앞에서 경망망동하게 굴 수가 있겠느냐는 말이다. 경망하면 깊은 뿌리를 잃고 조동하면 임금의 자리를 잃는다. '승(乘)'은 말 네 필이 이끄는 전차로 사실 춘추시대에는 만승의 전차를 거느릴 만한 나라가 없었다. '이신경천하(以身輕天下)'는 "그 몸으로 천하에 경거망동한다"는 말이다. 왕진에 따르면 이것은 황제가 미복으로 갈아입고 저자에 나가 미행을 즐기는 잘못된 풍습을 경계한 것이다. 오징은 주나라 왕이 팔준(八駿)을 타고 노닐었던 일과 한나라 황제가 미행했던 일 등을 두고 한 말이라고 하였다. 여기에서 '경(輕)'은 가볍게 움직인다는 뜻이다(오징). 『한비자』「유로」에서는 이 글을 조나라 무령왕(主父)의 일에 비유하여 설명하고 있다. 무령왕은 대단히 영명한 군주로 조나라의 영역을 크게 확대하고 국력을 키워놓았지만 일찍 그 자리를 자식에게 넘겨주었기 때문에 결국 왕자들 사이의 분쟁에 휘말려 맥없이 굶어죽고 만 인물이다. 『한비자』에 따르면 무령왕이 일찍 자리를 자식에게 물려준 것이 치중(나라)을 떠난 것이고, 그 결과 무령왕은 근본도 잃었고 군주의 지위도 잃게 되었다.

제27장

습명(襲明): 밝은 도를 간직함

잘 가는 걸음은 자국을 남기지 않고, 잘하는 말은 흠이 없고, 잘하는 셈에는 산가지를 쓰지 않는다. 잘 잠근 것은 걸어놓은 문빗장이 없는데도 열지 못하고, 잘 묶은 것은 동여맨 밧줄이 없는데도 풀지 못한다. 그러므로 도를 터득한 성인은 항상 사람을 잘 구제하여, 그들을 버리는 일이 없고, 물건도 항상 잘 구제하여, 버리는 일이 없다. 이것을 일러 밝음을 간직한다고 한다. 그러므로 선한 사람은 선하지 못한 사람의 스승이고, 선하지 못한 사람은 선한 사람을 돕는 자이다. 스승을 귀하게 여기지 않고 돕는 자를 아끼지 않으면, 비록 지혜롭다 해도 크게 미혹(美惑)될 것이니, 이것을 일러 오묘한 요체라 한다.

善行無轍迹, 善言無瑕謫, 善數不用籌策, 善閉無關楗, 而不可開.
선행무철적, 선언무하적, 선수불용주책, 선폐무관건, 이불가개.

善結無繩約, 而不可解. 是以聖人常善救人, 故無棄人. 常善救物,
선결무승약, 이불가해. 시이성인상선구인, 고무기인. 상선구물,

故無棄物. 是謂襲明. 故善人者, 不善人之師. 不善人者, 善人之資.
고무기물. 시위습명. 고선인자, 불선인지사. 불선인자, 선인지자.

不貴其師, 不愛其資, 雖智大迷. 是謂要妙.
불귀기사, 불애기자, 수지대미. 시위요묘.

善(착할 선, 잘할 선), 行(갈 행, 다닐 행), 無(없을 무), 轍(바퀴자국 철, 흔적 철), 迹(자취 적), 言(말씀 언), 瑕((옥의) 티 하), 謫(귀양갈 적, 꾸짖을 적, 잘못 적), 數(셀 수, 자주 삭), 不(아닐 불), 用(쓸 용), 籌(산가지 주, 셀 주), 策(꽤 책, 대쪽 책, 채찍 책, 수효 책), 閉(닫을 폐), 關(빗장 관, 잠글 관), 楗(문빗장 건), 而(말 이을 이), 可(가할 가, 옳을 가), 開(열 개), 結(맺을 결), 繩(노끈(밧줄) 승, 끝없는 모양 승), 約(묶을 약, 약속할 약), 解(풀 해), 是(이 시, 옳을 시, 이에 시), 以(써 이), 聖(성인 성), 人(사람 인), 常(항상 상), 救(구할 구), 故(연고 고, 옛 고), 棄(버릴 기), 物(만물 물), 謂(이를 위), 襲(엄습할 습, 이을 습, 받을 습), 明(밝을 명, 밝힐 명), 者(놈 자), 師(스승 사, 군대 사), 資(바탕 자, 도울 자, 의지할 자), 貴(귀할 귀), 其(그 기), 愛(사랑할 애), 雖(비록 수), 智(지혜 지), 大(큰 대), 迷(미혹할 미, 헤매게 할 미), 要(구할(원할) 요, 요약할 요, 반드시 요, 요컨대 요), 妙(묘할 묘)

On stealing the Light

A good runner leaves no track.
A good speech leaves no flaws for attack.
A good reckoner makes use of no counters.
A well-shut door makes use of no bolt, And yet cannot bo opened.
A well tied knot makes use of no rope, And yet cannot be untied.

Therefore the Sage is good at helping man;
For that reason there is no rejected (useless) person.
He is good at saving things;
For that reason these is no rejected;

This is called stealing the Light.

Therefore the good man is the teacher of the bad.
And the bad man is the lesson of the good.

He who neither values his teacher Nor loves the reason
Is one gone far astray, Though he be learned.
Such is the subtle secret.

王弼註

善行, 無轍迹,
順自然而行, 不造不始, 故物得至, 而無轍迹也.

善言無瑕讁,
順物之性, 不別不析, 故無瑕적可得其門也.

善數, 不用籌策,
因物之數, 不假形也.

善閉, 無關楗而不可開, 善結, 無繩約而不可解.
因物自然, 不設不施, 故不用關鍵·繩約, 而不可開解也. 此五者, 皆言不造不施, 因物之性, 不以形制物也.

是以聖人常善求人, 故無棄人.
聖人不立形名, 以檢於物, 不造進向以殊棄不肖. 輔萬物之自然而不爲始, 故曰 無棄人也. 不尙賢能, 則民不爭, 不貴難得之貨, 則民不爲盜, 不見可欲, 則民心不亂. 常使民心無欲無惑, 則無棄人矣.

常善救物, 故無棄物, 是謂襲明. 故善人者, 不善人之師,
擧善以師不善, 故謂之師矣.

不善人者, 善人之資.
資取也. 善人以善齊不善, 以善棄不善也, 故不善人, 善人之所取也.

不貴其師, 不愛其資, 雖智大迷,
雖有其智, 自任其智. 不因物, 於其道必失, 故曰 雖智大迷.

是謂要妙.

❢ **善行無轍迹, 善言無瑕讁, 善數不用籌策.**

잘 가는 걸음은 자국을 남기지 않고, 잘하는 말은 흠이 없고, 잘하는 셈에는 산가지를 쓰지 않는다. 선행(善行)은 잘 가는 걸음이고, 철(轍)은 자취이다. 무철적(無轍迹)은 자국이나 흔적이 없다는 뜻이다. 하늘은 말하지 않고 만물을 키우고 우주를 운행한다. 말이 없어야 흠이 없이 창조되고 운행된다. 선언(善言)은 잘하는 말이며, 바로 무언(無言)이다. 하적(瑕讁)은 옥에 티다. 선수(善數)는 가장 좋은 계산, 술책 등이다. 주책(籌策)은 셈을 할 때 사용하는 산가지다. 술책이나 계략은 인간적 간교(奸巧)에서 나오는 것이다. 가장 좋은 수(善數)는 하늘이 쓰는 수다. 아무것도 쓰는 게 없으면서 만물을 낳아 기르고 있다. 왕필의 설명에 의하면, 억지로 어떻게 하겠다는 자기주장이 없이 상황에 따라 길을 가고 말을 하고 셈을 하므로, 흔적도 흠도 없고 산가지도 필요 없는 그런 궁극의 경지에 오를 수 있었다는 것이다.

❢ **善閉無關楗, 而不可開. 善結無繩約, 而不可解.**

잘 잠근 것은 문빗장이 없는데도 열지 못하고, 잘 묶은 것은 동여맨 밧줄이 없는데도 풀지 못한다. 선폐(善閉)는 잘 닫는 것 혹은 잘 잠근 것이다. 관·건(關·鍵)은 범응원에 따르면 모두 성문의 빗장인데, 가로대가 '관'이고 세로대가 '건'이다. 승약(繩約)에서 승(繩)은 새끼줄이나 밧줄이고, 약(約)은 꽉 조여 묶는다(束)는 뜻이다. '잘 잠근 것'과 '잘 묶은 것'은 인간적 차원이나 현세의 정치로써 남을 자기 울타리 안에 가둬두거나, 남의 마음을 묶어두는 것이 아니다. 무위자연의 도나 하늘은 아무 제한도 가하지 않고, 또 아무것도 묶어두지 않는다. 그런데도 모든 것이 도에서 이탈되거나 벗어나지 않는다. 이러한 경지가 바로 문빗장 없이도 열지 못하게 하고 밧줄 없이도 풀지 못하게 하는 것이다.

❢ **是以聖人常善救人. 故無棄人. 常善救物, 故無棄物. 是謂襲明.**

그러므로 도를 터득한 성인은 항상 사람을 잘 구제하여, 그들을 버리는 일이 없고, 물건도 항상 잘 구제하여, 버리는 일이 없다. 이것을 일러 밝음을 간직한다(襲明)고 한다. 상선구인(常善救人)은 항상 사람을 잘 구해서 본성이나 재질을 잘 살리고 활용한다는 뜻이다. 구물(救物)은 만물을 잘 활용해서 쓸모 있게 해준다는 말이다. 명(明)은 제16장에 나오는 "항구불변한 도를 아는 것을 명이라 한다"의 명과 같다. 그래서 '습명(襲明)'은 밝은 도를 이어받는다, 간직한다, 지킨다고 보는 것이다. 이때 '습'은 이어 받는다, 간직한다 또는 이어서 사용한다는 뜻이고, '명'은 밝음 또는 밝은 도라는 뜻이다. 도는 무위하지만 모든 것을 이루고 있다. 따라서 도를 터득한 성인도 모든 사람의 본성과 재질을 활용하고, 만물을 이용해야 한다. 하늘과 땅 사이에 있는 모든 사람과 모든 사물은 하나도 버릴 것이 없다. 도나 하늘은 모든 것을 포용하고 키운다. 이러한 경지를 터득하는 것이 바로 '습명'이다. 「도응훈」은 이 구절을 공손룡의 고사와 연결하여 설명한다. 공손룡은 "능력이 없는 사람과는 함께 하지 않겠다"는 신조를 가지고 있었는데 어느 날 소리를 잘 지르는 사람이 찾아와 제자가 되기를 청했다. 이 쓸모없어 보이는 재주에도 불구하고 공손룡은 그를 제자로 받아들였다. 얼마 후 공손룡은 연나라에 유세를 하러 가게 되었다. 그런데 강을 건너려고 보니 배가 이미 멀리 떠난 뒤였다. 소리 잘 지르는 공손룡의 제자가 앞으로 나서서 소리를 지르자 강 가운데에 가 있던 뱃사공이 그 소리를 듣고 배를 돌려 공손룡을 태웠다. 쓸모없는 듯한 재주를 가진 사람이라도 제자로 맞아들인 공손룡의 도량이 그런 좋은 결과를 낳은 것이다. 그러므로 "사람에 대해서는 사람을 버림이 없고, 물건에 대해서는 물건을 버림이 없다."

❢ **故善人者, 不善人之師. 不善人者, 善人之資.**

그러므로 선한 사람은 선하지 못한 사람의 스승이고, 선하지 못한 사람은 선한 사람을 돕는 바탕이다. 자(資)는 밑천, 도움, 도와주는 바탕, 거울[戒鑑]의 뜻이다.

'사자(師資)'란 스승과 제자가 서로 밀접 불가분의 관계에 있다는 것을 말해 주는 말이다. 즉 스승은 제자에게 가르침을 주지만, 제자는 스승으로 하여금 도를 가르쳐 주게 하는 밑천이나 자료여서 결국 스승을 도와주고 있다. 『한비자』「유로」에 다음과 같은 이야기가 나온다. 「유로」에 따르면 은의 주왕(紂王)이 주 문왕에게 옥판이 있다는 것을 듣고 사람을 보내 요구했는데, 문왕은 교격(膠鬲) 같은 충직한 신하가 왔을 때는 그것을 주지 않았고, 비중(費仲) 같은 간사한 신하가 왔을 때 그것을 건네주었다고 한다. 만약 교격이 옥판을 얻어 주왕에게 가져다주었다면 왕의 신임을 얻어 주왕을 보필할 것이고 결국 문왕에게 이로울 게 없기 때문이었다. 한편 비중은 옥판을 구해옴으로써 주왕의 신임을 받았고, 간신이 주왕의 신망을 얻음으로써 결국 은나라는 쇠망을 재촉하게 되었다. 「유로」는 비중 같은 간사한 신하가 결국 은을 무너뜨리고 주 왕조를 개창하게 하는 데 도움을 주었으므로 불선한 사람은 선한 사람(문왕)을 돕는 사람이라고 말한다.

❢ 不貴其師, 不愛其資, 雖智大迷. 是謂要妙.

스승을 귀하게 여기지 않고 돕는 자를 아끼지 않으면, 비록 지혜롭다 해도 크게 미혹(美惑)될 것이니, 이것을 오묘한 요체라 한다. 불귀기사(不貴其師)나 불애기자(不愛其資)는 겸허하지 않음을 말한다. 겸허한 자세로 배우고자 하면 스승을 귀중히 높이고, 또 겸허한 자세로 가르치면 항상 제자를 사랑할 것이다. 스승을 귀하게 여기지 않고 돕는 자를 아끼지 않는 것은 자신이 가장 똑똑하다고 생각하기 때문이다. 그러므로 스승과 돕는 자를 귀하게 여겨야 하며, 그렇게 해야만 미혹되지 않는다. 하상공도 "홀로 도와주는 사람이 없고, 부릴 사람이 없으니 비록 스스로 지혜롭다고 하더라도 이런 사람은 크게 미혹됨을 이야기한 것이다"고 했다. '요묘(要妙)'는 오묘한 요체라는 뜻이다. 이것을 하상공은 '미묘요도(微妙要道)를 아는 것'이라 했다.

제28장

상덕(常德): 항구 불변한 덕

수컷의 힘을 쓸 수 있으면서도 여성의 겸허와 유약을 지키면 천하의 물이 모이는 계곡이 될 수가 있다. 천하의 계곡이 되므로 영원한 덕이 떠나지 않아 다시 순진무구한 갓난아이로 돌아간다. 흰 것을 알고 그 검은 것을 지키면 천하의 모범이 된다. 천하의 모범이 되면 상덕이 어그러지지 않아 무극으로 다시 돌아간다. 그 영화로움을 알면서도 그 굴욕을 지키면 천하의 계곡이 된다. 천하의 계곡이 되면 상덕이 넉넉해져 다시 질박함으로 돌아간다. 질박한 통나무가 흩어져 그릇이 되고 성인이 그것을 쓰면 군왕이 된다. 그러므로 큰 다스림은 소박한 도를 떠나지 않는다.

知其雄, 守其雌, 爲天下谿. 爲天下谿, 常德不離, 復歸於嬰兒.
지기웅, 수기자, 위천하계. 위천하계, 상덕불리, 복귀어영아.

知其白, 守其黑, 爲天下式. 爲天下式, 常德不忒, 復歸於無極. 知其榮,
지기백, 수기흑, 위천하식. 위천하식, 상덕불특, 복귀어무극. 지기영,

守其辱, 爲天下谷. 爲天下谷, 常德乃足, 復歸於樸. 樸散則爲器,
수기욕, 위천하곡. 위천하곡, 상덕내족, 복귀어박. 박산즉위기,

聖人用之, 則爲官長. 故大制不割.
성인용지, 즉위관장. 고대제불할.

知(알 지), 其(그 기), 雄(수컷 웅, 이길 웅, 우수할 웅), 守(지킬 수), 雌(암컷 자, 질 자, 약할 자), 爲(할 위, 될 위, 여길 위), 天(하늘 천), 下(아래 하), 谿(시내 계, 산골 물 계, 공허할 계), 常(항상 상), 德(덕 덕, 큰 덕), 不(아닐 불), 離(떠날 리), 復(회복할 복, 다시 부), 歸(돌아갈 귀), 於(어조사 어), 嬰(갓난아기 영), 兒(아이 아), 知(알 지), 白(흰 백, 밝을 백), 守(지킬 수), 黑(검을 흑), 式(법 식, 본받을 식), 忒(변할 특, 어긋날 특), 無(없을 무), 極(다할 극, 지극할 극), 榮(꽃 영, 영화로울 영), 辱(욕될 욕, 수치 욕), 谷(골 곡), 乃(이에 내), 足(넉넉할 족, 발 족), 樸(통나무 박, 순진할 박), 則(곧 즉, 법칙 칙), 器(그릇 기), 聖(성인 성), 人(사람 인), 用(쓸 용), 之(갈 지, 어조사 지), 官(벼슬 관, 관청 관), 長(길 장, 어른 장, 기를 장), 故(연고 고, 옛 고), 大(큰 대), 制(마름질 할 제, 만들 제, 억제할 제), 割(나눌 할, 쪼갤 할)

Keeping to the Female

He who is aware of the Male But keeps to the Female
Becomes the ravine of the world.
Being the ravine of the world,
He has the original character (teh) witch is not cut up.
And returns again to the (innocence of the) babe.

He who is conscious of the white (bright) But keeps to the black (dark)
Becomes the model for the world.
Being the model for the world,
He has the eternal power which never errs,
And returns again to the natural integrity of uncarved wood.

He who is familiar with honor and glory But keeps to obscurity
Becomes the valley of the world.
Being the valley of the world,
He has an eternal power which always suffices,
and returns again to the natural integrity of uncarved wood.

Break up this uncarved wood And it is shaped into vessel
In the hands of the Sage, They become the officials and magistrates.
Therefore the great ruler does not cut up.

王弼註

知其雄，守其雌，爲天下谿，爲天下谿．常德不離，復歸於嬰兒．
雄先之屬．雌後之屬也．知爲天下之先也必後也．是以聖人後其身而身先也．谿不求物，而物自歸之．嬰兒不用智，而合自然之智．

知其白，守其黑，爲天下式．
式模則也．

爲天下式，常德不忒，
忒差也

復歸於無極，
不可窮也．

知其榮，守其辱，爲天下谷．爲天下谷，常德乃足，復歸於樸，
此三者，言常反終，後乃德全其所處也．下章云，反者道之動也．功不可取，常處其母也．

樸散則爲器．聖人用之，則爲官長．
樸眞也．眞散則百行出，殊類生，若器也．聖人因其分散，故爲之立官長．以善爲師，不善爲資，移風易俗，復使歸於一也．

故大制不割．
大制者，以天下之心爲心，故無割也．

❢ 知其雄, 守其雌, 爲天下谿.

수컷의 힘을 쓸 수 있으면서도 여성적인 겸허와 유약을 지키면 천하의 물이 모이는 계곡이 될 수가 있다. 웅(雄)은 남성이며, 적극적이고 강하고 활동적이고 전진적인 뜻을 포함한다. 자(雌)는 여성이며, 소극적이고 유약하고 조용히 머물고 겸하(謙下)한 뜻을 포함한다. 여기에서 수컷을 "안다"고 한 것은 수컷의 성질에 따라 행동할 줄 안다는 것이다. 수컷의 성질이 무엇인지 알고 그것을 따르려면 어떻게 행동해야 하는지 알지만 그렇게 하지 않고 암컷의 성질을 지킨다는 것이다. 왕필에 따르면 수컷의 성질은 한마디로 앞에 나서는 것이고, 암컷의 성질은 몸을 뒤로 물리는 것이다. 계(谿)는 골짜기, 혹은 계곡이다. 노자는 제6장에서 "곡신은 죽지 않는다. 이것을 현묘한 암컷이라 한다(谷神不死 是謂玄牝)"고 하여 '곡신'을 도에 비유했다. 즉 남성적인 억센 힘을 지니고 있으면서도 오직 여성적인 겸허(謙虛)와 유약(柔弱)을 지키면 모든 물이 모이는 골짜기 같이 결국은 천하의 모든 사람이 따르게 된다는 것이다. 계곡[谿]은 물이 모이는 곳이다. 뒤에는 골짜기[谷]라는 말이 나온다. 『이아』에서는 "물이 강으로 흘러들어가는 곳이 계곡이고, 물이 계곡으로 흘러들어가는 곳이 골짜기다(「석수」)"고 하였다. 곧 산골짜기는 산 깊은 곳에 있고, 산골짜기에서 빠져나와 강으로 이어지는 곳에 있는 것이 계곡이다. 하지만 계곡과 골짜기의 함축은 같다. 모두 낮은 곳, 낮아서 물(만물)이 모이는 곳, 자신을 드러내지 않고 밝지 않은 곳을 가리킨다. "뛰어난 덕은 골짜기와 같다"는 제41장의 말처럼 노자는 골짜기를 들어 덕을 찬미하고 있다.

❢ 爲天下谿, 常德不離, 復歸於嬰兒.

천하의 계곡이 되므로 영원한 덕이 떠나지 않아 다시 순진무구한 갓난아이로 돌아간다. 상덕(常德)은 항구 불변하는 덕으로서 무위자연의 도를 따른 무위의 덕이다. 상덕불리(常德不離)는 상덕이 떠나지 않는다는 말이다. 복귀어영아(復歸於嬰兒)는 순진무구한 갓난아이의 상태로 돌아간다는 말이다. 암컷의 성질을 지켜서 결국 돌아가는 곳은 갓난아이이다. 갓난아이의 의미에 대해서 왕필은 "지혜를 사용하지 않으면서도 자연의 지혜에 합치하는 것"을 갓난아이의 특성으로 보았다. 곧 갓난아이란 무지를 함축한다. 하지만 갓난아이는 또 무욕을 상징할 수도 있고, 소박을 의미할 수도 있다.

❢ 知其白, 守其黑, 爲天下式. 爲天下式, 常德不忒, 復歸於無極.

흰 것을 알고 그 검은 것을 지키면 천하의 모범이 된다. 천하의 모범이 되면 상덕이 어그러지지 않아 무극으로 다시 돌아간다. 위천하식(爲天下式)은 천하의 모범이 된다는 뜻이다. 식(式)에 대해서는 제22장에서 "그러므로 성인은 하나를 껴안아 지켜 천하의 모범이 된다(是以聖人抱一, 爲天下式)"고 했다. 불특(不忒)은 어기지 않는다, 어긋나지 않는다, 어그러지지 않는다는 뜻이다. 특(忒)은 위(違)와 같다. 무극(無極)은 바로 도다.

❢ 知其榮, 守其辱, 爲天下谷. 爲天下谷, 常德乃足, 復歸於樸.

그 영화로움을 알면서도 그 굴욕을 지키면 천하의 계곡이 된다. 천하의 계곡이 되면 상덕이 넉넉해져 다시 질박함으로 돌아간다. 지기영(知其榮)은 영광을 누릴 줄 안다는 뜻이다. 수기욕(守其辱)은 오욕(汚辱)을 지킨다, 혹은 겸허를 지킨다는 뜻이다. 복귀어박(復歸於樸)은 질박함으로 돌아간다는 뜻이다. 「도응훈」은 은나라 주왕과 주나라 문왕 사이의 고사를 통해 이 문장을 설명한다. 주왕은 원래 문왕의 세력이 장대함을 보고 항상 근심했고, 결국 측근의 조언을 듣고 문왕을 유리(羑里)에 가둔다. 그렇지만 산의생(散宜生)은 온갖 진귀한 보물을 구해 들여 간신 비중(費仲)의 다리를 짚고 주왕을 달랬고, 주왕은 보물에 현혹되어 문왕을 풀어주었다. 풀려난 뒤 문왕은 여악을 즐기는 척하며 주왕의 눈을 속였다. 그것을 본 주왕은 마음 놓고 방탕해져 충신을 죽이고 총첩만 아끼는 혼군이 되었다. 그러므로 은 나라가 멸망한 것은 욕됨을 참을 줄 알았던 문왕의 '상덕' 때문이었다. 그래서 "영화를 알면서도 욕됨을 지키면 천하의 계곡이 된다"고 하였다.

❢ 樸散則爲器, 聖人用之, 則爲官長. 故大制不割.

질박한 통나무가 흩어져 그릇이 되고 성인이 그것을 쓰면 군왕이 된다. 그러므로 큰 다스림은 소박한 도를 떠나지 않는다. 박산즉위기(樸散則爲器)는 소박한 도가 흩어져 그릇[器]이 된다는 말이다. 성인용지(聖人用之)는 성인이 질박한 도를 쓴다는 말이다. 관장(官長)은 백관(百官)의 장, 곧 군왕을 의미한다. "백성을 다스릴 뜻이 있으면서도 적당한 그릇이 없으면 뜻을 이루지 못한다(『예기』「경해」)." 현실적인 쓰임이 있으면서도 통나무의 원시와 순수를 잘 보전하고 있기 때문에 성인이다. "통나무가 흩어지면 그릇이 된다"는 말에도 그런 뜻이 있다. 통나무가 흩어져서 만들어진 그릇이기 때문에 훌륭한 쓰임새가 있다. 대제불할(大制不割)에서 대제(大制)는 도에서 벗어나지 않은 큰 다스림이나 천하를 위한 큰 제도를 뜻하고, 할(割)은 분할하다, 떠나다, 해치다는 뜻이다. 고형(高亨)은 "대제(大制)는 모든 사물의 자연을 따르는 것이며, 따라서 자르지 않고 소박한 도를 지킬 따름이다"고 했다.

제29장
자연(自然): 자연스러움

장차 천하를 취하려고 인위적인 작위를 한다면 나는 그것이 불가능하다는 것을 안다. 천하는 신령스러운 기물이니 억지로 할 수 있는 것이 아니다. 억지로 하는 자는 실패할 것이요, 억지로 잡으려는 자는 놓칠 것이다. 그러므로 사물은 혹 앞서 가기도 하고 뒤따르기도 하며, 혹 들이쉬기도 하고 내쉬기도 하며, 혹 강하기도 하고 약하기도 하며, 혹 안전하기도 하고 뒤집히기도 한다. 그래서 성인은 지나친 것을 버리고, 사치를 버리며, 교만함을 버린다.

將欲取天下而爲之, 吾見其不得已. 天下神器, 不可爲也. 爲者敗之,
장욕취천하이위지, 오견기부득이. 천하신기, 불가위야. 위자패지,

執者失之, 夫物或行或隨, 或歔或吹, 或强或羸, 或載或隳.
집자실지, 부물혹행혹수, 혹희혹취, 혹강혹리, 혹재혹휴,

是以聖人去甚, 去奢, 去泰.
시이성인거심, 거사, 거태.

將(장차 장, 장수 장), 欲(하고자 할 욕), 取(취할 취), 天(하늘 천), 下(아래 하), 而(말 이을 이), 爲(할 위, 될 위, 여길 위), 之(갈 지, 어조사지), 吾(나 오), 見(볼 견, 나타낼 현), 其(그 기), 不(아닐 불), 得(얻을 득), 已(이미 이, 그칠 이), 神(신령 신, 신령스러울 신), 器(그릇 기), 可(가할 가, 옳을 가), 也(어조사 야), 者(놈 자), 敗(패할 패), 執(잡을 집), 失(잃을 실), 夫(무릇(대저) 부, 지아비 부), 物(만물 물), 或(혹 혹 항상 혹), 行(다닐 행, 갈 행), 隨(따를 수), 戱(놀 희, 아하 감탄하는 소리 희), 吹(불 취), 强(굳셀 강, 힘쓸 강, 억지로 강),羸(여윌 리, 약할 리), 載(실을 재), 隳(무너뜨릴 휴, 무너질 휴, 깨질 휴), 是(이 시, 옳을 시, 이에 시), 以(써 이), 聖(성인 성), 人(사람 인), 去(갈 거, 없앨 거), 甚(심할 심, 정도에 지나칠 심), 奢(사치할 사, 자랑할 사), 泰(클 태, 편안할 태, 통할 태, 교만할 태)

Warning Against Interference

There are those who will conquer the world
And make of it (what they conceive or desire).
I see that they will not succeed.
(For) the world is God's own vessel
It cannot be made (by human interference).
He who makes it spoils it. He who holds it lose it.
For: Some things go forward, some things follow behind;
some blow hot, And some blow cold;
Some are strong, And some are weak;
Some may break, And some may fail.
Hence the Sage eschews excess, eschews extravagance,
Eschews pride.

王弼註

將欲取天下而爲之，吾見其不得已．天下神器，
神無形無方也．器合成也．無形以合，故謂之神器也．

不可爲也．爲者敗之，執者失之．
萬物以自然爲性，故可因而不可爲也，可通而不可執也．物有常性，而造爲之，故必敗也．物有往來，而執之，故必失矣．

故物或行或隨，或歔或吹，或强或羸，或挫或隳．**是以聖人去甚去奢去泰．**
凡此諸或，言物事逆順反覆，不施爲執割也．聖人達自然之至，暢萬物之情，故因而不爲，順而不施．除其所以迷，去其所以惑，故心不亂而物性自得之也．

❢ 將欲取天下而爲之，吾見其不得已．

장차 천하를 취하려고 인위적인 작위를 한다면 나는 그것이 불가능하다는 것을 안다. 장욕취천하(將欲取天下)에서 장욕(將欲)은 두 글자 모두가 '~하고자 한다'는 뜻이고, 취(取)는 취하다, 또는 다스리다는 뜻이다. 다음의 위(爲)는 유위(有爲), 즉 인위적인 조작이나 억지로 다스리고자 한다는 뜻이다. 부득이(不得已)는 될 수 없다는 뜻이다. 이(已)는 어조사다. 노자는 천하를 취하는 방법에 대해 여러 곳에서 말했다. 예컨대 제48장에서는 "천하를 취하는 데에는 항상 일없음(無事)으로 해야지 만약 일이 있게 되면 천하를 취하기에 부족하다"(取天下，常以無事，及其有事，不足以取天下)고 했고, 제57장에서는 "정도로써 나라를 다스리고 기발한 계책으로 군사를 움직이며, 일없음으로 천하를 취한다"(以正治國，以奇用兵，以無事取天下)고 했다. 그리고 제66장에서는 "이 때문에 성인이 위에 서고자 하면 반드시 그 말을 낮추고, 백성 앞에 나서고자 할 때는 반드시 그 몸을 뒤로 한다. 그러므로 성인은 앞에 있더라도 백성들은 해롭다고 여기지 않고 위에 있더라도 백성들은 부담스러워하지 않는다. 천하가 기꺼이 추대하고 싫어할 줄 모르니 다투지 않기 때문이 아니던가"(是以欲上民, 必以言下之, 欲先民, 必以身後之, 是以聖人處上而民不重, 處前而民不害, 是以天下樂推而不厭, 以其不爭, 故天下莫能與之爭)라고 했다.

따라서 천하란 시세의 흐름을 타고 자연스럽게 얻을 수 있는 것이지 억지로 해서 차지할 수 있는 것이 아니다. 일이 없음 또는 일삼음이 없다는 것(無事)은 곧 무위이며, 무위는 세상의 변화에 순응하는 것이다. 그러므로 때가 무르익어 세상 사람이 모두 환호할 때까지 자기를 숨기고 의욕을 감추며 기다려야 한다. 명분은 자기가 주장해서 만들어지는 것이 아니라 하늘이 만들어주고, 때가 만들어주며, 사람들이 만들어준다. 뜻이 있더라도 명분이 없으면 움직일 수 없고, 뜻이 없더라도 명분이 있으면 움직여야 한다. 이러한 명분이 있을 때까지 기다려야 하는 것이다.

❢ 天下神器, 不可爲也. 爲者敗之, 執者失之.

천하는 신령스러운 기물이니 억지로 할 수 있는 것이 아니다. 억지로 하는 자는 실패할 것이요, 억지로 잡으려는 자는 놓칠 것이다. 천하신기(天下神器)는 천하의 신령스러운 기물, 혹은 신성한 것이라는 뜻이다. 하상공은 다음과 같이 풀었다. "기(器)는 물(物)이다. 사람은 즉 천하의 신물(神物)이다. 신물은 고요한 안정을 좋아한다. 유위로 다스려서는 안된다"(器物也, 人乃天下之神物也. 神物好安靜, 不可以有爲治). 왕필은 "신(神)은 형상도 자리도 없다. 기(器)는 합성(合成)의 뜻, 즉 무형적으로 합하므로 신기라고 한다"고 했다. 불가위야(不可爲也)는 천하는 신성한 것이므로, 인위적으로 다스려서는 안 된다는 말이다. 위자패지(爲者敗之)는 억지로 하려는 사람은 실패하거나 신기(神器)인 천하를 망쳐버린다는 말이다. 집자실지(執者失之)는 억지로 잡르려는 자는 놓치고 만다는 뜻이다. 왕필에 따르면 "만물은 자연을 본성으로 삼기 때문에 따를[因] 수는 있어도 억지로 할 수는 없고, 통할 수는 있어도 잡을 수는 없다."

❢ 夫物或行或隨, 或戯或吹, 或强或羸, 或載或隳.

그러므로 사물은 혹 앞서 가기도 하고 뒤따르기도 하며, 혹 들이쉬기도 하고 내쉬기도 하며, 혹 강하기도 하고 약하기도 하며, 혹 안전하기도 하고 뒤집히기도 한다. 부물(夫物)은 무릇 천하의 모든 사람과 사물들이라는 뜻이다. 혹행혹수(或行或隨)는 혹 앞서 가기도 하고 뒤따르기도 한다는 말이다. 혹희혹취(或戱或吹)는 혹은 들이쉬기도 하고 내쉬기도 한다는 말이다. 혹강혹리(或强或羸) 혹은 강하기도 하고 약하기도 하다는 말이다. 혹재혹휴(或載或隳)는 혹 안정하기도 하고 뒤집히기도 하다는 말이다. 재(載)는 안정(安定)되어 있다며, 휴(隳)는 타(墮)와 위(危)로서 뒤집히거나 위태하다는 뜻이다. 소철에 따르면 이러한 반대되는 성질이 번갈아 가며 나타나는 것은 "사물의 자연스러움이고, 시세가 면하지 못하는 것이다." 그러므로 어느 한 극단으로만 억지로 나아가려 하면 자연에 어긋나고 패망하게 된다.

❢ 是以聖人去甚, 去奢, 去泰.

그래서 성인은 지나친 것을 버리고, 사치를 버리며, 교만함을 버린다. 거심(去甚)은 지나치거나 과격한 것을 버린다는 뜻이다. 거사(去奢)는 사치를 버린다는 뜻이다. 거태(去泰)는 교만을 버리다는 뜻이다. 태(泰)를 여기서는 교태(驕泰)의 뜻으로 풀었는데, 안일하고 게으르다는 안태(安泰)의 뜻으로 풀기도 한다. 지나치고, 사치하고, 교만한 것은 모두 극성한 때를 가리킨다. 『한비자』에 보면 이와 비슷한 말이 나온다. 즉, 하늘에도 대명(大名)이 있고, 사람에게도 대명이 있다. 향기롭고 맛난 음식과 좋은 술, 기름진 고기는 입에는 즐겁지만 몸을 병들게 하고, 고운 피부와 하얀 이의 여인은 정에는 기쁘지만 정기를 해친다. 그러므로 심하고[甚] 지나친 것[泰]을 멀리해야 몸에 해로움이 없다. 권력을 드러내지 않고 소박하게 무위로 임한다. 일은 사방(신하)에 있고, 요체는 중앙(임금)에 있으니 성인이 요체를 잡으면 사방이 와서 조아린다(「양권」).

따라서 도를 체득한 성인은 모든 것을 일률적으로 자기에게 억지로 맞추려 하지 않고, 자의적(恣意的)인 조작으로 지배하려 들지도 않으며, 또 만물의 자존(自存)을 무시하고 오직 자기를 위해 남의 능력이나 재물을 마구 쓰는 일도 하지 않는다. 즉 "지나친 것을 안 하고, 사치를 물리치고, 교만을 삼간다." 이것은 만물이나 만인 앞에 나를 겸하(謙下)시키고, 대자연의 조화와 어울리라는 말이다.

제30장

부도(不道): 도가 아님

무위자연의 도로써 임금을 보좌하는 사람은 무력으로 천하를 강압하지 않으니, 그 일은 곧잘 보복을 부르기 마련이다. 군사가 머물던 곳에는 가시덤불이 자라고, 큰 전쟁 뒤에는 반드시 흉년이 든다. 용병을 잘 하는 사람은 목적을 이룰 뿐 함부로 강함을 취하지 않는다. 목적을 이루되 뽐내지 않고, 목적을 이루되 자랑하지 않고, 목적을 이루되 교만하지 않고, 목적을 이루되 부득이하게 그런 것이니, 이것이 목적을 이루되 강함을 취하지 않는다는 것이다. 만물은 지나치게 장성(壯盛)하면 노쇠하게 되는 법이니, 강함을 취하는 그러한 것은 도라 할 수 없다. 도가 아니면 일찍 끝나게 된다.

以道佐人主者, 不以兵强天下. 其事好還. 師之所處, 荊棘生焉. 大軍之後,
이도좌인주자, 불이병강천하. 기사호환. 사지소처, 형극생언. 대군지후,

必有凶年. 善者果而已, 不敢以取强. 果而勿矜, 果而勿伐, 果而勿驕,
필유흉년. 선자과이이, 불감이취강. 과이물긍, 과이물벌, 과이물교,

果而不得已, 果而勿强. 物壯則老. 是謂不道, 不道早已.
과이부득이, 과이물강. 물장즉노, 시위부도, 부도조이.

以(써 이), 道(길 도), 佐(도울 좌), 人(사람 인), 主(주인 주), 者(놈 자), 不(아닐 불), 兵(군사 병, 무기 병), 强(굳셀 강, 힘쓸 강, 억지로 강), 天(하늘 천), 下(아래 하), 其(그 기), 事(일 사, 일삼을 사, 섬길 사), 好(좋을 호), 還(돌아올 환), 師(스승 사, 군사 사), 之(갈 지, 어조사 지), 所(바 소), 處(곳 처, 처할 처, 처리할 처), 荊(가시나무 형), 棘(가시나무 극), 生(날 생, 살 생), 焉(어조사 언), 大(큰 대), 軍(군사 군), 後(뒤 후), 必(반드시 필), 有(있을 유), 凶(흉할 흉), 年(해 년), 善(착할 선, 잘할 선), 果(열매 과, 용감할 과, 과단성 있을 과, 과연 과), 而(말 이을 이), 已(이미 이, 그칠 이), 敢(감히 감), 取(취할 취), 勿(말 물), 矜(불쌍히 여길 긍, 아낄 긍, 공경할 긍, 자랑할 긍), 伐(칠 벌, 자랑할 벌), 驕(교만할 교), 物(만물 물), 壯(씩씩할 장, 성할 장), 則(곧 즉, 법칙 칙), 老(늙을 로), 是(이 시, 옳을 시, 이에 시), 謂(이를 위), 早(일찍 조)

Warning against the Use of Force

He who by Tao purposes to help the ruler of men
Will oppose all conquest by force of arms.
For such things are wont to rebound.
Where armies are, thorns and brambles grow.
The raising of the great host Is followed by a year of dearth

Therefore a good general effects his purpose and stops.
He dares not rely upon the strength of arms;
Effect his purpose and does not glory in it;
Effect his purpose and does not boast of it;
Effect his purpose and does not take pride in it;
Effect his purpose as a regrettable necessity;
Effect his purpose but does not love violence.
(For) things age after reaching their prime.
That (violence) would be against the Tao.
And he who against the Tao perishes young.

王弼註

以道佐人主者, 不以兵强天下.

以道佐人主, 尙不可以兵强於天下, 況人主躬於道者乎.

其事好還.

爲始者務欲立功生事, 而有道者務欲還反無爲, 故云 其事好還也.

師之所處, 荊棘生焉. 大軍之後, 必有凶年.

言師凶害之物也. 無有所濟, 必有所傷, 賊害人民, 殘荒田畝, 故曰 荊棘生焉.

善有果而已, 不敢以取强.

果猶濟也. 言善用師者, 趣以濟難而已矣, 不以兵力取强於天下也.

果而勿矜, 果而勿伐, 果而勿驕,

吾不以師道爲尙, 不得已而用, 何矜驕之有也.

果而不得已, 果而勿强.

言用兵雖趣功果濟難, 然時故不得已, 當復用者, 但當以除暴亂, 不遂用果以爲强也.

物壯則老, 是謂不道, 不道早已.

壯武力暴興, 喩以兵强於天下者也. 飄風不終朝, 驟雨不終日, 故暴興必不道早已也.

❢ 以道佐人主者. 不以兵强天下. 其事好還.

무위자연의 도로써 임금을 보좌하는 사람은 무력으로 천하를 강압하지 않으니, 그 일은 곧잘 보복을 부르기 마련이다. 이도좌인주자(以道佐人主者)는 도를 가지고 군주를 보좌하는 사람이라는 말이다. 하상공은 이 문장이 군주가 자신을 도로써 스스로 보좌하는 것을 말한다고 했다. 하지만 이장은 특별히 장상(將相)과 보필하는 신하를 경계한 것으로 보는 것이 적절하다. 불이병강천하(不以兵强天下)는 무력으로 천하를 강압하지 않는다는 것이다. 그 경계의 구체적인 내용이다. 병(兵)은 무력이고, 강천하(强天下)는 천하를 강압하거나, 천하의 패권을 잡는다는 것을 말한다. 기사호환(其事好還)에 대해서는 다른 해석들이 있는데, 왕필은 "도를 따라 다스리는 자는 근본인 무위자연의 경지로 복귀하고자 한다"로 풀었다. 한편 『상이』는 "군사로써 일을 결정하려고 하고 살상하는 것이 법도에 마땅하지 않으면 그 재앙이 자기의 몸과 자손에 돌아오게 된다[反還]"고 해설했고, 이영은 『道德眞經義解』에서 "남의 부모를 죽이면 남도 나의 부모를 죽이고, 남의 형제를 죽이면 남도 나의 형제를 죽인다는 것이 바로 호환(好還)이라는 말의 뜻이다"(殺人之父, 人亦殺其父. 殺人之兄, 人亦殺其兄, 是謂好還)로 풀었는데, 타당한 해석일 것이다. 따라서 "무력을 쓰면 반드시 무력적 보복을 받게 된다"는 뜻으로 본다.

❢ 師之所處, 荊棘生焉. 大軍之後, 必有凶年.

군사가 머물던 곳에는 가시덤불이 자라고, 큰 전쟁 뒤에는 반드시 흉년이 든다. 사지소처(師之所處)는 군사(師)가 머물던 곳이란 말이다. 형극생언(荊棘生焉)에서 형극(荊棘)은 가시나무나 가시덤불이고, 생(生)은 자란다는 뜻이다. 즉 땅이 황폐하게 된다는 말이다. 대군지후(大軍之後)는 대군이 지나간 뒤란 말이고, 필유흉년(必有凶年)은 반드시 흉년이 든다는 말이다.

❢ 善者果而已, 不敢以取强. 果而勿矜, 果而勿伐, 果而勿驕. 果而不得已, 果而勿强.

용병을 잘 하는 사람은 목적을 이룰 뿐 함부로 강함을 취하지 않는다. 목적을 이루되 뽐내지 않고, 목적을 이루되 자랑하지 않고, 목적을 이루되 교만하지 않고, 목적을 이루되 부득이하게 그런 것이니, 이것이 목적을 이루되 강함을 취하지 않는다는 것이다. 선자과이이(善者果而已)에서 선자(善者)는 잘하는 사람이라는 말이지만 여기서는 용병을 잘하는 사람이라는 뜻으로 해석할 수 있다. 과(果)는 열매맺다, 성과를 올리다, 혹은 목적을 달성한다거나 적을 이긴다(克敵)는 뜻이다. 사마광(司馬光)은 "과(果)는 성(成)과 같다"고 했다. 하상공은 "잘 싸우는 자는 과감할 뿐이다(善兵者, 當果敢而已不休)"라 했다. "과(果)는 제(濟)와 같다"고 한 왕필도 “군대를 잘 쓰는 자는 어려움을 구제할 뿐, 더 나아가 무력을 가지고 천하에 강권을 휘두르려 하지 않는다(言善用師者, 趣以濟難而已矣, 不以兵力取强於天下也)”고 했다. 과이물긍(果而勿矜)은 용감하게 싸워 위급을 막을 뿐, 남에게 뽐내지 않는다는 뜻이다. 물벌(勿伐)은 자랑하지 않는다는 뜻이다. 과이부득이(果而不得已)는 목적을 이루되 부득이 해서 그럴 뿐이라는 뜻이다.

❢ 物壯卽老. 是謂不道, 不道早已.

만물은 지나치게 장성(壯盛)하면 노쇠하게 되는 법이니, 강함을 취하는 그러한 것은 도라 할 수 없다. 도가 아니면 일찍 끝나게 된다. 물장즉노(物壯則老)은 만물은 강대하고 성장(盛壯)하면 반드시 노쇠하게 마련이라는 뜻이다. 시위부도(是謂不道)는 강함을 취하거나 무력을 행사하는 것은 도가 아니라는 뜻이다. 부도조이(不道早已)는 도가 아닌 것은 일찍 끝난다, 도를 행하지 않는 사람은 일찍 죽는다는 뜻이다.

제31장

귀좌(貴左): 왼쪽을 귀하게 여김

무릇 막강한 병기라는 것도 상서롭지 못한 기물이라 사람들은 이를 싫어한다. 그러므로 도를 지닌 사람은 거기에 머물지 않는다. 군자는 평소 거처함에 왼쪽을 귀하게 여기나, 군사를 움직여 전쟁을 할 때는 오른쪽을 귀하게 여긴다. 무기는 상서롭지 못한 물건으로, 군자가 쓸 물건이 못된다. 부득이 그것을 사용할 경우에도, 담담한 마음으로 하는 것이 가장 좋다. 승리를 하여도 자랑하지 말아야 하니, 자랑하는 자는 살인을 즐기는 것이 된다. 무릇 살인을 즐기는 자는, 천하의 뜻을 얻을 수 없다. 길한 일에는 왼쪽을 높이고, 흉한 일에는 오른쪽을 높인다. 편장군은 왼쪽에 자리 잡고 상장군(上將軍)은 오른쪽에 자리 잡는다. 이것은 상례로서 대처함을 말한다. 많은 사람을 죽였으면 슬픔을 다해 애도하고, 전쟁에 이겼어도 상례로써 대처한다.

夫佳兵者, 不祥之器. 物或惡之, 故有道者不處. 君子居則貴左, 用兵則
부가병자, 불상지기. 물혹오지, 고유도자불처. 군자거즉귀좌, 용병즉

貴右. 兵者不祥之器, 非君子之器. 不得已而用之, 恬淡爲上. 勝而不美.
귀우. 병자불상지기, 비군자지기. 부득이이용지, 염담위상. 승이불미,

而美之者, 是樂殺人. 夫樂殺人者, 則不可得志於天下矣. 吉事尙左,
이미지자, 시락살인. 부락살인자, 즉불가득지어천하의. 길사상좌,

凶事尙右. 偏將軍居左, 上將軍居右, 言以喪禮處之. 殺人之衆, 以悲哀泣
흉사상우. 편장군거좌, 상장군거우, 어이상례처지. 살인지중, 이비애읍

之, 戰勝以喪禮處之.
지, 전승이상례처지.

夫(무릇(대저) 부, 저 부, 지아비 부), 佳(아름다울 가, 좋을 가), 兵(군사 병, 무기 병), 者(놈 자), 不(아닐 불), 祥(상서로울 상, 복 상, 재앙 상), 之(갈 지, 어조사 지), 器(그릇 기), 物(만물 물), 或(혹 혹, 항상 혹), 惡(악 악, 추악할 악, 미워할 오), 故(연고 고, 옛 고), 有(있을 유), 道(길 도), 處(곳 처, 처할 처, 처리할 처), 君(임금 군, 주인 군), 子(아들 자), 居(거할 거, 살 거), 則(곧 즉, 법칙 칙), 貴(귀할 귀), 左(왼 좌), 用(쓸 용), 右(오른 우), 非(아닐 비), 得(얻을 득), 已(이미 이, 그칠 이), 恬(편안할 념, 조용할 념), 淡(묽을 담, 담백할 담), 爲(할 위, 될 위, 여길 위), 上(위 상), 勝(이길 승, 뛰어날 승), 而(말 이을 이), 美(아름다울 미), 是(이 시, 옳을 시, 이에 시), 樂(즐길 락, 풍류 악, 좋아할 요), 殺(죽일 살, 감할 쇄, 빠를 쇄), 人(사람 인), 可(가할 가, 옳을 가), 志(뜻 지), 於(어조사 어), 天(하늘 천), 下(아래 아), 矣(어조사 의), 吉(길할 길), 事(일 사, 일삼을 사, 섬길 사), 尙(높일 상, 오히려 상), 凶(흉할 흉), 偏(치우칠 편, 한쪽 편), 將(장차 장, 장수 장), 軍(군사 군), 言(말씀 언), 以(써 이), 喪(죽을 상, 잃을 상), 禮(예도 례), 衆(무리 중, 많을 중), 悲(슬플 비), 哀(슬플 애), 泣(울 읍, 근심할 읍), 戰(싸울 전, 두려울 전)

Weapons of Evil

Of all things, soldier are instruments of evil, Hated by men
Therefore the religious man (possessed of Tao) avoid them.
The gentleman favors the left in civilian life,
But on military occasions favors the right.

Soldiers are weapons of evil.
They are not the weapons of the gentleman.
When the use of soldiers cannot be helped,
The best policy is calm restraint.

Even in victory, there is no beauty,
And who calls it beautiful Is one who delights in slaughter.
He who delights in slaughter
Will not succeed in his ambition to rule the world.

[The things of good omen favor the left.
The things of ill omen favor the right.
The lieutenant-general stands on the left,
The general stands on the right.
That is to say, it is celebrated as a funeral rite.]

The slaying of multitudes should be mourned with sorrow.
A victory should be celebrated with the funeral rite.

王弼註

夫佳兵者，不祥之器．物或惡之，故有道者不處．君子居則貴左，用兵則貴右．兵者，不祥之器，非君子之器．不得已而用之，恬淡爲上，勝而不美．而美之者，是樂殺人．夫樂殺人者，則不可得志於天下矣．吉事尙左，凶事尙右．偏將軍居左，上將軍居右，言以喪禮處之．殺人之衆，以哀悲泣之．戰勝，以喪禮處之．

❢ 夫佳兵者，不祥之器．物或惡之，故有道者不處．君子居則貴左，用兵則貴右．兵者不祥之器，非君子之器．

무릇 막강한 병기라는 것도 상서롭지 못한 기물이라 사람들은 이를 싫어한다. 그러므로 도를 지닌 사람은 거기에 머물지 않는다. 군자는 평소 거처함에 왼쪽을 귀하게 여기나, 군사를 움직여 전쟁을 할 때는 오른쪽을 귀하게 여긴다. 무기는 상서롭지 못한 물건으로, 군자가 쓸 물건이 못된다. 가(佳)를 미(美)로 보고 예리하다, 강력하다, 막강하다는 뜻으로 푼다. 부가병자(夫佳兵者)는 훌륭한 병기, 혹은 막강한 병기라는 말이다. 불상지기(不祥之器)는 상서롭지 못한, 혹은 불길(不吉)한 기물이라는 뜻이다. 물(物)은 사람, 혹(或)은 항상(恒常), 언제나, 그리고 오(惡)는 미워한다는 뜻이다. 물혹오지(物或惡之)는 사람은 언제나 무력이나 병기를 싫어한다는 뜻이다. 유도자(有道者)는 도를 지닌 사람이라는 뜻이다. 불처(不處)는 그러한 일에 처하거나 관여하지 않는다는 뜻이다. 군자거(君者居)는 군자가 평소 거처함이라는 뜻이다. 귀좌(貴左)는 왼쪽을 높인다는 것이며, 용병즉귀우(用兵則貴右)는 전쟁할 때는 오른 쪽을 높인다는 뜻이다. 육희성은 “천지의 도는 왼쪽을 양으로, 오른쪽을 음으로 하여 양은 덕과 삶[生]을 주관하고 음은 형벌과 죽음을 주관한다. 그 때문에 군자는 평상시에 덕이 있는 자로서 왼쪽에 거하니 이것이 왼쪽을 귀하게 여긴다는 것이다. 전쟁이 일어나면 용감한 자로서 오른쪽을 높이니 이것이 오른쪽을 귀하게 여긴다는 것이다"고 했고, 또 『회남자』 「병략훈」)에는 "음에는 숨기고 감춘다는 뜻이 있고, 병사(兵事)는 책모를 헤아릴 수 없게 하고 모습을 감추는 것을 귀하게 여기므로 용병할 때 오른쪽을 귀하게 여긴다"고도 했다.

❢ 不得已而用之, 恬淡爲上. 勝而不美. 而美之者, 是樂殺人. 夫樂殺人者, 則不可得志於天下矣.

부득이 그것을 사용할 경우에도, 담담한 마음으로 하는 것이 가장 좋다. 승리를 하여도 아름답게 여겨 자랑하지 말아야 하니, 자랑하는 자는 살인을 즐기는 것이 된다. 무릇 살인을 즐기는 자는, 천하의 뜻을 얻을 수 없다. 부득이이용지(不得已而用之)는 부득이하게 병력을 쓴다는 말이다. 염담(恬淡)은 조용하고 공평하고 담담한 것이다. 염담위상(恬淡爲上)은 병력을 사용하더라도 담담한 마음으로 하는 것이 가장 좋다는 말이다. 즉 무위자연의 도를 따라 선과(善果)를 위해 부득이하게 싸우지만, 그 싸우는 태도도 허정무욕(虛靜無欲)해야 한다. 노자는 무기는 상서롭지 못한 기물이니 부득이하게 사용할 뿐이라고 말한다. 공자도 기본적으로 전쟁을 반대하지만 부득이한 전쟁은 용납했다. 『대대례기』 「용병」에 이런 기사가 있다. 애공이 말했다. "병사를 쓰는 것은 상서롭지 못한 일이 나오는 길입니까?" 공자가 말했다. "어찌 상서롭지 못한 것이 되겠습니까? 성인의 용병은 잔학과 포악이 천하에 횡행하지 못하도록 막는 것입니다. 후세의 탐욕스러운 사람의 용병이 백성을 죽이고 나라를 위태롭게 할 뿐입니다." 미(美)는 찬미하다, 자랑하고 거만을 떨다, 혹은 아름답게 여긴다는 뜻이다. 승이불미(勝而不美)는 이겨도 찬미하지 않는다, 이겨도 불미스럽게 여긴다는 뜻이다. 낙살인(樂殺人)은 살인을 좋아한다는 뜻이다. 맹자도 이와 같은 입장을 가졌다. 그는 천하가 누구에 의해 통일되겠느냐는 양 혜왕의 질문에 "살인을 좋아하지 않는 사람이 능히 천하를 통일할 것(「양혜왕상」)"이라고 말했다.

❢ 吉事尙左, 凶事尙右. 偏將軍居左, 上將軍居右, 言以喪禮處之. 殺人之衆, 以悲哀泣之, 戰勝以喪禮處之.

길한 일에는 왼쪽을 높이고, 흉한 일에는 오른쪽을 높인다. 편장군은 왼쪽에 자리 잡고 상장군(上將軍)은 오른쪽에 자리 잡는다. 이것은 상례로서 대처함을 말한다. 많은 사람을 죽였으면 슬픔을 다해 애도하고, 전쟁에 이겼어도 상례로써 대처한다. 길사(吉事)는 길례(吉禮), 즉 관례(冠禮)나 혼례(婚禮), 제례(祭禮) 등을 말하고, 상좌(尙左)는 왼쪽을 높인다는 뜻이다. 흉사상우(凶事尙右)는 상례(喪禮) 같은 흉사 때에는 오른쪽을 높인다는 말이다. 편장군(偏將軍)은 부장군(副將軍)이고, 상장군(上將軍)은 최고 사령관이다. 언이상례처지(言以喪禮處之)는 편장군을 왼쪽에 있게 하고, 상장군을 오른쪽에 있게 하는 것은 전쟁을 상례 같은 흉사로서 대처한다는 말이다. 전승이상례처지(戰勝以喪禮處之)는 전쟁에서 이겨도 상례로써 대하고 뒤처리를 한다는 말이다.

만물을 생성화육 하는 하늘은 절대로 무력을 쓰거나, 남과 다투는 일이 없다. 그러나 유가에서 말하는 천벌(天罰)이라는 것이 있다. 하나라의 걸(桀)이나 은나라의 주(紂) 같은 폭군에게 하늘은 벌을 내리고 이를 방벌(放伐)한다. 이것이 부득이 무력을 행사하는 것이다. 그러나 악덕을 방벌하고, 온 천하가 다시 천도(天道)를 따라 길러지도록 만들면 그만이다. 하늘은 다시 허정(虛靜)을 지키고 무위로 돌아간다. 즉 부득이하게 싸워야 할 때는, 악한 힘이 무력적으로 천도를 어기고 가로막았을 때, 만물을 양육하는 도를 트기 위해서 악덕과 싸우는 것이어야 한다. 그러나 이때에도 세속적인 싸움과는 달리 『장자』의 목계(木鷄)처럼 무위자연의 도를 따라 담담한 마음과 허정(虛靜)의 심법으로써 악이 제풀에 쓰러지게 하는 것이 최상이다. 이 경우에도 전승(戰勝)했다는 의식이나 희열감을 가져서는 안 된다. 하늘이 가을의 조락(凋落)을 슬퍼하듯, 싸움으로 쓰러진 전사자를 위해 상례(喪禮)로써 대처해야 한다.

제32장

지지(知止): 그칠 것을 앎

도는 언제나 이름이 없다. 통나무는 비록 작지만 천하에 아무도 감히 신하로 삼을 수 없다. 군왕이 이 도를 잘 지키면, 만물이 스스로 귀순하게 된다. 또한 하늘과 땅이 서로 합하여 감로를 내려 주며, 백성들은 명령을 내리지 않아도 스스로 균평해진다. 처음으로 만들 때에 이름이 생겨나니, 이름이 있고 나면 그 이름에 맞는 분수에 머물 줄을 알아야 한다. 그칠 줄 알면 위태롭지 않다. 비유컨대 천하에 도가 있는 것은 온갖 내와 계곡의 물이 바다로 흘러드는 것과 같다.

道常無名. 樸雖小, 天下莫能臣也. 侯王若能守之, 萬物將自賓. 天地相
도상무명, 박수소, 천하막능신야. 후왕약능수지, 만물장자빈. 천지상

合, 以降甘露, 民莫之令而自均. 始制有名, 名亦旣有. 夫亦將知止,
합, 이강감로, 민막지영이자균. 시제유명, 명역기유. 부역장지지,

知止可以不殆. 譬道之在天下, 猶川谷之於江海.
지지가이불태. 비도지재천하, 유천곡지어강해.

道(길 도), 常(항상 상), 無(없을 무), 名(이름 명), 樸(통나무 박, 순진할 박), 雖(비록 수), 小(작을 소), 天(하늘 천), 下(아래 하), 莫(없을 막, 말 막), 能(능할 능), 臣(신하 신), 也(어조사 야), 侯(과녁 후, 임금 후, 후작 후), 王(임금 왕), 若(같을 약, 만약 약), 守(지킬 수), 之(갈 지, 어조사 지), 萬(일만 만), 物(만물 물), 將(장차 장, 장수 장), 自(스스로 자), 賓(손 빈, 인도할 손, 복종할 빈), 地(땅 지), 相(서로 상, 볼 상, 도울 상, 재상 상), 合(합할 합), 以(써 이), 降(내릴 강, 항복할 항), 甘(달 감), 露(이슬 로), 民(백성 민), 令(하여금 령, 명령 령, 아름다울 령), 而(말 이을 이), 均(고를 균), 始(비로소 시, 시작 시), 制(마름질 할 제, 만들 제, 억제할 제), 有(있을 유), 亦(또 역), 旣(이미 기), 知(알 지), 止(그칠 지), 可(가할 가, 옳을 가), 不(아닐 불), 殆(위태로울 태, 해칠 태, 가까울 태, 거의 태), 譬(비유할 비), 在(있을 재), 猶(오히려 유, 같을 유), 川(내 천), 谷(골 곡), 於(어조사 어), 江(강 강), 海(바다 해)

Tao is Like the Sea

Tao is absolute and has no name.
Though the uncarved wood is small,
It cannot be employed (used as vessel) by anyone.
If kings and barons can keep (this unspoiled nature),
The whole world shall yield them lordship of their own accord.

The Heaven and Earth join, And the sweet rain falls,
Beyond the command of men, Yet evenly upon all.

Then human civilization arose and there were names.
Since there were names, It were well one knew where to stop
He who knows where to stop May be exempt from danger.
Tao in the world May be compared to rivers that run into the sea.

王弼註

道常無名，樸，雖小，天下莫能臣也．侯王若能守之，萬物將自賓．

道無形不繫，常不可名．以無名爲常，故曰 道常無名也．樸之爲物，以無爲心也，亦無名．故將得道，莫若守樸．夫智者，可以能臣也，勇者，可以武使也．巧者，可以事役也．力者，可以重任也．樸之爲物，憒然不偏，近於無有，故曰 莫能臣也．抱樸無爲，不以物累其眞，不以欲害其神，則物自賓而道自得也．

天地相合，以降甘露，民莫之令而自均．

言天地相合，則甘露不求而自降．我守其眞性無爲，則民不令而自均也．

始制有名，名亦旣有，夫亦將知止．知止，可以不殆．

始制，謂樸散始爲官長之時也．始制官長，不可不立名分以定尊，故始制有名也．過此以往，將爭錐刀之末，故曰 名亦旣有，夫亦將知止也．遂任名以號物，則失治之母也，故 知止所以不殆也．

譬道之在天下，猶川谷之於江海．

川谷之求江與海，非江海召之，不召不求而自歸者．世行道於天下者，不令而自均，不求而自得，故曰猶川谷之與江海也．

❢ 道常無名．樸雖小，天下莫能臣也．侯王若能守之，萬物將自賓．

도는 언제나 이름이 없다. 통나무는 비록 작지만 천하에 아무도 감히 신하로 삼을 수 없다. 군왕이 이 도를 잘 지키면, 만물이 스스로 귀순하게 될 것이다. 도상무명(道常無名)은 도는 언제나 인간의 말로 개념화해서 이름을 붙일 수가 없다는 말이다. 도는 시간과 공간을 초월한 무형의 형이상적 실체이기 때문이다. 박(樸)은 인공을 가하지 않은 통나무 원목이다. 감산은 "가공하지 않은 나무를 박이라 한다(木之未制成器者，謂之樸)"고 했다. 신(臣)은 신하로 부리다, 쓰다, 지배하다의 뜻이다. 천하막능신야(天下莫能臣也)는 천하의 아무도 도를 신하로 부릴 수 없다는 말이다. 신(臣)과 빈(賓)은 운(韻)이다. 후왕(候王)은 군왕(君王)이다. 약능수지(若

能守之)는 만약 도를 잘 지킨다면 하는 뜻이다. 빈(賓)은 복종이나 순종을 뜻한다. 만물장자빈(萬物將自賓)은 만물이 스스로 복종할 것이다는 뜻이다. 한편 제37장은 이 문장과 내용이 많이 중복된다. "도는 언제나 무위하되 또한 하지 않음이 없으니 후왕이 그것을 잘 지키면 만물이 스스로 교화될 것이다"(道常無爲, 而無不爲, 侯王若能守之, 萬物將自化). 이 글은 이 장의 문장에 "통나무는 비록 작은 것이지만 천하가 감히 신하로 삼지 못한다"는 문장을 끼워놓은 것과 같다. 역시 통나무의 비유도 나온다. "화육하면서도 욕심이 일어나면 나는 이름 없는 통나무로 그를 다스릴 것이다. 이름 없는 통나무 역시 하고자 함이 없으니, 하고자 않음으로 해서 고요해지면, 천하도 점차 저절로 안정될 것이다"(化而欲作, 吾將鎭之以無名之樸, 無名之樸, 夫亦將無欲, 不欲以靜, 天下將自定).

❢ 天地相合, 以降甘露, 民莫之令而自均.

또한 하늘과 땅이 서로 합하여 감로를 내려 주며, 백성들은 명령을 내리지 않아도 스스로 균평해진다. 천지상합(天地相合)은 하늘과 땅의 음양의 기운이 서로 합한다는 뜻이다. 이강감로(以降甘露)는 감로를 내린다는 뜻이다. 민(民)은 사람들이고, 막지영(莫之令)은 명령하지 않는다는 것이다. 자균(自均)은 스스로 균평하게 된다는 뜻이다. 민막지영이자균(民莫之令而自均)은 백성들이 명령 없이도 스스로 균평해진다는 말이다. "천지가 서로 합하여 감로를 내린다"는 말은 조화를 말해주고 있는 것이다. 제42장에 "만물은 음지를 등지고 양지를 껴안아 그 가운데의 충기로써 조화를 이룬다"는 말과 관련이 있다.

❢ 始制有名, 名亦旣有, 夫亦將知止, 知止可以不殆.

처음으로 만들 때에 이름이 생겨나니, 이름이 있고 나면 그 이름에 맞는 분수에 머물 줄을 알아야 한다. 그칠 줄 알면 위태롭지 않다. 시제유명(始制有名)은 만물은 만들어짐으로써 비로소 이름을 갖게 된다는 말이다. 만물의 근원은 무형이고 무명인 도다. 그러나 일단 현상계에 나타난 만물은 유형이고 이름을 갖게 되어 유명(有名)이다. 명역기유(名亦旣有)은 일단 이름이 있게 되면의 뜻이다. 부역장지지(夫亦將知止)는 무릇 또한 멈출 줄 알아야 한다는 뜻이다. 이름이 있게 되면 그 이름에 맞는 분수가 정해지고, 그 분수에 머무를 줄 알아야 한다는 말이다. 지지가이불태(知止可以不殆)는 머무를 줄 알면 위태롭지 않다는 말이다. 왕필은 "끝끝내 그 명분에 의지하여 사물을 호령하려고 한다면 다스림의 어미를 잃게 된다"고 하였다. 명분에 의지하여 사물을 호령하는 것이 바로 명분에 자족하지 못한 것, 곧 그칠 것을 알지 못한 것이라고 볼 수 있다. 『대학』에도 '지지(知止)'와 관련된 글이 있다. 즉 "머물러야 할 곳을 안 이후에야 지향점이 정해져서 안정됨이 있고, 안정한 이후에야 고요해질 수 있고, 고요해진 이후에야 편안할 수 있고, 편안해진 이후에야 사려가 깊어질 수 있고, 사려가 깊어진 이후에야 체득할 수 있다"(知止而后有定 定而后能靜 靜而后能安 安而后能慮 慮而后能得).

❣ **譬道之在天下, 猶川谷之於江海.**

비유컨대 천하에 도가 있는 것은 온갖 내와 계곡의 물이 바다로 흘러드는 것과 같다. 비(譬)는 비유한다는 뜻이다. 비도지재천하(譬道之在天下)는 '천하에 도가 있는 것을 비유하자면' 하는 뜻이다. 유(猶)는 '마치 ~과 같다'는 뜻이다. 유천곡지어강해(猶川谷之於江海)는 마치 내나 계곡의 물이 스스로 강이나 바다로 흘러들어가는 것과 같다는 뜻이다. 근원적인 도에 온 천하 만물이 귀속한다는 의미일 것이다. 혹은 계곡물이 흘러들어 강과 바다를 이루듯이 도가 천하에 넓게 퍼져 만물을 기른다고 볼 수도 있다.

제33장 진기(盡己): 자신을 다함

남을 아는 것은 지혜롭다고 하고, 자신을 아는 것을 밝다고 한다. 남을 이기는 것을 힘이 있다고 하고, 자신을 이기는 것을 강하다고 한다. 만족함을 아는 사람은 부유하고, 힘써 행하는 사람은 뜻이 있고, 자기의 본분을 잃지 않는 사람은 오래 가고, 죽어도 사라지지 않는 사람을 장수한다고 한다.

知人者智，自知者明．勝人者有力，自勝者强．知足者富，强行者有志．
지인자지，자지자명．승인자유력，자승자강．지족자부，강행자유지．

不失其所者久，死而不亡者壽．
불실기소자구，사이불망자수．

知(알 지), 人(사람 인), 者(놈 자), 智(지혜 지), 自(스스로 자), 明(밝을 명, 밝힐 명), 勝(이길 승, 뛰어날 승), 有(있을 유), 力(힘 력), 强(굳셀 강, 힘쓸 강, 억지로 강), 足(넉넉할 족, 발 족), 富(부할 부), 行(갈 행, 다닐 행), 志(뜻 지), 不(아닐 불), 失(잃을 실), 其(그 기), 所(바 소), 久(오랠 구), 死(죽을 사), 而(말 이을 이), 亡(망할 망, 죽을 망), 壽(목숨 수, 장수할 수)

Knowing Oneself

He who knows others is learned;
He who knows himself is wise.
He who conquers others has power of muscles;
He who conquers himself is strong.
He who is contented is rich.
He who is determined has strength of will.
He who does not lose his center endures.
He who dies yet (his power) remains has long life.

王弼註

知人者智, 自知者明.
知人者, 智而已矣, 未若自知者, 超智之上也.

勝人者有力, 自勝者强.
勝人者, 有力而已矣, 未若自勝者, 無物以損其力. 用其智於人, 未若用其智於己也. 用其力於人, 未若用其力於己也. 明用於己, 則物無避焉. 力用於己, 則物無改焉.

知足者富,
知足自不失, 故富也.

强行者有志,
勤能行之, 其志必獲, 故曰强行者有志矣.

不失其所者久.
以明自察, 量力而行, 不失其所, 必獲久長矣.

死而不亡者壽.
雖死而以爲生之, 道不亡乃得全其壽. 身沒而道猶存, 況身存而道不卒乎.

❢ **知人者知, 自知者明. 勝人者有力, 自勝者强.**

남을 아는 것은 지혜롭다고 하고, 자신을 아는 것을 밝다고 한다. 남을 이기는 것을 힘이 있다고 하고, 자신을 이기는 것을 강하다고 한다. 지인자지(知人者智)는 남의 시비·장단·선악을 아는 것을 지혜라 한다는 말이다. 자지자명(自知者明)은 자신을 아는 것을 총명이라 한다는 말이다. 노자는 '명(明)'을 최상의 인식수준으로 높였다. 제16장에서 "항상함을 아는 것을 명이라 한다(知常曰明)"고 했고, 제53장 장에서는 "그 명으로 되돌아간다(復歸其明)고 했고, 제55장에서 "조화를 아는 것을 항상함이라 하고, 항상함을 아는 것을 명이라 한다(知和曰常, 知常曰明"고 했다. '명(明)'에 대립되는 개념이 인간적 '지(智)"인데, 노자는 이 지(智)를 배척했다. 제19장에서 "성(聖)을 끊어버리고 지(智)를 버리면 백성의 이익은 백배가 된다(絶聖棄智, 民利百倍)"고 했고, 제65장에서 "그러므로 지(智)로써 나라를 다스리는 것은 나라를 해치는 도적이다(故以智治國, 國之賊)"고 했다. 따라서 지(智)는 외향적으로 현상계의 표면을 보는 것이고, 명(明)은 내면적으로 근원인 도를 깊이 살피는 것이다. 그리고 지(智)는 인위적인 작위에 속하고 명(明)은 근원적 무위(無爲)나 귀근(歸根), 복명(復命)에 속한다. 승인자유력(勝人者有力)은 남을 이기는 자를 힘이 있다고 한다는 말이다. 자승자강(自勝者强)은 자신을 이긴다 함은 극기(克己)로서 자기의 사리사욕을 극복하고 허정(虛靜)에 돌아가는 것인데, 그러한 사람이 진실로 강하다는 것이다. 강(强)은 제52장에서 "부드러움을 지키는 것을 강하다고 한다(守柔曰强)"고 한 말과 뜻이 같다. 따라서 참으로 강한 것은 유약과 허무를 지키는 일이다.

『상이』·왕필·하상공 등은 이 두 구절은 좋은 뜻이 아니라고 한다. 왕필은 "남을 아는 것은 지혜일뿐이고, 그러한 지혜를 뛰어넘은 '자신을 아는 사람'보다 못하다. 남을 이기는 것은 힘이 있는 것뿐이니, 무엇으로도 그 힘을 덜어낼 수 없는 '자신을 이기는 사람'보다 못하다"고 했다. 그에 따르면 "그 지혜를 남에게 쓰는 것보다는 자기에게 쓰는 것이 낫고, 그 힘을 남에게 쓰는 것보다는 자기에게 쓰는 것이 낫다." 그러므로 남을 이기려면 반드시 먼저 자신을 이겨야 하고, 남을 논하려면 반드시 먼저 자신을 논해야 하며, 남을 알려면 반드시 먼저 자신을 알아야 한다.

❢ 知足者富, 强行者有志. 不失其所者久, 死而不亡者壽.

만족함을 아는 사람은 부유하고, 힘써 행하는 사람은 뜻이 있고, 자기의 본분을 잃지 않는 사람은 오래 가고, 죽어도 사라지지 않는 사람을 장수한다고 한다. 지족자부(知足者富)는 만족함을 아는 사람은 부유하다는 뜻이다. 강행(强行)은 힘써 행한다는 뜻이다. 유지(有志)는 뜻이 있다, 도에 뜻을 두었다는 뜻이다. 강행자유지(强行者有志)는 힘써 행하는 사람은 뜻이 있다는 말이다. 이말은 제41장의 "최고의 선비는 도를 들으면 부지런히 행한다(上士聞道, 勤而行之)"고 한 말과 상통한다. 불실기소자구(不失其所者久)는 자기가 있어야 할 자리를 잃지 않거나, 제자리를 잃지 않거나, 본분을 망각하지 않거나, 혹은 근원적인 도를 잃지 않아야 영구할 수가 있다는 말이다. 설혜는 "제자리를 잃지 않는다"는 말을 이렇게 해설한다. "모든 사물에게는 각기 그 자리가 있는데, 그 자리를 잃으면 망하고, 그 자리를 얻으면 오래 간다[久]. 모든 사물이 그렇지만 마음이 더욱 그렇다. 참다움[眞]에서 떠나지 않는 것이 그 자리를 잃지 않는 것이다. 노자의 뜻은 바로 여기에 있다." 사이불망자수(死而不亡者壽)는 죽어도 사라지지 않는 사람을 장수한다고 한다는 뜻이다. 그래서 『상이』·하상공·성현영 등 주로 도사 계통의 주해는 이 문장을 설명하면서 정말로 죽지 않고 오래 사는 일을 말한다. 가령 상이는 "도인이 평소에 도를 닦으면 도신(道神)이 그에게 돌아가니 세상을 등지고 죽음을 맡긴 채 태음(太陰) 가운데를 지나면 다시 살아나 없어지지 않을 것이다. 그 때문에 오래 산다고 하였다"고 한다. 그냥 참조하는 해설이다.

제34장

성대(成大): 위대함을 이룸

큰 도는 그득히 넘실거리며 좌우사방 어디에나 이른다. 만물은 이 큰 도에 의지해서 생겨나지만, 달리 자랑하는 언사가 없고, 생성화육의 공을 이루면서도 이름을 내세우지 않으며, 만물을 감싸 기르면서도 주인으로 자처하지 않는다. 항상 욕심이 없으니 작다고 이름 붙일 수 있고, 만물이 그에게 돌아가도 주인으로 자처하지 않으니 위대하다고 이름 부를 수 있다. 끝내 스스로 위대하다고 내세우지 않으므로 능히 자신의 위대함을 이룰 수가 있는 것이다.

大道氾兮, 其可左右. 萬物恃之而生, 而不辭. 功成不名有, 衣養萬物而
대도범혜, 기가좌우. 만물시지이생, 이불사. 공성불명유, 의양만물이

不爲主. 常無欲, 可名於小, 萬物歸焉而不爲主, 可名爲大,
불위주. 상무욕, 가명어소, 만물귀언이불위주, 가명위대,

以其終不自爲大, 故能成其大.
이기종불자위대, 고능성기대.

大(큰 대), 道(길 도), 氾(넘칠 범, 떠서 돌아다닐 범), 兮(어조사 혜), 其(그 기), 可(가할 가, 옳을 가), 左(왼 좌), 右(오른 우), 萬(일만 만), 物(만물 물), 恃(믿을 시), 之(갈 지, 어조사 지), 而(말 이을 이), 生(날 생, 살 생), 不(아닐 불), 辭(말씀 사, 사양할 사), 功(공 공), 成(이룰 성), 名(이름 명), 有(있을 유), 衣(옷 의, 입을 의), 養(기를 양), 爲(할 위, 될 위, 여길 위), 主(주인 주), 常(항상 상), 無(없을 무), 欲(하고자 할 욕), 於(어조사 어), 小(작을 소), 歸(돌아갈 귀), 焉(어조사 언), 以(써 이), 終(마칠 종), 自(스스로 자), 故(연고 고, 옛 고), 能(능할 능)

The Great Tao Flows Everywhere

The Great Tao flows everywhere,
(Like a flood) it may go left or right.
The myriad things derive their life from it, And it does not deny them.
When its work is accomplished, It does not take possession.
It clothes and feeds the myriad things, Yet does not claim them as its own.
Often (regarded) without mind or passion, It may be considered small.
Being the home of all things, yet claiming not, It may be considered great.
Because to the end it does not claim greatness, Its greatness is achieved

王弼註

大道氾兮, 其可左右.
言道氾濫無所不適, 可左右上下周旋而用, 則無所不至也.

萬物恃之而生而不辭, 功成不名有, 衣養萬物而不爲主. 常無欲, 可名於小.
萬物皆由道而生, 旣生而不知其所由. 故天下常無欲之時, 萬物各得其所, 若道無施於物, 故名於小矣.

萬物歸焉, 而不爲主, 可名爲大.
萬物皆歸之以生, 而力使不知其所由. 此不爲小, 故復可名於大矣.

以其終不自爲大, 故能成其大.
爲大於其細, 圖難於其易.

❢ 大道氾兮, 其可左右.

큰 도는 그득히 넘실거리며 좌우사방 어디에나 이른다. 범(氾)의 원래 뜻은 물 위에 뜬다는 것이다(『설문』). 여기에서는 의미가 확대되어 가지 못하는 곳이 없다(왕필·육희성) 또는 넓다(상이·오징) 또는 걸림이 없다(임희일·동사정)는 뜻으로 사용되었다. 모두 도의 무소부재함이나 광대함에 대한 묘사이다. 대도범혜(大道氾兮)는 대도는 어디든 그득히 넘실거리고 있다는 뜻이다. 기가좌우(其可左右)는 도는 좌우 모든 곳에 이를 수 있다는 뜻이다. 『장자』「제물론」 제19장과 제20장에 도의 이미지를 묘사하는 글이 나온다.

즉 "도란 본래 한계가 없고 말이란 애시 당초 일정한 의미가 없다. 그러기 때문에 도를 말로 표현하려 하면 구별이 있게 된다. 그 구별에 대해 말해 보자. 사물에는 좌, 우가 있고, 말에는 대강과 상세가 있으며, 생각에는 분석과 유별(類別)이 있고, …… 구별한다는 데에는 구별하지 못함이 있다. 그것이 무엇인가. 성인은 도를 그대로 자기 가슴에 품어버리지만, 일반 사람들은 도에 구별을 둔 채 남에게 내보인다. 대체로 참된 도는 명칭으로 나타낼 수 없고, 참된 변론은 말로 하지 못한다. 참된 인(仁)은 몰인정하고, 참된 청렴은 겸양하지 않으며, 참된 용기는 남을 해치지 않는다. 도는 뚜렷이 나타나면 참된 도가 아니고, 말은 겉으로 표현되면 불완전해지며, ……말로 나타나지 않는 말(辯), 도로 나타나지 않는 도를 누가 알겠는가."

❢ 萬物恃之而生, 而不辭. 功成不名有, 衣養萬物而不爲主.

만물은 이 큰 도에 의지해서 생겨나지만, 달리 자랑하는 언사가 없고, 생성화육의 공을 이루면서도 이름을 내세우지 않고, 만물을 감싸 기르면서도 주인으로 자처하지 않는다. 만물시지이생(萬物恃之而生)은 만물이 도에 의지해서 생성화육(生成化育)된다는 뜻이다. 불사(不辭)는 말을 하지 않는다, 혹은 언사를 붙이지 않는다, 자랑하지 않는다는 등의 뜻을 모두 갖는다고 하겠다. 제2장에는 "만물이 일어나도 자랑하거나 달리 언사를 붙이는 일이 없다(萬物作焉, 而不辭)"라고 했다. 공성불명유(功成不名有)는 도가 모든 생성화육의 공을 이루면서도, 아무런 이름을 내세우지 않는다는 뜻이다. 제2장의 "해주면서도 자랑하지 않고, 공을 이루고서도 거기에 머무르지 않는다(爲而不恃, 功成而不居)"는 말과 상통한다. 의양만물(衣養萬物)은 도가 만물을 감싸 기른다는 뜻이다. 불위주(不爲主)는 주인으로 자처하지 않는다는 뜻이다.

❢ 常無欲, 可名於小, 萬物歸焉而不爲主, 可名爲大, 以其終不自爲大, 故能成其大.

항상 욕심이 없으니 작다고 이름 붙일 수 있고, 만물이 그에게 돌아가도 주인으로 자처하지 않으니 위대하다고 이름 부를 수 있다. 끝내 스스로 위대하다고 내세우지 않으므로 능히 자신의 위대함을 이룰 수가 있는 것이다. 상무욕(常無欲)은 항상 무욕(無欲)이라는 말로 무위자연을 뜻한다. 가명어소(可名於小)은 작은 것이라 이름 부를 수 있다. 즉 도는 작다고 할 수 있다. 물론 작다는 것은 왜소하다는 게 아니라 미세하다는 의미다. 도가 작은 이유는 "언제나 욕심이 없기" 때문이다. 욕심이 없기 때문에 이름이 없고, 이름이 없으므로 눈에 잘 안 띄고, 그래서 작다. 앞의 제32장에서도 "통나무는 비록 작은 것이지만 천하가 감히 신하로 삼지 못한다"는 말이 나왔는데, 통나무가 작은 이유도 이름(명분)이 없기 때문이다. 이름이 없기 때문에 사람들이 잘 알아보지 못하는 것이다. 만물귀언이불위주(萬物歸焉而不爲主)는 만물이 그에게 돌아가는데도 주인으로 자처하지 않는다는 말이다. 그러므로 가명위대(可名爲大), 즉 크다고 할 수 있다는 것이다. "언제나 욕심이 없다(常無欲)"는 것은 "공을 이루고서도 이름을 가지지 않고(功成不名有)" "주인이 되지 않는다(不爲主)"는 부분을 말한다. 이기종불자위대(以其終不自爲大)는 끝내 스스로 위대하다고 내세우지 않기 때문이라는 뜻이다. 고능성기대(故能成其大)는 그러므로 위대해질 수 있다는 말이다. 성인은 도를 본받은 사람이다. 그러므로 도가 크면서도 스스로는 무명의 작은 상태를 유지하기 때문에 정말로 큰 것처럼, 성인도 스스로 위대해지려고 하지 않기 때문에 참으로 위대하다. 반대로 "크지만 크게 되려는 마음이 있다면 결과적으로는 작아진다(소철)." 노자의 목표는 '위대해지는 것'이지만 그것을 얻는 방법은 '작아지는 것'이다. "만약 무엇인가 닮아서 똑똑했다면 자잘하게 되어 작은 존재가 된 지가 오래되었을 것이다(67장)"는 말과 상통한다.

제35장

대상(大象): 큰 도

대도(大道)인 대상(大象)을 잡아 지키면 천하의 모든 사람들이 와서 귀순할 것이며, 그 많은 사람들이 와서 귀순하더라도 서로 다치는 일 없이 안녕과 균형과 태평을 누린다. 좋은 음악이나 음식은 길가는 나그네를 멈추게 하겠지만, 무위자연의 도가 말을 낼 때에는 담박하여 아무 맛도 없고, 보려 해도 안 보이며, 들으려 해도 안 들리나, 그 쓰임은 끝이 없다.

執大象, 天下往. 往而不害, 安平太. 樂與餌, 過客止. 道之出口, 淡乎
집대상, 천하왕. 왕이불해, 안평태. 악여이, 과객지. 도지출구, 담호

其無味. 視之不足見, 聽之不足聞, 用之不足旣.
기무미. 시지부족견, 청지부족문, 용지부족기.

執(잡을 집), 大(큰 대), 象(모양 상, 코끼리 상, 같을 상), 天(하늘 천), 下(아래 하), 往(갈 왕), 而(말이을 이), 不(아닐 해), 害(해칠 해, 방해할 해), 安(편안할 안, 어찌 안), 平(평평할 평, 바로잡을 평), 太(클 태, 심히 태), 樂(즐길 락, 풍류 악, 좋아할 요), 與(더불 여, 줄 여), 餌(음식 이, 먹을 이), 過(지날 과, 허물 과), 客(손님 객), 止(그칠 지), 道(길 도), 之(갈 지, 어조사 지), 出(날 출), 口(입 구), 淡(맑을 담, 담백할 담), 乎(어조사 호), 其(그 기), 無(없을 무), 味(맛 미), 視(볼 시), 足(족할 족, 발 족), 見(볼 견, 나타낼 현), 聽(들을 청), 聞(들을 문), 用(쓸 용), 旣(이미 기, 이슥고 기)

The Peace of Tao

Hold the great symbol And all the world follows,
Follows without meeting harm,
(And lives in) health, peace, commonwealth.

Offer good things to eat And the wayfarer stays.
But Tao is mild to the taste.
Looked at, it cannot be seen;
Listened to, it cannot be heard;
Applied, its supply never fails.

王弼註

執大象，天下往.

大象天象之母也. 不寒不溫不涼，故能包統萬物，無所犯傷. 主若執之，則天下往也.

往而不害，安平太.

無形無識，不偏不彰，故萬物得往而不害妨也.

樂與餌，過客止. 道之出口，淡乎其無味，視之不足見，聽之不足聞，用之不足旣.

言道之深大. 人聞道之言，乃更不如樂與餌，應時感悅人心也. 樂與餌則能令過客止，而道之出言淡然無味. 視之不足見，則不足以悅其目，聽之不足聞，則不足以娛其耳. 若無所中然，乃用之不可窮極也.

❢ 執大象, 天下往. 往而不害, 安平太.

대도(大道)인 대상(大象)을 잡아 지키면 천하의 모든 사람들이 와서 귀순할 것이며, 그 많은 사람들이 와서 귀순하더라도 서로 다치는 일 없이 안녕과 균형과 태평을 누린다. 집(執)은 잡다, 혹은 잡아 지킨다는 뜻이고, 대상(大象)은 대도(大道)를 말한다. 제14장에도 "태고의 도를 잡아 지금의 유를 다스린다(執古之道, 以御今之有)"고 했다. 사하공은 "상(象)은 도(道)다"고 했고, 성현영(成玄英)은 소(疏)에서 "대상(大象)은 대도(大道)의 법상(法象)과 같다"고 했다. 제41장에도 "대상은 형체가 없다(大象無形)"고 했으며, 제14장에서 "이것을 모습 없는 모습이며, 형상 없는 물상이라 한다(是謂無狀之狀, 無物之象)"고 했다. 그래서 집대상(執大象)은 대도(大道)인 대상(大象)을 잡아 지킨다는 뜻이다. 천하왕(天下往)은 천하의 모든 사람들이 그에게로 간다, 혹은 와서 귀순한다는 말이다. 왕이불해(往而不害)는 모든 사람들이 와도 서로 다치지 않는다는 뜻이다. 안평태(安平太)는 대체로 안녕과 균평과 태평을 의미해 왔다. 아주 드물게 '안(安)'을 동사로 보아 "균평과 태평에 편안하다"고 보는 경우도 있었다(육희성). 그렇지만 왕인지는 여기에서 '안'이 '언(焉)'과 같은 글자이며, '이에[於是]'라는 의미를 지닌다고 주장했다. 여기서는 대체적인 의미를 따라 안녕과 균평과 태평을 누린다는 뜻으로 본다.

❢ 樂與餌, 過客止. 道之出口, 淡乎其無味. 視之不足見, 聽之不足聞, 用之不足旣.

좋은 음악이나 음식은 길가는 나그네를 멈추게 하겠지만, 무위자연의 도가 말을 낼 때에는 담박하여 아무 맛도 없고, 보려 해도 안 보이며, 들으려 해도 안 들리나, 그 쓰임은 끝이 없다. 이(餌)는 좋은 음식을 뜻한다. 악여이(樂與餌)는 음악과 좋은 음식이다. 즉 인간의 관능이나 감각을 즐겁게 해주는 세속적 쾌락으로서, 이른바 예술이나 고급요리를 말한다. 과객지(過客止)는 길 가는 나그네를 멈추게 한다는 뜻이다. '출구(出口)'는 '출언(出言)'이다. 범응원은 고본 왕필본이 원래 '출언'이라고 하였다. 도지출구(道之出口)는 도가 말을 낸다, 혹은 도를 말로 밝힌다는 뜻이다. 담호(淡乎)는 담담하다, 염담하다는 것이고, 무미(無味)는 아무 맛도 없다는 뜻이다. 기(旣)는 끝나다, 다하다(盡)는 뜻이다. 용지부족기(用之不足旣)는 도는 아무리 써도 끝이 없어 무궁무진하다는 말이다. 제4장에서 "도는 텅 비어 있지만 아무리 써도 다하지 않는다(道沖而用之, 或不盈)"고 한 것이나, 제6장에서 "아무리 사용해도 지치거나 마르지 않는다(用之不勤)"고 한 것이나, 또 제45장에서 "크게 찬 것은 빈 것 같지만, 그 쓰임은 다함이 없다(大盈若沖, 其用不窮)"고 한 것과 일맥상통한다. 모두 도가 텅 비고 염담(恬淡)하고 소박하면서도 그 활용이 무궁무진함을 밝혔다. 무위자연의 도는 세속적인 쾌락같이 사람을 유혹하거나 유인하지 않는다. 문화나 예술 같은 것은 화려한 맛으로 인간의 감관을 자극하고 유혹한다. 인위적인 문화·예술은 자극적이고 지나치면 병적으로 사람을 미혹하지만, 도는 냉수같이 아무 맛도 없다. 눈을 자극하지도 않고 귀를 끌지도 않지만, 언제까지나 끝없이 만물을 생성 화육한다.

제36장

미명(微明): 미묘한 밝음

자연의 이치를 보면 장차 움츠러들게 하려면 반드시 먼저 펼치고, 장차 약하게 하려면 반드시 먼저 강하게 하며, 장차 폐지하려 하면 반드시 먼저 들어 올려주고, 장차 탈취하고자 하면 반드시 먼저 준다. 이러한 도리를 '미묘한 밝음'이라 한다. 유약(柔弱)한 것이 억세고 강한 것을 이기는 법이다. 물고기가 연못을 벗어나서는 안 되는 것처럼, 나라의 이로운 물건은 함부로 남에게 보여서는 안 된다.

將欲歙之, 必固張之. 將欲弱之, 必固強之. 將欲廢之, 必固擧之.
장욕흡지, 필고장지. 장욕약지, 필고강지. 장욕폐지, 필고거지.

將欲取之, 必固與之. 是謂微明. 柔弱勝剛強. 魚不可脫於淵,
장욕취지, 필고여지. 시위미명. 유약승강강. 어불가탈어연,

國之利器不可以示人.
국지이기불가이시인.

將(장차 장, 장수 장), 欲(하고자 할 욕), 歙(줄일 흡, 움추릴 흡), 之(갈 지, 어조사 지), 必(반드시 필), 固(굳을 고, 오로지 고, 한결같이 고), 張(베풀 장, 넓힐 장), 弱(약할 약), 強(굳셀 강, 힘쓸 강, 억지로 강), 廢(폐할 폐), 擧(들 거), 取(취할 취), 與(더불 여, 줄 여), 是(이 시, 옳을 시, 이에 시), 謂(이를 위), 微(작을 미, 은미할 미, 아닐 미), 明(밝을 명), 柔(부드러울 유), 勝(이길 승, 뛰어날 승), 剛(굳셀 강), 魚(고기 어), 不(아닐 불), 可(가할 가, 옳을 가), 脫(벗을 탈), 於(어조사 어), 淵(못 연), 國(나라 국), 利(이로울 리, 날카로울 리), 器(그릇 기), 以(써 이), 示(보일 시), 人(사람 인)

The Rhythm of Life

He who is to be made to dwindle(in power)
Must first be caused to expand.
He who is to be weakened Must first be made strong.
He who is to be laid low Must first be exalted to power.
He who is to be taken away from Must first be given,
This is the subtle light.

Gentleness overcomes strength:
Fish should be left in the deep pool,
And sharp weapons of the state should be left
Where none can see them.

王弼註

將欲歙之，必固張之，將欲弱之，必固强之，將欲廢之，必固興之，將欲奪之，必固與之，是謂微明.

將欲除强梁，去暴亂，當以此四者. 因物之性，令其自戮，不假刑爲大，以除將物也，故曰 微明也. 足其張，令之足，而又求其張，則衆所歙也. 與其張之不足，而改其求張者，愈益而己反危.

柔弱勝剛强. 魚不可脫於淵，國之利器，不可以示人.

利器利國之器也. 唯因物之性，不假刑以理物. 器不可覩，而物各得其所，則國之利器也. 示人者，任刑也. 刑以利國，則失矣. 魚脫於淵，則必見失矣. 利國器，而立刑以示人，亦必失也.

❢ 將欲歙之，必固張之，將欲弱之，必固強之，將欲廢之，必固擧之. 將欲取之，必固與之. 是謂微明.

자연의 이치를 보면 장차 움츠러들게 하려면 반드시 먼저 펼치고, 장차 약하게 하려면 반드시 먼저 강하게 하며, 장차 폐지하려 하면 반드시 먼저 들어 올려주고, 장차 탈취하고자 하면 반드시 먼저 준다. 이러한 도리를 '미묘한 밝음'이라 한다. 흡(歙)은 줄이다, 거두다, 옴츠리다, 수축(收縮)하다는 뜻이다. 지(之)는 별로 뜻이 없지만, 자(者)로 보기도 한다. 장욕흡지(將欲歙之)는 장차 거두고자 하면의 뜻이다. 고(固)는 '마땅히'라는 뜻이다. 필고장지(必固張之)는 반드시 먼저 펼친다는 뜻이다. 여(與)는 주다는 뜻인데, 왕필본에는 흥(興)으로 되어 있다. 취(取)는 취하다, 탈취하다는 뜻인데, 왕필본에는 탈(奪)로 되어 있다.

한편 노자의 『도덕경』을 권모술수로 보는 입장도 있는데, 이 문장 때문이다. 특히 송대에는 이런 입장에서 『노자』를 비판하는 것이 하나의 흐름이었다. 엄숙한 성리학이 노자의 이러한 '얄팍한' 술수를 성인의 말로 받아들이지 못했을 것이다. 그래서 정이(程頤)는 "『도덕경』이라는 책의 말은 서로 함께 할 수 없으니 마치 숯과 얼음의 관계와 같다. 처음에는 도의 극히 현묘한 점을 이야기하려는 듯하다가 나중에는 오히려 권모 사술로 들어가 버리니 '장차 취하려고 한다면 반드시 먼저 주어라(범응원본)'는 따위가 그것이다"고 했다(설혜).

하지만 『도덕경』를 사랑하는 입장은 다르다. 육희성은 이 글을 권도(權道)에 관한 것으로 보면서 성인의 심오함은 권(權)·실(實)에 대한 경중(輕重)을 정하는 것보다 더 오묘한 것이 없다면서 이런 권도를 사용하는 것은 성인도 어려워하는 것으로, 모름지기 조심하고 또 조심해야 한다고 경계했다. 소철도 여기의 말들이 '꾀를 쓰는 것'에 가까운데, 그렇다면 관중·손무와 다른 것이 무엇이겠는가고 자문하고는 성인의 하는 일은 세속의 하는 일과 비슷한 바가 있지만 세속에서는 꾀를 쓴다고 한다면 성인은 '이치를 타는 것(乘理)'이라고 했다. '이치를 탄다'는 말이 적절한 것으로 보인다. 이것은 승리만을 맹목적으로 추구하는 얄팍한 전략이 아니며, 천박한 권모술수도 아니다. "되돌아가는 것이 도의 움직임이다(40장)"라는 이치와, "현묘한 덕은 깊고도 아득하구나. 만물과 상반되나, 이 후 크게 순응하는 경지에 이른다(65장)"는 혜안에서, 사물의 변화를 통찰한 후, 그 변화의 흐름에 맞게 올라탐으로써 승리를 이끌어내기 때문이다. 이것은 펼쳐진 것은 반드시 움츠러들게 마련이고, 강한 것은 반드시 약해지기 마련이라는 통찰에 근거한 지혜로 봐야 할 것이다.

미(微)는 은미하다, 미묘하다는 뜻이고, 명(明)은 총명을 뜻한다. 미명(微明)은 미묘한 총명, 즉 미묘한 깊은 도리를 밝게 안다는 뜻이다. 강한 것이 쇠약해질 때 그 쇠약해짐을 예측하는 것은 누구에게나 쉽다. 하지만 쇠약해질 기미가 전혀 없이 왕성한데도 결국 그것이 약해질 것을 아는 것은 쉽지 않다. 강한 것이 쇠약해질 때는 그 쇠약함의 기미가 분명하고, 강한 것이 왕성할 때는 그 쇠약함의 기미가 은미한[微] 법이다. 이렇게 은미하고 미묘한 조짐에서 그 결과를 읽어내는 것이 '미명(微明)'이다. '명'은 보는 것이 밝다는 말이다.

❢ **柔弱勝剛強. 魚不可脫於淵, 國之利器不可以示人.**

유약(柔弱)한 것이 억세고 강한 것을 이기는 법이다. 물고기가 연못을 벗어나서는 안 되는 것처럼, 나라의 이로운 물건은 함부로 남에게 보여서는 안 된다. 유약승강강(柔弱勝剛強)은 유약이 억세고 강한 것을 이긴다는 말이다. 제78장의 "부드러운 것이 단단한 것을 이기며, 약한 것이 강한 것을 이긴다(弱之勝強, 柔之勝剛)"고 한 말과 상통한다. 연(淵)은 깊은 못이다. 어불가탈어연(魚不可脫於淵)은 물고기는 연못에서 벗어나면 안 된다는 말이다. 국지이기(國之利器)는 나라의 이로운 물건이라는 뜻이다. '이로운 물건'이 무엇을 가리키는지에 대한 주장도 많다. 왕필은 신하를 다스리는 술법으로 보았고, 하상공이나 육희성은 권도(權道)로 보았으며, 왕진은 군대로, 임희일은 도로, 범응원은 날카로운 무기로, 설혜는 위무(威武)로, 한비자는 상벌(賞罰)로 풀었다. 여기서는 '나라를 잘 다스릴 수 있는 미묘심원(微妙深遠)한 성인의 총명'으로 푼다. 즉 "유약한 것이 억세고 강한 것을 이긴다(柔弱勝剛強)"와 같은 도를 함부로 내보이지 않고 염담허정(恬淡虛靜)하게 다스린다는 뜻으로 본다. 달은 차면 이지러지고, 만물은 극성(極盛)하면 반드시 쇠잔하게 되는 법이다. 이처럼 '물극필반(物極必反)'하고 '세강필약(勢強必弱)'하는 것이 항구적인 자연의 도리인 것이다. 노자는 이러한 도리에서 유약함으로 강함을 이기고 천하를 허정한 데로 돌리고자 했다.

제37장 무위(無爲): 인위적인 작위를 하지 않음

도는 항상 인위적인 작위를 하지 않아 무위하면서도 하지 않는 것이 없다. 군왕이 만약 이러한 무위의 도를 잘 지킬 수 있다면, 만물이 점차 스스로 화육될 것이다. 만물이 화육되면서 욕심이 일어나면 나는 장차 이름도 없는 박(樸)으로 이를 진정시킬 것이다. 이름 없는 박 또한 '하고자 함'이 없어 무욕하니, 하고자 하는 욕심을 내지 않아 허정해지면, 천하도 점차 저절로 안정될 것이다.

道常無爲而無不爲. 侯王若能守之, 萬物將自化. 化而欲作, 吾將鎭之以
도상무위이무불위. 후왕약능수지, 만물장자화. 화이욕작, 오장진지이

無名之樸. 無名之樸, 夫亦將無欲. 不欲以靜, 天下將自定.
무명지박. 무명지박, 부역장무욕. 불욕이정, 천하장자정.

道(길 도), 常(항상 상), 無(없을 무), 爲(할 위, 될 위, 여길 위), 而(말 이을 이), 不(아닐 위), 侯(과녁 후, 임금 후, 후작 후), 王(임금 왕), 若(같을 약, 만약 약), 能(능할 능), 守(지킬 수), 之(갈 지, 어조사 지), 萬(일만 만), 物(만물 물), 將(장차 장, 장수 장), 自(스스로 자), 化(될 화, 고쳐질 화), 欲(하고자 할 욕), 作(지을 작, 일어날 작), 吾(나 오), 鎭(진압할 진, 누를 진), 以(써 이), 名(이름 명), 樸(통나무 박, 순진할 박), 夫(무릇(대저) 부, 저 부, 지아비 부), 亦(또 역), 靜(고요할 정), 天(하늘 천), 下(아래 하), 定(정할 정, 정히(반드시) 정)

World Peace

The Tao never does, Yet through it everything is done.
If princes and dukes can keep the Tao,
The world will of its own accord be reformed.

When reformed and rising to action,
Let it be restrained by the Nameless pristine simplicity.
The Nameless pristine simplicity Is stripped of desire (for contention).
By stripping of desire quiescence is achieved,
And the world arrives at peace of its own accord.

王弼註

道常無爲,
順自然也.

而無不爲.
萬物無不由爲, 以治以成之也.

侯王若能守之, 萬物將自化. 化而欲作, 吾將鎭之以無名之樸.
化而欲作, 作欲成也. 吾將鎭之無名之樸, 不爲主也.

無名之樸, 夫亦將無欲.
無欲競也.

不欲以靜, 天下將自定.

❢ 道常無爲而無不爲. 侯王若能守之, 萬物將自化.

도는 항상 인위적인 작위를 하지 않아 무위하면서도 하지 않는 것이 없다. 군왕이 만약 이러한 무위의 도를 잘 지킬 수 있다면, 만물이 점차 스스로 화육될 것이다. 무위이무불위(無爲而無不爲)는 도는 무위하면서도 하지 않는 것이 없다는 말이다. 도의 본체는 허정(虛靜)이지만, 자연을 따라 모든 조화를 이루고 만물을 생성 화육한다. 무위(無爲)는 도가 작용하는 방식을 말한 것이고, 무불위(無不爲)는 도가 작용한 효과를 말한 것이다. 후왕(侯王)은 군왕(君王)이다. 약능수지(若能守之)는 만약 도를 잘 지킬 수가 있다면 하는 뜻이다. 화(化)는 화성(化成), 화육(化育)의 뜻이다. 만물장자화(萬物將自化)는 만물이 점차 스스로 본성을 따라 화육될 것이다는 뜻이다.

❢ 化而欲作, 吾將鎭之以無名之樸. 無名之樸, 夫亦將無欲. 不欲以靜, 天下將自定.

만물이 화육되면서 욕심이 일어나면 나는 장차 이름도 없는 박(樸)으로 이를 진정시킬 것이다. 이름 없는 박 또한 '하고자 함'이 없어 무욕하니, 하고자 하는 욕심을 내지 않아 허정해지면, 천하도 점차 저절로 안정될 것이다. 욕(欲)은 사욕(私浴)이나 탐욕, 혹은 '하고자 함'을 뜻하고, 작(作)은 일어난다(起)는 뜻이다. 화이욕작(化而欲作)은 화육되면서 욕심이 일어난다는 뜻이다. 진지(鎭之)는 욕심을 진정시킨다, 눌러 가라앉힌다는 뜻이다. 무명(無名)은 말로 표현할 수 없다는 것이고, 박(樸)은 순진소박한 통나무 원목을 말한다. 무명지박(無名之樸)은 이름도 없는 소박한 도라는 말이다. "이름도 없는 통나무 박(樸)으로 진정시킨다"는 말은 혹시라도 백성의 욕망이 자라나서 불만이 생길 조짐이 보인다면 무지무욕의 덕을 보임으로써 그런 욕망의 불씨를 잠재운다는 의미이다. 앞의 제32장의 "도는 언제나 이름이 없다. 통나무는 비록 작지만 천하에 아무도 감히 신하로 삼을 수 없다. 군왕이 이 도를 잘 잘 지키면, 만물이 스스로 귀순하게 된다(道常無名. 樸雖小, 天下莫能臣也. 侯王若能守之, 萬物將自賓)"고 한 말과 상통한다. 「도응훈」은 이 문장을 반란에 성공한 뒤 왕조 수성의 계책을 묻는 무왕의 질문에 답하는 여상의 생각과 관련시킨다. 여상의 복안은 백성을 우민화시키는 것이긴 하지만, 노자가 의심받고 있는 백성의 우민화에 비해 차원이 많이 낮은 것으로 볼 수 있다.

"……왕께서 만약 오랫동안 권력을 잡고 싶으시면 백성의 입을 막고 그들을 이끌어 쓸데없는 일과 번거로운 가르침에 몰두하게 하십시오. 저들이 그 하는 일을 즐거워하고 그 실정을 편안히 여겨 밝은 분별력이 어리숙하게 되거든 이에 군기(軍旗)를 거두고 관(冠)을 쓰게 하며, 칼을 풀고 홀(笏)을 가지게 하고, 삼년상을 입게 하여 포악한 사람이 더 이상 많아지지 않게 하십시오. 소리 높여 겸손과 퇴양을 말하여 백성들이 다투지 않도록 하십시오. 술과 고기로 위안하고, 음악으로 즐겁게 하며, 귀신으로 두렵게 하십시오. 문식을 번거롭게 하고 예를 복잡하게 만들어 사람들의 타고난 본바탕을 가리고, 후장구상(厚葬久喪)으로 집안이 동나도록 하며, 보화와 좋은 옷에 재물을 탕진하도록 하고, 깊이 파고 높이 쌓는 공사를 일으켜 힘을 소진시키도록 하십시오. 집안이 가난하고 족속이 적으면 반란을 근심하는 자가 적어질 것입니다. 이렇게 풍습을 바꾸면 천하를 간직하고 잃지 않을 수 있습니다."

이것은 노자가 "화육되면서도 욕심이 일어나면 나는 이름도 없는 통나무 박(樸)으로 진정시킬 것이다"라고 한 것과 약간의 관련은 있다고도 볼 수 있다. 하지만 위 내용을 보면 여상은 철저히 치자의 입장에서 말한 반면, 노자는 항상 백성이나 도의 입장에서 설명하고 있다.

3편

德經

제38장

처후(處厚): 두터운 곳에 머뭄

뛰어난 상덕(上德)은 덕을 덕으로 여기지 않으니 덕이 있으며, 수준 낮은 하덕(下德)은 덕을 잃지 않으려고 무엇인가 내보이지만, 오히려 그로 인해 덕이 없다. 상덕은 인위적인 작위가 없어 무위하니 이로써 무엇을 하려 함이 없고, 하덕은 유위하니 이로써 무엇을 하려 함이 있는 것이다. 상인(上仁)은 사랑하지만 이로써 무엇을 하려 함이 없고, 상의(上義)는 의를 행하면서 이로써 무엇인가 하려 한다. 상례(上禮)는 예를 행하면서 상대방이 응하지 않으면 곧 팔을 걷어붙이고 덤빈다. 그러므로 도를 잃은 뒤에 덕이 있고, 덕을 잃은 뒤에 인이 있으며, 인을 잃은 뒤에 의가 있고, 의를 잃은 뒤에 예가 있다. 무릇 예(禮)라는 것은 자기 마음을 다하려는 충(忠)과 상대방에 대한 믿음인 신(信)이 엷어짐으로써 나타난 것이며, 바로 혼란의 씨앗인 것이다. 앞서 안다는 것은 도의 헛된 꽃이고 어리석음의 시초이기도 하다. 이 때문에 대장부는 두터운 곳에 머물지 엷은 곳에 머물지 않으며, 그 열매에 머물지, 그 꽃에 머물지 않는다. 그러므로 저것을 버리고 이것을 취한다.

는다는 말이다. 한편 여기의 '부덕(不德)'은 달리 해석하기도 한다. 가령 왕필은 뛰어난 덕을 가진 사람은 덕을 덕으로 여기지 않기 때문에 "덕의 이름이 없다"는 뜻으로 보았고, 하상공은 자연을 따르도록 할 뿐 덕으로 가르치지 않기 때문에 "그 덕이 드러나지 않는다"는 뜻으로 보았다. 또 왕진은 "그 덕을 칭할 수 없다"는 뜻이라고 하였다. 하지만 "뛰어난 덕은 무위하다"는 다음 글을 생각하면 여기의 '부덕'은 뛰어난 덕, 곧 자연이나 성인에게서 엿볼 수 있는 무위(無爲)의 특성이라 할 수 있다. 그래서 "덕에 뜻을 두지는 않지만 덕이 스스로 풍족하다(소철)"는 의미가 된다. 정말로 큰 덕이나 그러한 덕을 지닌 사람은 억지로 덕을 갖추려 하지 않고 덕에 집착하지 않기 때문에 큰 덕을 지니게 된다는 것이다. 시이유덕(是以有德)은 그래서 덕을 지니게 된다는 말이다. 하덕(下德)은 하층의 덕자(德者)라는 뜻으로, 인위적인 덕, 형식화된 덕을 갖춘 사람, 즉 유가(儒家)에서 주장하는 인의예지(仁義禮智) 같은 도덕을 지닌 사람을 말한다. 불실덕(不失德)은 의식적으로 덕을 잃지 않으려고 하거나, 형식적인 덕을 고집한다는 뜻이다. 범응원에 따르면 수준 낮은 하덕(下德)은 "마음에 새겨 잃지 않으려고 노력하니 이것은 아직 완전히 덕을 갖춘 것이 아니다. 그러므로 뛰어난 상덕과는 차이가 있다." 이 장의 문장은 특히 제78장의 "바른 말은 반대되는 듯하다"는 정언약반(正言若反)을 연상하게 한다.

❢ 上德無爲而無以爲, 下德爲之而有以爲.

상덕은 인위적인 작위가 없어 무위하니 이로써 무엇을 하려 함이 없고, 하덕은 유위하니 이로써 무엇을 하려 함이 있는 것이다. 무위(無爲)란 사물에 앞서 행동하지 않는다는 뜻도 있고, 도를 따르며 더하지도 덜지도 않는다는 뜻도 있다. 논어에도 이 말이 나온다. 즉 공자가 말하길, "무위하면서 다스린 사람은 순임금이신가? 대저 무엇을 했는가. 자신을 공경히 하고 남쪽을 향해 앉아 있었을 뿐이다(논어』「위령공」)." 무이위(無以爲)는 의식적인 일을 하지 않는다, 고의로 조작하지 않는다는 뜻이다. 이(以)는 의식적, 목적적인 뜻이다. 임희일(林希逸)은 "이(以)는 의식을 갖는다의 뜻이고, 무이위(無以爲)는 아무런 의식 없이 하는 뜻이다(以者, 有心也. 無以爲, 是無心而爲之也)"로 풀었다. 부덕위지이유이위(不德爲之而有以爲)는 수준이 낮은 하덕은 인위적인 조작을 하고 또 의식적인 작위를 한다는 뜻이다.

❢ **上仁爲之而無以爲, 上義爲之而有以爲, 上禮爲之而莫之應, 則攘臂而扔之.**

상인(上仁)은 사랑하지만 이로써 무엇을 하려 함이 없고, 상의(上義)는 의를 행하면서 이로써 무엇인가 하려 한다. 상례(上禮)는 예를 행하면서 상대방이 응하지 않으면 곧 팔을 걷어붙이고 덤빈다. 상인위지이무이위(上仁爲之而無以爲)는 가장 높은 인자(仁者)는 인위적인 인덕(仁德)을 베풀지만, 그 경지는 마치 도를 체득한 성인처럼 자연스러운 것이다. 유가(儒家)에서 높이는 요·순·공자 같은 분들은 인애(仁愛)를 베풀면서 천인합일(天人合一)한 경지에 도달하여 부자연스럽거나 강압적인 것이 없었다. 상의위지이유이위(上義爲之而有以爲)는 으뜸가는 의(義)의 실천자는 행동이 바르고 옳지만, 역시 인위적이고 목적적이다. 상례위지이막지응(上禮爲之而莫之應)은 으뜸가는 예의 주장자는 남들이 응하지 않으면 하는 뜻이다. 양(攘)은 물리치다, 걷다, 걷어 올린다는 뜻이고, 비(臂)는 팔, 팔뚝이라는 뜻이다. 양비(攘臂)는 소매를 걷고 팔을 뽑는 것을 가리키고, 잉지(扔之)는 끌어당긴다는 뜻이다. 양비이잉지(攘臂而扔之)는 팔을 잡고 강제로 끌어당긴다는 말이다. 즉 상대방이 예를 안 지키면 억지로 예를 지키게 강요하는 것이다. 결국 뛰어난 인은 남을 사랑하는 유위의 행동을 하기는 하지만 그 사랑을 통해서 무엇인가를 하려고 하는 것이 아니라 그저 사랑하며, 뛰어난 의는 의로움을 위해 행동하면서도 의로움의 성격상 무엇인가 하려 하지 않을 수 없고, 뛰어난 예는 예를 위해서 행동함으로써 곧잘 분쟁을 일으키는 원인을 제공한다.

❢ **故失道而後德, 失德而後仁, 失仁而後義, 失義而後禮.**

그러므로 도를 잃은 뒤에 덕이 있고, 덕을 잃은 뒤에 인이 있으며, 인을 잃은 뒤에 의가 있고, 의를 잃은 뒤에 예가 있다. "처음부터 도와 따로 덕이 있는 것은 아니지만 덕이라는 것은 상하의 분별이 없을 수 없기 때문에 보편적인 도와 같지는 않다(동사정)." 덕에 상하의 분별이 없을 수 없는 것은 "도가 자연과 인간이 함께 의존하는 것인데 비해 덕은 인간과 사물이 자연으로부터 배워 얻은 것(오징)"이기 때문이다. 이 문장에서 도·덕·인·의·예는 층차가 있으면서 서로 연계적인 개념이라는 의미도 엿볼 수 있다.

❢ 夫禮者, 忠信之薄, 而亂之首, 前識者, 道之華, 而愚之始.

무릇 예(禮)라는 것은 자기 마음을 다하려는 충(忠)과 상대방에 대한 믿음인 신(信)이 엷어짐으로써 나타난 것이며, 바로 혼란의 씨앗인 것이다. 앞서 안다는 것은 도의 헛된 꽃이고 어리석음의 시초이기도 하다. 충신(忠信)은 마음속에 있는 성실함인데, 충(忠)은 자신에 대한 성실이며, 신(信)은 남에 대한 성실이다. 박(薄)은 얇고 쇠약하고 부족하다는 뜻이다. 충신지박(忠信之薄)은 충과 신이 엷어졌다는 말이다. 충신이 원래 인간관계의 건실함과 신실함을 유지하는 덕목인데, 도가 사라지면서 소박한 인간관계가 훼손되고 따라서 충신이 희박해지면서 예가 득세하게 된다는 말도 된다. 난지수(亂之首)는 어지러움의 씨앗이라는 말이다. 전식자(前識者)는 앞서 아는 사람이라는 뜻이다. 도지화(道之華)의 헛된 꽃이란 뜻이다. 우지시(愚之始)는 어리석음의 시초라는 뜻이다.

❢ 是以大丈夫處其厚, 不居其薄, 處其實, 不居其華. 故去彼取此.

이 때문에 대장부는 두터운 곳에 머물지 엷은 곳에 머물지 않으며, 그 열매에 머물지, 그 꽃에 머물지 않는다. 그러므로 저것을 버리고 이것을 취한다. 대장부(大丈夫)는 맹자를 통해 잘 알려진 말이다. 『맹자』 「등문공하」에 보면 대장부는 "천하의 너른 곳에 거하고 천하의 바른 곳에 서서 천하의 대도를 행하며……부귀에도 음탕해지지 않고, 빈천에도 뜻을 바꾸지 않고, 어떤 위협에도 굴하지 않는다"는 말이 나온다. 육희성은 "대장부란 ……, 도덕의 근본에 편안히 머물면서 예·지의 말단에 막히지 않는" 사람이라고 하였다. 처기후(處其厚)는 몸을 돈후하고 소박한 도의 경지에 둔다는 것이다. 처기실(處其實)은 몸을 실질(實質)이나 내면적 충실에 둔다는 뜻이다. 거피취차(去彼取此)는 화박(華薄)한 예(禮) 같은 것을 버리고 후실(厚實)한 도를 취한다는 말이다.

제39장

득일(得一): 하나를 얻음

옛날에 하나인 도를 얻은 것은 이러했다. 하늘은 하나인 도를 얻어서 맑고, 땅은 하나인 도를 얻어서 평안하고, 귀신은 하나인 도를 얻어 신령하고, 계곡은 하나인 도를 얻어 가득 차고, 만물은 하나인 도를 얻어 생겨나고, 군왕은 하나인 도를 얻어 천하의 바름이 되니, 모두 그 하나를 얻어 극진히 하는 데 이르렀다. 하늘이 하나인 도를 잃고 맑지 못하면 장차 갈라질 것이고, 땅이 하나인 도를 잃고 평안하지 못하면 장차 무너질 것이며, 신이 하나인 도를 잃고 신령스럽지 못하면 장차 막히고 통하지 못하게 될 것이고, 계곡이 하나인 도를 잃고 채우지 못하면 장차 마를 것이며, 만물이 하나인 도를 잃고 생겨나지 못하면 장차 소멸할 것이고, 군왕이 하나인 도를 잃고 고귀하지 못하면 장차 넘어질 것이다. 그러므로 하나인 도를 잃지 않으려면 귀한 것은 천한 것을 근본으로 삼고, 높은 것은 낮은 것을 바탕으로 삼아야 한다. 그래서 군왕은 스스로 고(孤)·과(寡)·불곡(不穀)이라고 하니, 이것이 바로 천한 것을 근본으로 삼는다는 것이 아니겠는가. 그렇지 않은가. 그러므로 자주 명예를 얻는 것은 오히려 명예를 없애는 것이니, 옥같이 고귀하게 되기를 바라지 말고, 돌처럼 볼품없게 있도록 하여라.

昔之得一者，天得一以淸，地得一以寧，神得一以靈，谷得一以盈，
석지득일자，천득일이청，지득일이녕，신득일이령，곡득일이영，

萬物得一以生，侯王得一以爲天下貞，其致之一也．天無以淸將恐裂，
만물득일이생，후왕득일이위천하정，기치지일야．천무이청장공열，

地無以寧將恐廢，神無以靈將恐歇，谷無以盈將恐竭，萬物無以生將恐滅，
지무이녕장공폐，신무이령장공헐，곡무이영장공갈，만물무이생장공멸，

侯王無以高貴將恐蹶．故貴以賤爲本，高以下爲基．是以侯王自謂孤寡不穀．
후왕무이고귀장공궐．고귀이천위본，고이하위기．시이후왕자위고과불곡．

此非以賤爲本邪．非乎．故致數譽無譽，不欲琭琭如玉，珞珞如石．
차비이천위본야．비호．고치삭예무예，불욕녹녹여옥，낙낙여석．

昔(옛 석), 之(갈 지, 어조사 지), 得(얻을 득), 一(한 일), 者(놈 자), 天(하늘 천), 以(써 이), 淸(맑을 청), 地(땅 지), 寧(편안할 녕, 차라리 녕), 神(신령 신, 신령스러울 신), 靈(신령 령), 谷(골 곡), 盈(찰 영), 萬(일만 만), 物(만물 물), 生(날 생, 살 생), 侯(과녁 후, 임금 후, 후작 후), 王(임금 왕), 爲(할 위, 될 위, 여길 위),下(아래 하), 貞(곧을 정, 바를 정), 其(그 기), 致(이를 치, 이룰 치, 지극할 치), 也(어조사 야), 無(없을 무), 將(장차 장, 장수 장), 恐(두려울 공, 아마(의심컨대) 공), 裂(찢을 열, 찢어질 열), 地(땅 지), 廢(폐할 폐), 歇(쉴 헐, 다할 헐), 竭(다할 갈), 滅(멸망할 멸, 제거할 멸, 불꺼질 멸), 高(높을 고), 貴(귀할 귀), 蹶(넘어질 궐, 탕진할 궐), 故(연고 고, 옛 고), 賤(천할 천), 本(밑 본, 근본 본), 基(터 기), 是(이 시, 옳을 시, 이에 시), 自(스스로 자), 謂(이를 위), 孤(외로울 고), 寡(적을 과, 나(임금이 자기를 겸칭하는 말) 과), 穀(곡식 곡, 착할 곡), 此(이 차), 非(아닐 비), 邪(간사할 사, 그런가 야), 乎(어조사 호), 數(셀 수, 자주 삭), 譽(기릴 예), 欲(하고자 할 욕), 琭(옥 록, 옥 모양 록), 如(같을 여), 玉(옥 옥), 珞(구슬 목걸이 락, 조약돌 락), 石(돌 석)

Unity Through Complements

There were those in ancient times possessed of the One;
Through possession of the one, the heaven was clarified,
Through possession of the one, the earth was stabilized,
Through possession of the one, the gods were spiritualized,
Through possession of the one, the valleys were made full,
Through possession of the one, all things lived and grew,
Through possession of the one, the princes and dukes
Became the ennobled of the people.
That was how each became so.

Without clarity, the heavens would shake,
Without stability, the earth would quake,
Without spiritual power, the gods would crumble,
Without being filled, the valleys would crack,
Without the life-giving power, all things would perish,
Without the ennobling power, the princes and dukes would stumble.
Therefore the nobility depend upon the common man for support,
And the exalted ones depend upon the lowly for their base.

That is why the princes and dukes call themselves.
"the orphaned," "the lonely one," "the unworthy"
Is is not true then that they depend upon the common man for support?
Truly, take down the parts of a chariot, And there is no chariot (left).
Rather than jingle like the jade, Rumble like the rocks.

王弼註

昔之得一者.

昔始也. 一數之始, 而物之極也. 各是一物之生, 所以爲主也. 物皆各得此一以成, 旣成而舍以居成, 居成則失其母, 故皆裂發, 歇竭滅蹶也.

天得一以淸, 地得一以寧, 神得一以靈, 谷得一以盈, 萬物得一以生, 侯王得一以爲天下貞, 其致之.

各以其一, 致此淸寧靈盈生貞.

天無以淸, 將恐裂,

用一以致淸耳, 非用淸以淸也. 守一則淸不失, 用淸則恐裂也. 故爲功之母不可舍也. 是以皆無用其功, 恐喪其本也.

地無以寧, 將恐發, 神無以靈, 將恐歇, 谷無以盈, 將恐竭, 萬物無以生, 將恐滅, 侯王無以貴高, 將恐蹶. 故貴以賤爲本, 高以下爲基. 是以後王自謂孤, 寡, 不穀. 此非以賤爲本邪. 非乎. 故致數輿無輿. 不欲琭琭**如玉, 珞珞如石.**

淸不能爲淸, 盈不能爲盈, 皆有其母, 以存其形. 故淸不足貴, 盈不足多, 貴在其母, 而母無貴形. 貴乃以賤爲本, 高乃以下爲基. 故致數輿乃無輿也. 玉石琭琭, 珞珞, 體盡於形, 故不欲也.

❢ 昔之得一者, 天得一以淸, 地得一以寧, 神得一以靈, 谷得一以盈, 萬物得一以生, 侯王得一以爲天下貞, 其致之一也.

옛날에 하나인 도를 얻은 것은 이러했다. 하늘은 하나인 도를 얻어서 맑고, 땅은 하나인 도를 얻어서 평안하고, 귀신은 하나인 도를 얻어 신령하고, 계곡은 하나인 도를 얻어 가득 차고, 만물은 하나인 도를 얻어 생겨나고, 군왕은 하나인 도를 얻어 천하의 바름이 되니, 모두 그 하나를 얻어 극진히 하는 데 이르렀다. 일(一)은 도다. 득일자(得一者)는 하나인 도를 얻은 것이라는 뜻이다. 일(一)은 도가 만물의 시원인 것처럼 숫자의 시초이다. 득일(得一)은 제10장과 제22장의 "하나를 껴안는다(抱一)"는 하나와 같은 뜻이다. 청(淸)·영(寧)·영(靈)·영(盈)·생(生)·정(貞)은 운(韻)을 맞춘 것이다. 영(盈)은 가득찬다는 것이고, 정(貞)은 바르다, 지조나 정절이 굳다는 뜻이다. 만물득일이생(萬物得一以生)은 만물은 하나인 도를 따라야 생성화육(生成化育)을 이룰 수 있다는 뜻이다. 『장자(莊子)』「어부편(漁父篇)」에 도와 만물의 관계에 관한 내용이 있다. "도는 만물이 따라야 하는 것이다. 모든 것은 도를 잃으면 죽고, 도를 얻으면 산다. 일을 하는데도 도를 거스르면 실패하고 도를 따르면 이룬다(道者, 萬物以所由也. 庶物失之者死, 得之者生. 爲事, 逆之則敗, 順之則成)." 하나인 도는 바로 원리다. 후왕득일이위천하정(侯王得一以爲天下貞)에서 대부분의 판본이 '정(貞)'으로 되어 있지만, 하상공본은 '정(正)'으로 되어 있다. 실제로는 두 글자의 뜻이 비슷하다. 왕념손에 따르면 여기에서 '정(正)'은 군장(君長)의 뜻이다. 『이아』에서도 "정(正)은 장(長)의 뜻"이라고 하였다. 오징처럼 "천하의 표준이 된다"고도 볼 수 있다. 왕은 하나를 잡아서 만물의 바른 기준[萬物正]이 된다. 군대에 장수가 있는 것은 하나로 만들기 위한 것이고, 나라에 군왕이 있는 것도 하나로 만들기 위함이며, 천하에 천자가 있는 것도 하나로 만들기 위함이다. 천자가 반드시 하나를 잡는 것은 전제(專制)하기 위함이니 하나로 하면 다스려지고, 둘로 하면 어지러워지는 법이다. 기치지일야(其致之一也)는 모두 그 하나를 얻어 극진히 하는 데 있다는 뜻이다. 이 구절은 앞글을 총결하는 것으로 보인다. 즉 앞에서 열거한 모든 것들이 하나인 도를 지킴으로써 저마다의 좋은 경지를 얻고 있다는 말이다. 기(其)는 천(天)·지(地)·신(神)·곡(谷)·만물(萬物)·후왕(侯王) 등이다. 치(致)는 초치(招致)하다 또는 도달하다, 이르다, 극진히 하다는 뜻이다.

❢ 天無以淸將恐裂, 地無以寧將恐廢, 神無以靈將恐歇, 谷無以盈將恐竭, 萬物無以生將恐滅, 侯王無以高貴將恐蹶.

하늘이 하나인 도를 잃고 맑지 못하면 장차 갈라질 것이고, 땅이 하나인 도를 잃고 평안하지 못하면 장차 무너질 것이며, 신이 하나인 도를 잃고 신령스럽지 못하면 장차 막히고 통하지 못하게 될 것이고, 계곡이 하나인 도를 잃고 채우지 못하면 장차 마를 것이며, 만물이 하나인 도를 잃고 생겨나지 못하면 장차 소멸할 것이고, 군왕이 하나인 도를 잃고 고귀하지 못하면 장차 넘어질 것이다. 천무이청(天無以淸)은 하늘이 하나인 도를 얻지 못해 맑지 못하면 하는 뜻이다. 장공열(將恐裂)은 글자 그대로 해석하면 장차 갈라질까 두렵다가 되는데, 의역하면 장차 갈라질 것이라는 뜻이다. 열(裂)은 찢어지다, 갈라지다는 뜻이다. 폐(廢)는 땅이 무너지다, 뒤집힌다는 뜻이다. 왕필본에는 발(發)로 되어있다. 헐(歇)은 막히다, 활동을 중지한다는 것이고, 갈(竭)은 마르다, 고갈된다는 것이며, 궐(蹶)은 쓰러지다, 망한다는 뜻이다.

한편 모든 통행본에 이 문장처럼 '무이(無以)'로 되어 있지만, 백서본에는 '무이(无已)'로 되어 있다. 음은 같지만 의미는 완전히 다르다. 전자는 '무엇 무엇이 없다면, 혹은 무엇 무엇이 아니면'이라는 뜻이고, 후자는 '그침이 없다, 혹은 끊임없다'는 뜻이다. '무이(无已)'로 바꾼 문장은 다음과 같이 해석된다. "하늘이 끊임없이 맑으면 장차 갈라질까 두렵고, 땅이 끊임없이 평안하면 장차 무너질까 두려우며, 신이 끊임없이 신령스러우면 장차 막히고 통하지 못하게 될까 두렵고, 계곡이 끊임없이 가득 차면 장차 마를까 두려우며, 만물이 끊임없이 생겨나면 장차 모든 것이 소멸할까 두렵고, 군왕이 끊임없이 고귀하면 장차 넘어질까 두렵다." 왕진도 이 문장을 백서와 부합하게 해설하고 있다. "천지는 맑고 편안함에 기대어 스스로 안락하고 태평하게 여기지 말아야 할 것이니 모름지기 찢어지고 흔들릴 변고가 있을까 두려워해야 한다. ……후왕은 귀하고 높음에 기대어 스스로 뻐기지 말아야 할 것이니 모름지기 거꾸러질 재앙이 있을까를 두려워해야 한다."

사실 백서를 따른 해석이 『도덕경』 전체의 사상과 잘 어울릴 수도 있다. 통행본처럼 보면 이 문장은 앞의 해석처럼 맑기만 한 하늘과 귀하고 높기만 한 군왕을 이야기하는 것이기 때문에 노자의 사상과 부합하지 않는다고도 할 수 있다. 하늘이 맑지 않기 때문에 찢어질까 두려워하는 것보다는 너무 맑기 때문에 찢어질까 두려워하고, 골짜기의 샘물이 가득 차지 않아서 장차 물이 마를까 걱정하는 것보다는 그것이 너무 넘쳐나기 때문에 언젠가는 마를까 걱정하는 것이 오히려 노자 사상과 부합될 수도 있다. 하지만 이러한 해석은 앞글과의 연계성이 모호해지는 단점을 지닌다.

❢ 故貴以賤爲本, 高以下爲基. 是以後王自謂孤寡不穀. 此非以賤爲本邪. 非乎.

그러므로 하나인 도를 잃지 않으려면 귀한 것은 천한 것을 근본으로 삼고, 높은 것은 낮은 것을 바탕으로 삼아야 한다. 그래서 군왕은 스스로 고(孤)·과(寡)·불곡(不穀)이라고 하니, 이것이 바로 천한 것을 근본으로 삼는다는 것이 아니겠는가. 그렇지 않은가. 귀이천위본(貴以賤爲本)은 귀한 것은 천한 것을 근본으로 삼는 것이고, 고이하위기(高以下爲基)는 높은 것은 아래를 바탕으로 삼는다는 말이다. '고(孤)'는 외롭다는 뜻이고, '과(寡)'는 덕이 부족하다는 뜻이며, '불곡(不穀)'은 선하지 않다는 뜻이다. 모두 임금이 자신을 낮추어서 부르는 말이다.

❢ 故致數譽無譽, 不欲琭琭如玉, 珞珞如石.

그러므로 자주 명예를 얻는 것은 오히려 명예를 없애는 것이니, 옥같이 고귀하게 되기를 바라지 말고, 돌처럼 볼품없게 있도록 하여라. 고치삭예무예(故致數譽無譽)는 그러므로 자주 명예를 얻으면 명예가 없는 것과 같다는 뜻이다. 왕필본에는 '고치삭여무여(故致數輿無輿)'로 되어 있고, 하상공본에는 '고치삭거무거(故致數車無車)'로 되어 있다. 예(譽), 여(輿), 거(車)는 모두 같은 뜻으로 추켜올린다는 뜻이다. 이 문장의 '녹녹(祿祿)'과 '낙낙(硌硌)'은 모두 의태어로서, 뜻은 '녹녹'은 옥의 귀한 모양이고, '낙낙'은 돌의 천한 모양이다. 그래서 불욕녹녹여옥(不欲琭琭如玉)은 옥같이 아름답기를 바라지 말라는 뜻이다. 녹녹(琭琭)은 구슬이 데굴데굴 구르는 모양이다. 낙낙여석(珞珞如石)은 돌같이 볼품없이 되도록 하라는 뜻이다.

제40장

반복(反覆): 되돌아가서 반복함

되돌아가는 것은 도의 움직임이요, 유약한 것은 도의 작용이다. 천하 만물은 유에서 나오고, 유는 무에서 나온다.

反者, 道之動. 弱者, 道之用. 天下萬物生於有, 有生於無.
반자, 도지동. 약자, 도지용. 천하만물생어유, 유생어무.

反(돌이킬 반, 배반할 반, 도리어 반), 者(놈 자), 道(길 도), 之(갈 지, 어조사 지), 動(움직일 동), 弱(약할 약), 用(쓸 용, 작용 용, 용도 용), 天(하늘 천), 下(아래 하), 萬(일만 만), 物(만물 물), 生(날 생, 살 생), 於(어조사 어), 有(있을 유), 無(없을 무)

The Principle of Reversion

Reversion is the action of Tao.
Gentleness is the function of Tao.
The things of this world come from Being,
And Being (comes) from Non-being.

Therefore there is the established saying:
"Who understands Tao seems dull of comprehension;
Who in advance in Tao seems to slip backwards;
Who moves on the even Tao (Path) seems to go up and down."

Superior character appears like a hollow (valley);
Sheer white appears like tarnished;
Great character appears like infirm;
Pure worth appears like contaminated.
Great space has no corners;
Great talent takes long to mature;
Great music is faintly heard;
Great form has no contour;
And Tao is hidden without a name.
It is this Tao that is adept at lending (its power) and bringing fulfillment.

王弼註

上士聞道, 勤而行之.
有志也.
中士聞道, 若存若亡, 下士聞道, 大笑之, 不笑不足以爲道. 故建言有之,
建猶立也.
明道若昧,
光而不耀.
進道若退,
後其身而身先, 外其身而身存.
夷道若纇,
纇㘨也. 大夷之道, 因物之性, 不執平以割物. 其平不見, 乃更反若纇㘨也.
上德若谷,

不德其德, 無所懷也.

大白若辱,
知其白, 守其黑, 大白然後乃得.

廣德若不足,
廣德不盈, 廓然無形, 不可滿也.

建德若偷,
偷匹也. 建德者, 因物自然, 不立不施, 故若偷匹.

質眞若渝,
質眞者, 不矜其眞, 故渝.

大方無隅,
方而不割, 故無隅也.

大器晩成,
大器, 成天下不持全別, 故必晩成也.

大音希聲,
聽之不聞名曰希. 不可得聞之音也. 有聲則有分, 有分則不宮而商矣. 分則不能統衆, 故有聲者非大音也.

大象無形.
有形則有分, 有分者, 不溫則炎, 不炎則寒. 故象而形者, 非大象.

道隱無名, 夫唯道, 善貸且成.
凡此諸善, 皆是道之所成也. 在象則爲大象, 而大象無形, 在音則爲大音, 而大音希聲. 物以之成, 而不見其成形, 故隱而無名也. 貸之非唯供其乏而已, 一貸之則足以永終其德, 故曰 善貸也. 成之不如機匠之裁, 無物而不濟其形, 故曰 善成.

❢ 上士聞道, 勤而行之. 中士聞道, 若存若亡. 下士聞道, 大笑之. 不笑不足以爲道.

뛰어난 선비가 도를 들으면 힘써 그것을 행하고, 중간 수준의 선비가 도를 들으면 반신반의하여 지키기도 하고 버리기도 하며, 하등의 선비가 도를 들으면 무시해서 크게 비웃으니, 비웃지 않는다면 도라 할 만하지 못하다. 상사(上士)는 뛰어난 선비나 지식인이다. 문도(聞道)는 무위자연의 도를 듣는다는 말이다. 『논어』「이인(里仁)」편에서 공자는 "아침에 도를 들으면 저녁에 죽어도 좋다(朝聞道夕死可矣)"고 했다. 근이행지(勤而行之)는 힘써 그것을 행한다는 뜻이다. 약존약망(若存若亡)은 중사(中士)는 도를 들어도 반신반의 한다, 혹은 지키기도 하고 버리기도 한다는 뜻이다. 대소지(大笑之)는 크게 비웃는다는 뜻이다. 불소부족이위도(不笑不足以爲道)는 만약에 하사(下士) 같은 자가 비웃지 않는다면 도라고 하기에는 부족하다는 뜻이다.

❢ 故建言有之, 明道若昧, 進道若退, 夷道若纇,

그러므로 전하는 말이 있다. 밝은 도는 마치 어두운 듯하고, 앞으로 나아가는 도는 마치 뒤로 물러나는 듯하며, 평탄한 도는 울퉁불퉁한 듯하다. 건언(建言)은 입언(立言) 혹은 격언(格言)으로 말을 세운다, 말을 남긴다, 또는 말을 기록한다는 의미이다. 명도약매(明道若昧)는 도는 모든 사물에 밝게 나타나지만, 사람들은 도의 본체를 알지 못하고 어둡고 흐린 것으로 여긴다. 또는 밝은 도를 터득한 사람은 내면으론 빛나지만 밖으로는 우매한 듯이 보이는 것으로도 해석한다. 진도약퇴(進道若退)는 도는 만물을 끝없이 발전시키지만 얼핏 보기에는 뒤로 물러가고 있는 듯하다는 말이다. 도를 따라 만물의 생성화육에 동참하는 성인은 겸퇴자수(謙退自守)하므로 뒷걸음질치는 것 같이 보인다고도 푼다. 이도약뢰(夷道若纇)에서 이(夷)는 평탄한 것이고, 뢰(纇)는 울퉁불퉁하다는 뜻이다. 그래서 평탄한 도는 울퉁불퉁한 것처럼 보인다는 말이다.

❢ 上德若谷, 大白若辱, 廣德若不足, 建德若偷, 質眞若渝,

높은 덕은 골짜기와 같아 겸하하고, 참으로 깨끗한 것은 더러운 것 같으며, 넓고 넉넉한 덕은 부족한 듯하고, 강건하고 건실한 덕은 게으른 듯하며, 본래부터 참된 것은 변질된 듯하다. 상덕약곡(上德若谷)은 으뜸가는 덕은 허정(虛靜)한 골짜기

같이 겸하(謙下)한다는 뜻이다. 대백약욕(大白若辱)은 참으로 깨끗한 것은 더러운 것 같다는 말이다. 광덕(廣德)은 넓고 넉넉한 덕이나 덕을 넓게 펴는 사람을 말한다. '투(偸)'는 게으르다는 뜻이다. 건덕약투(健德若偸)는 강건하고 건실한 덕은 게으른 듯하다는 말이다. 질진약투(質眞若渝)는 본래부터 참된 것은 변질된 것처럼 보인다는 뜻이다. 왕필에 따르면, "빛나면서도 눈부시지 않기 때문에(58장)" 밝은 길은 어두운 듯하다. "자신을 뒤로 물리면서도 오히려 자신은 앞에 있게 되고, 자신을 밖으로 제외시키면서도 오히려 자신을 보존하므로(7장)" "나아가는 길은 물러서는 듯하다." 크게 평탄한 길은 억지로 평평하게 하려고 한 것이 아니라 사물의 성질에 순응해서 그렇게 된 것이어서 그 평탄함이 보이지 않으므로 "울퉁불퉁한 듯하다." "뛰어난 덕은 그 덕을 덕으로 여기지 않고 마음에 품고 있는 바가 없으므로(38장)" "마치 골짜기와 같다." "깨끗한 것을 알면서도 더러운 것을 지키므로(28장)" "참으로 깨끗한 것은 더러운 것 같다." 넓은 덕은 가득 차지 않으므로 "부족한 듯하다." 강건하고 건실한 덕은 사물의 자연스러움에 순응하여 억지로 하지 않으므로 "게으른 듯하다." 본래부터 참된 것은 그 참됨을 자랑하지 않기 때문에 "변질된 듯하다." "반듯하면서도 가르지 않기 때문에(58장)" "큰 네모에는 모서리가 없다."

❢ **大方無隅, 大器晩成, 大音希聲, 大象無形, 道隱無名.**

큰 네모는 모서리가 없고, 큰 그릇은 오래 걸려 이루어지며, 큰 소리는 소리가 없고, 큰 모습은 형태가 없으며, 참된 도는 은미하여 이름이 없다. 대방무우(大方無隅)는 큰 네모는 모서리가 없다는 말이다. 대기만성(大器晩成)은 큰 그릇은 늦게 이루어진다는 말이다. 대음희성(大音希聲)은 너무 큰 소리는 들리지 않으므로, 큰 소리는 소리가 없다는 것이다. 대상무형(大象無形)은 큰 모습은 형태가 없다는 뜻이다. 도미무명(道微無名)은 대도(大道)는 은미(隱微)하고 사람의 말로 표현할 수가 없다. 엄준의 『도덕지귀』에는 다음과 같은 말이 있다. "……큰 형상[象]은 꼴

이 없고 큰 모양[狀]은 모습이 없으나 나아가면 만물이 보존되고 물러나면 만물이 사라진다. 천지는 그와 함께 오르고 내리며 음양은 그와 함께 굴신하여 그것을 본받고 그것을 본뜨니 마치 그림자가 물체를 따르는 것과 같다. 이것으로 '도는 은미하여 이름이 없으며' 덕이 풍성하면 시호가 없으며 공이 높으면 헤아릴 수 없음을 알 수 있다. 그런데도 천하는 그것을 대덕으로 생각하지 않는다." 그리고 『장자』「제물론」에는 이런 말이 있다. "무릇 큰 도는 일컬어질 수 없고, 큰 웅변은 말하지 않으며, 큰 인은 어질지 않고, 큰 청렴함은 겸손하지 않고, 큰 용기는 해치지 않는다."

❢ 夫唯道, 善貸且成.

오직 저 도만이 잘 빌려주면서도 또한 잘 이루게 하는구나. 대(貸)는 빌려준다, 시여(施與)한다, 베푼다는 뜻이다. 선대차성(善貸且成)은 도는 잘 빌려주면서도 또한 만물이 생성화육을 이루게 해준다. 도는 은미한 실체로서 인간이 지각할 수도 없어 이름도 없다. 그러나 도는 만물의 생육화성을 위해 베풀고 있다. 노자의 도는 사람들에게 정반대로 보이기도 한다. 밝은 것이 어둡게 보이고, 앞으로 나가는 것이 뒤로 물러나는 듯하고, 아주 평이한 것이 울퉁불퉁하게 보일 수가 있다. 그러나 그것은 현상계의 눈으로 보기 때문이다. 허정(虛靜)과 염담(恬澹)으로 보면 바르게 볼 수가 있을 것이다. 따라서 덕을 갖춘 사람의 행동도 일반 사람들 눈에는 정반대로 보일 때가 있다. 이 장에서는 그러한 이치를 잘 설명하고 있다.

제42장

충화(沖和): 깊고 혼연한 조화

도는 하나를 낳고, 하나는 둘을 낳으며, 둘은 셋을 낳고, 셋은 만물을 낳는다. 만물은 음을 지고 양을 품으면서, 그 가운데의 깊고 혼연한 충기로써 조화를 이룬다. 사람들이 싫어하는 것은 오로지 고독한 것, 덕이 부족한 것, 그리고 착하지 않은 것이나, 왕공은 그것들로서 자신의 칭호를 삼는다. 그러므로 사물은 혹 덜어내는 것이 오히려 보태는 것이 되기도 하고, 혹 보태는 것이 오히려 덜어내는 것이 되기도 한다. 사람들이 가르치는 것을 나 또한 가르치되, 강하고 굳세기만 한 사람은 제명에 죽지 못한다. 나는 장차 이것을 가르침의 근본으로 삼을 것이다.

道生一, 一生二, 二生三, 三生萬物. 萬物負陰而抱陽, 沖氣以爲和.
도생일, 일생이, 이생삼, 삼생만물. 만물부음이포양, 충기이위화.

人之所惡, 唯孤寡不穀, 而王公以爲稱. 故物或損之而益, 或益之而損.
인지소오, 유고과불곡, 이왕공이위칭. 고물혹손지이익, 혹익지이손.

人之所教, 我亦教之. 强梁者不得其死, 吾將以爲教父.
인지소교, 아역교지. 강량자부득기사, 오장이위교부.

(陽氣)로 볼 수 있다. 『열자(列子)』에 "혼돈한 기가 갈라져 맑은 것은 올라가 하늘이 되었고, 탁한 것은 아래로 처져 땅이 되었다"고 했다. 여기서 혼돈한 기는 하나이고, 둘은 갈라진 맑은 천(天)의 양기와 탁한 지(地)의 음기이다. 이생삼(二生三)은 둘이 셋을 낳는다는 말이다. 삼(三)은 음과 양이 화합한 것을 뜻한다. 뒷글에 나오는 충기(沖氣)가 바로 이것이다. 삼생만물(三生萬物)은 셋에서 만물이 나온다는 말이다. 즉 음양의 화합이 만물을 생성시키는 핵심이다. 부(負)는 업다, 등에 지다의 뜻이고, 포(抱)는 안다, 품다의 뜻이다. 만물부음이포양(萬物負陰而抱陽)은 만물은 음을 지고 양을 품는다는 말이다. 따라서 만물은 자체 속에 음과 양의 두 기를 지니고 있다. 충(沖)은 깊다, 혼연하다는 뜻이다. 충기이위화(沖氣以爲和)는 깊고 혼연한 충기로써 조화를 이룬다는 뜻이다. 즉 만물이 음기와 양기 어느 한쪽에도 치우지지 않은 가운데의 혼연한 기운인 충기(沖氣)을 통해 조화로운 상태를 유지한다는 것이다. 『순자』「천론」에, "뭇 별들은 서로 따라서 돌고, 해와 달은 번갈아 세상을 밝히며, 사계절은 교대로 찾아오고, 음양은 크게 변화하고, 비·바람은 온 세상을 적시며 불어가니 만물은 각각 그 조화로운 기운을 얻어서 살아간다"고 하였고, 『장자』「전자방」에는 노자(노담)와 공자의 대화가 나오는데, 노자가 다음과 같이 말했다. "지극한 음기란 고요하고 차며 지극한 양기란 밝고 덥소. 고요하고 찬 음기는 땅에서 나오며, 밝고 더운 양기는 하늘에서 생기오. 이 두 가지의 기가 섞여서 서로 통해 화합하면 거기 만물이 생겨나오." 만물 자연의 본래적 조화를 말한 것으로 노자의 이 문장과 같은 의미를 지닌다고 볼 수 있다.

사실 여기서 하나, 둘, 셋이 정확하게 무엇을 의미하는지는 이 문장만 가지고는 알 수 없다. 많은 사람들이 이 문장을 체계적 우주발생론으로 이해하려고도 했다. 가령 하상공은 '하나'가 무엇인지 밝히지는 않았지만 '둘'은 음양을, '셋'은 화기(和氣)·청기(淸氣)·탁기(濁氣)를 가리킨다고 하면서 이 화기·청기·탁기가 천·지·인으로 나누어지고 천·지·인이 만물을 낳기 때문에 "셋이 만물을 낳는다"고 하였다고 설명한다. 이영(송)은 이 해설을 좀 더 구체화하여, 이 문장은 '허(虛: 도)' 가운데에서 일기(一氣)가 움직이고, 일기가 청·탁으로 나뉘어져 음양이 드러나며, 음양이 운동하여 삼재(三才)가 생겨나고 삼재가 만물을 낳는다고 하는 우주 발생론을 보여준다고 했다.

❢ 人之所惡, 唯孤寡不穀, 而王公以爲稱. 故物或損之而益, 或益之而損.

사람들이 싫어하는 것은 오로지 고독한 것, 덕이 부족한 것, 그리고 착하지 않은 것이나, 왕공은 그것들로서 자신의 칭호를 삼는다. 그러므로 사물은 혹 덜어내는 것이 오히려 보태는 것이 되기도 하고, 혹 보태는 것이 오히려 덜어내는 것이 되기도 한다. 인지소오(人之所惡)는 모든 사람이 싫어하는 것이라는 말이다. 고과불곡(孤寡不穀)은 제39장에서 설명했다. 혹손지이익(或損之而益)은 덜어내는 것이 오히려 보태는 것이 되는 수도 있다는 말이다. 혹익지이손(或益之而損)은 보태는 것이 오히려 덜어내는 것이 될 수도 있다는 말이다. 왕공이 자신을 천한 이름으로 부르는 것은 이 문장과 관련이 있다. 귀하게 되기 위해 귀한 이름을 붙이는 것은 귀함의 극단으로만 달려가는 것이고, 그러면 거꾸로 귀함이 천함으로 곤두박질치는 때가 온다. 하상공은 "높아지려고만 하는 사람은 반드시 무너질 것이고, 부귀를 탐하는 자에게는 반드시 근심이 있을 것이다"고 했다. 세상일이 어떻게 변화할지는 아무도 모르니 항상 남지도 부족하지도 않은 적당하고 조화로운 태도를 취하는 것이 좋다. 즉 "만물은 음을 지고 양을 품으면서, 그 가운데의 깊고 혼연한 충기로써 조화를 이룬다"는 말이 이러한 태도를 의미할 것이다.

❢ 人之所教, 我亦教之. 强梁者不得其死, 吾將以爲教父.

사람들이 가르치는 것을 나 또한 가르치되, 강하고 굳세기만 한 사람은 제명에 죽지 못한다. 나는 장차 이것을 가르침의 근본으로 삼을 것이다. 인지소교(人之所教)는 남들이 가르치는 바를 말한다. 아역교지(我亦教之)는 나도 역시 그것을 가르치겠다는 말이다. '량(梁)'은 마룻대를 지지하는 들보 또는 물살에 견디는 나무

다리를 의미하는데, 둘 다 강하다는 뜻을 지닌다. 따라서 '강량'은 강하고 또 강하다는 의미이다. 강양자부득기사(强梁者不得其死)는 주(周)의 금인명(金人銘)에 있는 말로 예로부터 전했다. 금인명은 공자가 주나라에 갔을 때 태묘(太廟) 오른쪽 계단 앞에서 보았다는 금인의 등에 쓰여 있었다고 하는 명문이다. 하지만 이에 대해 다른 견해도 많다. 여하튼 강포자(强梁者)는 강하고 굳세기만 한 사람을 뜻한다. 부득기사(不得其死)는 제 명에 죽지 못한다는 뜻이다. 교부(教父)는 가르침의 근본이라는 뜻이다.

제43장

지유(至柔): 지극한 부드러움

천하에서 지극히 부드러운 것이 천하의 지극히 단단한 것을 뚫고 들어가고, 형체가 없는 무형의 힘은 틈이 없는 데까지도 들어가니, 나는 이로써 무위의 유익함을 알 수 있다. 말 없는 교화와 무위의 유익함은 천하에 능히 도달하는 자가 드물구나.

天下之至柔, 馳騁天下之至堅, 無有入無間, 吾是以知無爲之有益.
천하지지유, 치빙천하지지견, 무유입무간, 오시이지무위지유익.

不言之教, 無爲之益, 天下希及之.
불언지교, 무위지익, 천하희급지.

天(하늘 천), 下(아래 하), 之(갈지 , 어조사지), 至(이를 지, 지극할 지), 柔(부드러울 유), 馳(말달릴 치), 騁(말달릴 빙), 堅(굳을 견), 無(없을 무), 有(있을 유), 入(들 입), 無(없을 무), 間(사이 간), 吾(나 오), 是(이 시, 옳을 시, 이에 시), 以(써 이), 知(알 지), 爲(할 위, 될 위, 여길 위), 益(더할 익), 不(아닐 불), 言(말씀 언), 教(가르칠 교), 希(드물 희, 바랄 희), 及(미칠 급)

The Softest Substance

The softest substance of the world Goes through the hardest.
That which is without form penetrates that which has no crevice;
Through this I know the benefit of taking no action.
The teaching without words And the benefit of taking no action
Are without compare in the universe.

王弼註

天下之至柔, 馳騁天下之至堅,
氣無所不入, 水無所不出於經.
無有入無間, 吾是以知無爲之有益.
虛無柔弱, 無所不通. 無有不可窮, 至柔不可折. 以此推之, 故知無爲之有益也.
不言之教, 無爲之益, 天下希及之.

❢ 天下之至柔, 馳騁天下之至堅, 無有入無間, 五是以知無爲之有益.

천하에서 지극히 부드러운 것이 천하의 지극히 단단한 것을 뚫고 들어간다. 형체가 없는 무형의 힘은 틈이 없는 데까지도 들어가니, 나는 이로써 무위의 유익함을 알 수 있다. 지유(至柔)는 지극히 부드러운 것을 말한다. 여기에서 '지극히 부드러운 것'은 예외적으로 기(氣)나 도와 연결되기도 하지만(왕진·범응원 등) 대개 물을 가리킨다. 제78장에도 "천하에 유약한 것으로서 물만한 것이 없다(天下柔弱, 莫過於水)"고 했다. 하상공은 "지극히 부드러운 것은 물이고, 굳센 것은 쇠나 돌이다. 물은 굳센 것을 뚫고 강한 것 안으로 들어가서 통하지 않는 곳이 없다"고 했고, 『회남자』「원도훈」에는 "세상 물건 중에 물보다 유약한 것은 없다. …… 때려도 찢어지지 않고 찔러도 상하지 않으며, 잘라도 잘라지지 않고 태워도 태워지지 않는다. 질척하게 흘러 다니고 뒤섞여 몰려다니면서도 뭉개지지 않으니 그 날카로움은 금석을 뚫고 그 강함은 천하에 통한다"라는 글이 있다.

'치빙(馳騁)'의 원래 뜻은 말을 타고 달린다는 뜻이다. 제12장의 "말달려 사냥하는 것은 사람의 마음을 발광하게 한다(馳騁田獵令人心發狂)"는 구절에 쓰인 것이다. 하지만 여기에서는 비유적으로 부드러운 것이 굳센 것 안으로 뚫고 들어간다는 의미로 사용되었다. 또 다른 의미로는 자유자재로 구사(驅使)한다, 마음대로 부린다는 뜻도 있다. 무유(無有)는 무형(無形)과 같고, 무간(無間)은 간격 없는 곳이나 물건, 혹은 단단한 것이다. 무유입무간(無有入無間)은 형체가 없는 무형의 힘을 가진 물이 단단한 것 속으로 뚫고 들어간다는 뜻이다. 오시이지무위지유익(五是以知無爲之有益)은 나는 그것으로써 무위가 유익하다는 것을 알 수 있다는 말이다. 무위의 도를 따르는 것이 유익하다는 것이다. 제3장에서 "무위를 행하면 다스려지지 않는 것이 없다(爲無爲則無不治)"고 했고, 제37장에서는 "도는 항상 무위하지만 하지 않는 것이 없다(道常無爲而無不爲)"고 했다.

❢ 不言之教, 無爲之益, 天下希及之.

말 없는 교화와 무위의 유익함은 천하에 능히 도달하는 자가 드물구나. 불언지교(不言之敎)는 말 없는 가르침을 말한다. 제2장에 "이 때문에 성인은 무위의 일에 처하고 말업는 가르침을 행한다(是以聖人處無爲之事, 行不言之敎)"고 했다. 무위지익(無爲之益)는 무익의 유익함이라는 말이다. 가르침에 말이 없다든지 인위적인 작위가 없는 무위가 유익하다는 것도 역시 '정언약반(正言若反)'에 해당한다. 천하희급지(天下希及之)는 천하에 능히 도달하는 자가 드물다는 말이다.

여기서는 대체로 유약을 대변하는 것으로서 물(水)을 내세웠다. 제8장에서도 "상선은 물과 같다. 물은 만물에 유익한 혜택을 주지만, 남과 다투지 않고 모두가 싫

Be Content

Fame or one's own self, which does one love more?
One's own self or material goods, which has more worth?
Loss (of self) or possession (of goods), which is the greater evil?

Therefore: he who loves most spends most,
He who hoards much loses much.
The contented man meets no disgrace;
Who know when to stop runs into no danger
He can long endure.

王弼註

名與身孰親.
尙名好高, 其身必疏.
身與貨孰多.
貪貨無厭, 其身必少.
得與亡孰病.
得多利, 而亡其身, 何者爲病也.
是故甚愛必大費, 多藏必厚亡.
甚愛不與物通, 多藏不如物散. 求之者多, 攻之者衆, 爲物所病, 故大費, 厚亡也.
知足不辱, 知止不殆, 可以長久.

❢ 名與身熟親. 身與貨孰多. 得與亡孰病.

이름과 몸 중 어느 쪽이 내게 더 절친한가? 몸과 재물은 어느 것이 내게 더 소중한가? 얻는 것과 잃는 것은 어느 것이 더 근심스러운가? 명(名)은 세속적인 명성(名聲), 명예나 명리의 뜻이다. 신(身)은 나의 몸이나 생명을 뜻한다. 숙(孰)은 어느 쪽 혹은 어느 것이며, 친(親)은 절친하다, 절실하다는 것이고, 다(多)는 중시한다, 귀중하다는 뜻이다. 『說文』에 따르면 다(多)는 중(重)이다. '현종어주본'에 따르면, 이름이란 실질의 껍데기[賓]인데 세상 사람이 이름을 따라 몸을 망치므로 어떤 것이 더 절친한가를 물어서 헛된 공명을 버리고 참됨[眞]을 보전케 하고자 한 것이다. 병(病)은 患(환)과 같고, 걱정이 된다는 뜻이다. 득여망숙병(得與亡孰病)은 얻는 것과 잃는 것은 어느 것이 더 근심스러운가 하는 뜻이다. 이 물음에 대한 답은 당연히 "잃는 것이 더 근심스럽다"가 될 것이다. 얻음은 이름과 재물을 얻는 것이고, 잃음은 몸을 잃는 것이기 때문이다. 여기서 노자가 몸을 망치는 탐욕의 대상으로 이름과 재물을 들고 있다. 그렇지만 노자가 종교적 금욕주의자는 아니다. 종교적 금욕주의는 몸을 모든 욕망의 근원으로 여겨 몸의 욕망을 부정할 뿐만 아니라 몸까지도 부정한다. 극단적으로는 몸을 죽이고 영혼을 부활시키는 부활의식이 있다. 하지만 노자는 몸을 소중히 한다. 노자는 진짜 중요한 것이 무엇인지 모르고 껍데기나 환영에 불과한 것을 깊이 간직하는 세상 사람들의 어리석음을 비판하는 것이지 정말로 소중한 것을 간직하는 것을 부정하지는 않는다.

❢ 是故甚愛必大費. 多藏必厚亡.

그러므로 이름을 지나치게 사랑하면 반드시 몸을 크게 허비하고, 재물을 너무 많이 간직하면 반드시 몸을 크게 잃게 된다. 비(費)는 손상(損傷)이나 소비(消費)의 뜻이다. 심애필대비(甚愛必大費)는 명예나 명리를 몹시 좋아하면 반드시 자신의 몸이나 본성 혹은 생명을 크게 손상시킨다는 뜻이다. 다장필후망(多藏必厚亡)은 재물을 많이 저장해 두면 반드시 몸을 크게 잃거나 아니면 크게 도둑을 맞거나 잃게 된다. 하상공은 이것을 "살아서 창고에 많이 간직하고, 죽어서 무덤에 많이 간직하면 살아서는 도둑이 쳐들어올까 염려하고 죽어서는 도굴될까 근심한다"고 풀었다.

❢ 知足不辱, 知止不殆, 可以長久.

그러므로 만족할 줄 알면 욕된 일을 당하지 않고, 멈출 줄 알면 위태롭지 않으니, 그렇게 해야 오래 갈 수 있다. 불욕(不辱)은 욕된 일을 당하지 않는다는 것이고, 불태(不殆)는 위태롭지 않다는 뜻이다. 세상 사람들은 허망한 명예나 이득을 추구하느라고 귀중한 자기의 몸과 본성과 생명을 손상시키고 소비하고 있다. 명예나 재물도 내 몸을 위해 있는 것인데, 내 몸을 손상시키고 잃으면서까지 명예나 이득을 얻어서 무엇 하겠는가. 노자는 오래 온전하게 살기 위해서는 만족할 줄 알고, 멈출 줄 알아야 한다고 했다. 명리를 심애(甚愛)하지 않고, 재물을 다장(多藏)하지 않으면, 대비(大費)나 후망(厚亡)이 없고, 지족(知足)하고 지지(知止)하면 불욕(不辱)·불태(不殆)하여 가이장구(可以長久)하다는 것이다. 한편 유가(儒家)에서는 명예나 명덕(名德)을 존중한다. 『논어』 「위령공」편에 "군자는 죽을 때까지 이름 내지 못하는 것을 두려워한다(君子疾沒世而名不稱焉))"고 했듯이, 덕건명립(德建名立) 즉 훌륭한 덕(德)을 세우면 자연히 이름이 날 것이라고 했다. 물론 이것은 허명(虛名)이 아니다. 그러나 노자는 이와는 반대로 인의도덕 같은 규범을 부정했고 이름 같은 것도 내지 말라고 했다. 소박한 상태로 무위자연의 도를 따라 스스로 있는 상태, 스스로 만족할 줄 아는 상태에 처하는 것이 '장구지도(長久之道)'로서 영원한 삶의 길이라 했다.

한편 이런 장구한 삶은 노자만의 목표는 아닐 것이다. 살신성인하는 도덕에서는 육체적 장구함보다는 명예의 장구함이 더 중시되고, 죽음도 두려워하지 않는 의리의 선비들에게는 개인의 장구함이 아니라 이상적인 선한 사회의 장구함이 더 중시되지만 장구한 삶을 도모한다는 점에서는 모두 같다. 그렇지만 노자는 명예보다는 생명을 더 존중하고, 이상적인 선한 사회보다는 자연적 자발성에 의해 지속되는 사회를 추구했다. 노자는 명예나 선함보다는 생명이나 생존을 더 중시하기 때문이다.

제45장

청정(淸靜): 맑고 고요함

크게 이룬 것은 부족하여 모자라는 것 같지만 그 쓰임은 끝이 없고, 크게 찬 것은 텅 빈 것 같지만 그 쓰임은 다함이 없다. 크게 곧은 것은 굽은 것 같고, 큰 기교는 졸렬한 듯하고, 말을 아주 잘하는 것은 더듬는 듯하다. 고요함은 조급함을 이기고, 찬 것은 더운 것을 이기며, 맑고 고요함은 천하의 주인이 된다.

大成若缺, 其用不弊. 大盈若沖, 其用不窮. 大直若屈, 大巧若拙, 大辯
대성약결, 기용불폐. 대영약충, 기용불궁. 대직약굴, 대교약졸, 대변

若訥. 靜勝躁, 寒勝熱, 淸靜爲天下正.
약눌. 정승조, 한승열, 청정위천하정

大(큰 대), 成(이룰 성), 若(같을 약, 만약 약), 缺(이지러질 결, 없어질 결, 모자랄 결), 其(그 기), 用(쓸 용), 不(아닐 불), 弊(헤질 폐, 폐단 폐), 盈(찰 영), 沖(빌 충, 화할 충, 깊을 충), 窮(다할 궁, 막힐 궁, 궁구할 궁), 直(곧을 직), 屈(굽을 굴), 巧(공교할 교), 拙(졸할 졸, 서투를 졸), 辯(말잘할 변), 訥(말더듬을 눌), 靜(고요할 정), 勝(이길 승, 뛰어날 승, 모두 승), 躁(성급할 조), 寒(찰 한), 熱(더울 열), 淸(맑을 청), 爲(할 위, 될 위, 여길 위), 天(하늘 천), 下(아래 하), 正(바를 정)

Calm Quietude

The highest perfection is like imperfection, And its use is never impaired.
The greatest abundance seems meager, And its use will never fail.
What s most straight appears devious, The greatest skill appears clumsiness;
The greatest eloquence seems like stuttering.
Movement overcomes cold, (But) keeping still overcomes heat.
Who is calm and quiet becomes the guide for the universe.

王弼註

大成若缺, 其用不弊,
隨物而成, 不爲一象, 故若缺也.

大盈若沖, 其用不窮.
大盈充足, 隨物而與, 無所愛矜, 故若沖也.

大直若屈,
隨物而直, 直不在一, 故若屈也.

大巧若拙,
大巧因自然以成器, 不造爲異端, 故若拙也.

大辯若訥.
大辯因物而言, 己無所造, 故若訥也.

躁勝寒, 靜勝熱, 淸靜爲天下正.
躁罷然後勝寒, 靜無爲以勝熱. 以此推之, 則淸靜爲天下正也. 靜則全物之眞, 躁則犯物之性, 故惟淸靜, 乃得如上諸大也.

된다. 생어교(生於郊)는 전쟁터에서 새끼를 낳는다는 말이다. 전시에는 군마가 모자라 새끼를 밴 암말조차 징용해 쓴다. 『염철론(鹽鐵論)』「미통편(未通篇)」에 다음과 같은 내용이 나온다. 즉 "호(胡)나 월(越)을 치지 않았을 때는 모두가 풍족하고 농부는 말을 농경에 썼고, 누구나 말을 탔으며, 그 때에는 군마를 물려 농경에 썼다(當此之時, 卻走馬糞). 그러자 후에 전쟁이 자주 일어나면서 "군마가 부족하여 새끼 밴 암컷마저 군에서 썼으므로 싸움터에서 새끼를 낳았다(戎馬不足, 牸牝入陣, 故駒犢生於戰地). 또한 가축이나 농사가 안되어 백성들이 굶주렸다."

❢ 禍莫大於不知足, 咎莫大於欲得. 故知足之足常足矣.

만족할 줄 모르는 것보다 더 큰 화가 없고, 항상 무엇을 얻겠다고 욕심내는 것보다 더 큰 허물은 없다. 그러므로 만족할 줄 아는 넉넉한 마음은 항상 풍족하다. 화(禍)는 재앙이나 재화이다. 막대어(莫大於)는 ~보다 더 큰 것이 없다는 말이다. 구(咎)는 허물, 잘못, 죄과의 뜻이다. 욕득(欲得)은 얻겠다는 욕심이나 탐욕을 말한다. 지족지족(知足之足)은 지족(知足)하는 마음의 넉넉함이라는 뜻이다. 즉 족함을 아는 넉넉한 마음이다. 상족(常足)은 항상 풍족하고 넉넉하다는 말이다. 『맹자(孟子)』「진심하」에 "마음을 기르는 데는 욕심을 적게 가지는 것보다 좋은 것이 없다. 사람됨이 욕심이 적으면 가지지 못한 것이 있겠지만 가지지 못한 것이 별로 없다고 여길 것이며, 사람됨이 욕심이 많으면 가진 것이 있더라도 그 가진 것이 적다고 여길 것이다(孟子曰 養心이 莫善於寡欲하니 其爲人也 寡欲이면 雖有不存焉者라도 寡矣오, 其爲人也 多欲이면 雖有存焉者라도 寡矣니라)"고 했다.

왕필은 "천하에 도가 행해지면 만족하고 멈출 줄 알아, 밖으로 구하지 않고 저마다 자신의 내면세계를 닦는다. 천하에 도가 행해지지 않으면 탐욕이 끝이 없어, 자기의 내면세계를 닦지 않고 밖으로만 구한다(天下有道, 知足知止, 無求於外, 各修其內而已. 天下無道, 貪欲無厭, 不修其內, 各求於外)"고 했다.

제47장

천도(天道): 하늘의 도

문을 나서지 않아도 천하를 알 수 있고, 창밖을 내다보지 않아도 하늘의 도를 알 수 있다. 밖으로 멀리 나가면 나갈수록, 그 아는 것은 더 적어진다. 이 때문에 도를 터득한 성인은 돌아다니지 않아도 알고, 보지 않고도 그 이름을 말하고, 하지 않고도 이룬다.

不出戶, 知天下. 不窺牖, 見天道. 其出彌遠, 其知彌少. 是以聖人不行
불출호, 지천하. 불규유, 견천도. 기출미원, 기지미소. 시이성인불행

而知, 不見而名, 不爲而成.
이지, 불견이명. 불위이성.

不(아닐 불), 出(날 출), 戶(지게문 호), 知(알 지), 天(하늘 천), 下(아래 하), 窺(엿볼 규), 牖(창 유), 見(볼 견, 나타낼 현), 道(길 도), 其(그 기), 彌(두루 미, 찰 미, 더욱 미), 遠(멀 원), 少(적을 소), 是(이 시, 옳을 시, 이에 시), 以(써 이), 聖(성인 성), 人(사람 인), 行(다닐 행, 행할 행), 而(말 이을 이), 名(이름 명), 爲(할 위, 될 위, 여길 위), 成(이룰 성)

Pursuit of Knowledge

Without stepping outside one's doors,
One can know what is happening in the world,
Without looking out of one's windows, One can see the Tao of heaven.

The farther one pursues knowledge, The less one knows.
Therefore the Sage knows without running about,
Understands without seeing, Accomplishes without doing.

王弼註

不出戶, 知天下, 不闚牖, 見天道.
事有宗而物有主, 途雖殊而同歸也, 慮雖百而其致一也. 道有大常, 理有大致. 執古之道, 可以御今, 雖處於今, 可以知古始. 故不出戶闚牖, 而可知也.
其出彌遠, 其知彌少,
無在於一, 而求之於衆也. 道視之不可見, 聽之不可聞, 搏之不可得. 如其知之, 不須出戶, 若其不知, 出愈遠愈迷也.
是以聖人不行而知, 不見而名,
得物之致, 故雖不行, 而慮可知也. 識物之宗, 故雖不見, 而是非之理可得而名也.
不爲而成.
明物之性, 因之而已, 故雖不爲, 而使之成矣.

❢ 不出戶, 知天下. 不窺牖, 見天道. 其出彌遠, 其知彌少.

문을 나서지 않아도 천하를 알 수 있고, 창밖을 내다보지 않아도 하늘의 도를 알 수 있다. 대체로 '호(戶)'는 방문을, '유(牖)'는 창문을 가리킨다(11장 참조). '규

(窺)'는 왕필본에 '규(闚)'로 되어 있는데, 전자는 구멍[穴]으로 엿보는 것이고 후자는 문 틈[門]으로 엿보는 것이다(필원). 불규유(不窺牖)는 창밖을 내다보지 않는다는 말이다. 천도(天道)는 하늘의 도리나 이법을 말한다. 미(彌)는 '더욱'이라는 뜻이다. 기출미원(其出彌遠)은 '밖으로 멀리 나가면 나갈수록'이라는 뜻이다. 기지미소(其知彌少)는 그 아는 것이 더욱 적게 된다는 뜻이다. 이것은 유가에서 말하는 군자의 혈구지도(絜矩之道)를 떠올리게 한다. 즉 "자신의 몸으로 남의 몸을 알고 자신의 집안으로 남의 집안을 아는 것"처럼, 세상의 이치는 모두 같고, 그 이치가 나에게도 구현되어 있기 때문에, 나를 살피면 세상의 모든 것을 알 수 있다는 말일 것이다.

❢ 是以聖人不行而知, 不見而名, 不爲而成.

이 때문에 도를 터득한 성인은 돌아다니지 않아도 알고, 보지 않고도 그 이름을 말하고, 하지 않고도 이룬다. 마서륜은 여기에서 '명(名)'이 '명(明)'과 같다고 하면서 '밝다' 또는 '지혜롭다'는 뜻으로 새겨야 한다고 했고, 노건도 해당 구절을 "드러내지 않아도 스스로 밝다"는 뜻으로 새겨야 한다고 했다. 참다운 총명과 영지(英知)는 밖에 있는 현상계나 표피적 감각세계에서 얻어지는 것이 아니라, 심중의 허정(虛靜)에서 얻어진다는 것을 강조했다. 왕필은 "사물이 귀착되는 바를 체득했기 때문에 비록 돌아다니지 않더라도 생각하여 알 수 있고, 사물의 근본을 알기 때문에 비록 보지 않아도 옳고 그름의 이치를 이름할 수 있으며, 사물의 본성에 밝아 그것에 따를 뿐이기 때문에 비록 하지 않아도 이루게 할 수 있다"고 이 문장을 설명했다.

제48장 일손(日損): 나날이 덜어냄

학문을 하는 사람은 날마다 더하고, 도를 닦는 사람은 날마다 덜어낸다. 덜어내고 덜어내면 무위에 이를 것이니, 무위하면 하지 못하는 것이 없다. 천하를 취하는 데에는 반드시 일없음으로 해야 할 것이니, 일있음에 이르면 천하를 취하기에 부족하다.

爲學日益, 爲道日損. 損之又損, 以至於無爲. 無爲而無不爲. 取天下常
위학일익, 위도일손. 손지우손, 이지어무위. 무위이무불위. 취천하상

以無事. 及其有事, 不足以取天下.
이무사. 급기유사, 부족이취천하.

爲(할 위, 될 위, 여길 위), 學(배울 학), 日(날 일, 날마다 일), 益(더할 익), 爲(할 위, 될 위, 여길 위), 道(길 도), 損(덜 손), 之(갈 지, 어조사 지), 又(또 우), 以(써 이), 至(이를 지, 지극할 지), 於(어조사 어), 無(없을 무), 不(아닐 불), 取(취할 취), 天(하늘 천), 下(아래 하), 常(항상 상), 事(일 사, 일삼을 사, 섬길 사), 及(미칠 급), 其(그 기), 有(있을 유), 足(족할 족, 발 족)

Conquering the World by Inaction

The student of knowledge (aims at) learning day by day;
The student of Tao (aims at) losing day by day.
By continual losing, One reaches doing nothing (laissez-faire).
He who conquers the world often does so by doing nothing.
When one is compelled to do something,
The world is already beyond his conquering.

王弼註

爲學日益,
務欲進其所能, 益其所習.

爲道日損.
務欲反虛無也.

損之又損, 以至於無爲, 無爲而無不爲.
有爲則有所失, 故無爲乃無所不爲也.

取天下, 常以無事,
動常因也.

及其有事,
自己造也.

不足以取天下.
失統本也.

❢ 爲學日益. 爲道日損. 損之又損. 以至於無爲. 無爲而無不爲.

학문을 하는 사람은 날마다 더하고, 도를 닦는 사람은 날마다 덜어낸다. 덜어내고 덜어내면 무위에 이를 것이니, 무위하면 하지 못하는 것이 없다. 위학일익(爲學日益)은 학문을 하면 날로 지식이 늘어난다는 말이다. 위학(爲學)은 이른바 인의예지(仁義禮智)의 유가적 학문을 한다는 뜻이다. 일익(日益)은 현상계에 대한 외면적 지식이 늘어난다는 뜻이다. 하상공은 "학(學)은 정교(政敎)나 예악(禮樂)의 학문이다. 일익(日益)은 정욕(情欲)·문식(文飾)이 날로 많아진다"고 했다. 위도일손(爲道日損)은 도를 닦으면 지식이나 욕구가 날로 적어진다. 손지우손(損之又損)은 지식과 욕구를 덜어내고 또 덜어낸다는 말이다. 하상공은 덜어내고 또 덜어내는 대상이 정욕과 문식(文飾)이라고 했다. 흔히 지식 전체를 덜어내는 것이 아니라 학문을 함으로써 생기는 부작용, 곧 늘어나는 정욕과 문식을 덜어낸다는 것이다. 명나라의 승려 덕청(감산)은 "처음에는 지혜로써 감정을 제거하니 덜어낸다고 할 수 있다. 감정을 잊으면 지혜도 사라진다. 그러므로 또 덜어내는 것이다. 이렇게 하면 마음(주관)과 대상(객관)을 모두 잊게 되고 사욕이 사라진다"고 했다. 이지어무위(以至於無爲)는 계속 덜어냄으로써 무위에 이르게 된다는 말이다. 무위이무불위(無爲而無不爲)는 무위하면 하지 못하는 것이 없다는 뜻이다. '이(而)'는 '즉(則)'과 통한다. 무위(無爲)는 아무것도 하지 않고 가만히 있다는 것이 아니라 무엇을 인위적으로 억지로 하지 않는다는, 곧 따르고 순응한다는 의미다. 그 결과인 '무불위'도 원하면 무엇이든 할 수 있다는 것이 아니다. 『회남자』「원도훈」에 적절한 설명이 있다. "무위란 사물에 앞서서 무엇인가를 하지 않는다는 뜻이다. 무불위란 사물이 하는 바를 따른다는 뜻이다." 곧 '무불위'는 무위의 자연스러운 결과다. 바람이 불면 부는 대로 몸을 내맡기므로 바람처럼 움직일 수 있고, 세상이 변화하면 변화하는 대로 따라가기 때문에 세상의 변화 모두를 경험할 수 있다. 자기가 기준이 아니라 자연과 시간의 흐름, 사물이 기준이기 때문에 그것을 따르면 그것이 빚어내는 세상 속으로 들어갈 수 있다. 이것이 "하지 못하는 것이 없다"는 것이다.

❢ 取天下常以無事. 及其有事, 不足以取天下.

천하를 취하는 데에는 반드시 일없음으로 해야 할 것이니, 일있음에 이르면 천하를 취하기에 부족하다. 취(取)는 치(治), 위(爲), 혹은 차지한다는 뜻이다. 취천하(取天下)는 천하를 취한다, 차지한다는 뜻이다. 제29장에는 "장차 천하를 취하고자 인위적인 작위를 한다면(將欲取天下, 而爲之)"이라고 했다. 상이무사(常以無事)는 "항상 일 없음으로 해야 할 것이니"라는 말이다. 급기유사(及其有事)는 "그 일 있음에 이르면" 혹은 "만약에 번잡하게 일을 벌이면" 하는 뜻이다. 유사(有事)는 유위(有爲), 즉 교령(教令)이나 형벌(刑罰)같은 것을 가지고 다스린다는 뜻이다. 이것과 관련하여 육희성은 "유위하는 사람은 인정에 근거하여 법제를 만들기 때문에 '일이 있다.' 일이 있으면 백성이 피곤하고 백성이 피곤하면 반란을 일으킨다. 무위하는 사람은 사물의 본성에 따르고 자연스러움으로 그것을 보완하니 '일이 없다.' 일이 없으면 백성이 편안하고, 백성이 편안하면 그에게 돌아갈 것이다"고 했다. 육희성이 설명하는 대로 무위·무사의 끝은 천하가 그에게로 돌아가는 것이다. 일 없음으로부터 나오는 이러한 자율적 복종을 통해서만 진정으로 천하를 취할 수 있다는 것이 노자의 생각이었다. 제57장에서도 "일 없음으로 천하를 취한다(以無事取天下)"고 하였다.

제49장

덕선(德善): 덕이 선량함

성인은 고정된 마음이나 선입견이 없이, 백성의 마음을 자기의 마음으로 삼는다. 선량한 사람에게도 내가 선량하게 대하고, 선량하지 못한 사람에게도 내가 선량하게 대하니, 그 덕이 선량함이다. 신실(信實)한 사람에게도 내가 신실하게 대하고, 신실하지 않은 사람에게도 내가 신실하게 대하니, 그 덕이 신실함이다. 성인이 천하에 임할 때에는, 아무런 구분 없이 모두 거두어 천하와 자기의 마음이 혼연일체를 이루게 한다. 백성들은 모두 성인에게 이목을 기울이나, 성인은 모두를 어린아이로 대한다.

聖人無常心, 以百姓心爲心. 善者, 吾善之. 不善者, 吾亦善之, 德, 善.
성인무상심, 이백성심위심. 선자, 오선지. 불선자, 오역선지, 덕, 선.

信者, 吾信之, 不信者, 吾亦信之, 德, 信. 聖人在天下, 歙歙焉,
신자, 오신지, 불신자, 오역신지, 덕, 신. 성인재천하, 흡흡언,

爲天下渾其心. 百姓皆注其耳目, 聖人皆孩之.
위천하혼기심. 백성개주기이목, 성인개해지.

聖(성인 성), 人(사람 인), 無(없을 무), 常(항상 상), 心(마음 심), 以(써 이), 百(일백 백, 모두 백), 姓(성씨 성, 백성 성), 爲(할 위, 될 위, 여길 위), 善(착할 선), 者(놈 자), 吾(나 오), 之(갈 지, 어조사 지), 不(아닐 불), 吾(나 오), 亦(또 역), 德(덕 덕, 큰 덕), 信(믿을 신), 在(있을 재), 天(하늘 천), 下(아래 하), 歙(줄일 흡, 움츠릴 흡), 焉(어조사 언), 渾(섞일 혼, 흐릴 혼), 其(그 기), 皆(다 개), 注(물댈 주, 모을 주), 耳(귀 이), 目(눈 목), 孩(어린아이 해)

The People's Hearts

The Sage has no decided opinions and feelings,
But regards the people's opinions and feelings as his own.

The good ones I declare good; The bad ones I also declare good.
That is the goodness of Virtue.
The honest ones I believe; The liars I also believe;
That is the faith of Virtue.

The Sage dwells in the world peacefully, harmoniously.
The people of the world are brought into a community of heart,
And the Sage regards them all as his own children.

王弼註

聖人無常心, 以百姓心爲心.
動常因也.

善者吾善之, 不善者吾亦善之,
各因其用, 則善不失也.

德善.
無棄人也.

信者吾信之, 不信者吾亦信之, 德信. 聖人在天下歙歙, 爲天下渾其心,
各用聰明.

聖人皆孩之.
皆使和而無欲, 如嬰兒也. 夫天地設位, 聖人成能, 人謀鬼謀, 百姓與能者, 能者與之, 資者取之, 能大則大, 資貴則貴. 物有其宗, 事有其主. 如此, 則可冕旒充目而不懼於欺, 黈纊塞耳而無戚於慢. 又何爲勞一身之聰明, 以察百姓之情哉.

夫以明察物, 物亦競以其明應之, 以不信察物, 物亦競以其不信應之. 夫天下之心不必同, 其所應不敢異, 則莫肯用其情矣. 甚矣. 害之大也, 莫大於用其明矣. 夫在智則人與之訟, 在力則人與之爭. 智不出於人而立乎訟地, 則窮矣, 力不出於人而立乎爭地, 則危矣. 未有能使人無用其智力乎己者야, 如此則己以一敵人, 而人以千萬敵己也. 若乃多其法網, 煩其刑罰, 塞其徑路, 攻其幽宅, 則萬物失其自然, 百姓喪其手足, 鳥亂於上, 魚亂於下.

是以聖人之於天下歙歙焉, 心無所主也. 爲天下渾心焉, 意無所適莫也. 無所察焉, 百姓何避, 無所求焉, 百姓何應. 無避無應, 則莫不用其情矣. 人無爲舍其所能, 而爲其所不能, 舍其所長, 而爲其所短. 如此, 則言者言其所知, 行者行其所能, 百姓各皆注其耳目焉, 吾皆孩之而已.

❢ 聖人無常心, 以百姓心爲心. 善者, 吾善之. 不善者, 吾亦善之, 德, 善. 信者, 吾信之, 不信者, 吾亦信之, 德, 信.

성인은 고정된 마음이나 선입견이 없이, 백성의 마음을 자기의 마음으로 삼는다. 선량한 사람에게도 내가 선량하게 대하고, 선량하지 못한 사람에게도 내가 선량하게 대하니, 그 덕이 선량함이다. 신실(信實)한 사람에게도 내가 신실하게 대하고, 신실하지 않은 사람에게도 내가 신실하게 대하니, 그 덕이 신실함이다. 무상심(無常心)은 고정된 마음이나 사심을 말한다. 덕선(德善)은 성인의 그러한 덕이 선량함이라는 뜻이다. 선한 사람이나 선하지 않은 사람이나 모두 선하게 대하고, 미더운 사람이나 미덥지 못한 사람이나 모두 믿음으로 대한다는 말이다.

❢ 聖人在天下, 歙歙焉, 爲天下渾其心. 百姓皆注其耳目, 聖人皆孩之.

성인이 천하에 임할 때에는, 아무런 구분 없이 모두 거두어 천하와 자기의 마음이 혼연일체를 이루게 한다. 백성들은 모두 성인에게 이목을 기울이나, 성인은 모두를 어린아이로 대한다. 흡(歙)은 거두다, 수렴(收斂)하다, 움츠리다, 수축(收縮)하다는 뜻이다. 흡흡언(歙歙焉)은 아무런 구분 없이 거둔다는 의미이다. '흡흡(歙歙)'은 판본에 따라 '출출(怵怵)'로 되어 있는 곳도 있고(하상공·경룡비본 등), '첩첩(惵惵)'으로 되어 있는 곳도 있다(왕진·육희성본 등). '흡(歙)'은 '흡(翕)'과 통하는 글자로 새가 날개깃을 모으는 것처럼, 거두어 모은다거나 합한다는 의미를 가진다. 그러므로 '흡흡언'은 들쭉날쭉한 것들을 분별하지 않고 하나로 모으는 모양이다. 그래서 "착하거나 미더운 사람이 스스로를 특이하다고 생각하지 않도록 하고, 불선하거나 미덥지 않은 사람이 스스로 버려졌다고 생각하지 않도록 하는(여혜경)" 것이다. 혼기심(渾其心)은 성인이 천하와 자기의 마음을 혼연히 일체가 되게 한다는 뜻이다. 하상공은 "마음을 섞는다"를 마치 자신이 우매한 것처럼 "마음을 흐리게 한다"로 해석했다. 백성개주기이목(百姓皆注其耳目)은 백성들이 모두 이목을 성인에게 기울인다는 뜻이다. 성인개해지(聖人皆孩之)는 성인은 백성들을 순진하고 소박한 어린아이와 같이 대한다는 뜻이다.

도를 터득한 성인은 고정관념이나 독단에 사로잡히는 일이 없다. 항상 백성들과 같은 마음으로 생성화육을 스스로 하도록 한다. 동시에 성인은 모든 사람을 큰 눈으로 동등하게 대한다. 세상의 위정자들처럼 자기에게 잘하면 좋다 하고 자기에게 반대하면 나쁘다고 하는 일이 없다. 즉 주관적 가치 평가나 자기중심의 선악관으로 백성을 분별하는 일이 없다. 그리고 성인은 백성의 의욕이나 욕심을 제거하여 순진하고 소박한 어린아이의 상태로 돌아가게 하고 언제까지나 천하를 무사태평하게 한다. 이것이 노자가 이상으로 삼고 있는 무위지치(無爲之治)이다.

제50장
생사(生死): 삶과 죽음

사람이 태어나서 죽기까지의 인생행로를 보면, 타고난 삶을 다 사는 사람들이 열에 셋이고, 얼마 살지 못하고 일찍 죽는 사람들이 열에 셋이다. 태어나서 살다가 몸을 움직여 사지로 가는 사람들 또한 열에 셋이다. 무슨 까닭인가. 살고 또 살려고 하는 마음이 커서 생을 너무 중히 여기기 때문이다. 듣기로는 섭생을 잘하는 사람은 육지에 다녀도 코뿔소나 호랑이를 만나지 않고, 전쟁터에 가도 무장한 군사에게서 해를 입지 않는다고 한다. 코뿔소도 그 뿔로 덤벼드는 일이 없고, 호랑이도 그 발톱으로 할퀴려 하는 일이 없으며, 병사들이 칼날로 베는 일도 없다. 무슨 까닭인가. 그에게는 죽음을 두려워하는 사지가 따로 있지 않기 때문이다.

出生入死, 生之徒十有三, 死之徒十有三. 人之生, 動之於死地, 亦十有三.
출생입사, 생지도십유삼, 사지도십유삼. 인지생, 동지어사지, 역십유삼.

夫何故? 以其生生之厚. 蓋聞善攝生者, 陸行不遇兕虎, 入軍不被甲兵.
부하고? 이기생생지후. 개문선섭생자, 육행불우시호, 입군불피갑병.

兕無所投其角, 虎無所用其爪, 兵無所容其刃. 夫何故? 以其無死地.
시무소투기각, 호무소용기조, 병무소용기인. 부하고? 이기무사지.

出(날 출), 生(날 생, 살 생), 入(들 입), 死(죽을 사), 之(갈 지, 어조사 지), 徒(무리 도, 걸을 도), 十(열 십), 有(있을 유), 三(석 삼), 人(사람 인), 動(움직일 동), 於(어조사 어), 地(땅 지), 亦(또 역), 夫(무릇·대저 부, 저 부, 지아비 부), 何(어찌 하), 故(연고 고, 옛 고), 以(써 이), 其(그 기), 厚(두터울 후), 蓋(덮을 개, 대개 개), 聞(들을 문), 善(착할 선), 攝(잡을 섭, 다스릴 섭), 者(놈 자), 陸(뭍 육), 行(다닐 행, 행할 행), 不(아닐 불), 遇(만날 우), 兕(외뿔들소 시), 虎(호랑이 호), 入(들 입), 軍(군사 군), 被(입을 피), 甲(갑옷 갑, 친압할 갑, 싹틀 갑), 兵(군사 병). 無(없을 부), 所(바 소), 投(던질 투, 뛰어들 투), 角(뿔 각), 用(쓸 용), 爪(손톱 조), 容(얼굴 용, 꾸밀 용, 용납할 용), 刃(칼날 인), 地(땅 지)

The Preserving of Life

Out of life, death enters.
The companions (organs) of life are thirteen;
The companions (organs) of death are (also) thirteen.
What send man to death in this life are also (these) thirteen.
How is it so? Because of the intense activity of multiplying life.

It has been said that the who is a good preserver of his life
Meets no tigers or wild buffaloes on land,
Is not vulnerable to weapons in the field of battle.
The horns of the wild buffalo are powerless against him.
How is it so? Because he is beyond death.

王弼註

出生入死,
出生地, 入死地.

生之徒十有三, 死之徒十有三. 人之生, 動之死地, 亦十有三. 夫何故. 以其生生之厚. 蓋聞善攝生者, 陸行不遇兕虎, 入軍不被甲兵, 無所投其角, 虎無所措其爪, 兵無所容其刃. 夫何故. 以其無死地.

十有三, 猶云十分有三分. 取其生道, 全生之極, 十分有三耳, 取死之道, 全死之極, 亦十分有三耳. 而民生生之厚, 更之無生之地焉. 善攝生者, 無以生爲生, 故無死地也. 器之害者, 莫甚乎戈兵, 獸之害者, 莫甚乎兕虎. 而令兵戈無所容其鋒刃, 兕虎無所措其爪角, 斯誠不以欲累其身者也, 何死地之有乎.

夫蚖蟺以淵爲淺, 而鑿穴其中, 鷹鸇以山爲卑, 而增巢其上. 矰繳不能及, 網罟不能到, 可謂處於無死地矣. 然而卒以甘餌, 乃入於無生之地, 豈非生生之厚乎. 故物, 苟不以求離其本, 不以欲乓其眞, 雖入軍而不害, 陸行而不可犯也. 赤子之可則而貴, 信矣.

❢ 出生入死, 生之徒十有三, 死之徒十有三. 人之生, 動之於死地, 亦十有三. 夫何故? 以其生生之厚.

사람이 태어나서 죽기까지의 인생행로를 보면, 타고난 삶을 다 사는 사람들이 열에 셋이고, 얼마 살지 못하고 일찍 죽는 사람들이 열에 셋이다. 태어나서 살다가 몸을 움직여 사지로 가는 사람들 또한 열에 셋이다. 이것은 무슨 까닭인가. 살고 또 살려고 하는 마음이 커서 생을 너무 중히 여기기 때문이다. 출생입사(出生入死)는 사람이 태어나서 죽을 때까지를 말한다. 이 세상에 태어나는 것을 생(生)이라 하고, 죽는 것을 사(死)라고 한다. 왕필은 “생지를 벗어나 사지로 든다(出生地入死地)”고 풀었다. 「해로」에 따르면 “사람은 태어남에서 시작하여 죽음에서 마친다. 시작하는 것을 ‘출(出)’이라고 하고 마치는 것을 ‘입(入)’이라고 한다.” 그러므로 '출'은 '생(生)'과 같고, '입'은 '사(死)'와 같다. 『장자』 「경상초」에서 "태어남이 있고 죽음이 있으며, 나옴이 있고 들어감이 있으니 들어가고 나오면서도 그 모습을 드러내지 않는 것을 천문(天門)이라고 한다"고 하는 것과 같다. 그래서 '출생입사'는 인생의 전 과정을 의미한다. 생지도(生之徒)는 수명을 다 누리는 사람들을 말한다. 도(徒)는 무리, 유(類)의 뜻이다. 십유삼(十有三)은 열 중에 셋이라는 말이다. 사지도(死之徒)는 타고난 수명을 다 살지 못하고 일찍 죽는 사람들을 말한다. '생지도'와 '사지도'는 양생을 잘해서 온전히 생명의 길로 접어든 무리와 거꾸로 양생을 잘 못해서 완전히 죽음의 길로 접어든 무리를 가리킨다. 여혜경은 "사는 무리가 십 분의 삼이라는 것은 살만해서 사는 것이지 운이 좋아서 사는 것이 아닌 사람을 가리키며, 죽는 무리가 십 분의 삼이라는 것은 죽을 만해서 죽는 것이지 운이 나빠서 죽는 것이 아닌 사람을 가리킨다"고 했다. 이 두 부류는 천품이 두터워서 장수하는 사람들과 천명이 박해서 요절하는 사람들로서, 특별한 교훈이 필요 없는 사람들이다.

인지생동지어사지(人之生動之於死地)는 사람이 태어나서 삶을 얻었거늘 도리어 죽음의 사지로 가는 사람들을 말한다. 무위자연의 도를 따르지 않고 억지로 욕심을 부리고 지나치게 움직이면 일찍 피폐하고 죽는 법이다. 생생지후(生生之厚)에서 생생(生生)은 탐생(貪生) 또는 구생(求生)으로 풀어, "살고 또 살려고만 한다"는 뜻으로 볼 수가 있다. 후(厚)는 과도하거나 지나치다는 말이다. 지나치게 억지로 살려고만 힘쓰는 사람들이다. 육체적 삶에 집착하여 지나치게 잘 먹고 사치를 하는 사람들이다. 이들 역시 열에 셋인데, 노자가 교훈의 대상으로 삼는다. 그래서 부혁본처럼 "백성들은 살고 또 살려고만 하여 몸을 움직이니, 몸을 움직여 모두 사지로 가는 것이 또한 십 분의 삼이다"거나, 범응원본처럼 "백성들은 살고 또 살려고만 하여 몸을 움직여 사지를 가는 것이 또한 십 분의 삼이다"로 볼 수 있다. 특히 범응원은 이 문장을 "스스로 그 생을 살리려고 하여[自生其生] 마음과 몸을 급히 움직이고 욕심을 부려 사지로 나아가는 것"이라고 풀었다.

❢ 蓋聞善攝生者, 陸行不遇兕虎, 入軍不被甲兵. 兕無所投其角, 虎無所用其爪 兵無所容其刃. 夫何故? 以其無死地.

듣기로는 섭생을 잘하는 사람은 육지에 다녀도 코뿔소나 호랑이를 만나지 않고, 전쟁터에 가도 무장한 군사에게서 해를 입지 않는다고 한다. 코뿔소도 그 뿔로 덤벼들지 않고, 호랑이도 그 발톱으로 할퀴지 않으며, 병사들도 칼날로 베지 않는다. 무슨 까닭인가. 그에게는 죽음을 두려워하는 사지가 따로 있지 않기 때문이다. 개문(蓋聞)은 "대개 듣건데"라는 겸사의 말이다. 선섭생자(善攝生者)는 섭생을 잘하는 사람이다. 시(兕)는 외뿔소 혹은 코뿔소이다. 입군불피갑병(入軍不被甲兵)은 전쟁 중에도 무장한 군사에게 해를 입지 않는다는 말이다. 시무소투기각(兕無所投其角)은 사나운 코뿔소도 뿔로 박고 덤벼들지 않는다는 말이다. 조(爪)는 발톱이다. 병무소용기인(兵無所容其刃)은 병사도 칼날로 베지 않는다는 뜻이다. 『장자』에는 생명을 잘 지키는 사람에 대한 노자의 묘사와 같은 문장을 여러 곳에서 볼 수 있다. 가령 「제물론」은 "지인(至人)은 신통하구나! 큰 못가의 숲이 불타도 뜨겁게 할 수 없고, 황하나 한수의 물이 얼어도 춥게 할 수 없으며, 사나운 벼락이 산을 쪼개고 모진 바람이 바다를 뒤흔들어도 놀라게 하지 못한다"고 했고, 「달생」도 "지인은 금석 같은 것에 스며드는 것으로도 가로막을 수가 없고, 불을 밟아도 뜨거워하지 않으며, 만물의 아득히 높은 위를 가도 두려워하지 않는다"고 했다. 이에 대해 열자가 관윤에게 물었다. "청컨대 어떻게 이렇게 될 수 있는지 묻습니다." 관윤이 말했다. "이것은 순수한 기를 지킨 것이니 지혜나 기술이나 용기로 될 수 있는 것이 아니다. ……그 본성을 온전하게 하고, 그 기를 기르며, 그 덕을 머금고, 자연과 교통하니 이런 사람은 그 천성을 보존한 것이 온전하고 그 정신에는 틈이 없다. 바깥 물건이 어떻게 쳐들어올 수 있겠는가."

무사지(無死地)는 죽음을 의식하는 사지가 따로 없다는 말이다. "무릇 취한 사람이 수레에서 떨어지면 다치기는 해도 죽는 일이란 없지. 뼈마디나 관절은 남과 같되 해를 입는 것이 남과 다른 것은 그 정신이 온전하기 때문일세. 수레에 탄 것도 모르고 떨어진 것 역시 모르지. 생사와 놀라움과 두려움 따위가 가슴속에 들어오지 않으니까 사물에 부딪혀도 두려워하지 않는 거야. 술에서 온전한 상태를 얻고도 이런 정도인데, 하늘[天]로부터 온전함을 얻은 자야 어떻겠는가(「달생」).” 이것은 바로 “무슨 까닭인가? 사지가 없기 때문이다”라는 말을 잘 설명해 주고 있다. “사지가 없다”는 말은 사지를 염두에 두지 않는다는 의미다. 술에 취한 사람이 생사를 생각하지 않기 때문에 수레에서 떨어져도 죽지 않는 것처럼 삶에 대한 과도한 집착에서 벗어나서 사지를 염두에 두지 않는 태도를 견지할 때 생명을 지키는 사람이 된다는 것이다.

제51장

존귀(尊貴): 높고 귀함

도는 낳고 덕이 기르니, 만물은 형체를 갖추고 형세를 이룬다. 그러므로 만물은 도를 존중하고 덕을 귀하게 여기지 않음이 없다. 도의 높음과 덕의 귀함은 그렇게 되도록 하는 어떤 명령함도 없이 항상 무위자연의 이치에 따르기 때문이다. 그러므로 도가 만물을 낳고, 덕이 만물을 기르되, 자라게 하여 양육하며, 형체를 주어 바탕을 이루고, 길러서 덮어준다. 만물을 낳고도 소유하지 않고, 베풀어 주고도 자랑하지 않고, 자라게 하고도 지배하지 않는다. 이것을 현묘한 덕이라 한다.

道生之, 德畜之. 物形之, 勢成之. 是以萬物莫不尊道而貴德. 道之尊,
도생지, 덕휵지. 물형지, 세성지. 시이만물막불존도이귀덕. 도지존,

德之貴, 夫莫之命而常自然. 故道生之, 德畜之. 長之育之, 亭之毒之,
덕지귀, 부막지명이상자연. 고도생지, 덕휵지. 장지육지, 정지독지,

養之覆之. 生而不有, 爲而不恃, 長而不宰. 是謂玄德.
양지부지. 생이불유, 위이불시, 장이부재. 시위현덕.

道(길 도), 生(날 생, 살 생), 之(갈 지, 어조사 지), 德(덕 덕, 큰 덕), 畜(기를 축(휵)), 物(만물 물), 形(형상 형), 勢(기세 세), 成(이룰 성), 是(이 시, 옳을 시, 이에 시), 以(써 이), 萬(일만 만), 莫(없을 막, 말 막), 不(아닐 불), 尊(높을 존), 而(말 이을 이), 貴(귀할 귀), 夫(무릇·대저 부, 저 부, 지아비 부), 命(목숨 명, 명할 명), 常(항상 상), 自(스스로 자), 然(그럴 연), 故(연고 고, 옛 고), 長(길 장, 기를 장), 育(기를 육), 亭(정자 정, 기를 정), 毒(독 독, 키울 독), 養(기를 양), 覆(엎을 복, 덮을 부), 有(있을 유), 爲(할 위, 될 위, 여길 위), 恃(믿을 시), 長(길 장, 어른 장, 자랄 장, 늘 장), 宰(재상 재, 다스릴 재, 고기저밀 재), 謂(이를 위), 玄(검을 현, 현묘할 현)

The Mystic Virtue

Tao gives them birth, Teh (character) fosters them.
The material world gives them form.
The circumstances of the moment complete them.
Therefore all things of the universe worship Tao and exalt Teh.
Tao is worshipped and Teh is exalted
Without anyone's order but is so of its own accord.

Therefore Tao gives them birth, Teh fosters them,
Makes them grow, develops them,
Gives them a harbor, a place to dwell in peace,
Feeds them and shelter them.
It gives them birth and does not own them,
Acts (helps) and does not appropriate them,
Is superior, and does not control them.
This is the Mystic Virtue.

王弼註

道生之, 德畜之, 物形之, 勢成之.
物生而後畜, 畜而後形, 形而後成. 何由而生. 道也. 何得而畜. 德也. 何由而形, 物也. 何使而成. 勢也. 唯因也, 故能無物而不形. 唯勢也, 故能無物而不成. 凡物之所以生, 功之所以成, 皆有所由. 有所由焉, 則莫不由乎道也. 故推而極之, 亦至道也. 隨其所因, 故各有稱焉.

是以萬物莫不存道而貴德.
道者物之所由也. 德者, 物之所得也. 由之乃得, 故曰不得不失, 尊之則害不得不貴也.

道之尊, 德之貴, 夫莫之命而常自然.
命幷作爵

故道生之, 德畜之, 長之育之, 亭之毒之, 養之覆之.
謂成其實, 各得其庇蔭, 不傷其體矣.

生而不有, 爲而不恃,
爲而不有.

長而不宰, 是謂玄德.
有德而不知其主也, 出乎幽冥, 是以謂之玄德也.

❢ 道生之, 德畜之. 物形之, 勢成之. 是以萬物莫不尊道而貴德. 道之尊, 德之貴, 夫莫之命而常自然.

도는 낳고 덕이 기르니, 만물은 형체를 갖추고 형세를 이룬다. 그러므로 만물은 도를 존중하고 덕을 귀하게 여기지 않음이 없다. 도의 높음과 덕의 귀함은 그렇게 되도록 하는 어떤 명령함도 없이 항상 무위자연의 이치에 따르기 때문이다. 도생지(道生之)는 도가 만물을 낳는다는 말이다. 도는 하늘에 속하며 만물 생성의 원리이다. 덕휵지(德畜之)는 덕이 만물을 기른다는 말이다. 덕(德)은 땅에 속하며, 만물을 낳는 원리인 도를 따라 만물을 양육한다. 물형지(物形之)는 만물이 형체를 갖춘다는 말이다. 세(勢)는 환경, 즉 장소나 기후 등의 자연 조건, 또는 영향력이다. 막지명(莫之命)는 어떠한 명령도 없다는 말이다. 동사정은 "하늘에서 명을 받으면 천자가 되고 천자에게서 명을 받으면 제후가 되니 명을 받는 바가 있으면 명을 준 것이 그를 비천하게 할 수 있다. 하지만 도는 만물보다 앞서서 그 명을 통제하니 누가 그것에 명을 줄 수 있겠는가"라고 하였다.

❢ 故道生之, 德畜之. 長之育之, 亭之毒之, 養之覆之.

그러므로 도가 만물을 낳고, 덕이 만물을 기르되, 자라게 하여 양육하며, 형체를 주어 바탕을 이루고, 길러서 덮어준다. 정지독지(亭之毒之)에서 정(亭)은 정(定) 또는 성(成)의 뜻이고, 독(毒)은 안(安) 또는 숙(熟)의 뜻이다. 즉 '安之定之' 혹은 '成之熟之'로 푼다. 정(亭)·독(毒)은 왕필·부혁·범응원·초굉본만 이렇게 되어 있고 나머지 판본에는 모두 성(成)·숙(熟)으로 되어 있다. 왕필의 주해는 의미가 좀 불분명한데 역순정에 따르면 원래 왕필주에는 "'정'은 그 형체를 주는 것이고, '독'은 그 바탕을 완성시키는 것이다"라는 말이 있었다고 한다. 범응원은 부혁과 『광아』를 인용하면서 "'정'은 응결하는 것이고, '독'은 편안히 하는 것이다"라고 하였다. 양지부지(養之覆之)는 양육하고 보호한다는 뜻이다. 부(覆)는 덮어 보호한다는 뜻이다.

❢ 生而不有, 爲而不恃, 長而不宰. 是謂玄德.

만물을 낳고도 소유하지 않고, 베풀어 주고도 자랑하지 않고, 자라게 하고도 지배하지 않는다. 이것을 현묘한 덕이라 한다. 생이불유(生而不有) 이하의 네 구절은 제10장, 제32장, 제34장에 나오는 귀절과 같은 뜻이다. '불시(不恃)'는 하상공에 따르면 "그 보답을 바라지 않는 것"이고, 범응원에 따르면 "자신의 능함을 믿지 않는 것"이다. 두 가지 모두 가능하다. 『장자』는 다음과 같은 노담(노자)의 말을 전한다. "명왕(明王)의 다스림은 공이 천하를 덮을 만해도 자기에게서 나온 것이 아닌 것처럼 행동하고, 교화는 만물에 미치면서도 백성들은 그것에 의지하지 않는다[不恃]. 그 덕화에 이름을 붙일 수가 없지만 만물이 스스로 기쁘도록 하고, 예측할 수 없는 곳에 서서 아무것도 가지지 않는 경지에 노닌다(「응제왕」).” 이러한 명왕의 다스림은 “낳으면서도 자기 소유로 하지 않고, 베풀어 주면서도 뽐내지 않고, 길러주면서도 지배하지 않는다”는 것과 비슷하다. 『장자』 「달생」에도 “위해주면서도 뽐냄이 없고, 길러주면서도 지배하지 않는다”는 말이 보인다.

시위현덕(是謂玄德)은 이것을 현묘한 덕이라 한다는 말이다. 『도덕경』에는 ‘현덕(玄德)’이라는 말이 제10장, 제51장, 제65장 등 세 곳에서 나온다. ‘현(玄)’은 감각할 수 없고, 오묘하고, 헤아릴 수 없고, 주인이 없는 것 등의 모든 의미를 포함하는 글자다. 그러므로 어두컴컴하고 거뭇하다. 왕필은 “현덕이란 덕이 있으면서도 그 주인이 누구인지 알지 못하여 어두컴컴한 곳에서 나온 듯한 것을 말한다”고 하였고, 하상공은 “어두컴컴하여 볼 수 없는 것”이 ‘현’이라고 하였다. 또 소철은 “대덕이 있으면서도 사물들이 알지 못하므로 현덕이라고 한다”고 하였다. 말하자면 현덕은 현묘하여 헤아릴 수 없는 덕을 말한다.

제52장

수모(守母): 어미를 지킴

천지 만물에는 시원(始原)이 있으니 그것을 천하의 어미로 삼는다. 어미를 알고 나면 그 자식을 알게 되니, 자식을 알고 나서 다시 그 어미를 지킨다면 죽을 때까지 위태롭지 않다. 정욕(情欲)의 구멍을 막고, 그 문을 닫으면 종신토록 수고롭지 않을 것이다. 정욕의 구멍을 열고, 그 일에 뛰어든다면 종신토록 구제되지 못한다. 작은 것을 보는 것을 밝다고 하고, 부드러움을 지키는 것을 강하다고 한다. 자신의 빛을 써서 본래의 참된 밝음으로 되돌아간다면, 몸에 재앙을 남기지 않으리니, 이것을 습상(習常), 즉 상도(常道)를 굳게 지켜 드러나지 않게 하는 것이라 한다.

天下有始, 以爲天下母. 旣得其母, 以知其子. 旣知其子, 復守其母.
천하유시, 이위천하모. 기득기모, 이지기자. 기지기자, 부수기모.

沒身不殆. 塞其兌, 閉其門, 終身不勤. 開其兌, 濟其事, 終身不救.
몰신불태. 색기태, 폐기문, 종신불근. 개기태, 제기사, 종신불구.

見小曰明, 守柔曰强. 用其光, 復其明, 無遺身殃. 是謂習常.
견소왈명, 수유왈강. 용기광, 복기명, 무유신앙. 시위습상.

天(하늘 천), 下(아래 하), 有(있을 유), 始(비로소 시, 처음 시), 以(써 이), 爲(할 위, 될 위, 여길 위), 母(어미 모), 旣(이미 기), 得(얻을 득), 其(그 기), 以(써 이), 知(알 지), 子(아들 자), 復(돌아올 복, 다시 부), 守(지킬 수), 沒(가라앉을 몰, 다할 몰, 없어질 몰), 身(몸 신), 不(아닐 불), 殆(위태할 태, 거의 태, 가까울 태), 塞(변방 새, 막을 색), 兌(바꿀 태, 기쁠 태, 구멍 태), 閉(닫을 폐), 門(문 문), 終(마칠 종), 勤(부지런할 근, 근심할 근), 開(열 개), 濟(건널 제, 구제할 제), 事(일 사, 일삼을 사, 섬길 사), 救(건질 구), 見(볼 견, 나타낼 현), 小(작을 소), 曰(가로 왈), 明(밝을 명), 守(지킬 수), 柔(부드러울 유), 强(굳셀 강, 힘쓸 강, 억지로 강), 用(쓸 용), 光(빛 광), 無(없을 무), 遺(끼칠 유, 잃을 유, 버릴 유), 殃(재앙 앙), 是(이 시, 옳을 시, 이에 시), 謂(이를 위), 習(익힐 습), 常(항상 상)

Stealing the Absolute

There was a beginning of the universe
Which may be regarded as the Mother of the Universe.
From the Mother, we may know her sons.
After knowing the sons, keep to the Mother.
Thus one's whole life may be preserved from harm.

Stop its apertures, Close its doors, And one's whole life is without toil.
Open its apertures, Be busy about its affairs,
And one's whole life is beyond redemption.

He who can see the small is clear-sighted;
He who stays by gentility is strong.
Use the light, And return to clear-sightedness.
Thus cause not yourself later distress.
This is to rest in the Absolute.

王弼註

天下有始，以爲天下母.
(善始之，則善養畜之矣. 故天下有始，則可以爲天下母矣.)

旣得其母，以知其子，旣知其子，復守其母，沒身不殆.
母本也. 子末也. 得本以知末，不舍本以逐末也.

塞其兌，閉其門，
兌事欲之所由生. 門事欲之所由從也.

終身不勤.
無事永逸，故終身不勤也.

開其兌，濟其事，終身不救.
不閉其原，而濟其事，故雖終身不救.

見小曰明，守柔曰强.
爲治之功不在大，見大不明，見小乃明. 守强不强，守柔乃强也.

用其光，
顯道以去民迷.

復歸其明，
不明察也.

無遺身殃，是爲習常.
不明察也. 道之常也.

❢ 天下有始. 以爲天下母. 旣得其母，以知其子. 旣知其子，復守其母. 沒身不殆.

천지 만물에는 시원(始原)이 있으니 그것을 천하의 어미로 삼는다. 어미를 알고 나면 그 자식을 알게 되니, 자식을 알고 나서 다시 그 어미를 지킨다면 죽을 때까지 위태롭지 않다. 시(始)는 만물의 시원인 도를 말한다. 이위천하모(以爲天下母)는 천하 만물의 어미로 삼는다는 말이다. 기득기모(旣得其母)는 만물의 근원인 도를 먼저 밝게 알면 하는 뜻이다. 득(得)은 지(知)의 뜻이며, 판본에 따라서는 지

(知)로 쓴 것도 있다. 이지기자(以知其子)는 어미인 도를 먼저 알면 따라서 아들인 만물을 알 수가 있다는 말이다. 부수기모(復守其母)는 다시 그 근원인 어미 즉 도를 지킨다는 말이다.

한편 하상공·범응원은 '시원'이나 '어미'는 모두 도를 가리키고, 다음 글의 '자식'이란 '하나(일)'를 가리킨다고 하였다. 육희성은 '시원'은 무명(無名)을, '어미'는 유명(有名)을, '자식'은 '하나'를 가리킨다고 하였다. 즉 제1장과 제42장을 이 문장에 연결시킨 것이다. 소철은 '시원'은 무명(도), '어미'는 유명, '자식'은 만물을 가리킨다고 하였다. 역시 제1장을 이 문장에 연결시킨 것이다. 모두 제42장의 "도는 하나를 낳는다"는 말을 염두에 두고 우주 발생론으로 이 문장을 이해한 것들이다. 또한 이 문장은 제25장의 "홀로 서서 변하지 않고 두루 행하여 그침이 없으니 천지의 어미가 될 만하다(獨立不改, 周行而不殆, 可以爲天下母)"는 도에 대한 묘사와 비교할 수 있다.

❢ 塞其兌, 閉其門, 終身不勤. 開其兌, 濟其事, 終身不救.

정욕(情欲)의 구멍을 막고, 그 문을 닫으면 종신토록 수고롭지 않을 것이다. 정욕의 구멍을 열고, 그 일에 뛰어든다면 종신토록 구제되지 못한다. 색기태(塞其兌)는 관능적 쾌락이나 정욕(情欲)의 구멍을 막는다는 말이다. 색(塞)은 막다(閉)이고, 태(兌)는 이목구비(耳目口鼻)로서, 나아가서는 정욕이 나타나는 구멍이나 시발점을 뜻한다. 폐기문(閉其門)은 관능적 쾌락이나 정욕이 드나드는 문을 닫는다는 말이다. 불근(不勤)은 수고스럽거나 피곤하지 않다는 말이다. 제기사(濟其事)은 관능적 쾌락이나 정욕이 원하는 것을 해결한다, 즉 욕망을 충족시킨다는 뜻이다.

왕필은 '태(兌)'는 사욕(私慾)이 나오는 곳이고, '문(門)'은 사욕이 통과하는 곳이라고 했다. 그러므로 이 문장은 절욕(節慾) 또는 과욕(寡慾)의 의미가 된다. 그렇다면 이 문장은 『장자』의 혼돈 설화나 「천운」의 "구멍을 막고 정신을 지킨다"는 구절과 상통한다.

❢ **見小曰明. 守柔曰强. 用其光. 復其明. 無遺身殃. 是謂習常.**

작은 것을 보는 것을 밝다고 하고, 부드러움을 지키는 것을 강하다고 한다. 자신의 빛을 써서 본래의 참된 밝음으로 되돌아간다면, 몸에 재앙을 남기지 않으리니, 이것을 습상(習常), 즉 상도(常道)를 굳게 지켜 드러나지 않도록 하는 것이라 한다. 견소왈명(見小曰明)은 작은 것을 보는 것을 밝다고 한다는 말이다. 여기서 작은 것은 도를 비유한 것으로 보인다. 제34장에 "도는 항상 무욕이어서 작다(小)라고 이름 붙일 수 있겠다(常無欲, 可名於小)"고 했기 때문이다. 수유왈강(守柔曰强)은 부드러움을 지키는 것을 강하다고 한다는 말이다. 즉 유약(柔弱)을 지키는 일이 참다운 강자라 하겠다. 이러한 주장은 여러 곳에서 나타난다. 제36장에서 "유약함이 억세고 강함을 이긴다(柔弱勝剛强)"고 했고, 제43장에서는 "천하에서 지극히 부드러운 것이 천하의 지극히 단단한 것을 뚫고 들어가고, 형체가 없는 무형의 힘은 틈이 없는 데까지도 들어가니(天下之至柔, 馳騁天下之至堅, 無有入無間)"라고 했으며, 제76장에는 "뻣뻣하고 강한 것은 죽음의 무리이고, 부드럽고 약한 것은 삶의 무리이다(堅强者死之徒 柔弱者生之徒)고 했다.

「유로」에는 '견소왈명(見小曰明)'과 '수유왈강(守柔曰强)'의 두 가지에 대한 비유가 있다. 옛날 은의 주왕(紂王)이 상아 젓가락을 만들자, 기자(箕子)는 두려움에 떨었다고 한다. 상아 젓가락은 질그릇과 어울리지 않으므로 서옥(犀玉)의 그릇이 필요할 테고, 그런 그릇에는 표태(豹胎) 같은 진미를 담아야 할 테고, 진미는 비단옷이나 고대광실과 어울릴 테고, 결국에는 옳게 마치지 못할 것이기 때문이었다. 기자는 일의 기미를 보고 그 결과를 미리 짐작하여 두려워하였다. 「유로」에 따르면 이런 것이 "작은 것을 보는 것을 밝다고 한다"는 말의 의미다. 또 월왕 구천은 오왕 부차에게 패한 뒤 오나라의 신하로 구차히 연명하며 의장용 무기나 들고 말이나 닦으면서 오왕의 시종 노릇을 마다하지 않았지만 결국은 고소성에서 부차를 죽이고 오를 멸망시킬 수 있었다. 문왕도 은왕(殷王)의 궁문에서 수모를 당했으나 얼굴빛 하나 변하지 않았다. 나중에 그의 아들 무왕은 목야전투에서 은왕을 사로

잡을 수 있었다. 남의 신하가 되고 꾸지람을 참을 수 있는 힘이 결국에는 승리를 가져다준 것이다. 「유로」는 이런 것이 "부드러움을 지키는 것을 강하다고 한다"는 말의 의미라고 한다.

용기광(用其光)은 빛을 써서 현상계를 참되게 인식한다는 뜻이다. 복기명(復其明)은 '用其光'하여 외계의 현상세계를 밝게 알고서 내면의 총명, 즉 은미(隱微)한 도를 터득한 경지로 되돌아가야 한다는 말이다. 광(光)은 '명(明)'의 용(用)이고, '명'은 광의 체(體)다. 그리고 '용기광(用其光)'은 '기지기자(旣知其子)'이고 '복기명(復其明)'은 '부수기모(復守其母)'이다. 한편 "빛을 쓴다"는 말은 언뜻 제4장과 제56장에 나오는 "빛을 누그러뜨리고 먼지와 함께한다(和其光, 同其塵)"는 말과 모순되는 것처럼 보인다. 하지만 그렇지 않다. "그 본래의 참된 밝음으로 되돌아간다"는 것, 곧 밖으로 눈부신 빛을 거두어들이고 그 빛의 근원인 밝음으로 돌아가는 것이 바로 "빛을 누그러뜨리는" 일이기 때문이다. 무유신앙(無遺身殃)은 자신에게 재앙을 남기지 않는다는 말이다. 습상(習常)은 상도(常道)를 굳게 지켜 드러나지 않도록 한다는 뜻이다. 습(習)은 습(襲)으로, 물려받다, 지키고 따르다, 덮어 숨기다 등의 뜻이 있다. 이 습상(習常)은 제27장에 나오는 "이것을 일러 밝음을 이어 받아 지킨다(是謂襲明)"의 습명(襲明)과 같은 말로 보인다. 이러한 참다운 밝음을 얻는 길은 정욕(情慾)의 문을 닫고 외형적인 세계에 미혹되지 말고 허정(虛靜)한 내면세계에 몰두하는 것이다.

제53장

대도(大道): 큰 도

만약 내가 조금이라도 아는 것이 있어서 대도를 행한다면, 오직 은혜를 베푸는 듯 허세부리는 것을 두려워할 뿐이다. 대도는 아주 평탄하건만, 사람들은 샛길만을 좋아하는구나. 조정은 잘 정돈되어 깨끗하지만, 전답은 잡초가 무성하고 백성들의 곳간은 텅 비어 있다. 그런데도 화려한 옷을 입고 날카로운 검을 차고, 맛있는 음식을 물리도록 먹으며, 재물을 쓰고도 남을 만큼 쌓아놓고 있으니, 이것을 일러 도둑질을 자랑하는 것이라고 한다. 이는 도가 아니다.

使我介然有知, 行於大道, 唯施是畏. 大道甚夷, 而民好徑. 朝甚除, 田
사아개연유지, 행어대도, 유시시외. 대도심이, 이민호경. 조심제, 전

甚蕪, 倉甚虛. 服文綵, 帶利劍, 厭飮食, 財貨有餘. 是謂盜夸. 非道也哉.
심무, 창심허. 복문채, 대이검, 염음식, 재화유여. 시위도과. 비도야재.

使(부릴 사, 하여금 사, 만약 사, 사신 사), 我(나 아), 介(끼일 개, 낱 개, 미세한 것 개, 사소한 것 개) 然(그럴 연), 有(있을 유), 知(알 지), 行(다닐 행, 행할 행), 於(어조사 어), 大(큰 대), 道(길 도), 唯(오직 유), 施(베풀 시), 是(이 시, 옳을 시, 이에 시), 畏(두려워할 외), 甚(심할 심), 夷(오랑캐 이, 평평할 이, 온화할 이, 클 이), 而(말 이을 이), 民(백성 민), 好(좋을 호), 徑(지름길 경, 곧바로 경), 朝(아침 조, 조정 조), 除(덜 제, 제외할 제, 섬돌 제), 田(밭 전, 전렵할 전), 蕪(거칠어질 무), 倉(곳집 창, 창고 창), 虛(빌 허). 服(입을 복, 옷 복), 文(글월 문), 綵(비단 채, 무늬 채), 帶(띠 대, 두를 대), 利(이로일 리, 날카로울 리), 劍(칼 검), 厭(싫을 염, 만족할 염), 飮(마실 음), 食(먹을 식, 밥 식), 財(재물 재), 貨(재화 화), 餘(남을 여), 謂(이를 위), 盜(도적 도), 夸(자랑할 과, 사치할 과), 非(아닐 비), 道(길 도), 也(어조사 야), 哉(어조사 재)

Brigandage

If I were possessed of Austere Knowledge,
Walking on the Main Path (Tao), I would avoid the bypaths.
The Main path is easy to walk on, Yet people love the small bypaths.

The (official) courts are spic and span, (While) the fields go untilled,
And the (people's) granaries are very low.
(Yet) clad in embroidered gowns, And carrying find swords,
Surfeited with good food and drinks,
(They are) splitting with wealth and possessions.
This is to lead the world toward brigandage.
Is this not corruption of Tao?

王弼註

使我介然有知，行於大道，唯施是畏.
言若使我可介然有知，行大道於天下，唯施爲之是畏.

大道甚夷，而民好徑.
大道蕩然正平，而民猶尙舍之而不由，好從邪徑，況復施爲以塞大道之中乎. 故曰 大道甚夷，而民好徑.

朝甚除，
朝宮室也. 除潔好也.

田甚蕪，倉甚虛.
朝宮室也. 除潔好也. 朝甚除，則田甚蕪，倉甚虛. 設一而衆害生也.

服文綵，帶利劍，厭飮食，財貨有餘，是謂道，非道也哉.
凡物不以其道得之，則皆邪也，邪則盜也. 夸而不以其道得之，竊位也. 故擧非道以明非道 則皆盜夸也.

❢ 使我介然有知，行於大道，唯施是畏. 大道甚夷，而民好徑.

만약 내가 조금이라도 아는 것이 있어서 대도를 행한다면, 오직 은혜를 베푸는 듯 허세부리는 것을 두려워할 뿐이다. 대도는 아주 평탄하건만, 사람들은 샛길만을 좋아하는구나. 사(使)는 만약의 뜻이다. 노자는 무지·무욕을 주장한다. 그래서 만약 자기로 하여금 유지(有知)하게 한다면 하고 가정법을 썼다. 개연(介然)은 약간, 미소(微小), 또는 홀연, 갑자기라는 뜻이다. 대도(大道)는 무위자연의 대도이다. 유시시외(唯施是畏)에서 시(施))는 베풀다, 뽐내다, 과장(誇張)하다는 뜻이다. 외(畏)는 두려워하다는 말로서, 계신(戒愼)이나 계구(戒懼)의 뜻이다. 하상공은 여기에서 '지(知)'를 맡아 다스린다는 뜻으로 이해하고 이 문장의 앞부분을 "만약 내가 크게 정사를 맡아서 대도를 행한다면 오직 인위적인 일을 행할까봐 두렵다"라고 조금 달리 해석했다. 이(夷)는 평탄하다는 뜻이다. 경(徑)은 지름길, 샛길, 소로(小路), 부정(不正)한 사로(邪路) 등의 뜻이다. 민호경(民好徑)은 사람들이 샛길이나 소로(小路)를 좋아한다는 말이다.

❢ 朝甚除, 田甚蕪, 倉甚虛. 服文綵, 帶利劍, 厭飮食, 財貨有餘. 是謂盜夸. 非道也哉.

조정은 잘 정돈되어 깨끗하지만, 전답은 잡초가 무성하고 백성들의 곳간은 텅 비어 있다. 그런데도 화려한 옷을 입고 날카로운 검을 차고, 맛있는 음식을 물리도록 먹으며, 재물은 쓰고도 남을 만큼 쌓아놓고 있으니, 이것을 일러 도둑질을 자랑하는 것이라고 한다. 이는 도가 아니다. 조정은 화려하고 정갈하게 꾸며 놓았으면서도 백성은 기갈에 허덕이게 하고, 백성의 고통에도 상관없이 일신의 안일만을 추구하는 위정자를 비판하고 있다. 조심제(朝甚除)는 조정이 잘 정돈되어 깨끗하다는 말이다. 왕필도 "조정이 말쑥하다"로 풀었다. 전심무(田甚蕪)는 전답은 잡초가 무성하다는 뜻이다. 창심허(倉甚虛)는 백성들의 곳간이 텅텅 비었다는 뜻이다. 복문채(服文綵)는 임금이나 귀족들이 화려한 무늬의 비단옷을 입고 있다는 뜻이다. 문채(文綵)는 금수(錦繡)와 같다. 대이검(帶利劍)은 날카로운 검을 찬다는 뜻이다. 염(厭)은 음식이 물리다는 뜻이다. 과(夸)는 자랑하다, 사치하다의 뜻이다. 그래서 도과(盜夸)는 도적질을 자랑하는 도둑질 자랑이나, 남의 것을 훔쳐서 사치하는 도둑사치라는 뜻이다. 어느 의미이든 상관없겠지만 일반적으로 도둑질을 자랑한다는 뜻으로 해석한다. 비도야재(非道也哉)는 "이것은 도가 아니도다"라는 뜻이다.

무위자연의 도를 따라 무욕(無欲)을 주장한 노자가 이번에는 이른바 악덕한 위정자들을 심하게 비판했다. 도를 따르지 않고 전쟁이나 가혹한 정치 등으로 국토를 황폐시키고 백성들의 곳간을 텅텅 비게 해놓고, 자기들은 사치와 축재를 하고 있으니, 바로 남의 것을 훔쳐서 하는 도둑사치이거나 도둑질을 자랑하는 것이라고 지탄했다.

제54장

선건(善建): 잘 세운 것

잘 세운 것은 뽑히지 않고, 잘 껴안은 것은 벗어나지 않으니, 자자손손 제사가 끊이질 않을 것이다. 그것으로 몸을 다스리면 그 덕은 몸의 참됨이 될 것이고, 그것으로 집안을 다스리면 그 덕은 집안의 넉넉함이 될 것이며, 그것으로 마을을 다스리면 그 덕은 마을의 장구함이 될 것이고, 그것으로 나라를 다스리면 그 덕은 나라의 풍족함이 될 것이며, 그것으로 천하를 다스리면 그 덕은 천하의 광대함이 될 것이다. 그러므로 몸으로써 몸을 살피고, 집안으로써 집안을 살피며, 고을로써 고을을 살피고, 나라로써 나라를 살피며, 천하로써 천하를 살피느니라. 내가 어떻게 천하가 그러함을 알겠는가. 바로 이 때문이니라.

善建者不拔, 善抱者不脫, 子孫祭祀不輟. 修之於身, 其德乃眞. 修之於
선건자불발, 선포자불탈, 자손제사불철. 수지어신, 기덕내진. 수지어

家, 其德乃餘. 修之於鄕, 其德乃長. 修之於邦, 其德乃豊. 修之於天下,
가, 기덕내여. 수지어향, 기덕내장. 수지어방, 기덕내풍. 수지어천하,

其德乃普. 故以身觀身, 以家觀家, 以鄕觀鄕, 以邦觀邦, 以天下觀天下.
기덕내보. 고이신관신, 이가관가, 이향관향, 이방관방, 이천하관천하.

吾何以知天下然哉, 以此.
오하이지천하연재, 이차.

善(착할 선, 잘할 선), 建(세울 건), 者(놈 자), 不(아닐 불), 拔(뺄 발), 抱(안을 포, 던질 포), 脫(벗을 탈), 子(아들 자), 孫(손자 손), 祭(제사 제), 祀(제사 사), 輟(그칠 철), 修(닦을 수), 之(갈 지, 어조사 지), 於(어조사 어), 身(몸 신), 其(그 기), 德(덕 덕, 큰 덕), 乃(이에 내), 眞(참될 진), 家(집 가), 餘(남을 여), 鄕(고을 향), 長(길 장, 오랠 장, 어른 장), 邦(나라 방), 豊(풍성할 풍), 天(하늘 천), 下(아래 하), 普(널리 미칠 보, 두루 보), 故(연고 고, 옛 고), 以(써 이), 觀(볼 관), 吾(나 오), 何(어찌 하), 知(알 지), 然(그럴 연), 哉(어조사 재), 此(이 차)

The Individual and the State

Who is firmly established is not easily shaken.
Who has a firm grasp does not easily let go.
From generation to generation his ancestral sacrifices
Shall be continued without fail.

Cultivated in the individual, character will become genuine;
Cultivated in the family, character will become abundant;
Cultivated in the village, character will multiply;
Cultivated in the state, character will prosper;
Cultivated in the world, character will become universal.

Therefore;
According to (the character of) the individual, judge the individual;

According to (the character of) the family, judge the family;
According to (the character of) the village, judge the village;
According to (the character of) the state, judge the state;
According to (the character of) the world, judge the world.
How do I know this is so? By this.

王弼註

善建者 不拔,
固其根, 而後營其末, 故不拔也.

善抱者 不脫,
不食於多, 齊其所能, 故不脫也.

子孫以祭祀不輟.
子孫傳此道, 以祭祀則不輟也.

修之於身, 其德乃眞, 修之於家, 其德乃餘.
以身及人也. 修之身則眞, 修之家則有餘, 修之不廢, 所施轉大.

修之於鄕, 其德乃長, 修之於國, 其德乃餘, 修之於天下, 其德乃普. 故以身觀身, 以家觀家, 以鄕觀鄕, 以國觀國,
彼皆然也.

以天下觀天下.
以天下百姓心, 觀天下之道也. 天下之道, 逆順吉凶, 亦皆如人之道也.

吾何以知天下然哉. 以此.
此上之所云也. 言吾何以得知天下乎. 察己以知之, 不求於外也. 所謂不出戶, 以知天下者也.

❢ **善建者不拔, 善抱者不脫, 子孫祭祀不輟.**

잘 세운 것은 뽑히지 않고, 잘 껴안은 것은 벗어나지 않으니, 자자손손 제사가 끊이질 않을 것이다. 선건자불발(善建者不拔)은 잘 세운 것은 뽑히지 않는다는 뜻이다. 즉 무위자연의 도를 따라 잘 세워진 것은 뽑히지 않는다. 불발(不拔)은 확고부동하여 뽑히지 않는 것이다. 포(抱)는 품다, 껴안다 뜻이다. 탈(脫)은 벗어나다는 뜻이다. 불철(不輟)은 그치지 않는다는 뜻이다. 자자손손 제사가 끊이지 않는다는 것은 그 집안이 번성한다는 말이다.

왕필에 따르면 "그 뿌리를 튼튼히 한 이후에 그 말단을 다스리므로 뽑히지 않으며, 많음을 탐하지 않고 그 할 수 있는 것만을 하기 때문에 벗어나지 않는다." 『한비자』 「해로」의 해석도 비슷하다. "(성인은) 한번 나아가고 그치는 원칙을 세우면 비록 좋아할 만한 것을 보더라도 그것에 이끌리지 않으니 이것을 '뽑히지 않는다'고 한다. 또 감정을 온전하게 하여 비록 탐낼 만한 것이 있더라도 정신이 그 때문에 움직이지 않으니 이것을 '벗어나지 않는다'고 한다." 한편 오징은 조금 달리 해석한다. "잘 세우는 자는 세우지 않는 것으로 세우니 영원히 뽑히지 않고, 잘 보듬는[抱] 자는 보듬지 않는 것으로 보듬으니 영원히 벗어나지 않는다." 세우지 않는 것으로 세운다는 말은 억지로 세우려고 하지 않는다는 말로서, 무위와 연결시킨 해석이다. 소철도 "세워놓은 것 중에 뽑히지 않는 것이 이 세상에 어디 있겠으며 보듬은 것 중에 벗어나지 않은 것이 어디 있겠는가마는 오직 성인은……실제로 세운 것이 없기 때문에 그 세운 것이 뽑히지 않을 수 있고, 실제로 잡은 것이 없기 때문에 그 보듬은 것이 벗어나지 않을 수 있다"고 하였다. 넓게 보면 같은 해석이라고 하겠다. 도를 잘 내세우고 또 잘 지키면 모든 것이 잘 길러지고 영원히 번성할 것이다. 따라서 자손도 언제까지나 잘 살고 자손만대 제사도 끊어지지 않을 것이다.

❢ **修之於身, 其德乃眞. 修之於家, 其德乃餘. 修之於鄕, 其德乃長. 修之於邦, 其德乃豊. 修之於天下, 其德乃普.**

그것으로 몸을 다스리면 그 덕은 몸의 참됨이 될 것이고, 그것으로 집안을 다스리면 그 덕은 집안의 넉넉함이 될 것이며, 그것으로 마을을 다스리면 그 덕은 마을의 장구함이 될 것이고, 그것으로 나라를 다스리면 그 덕은 나라의 풍족함이 될 것이며, 그것으로 천하를 다스리면 그 덕은 천하의 광대함이 될 것이다. 기덕내진(其德乃眞)은 그 덕이 참된 자신을 이루는 것이다. 수지어방(修之於邦)은 나라를 다스린다는 뜻인데, 방(邦)을 왕필본처럼 국(國)으로 한 판본들도 있다. 하지만 여기서 (身, 眞), (家, 餘), (鄕, 長), (邦, 豊), (下, 普) 등이 압운(押韻)했으므로 국(國)보다는 방(邦)이 좋다는 견해가 있다. 기덕내보(其德乃普)은 그 덕은 천하가 광대해지는 것이라는 뜻이다. 『한비자』「해로」에 따르면, “몸에는 정기를 쌓는 것이 덕이고, 집안에는 재물이 있는 것이 덕이고, 마을과 나라와 천하에는 백성이 많은 것이 덕이다.” 그러므로 참됨이란 덕이 견고한 것이고, 넉넉함이란 재물에 남음이 있는 것이며, 장구함이란 집안에 여유가 있는 사람이 늘어나는 것이고, 풍족함이란 마을에 덕이 있는 사람이 더욱 늘어나는 것이고, 광대함이란 모든 백성이 올바른 정치의 혜택을 받는 것을 의미한다.

❢ **故以身觀身, 以家觀家, 以鄕觀鄕, 以邦觀邦, 以天下觀天下.**

그러므로 몸으로써 몸을 살피고, 집안으로써 집안을 살피며, 고을로써 고을을 살피고, 나라로써 나라를 살피며, 천하로써 천하를 살피느니라. 이신관신(以身觀身)은 내 몸을 보는 눈으로 남의 몸을 본다는 뜻이다. 하상공은 “몸으로써 몸을 살핀다는 말은 수도한 몸으로써 수도하지 않은 몸을 보아 누가 살고 누가 망하는지를 안다는 말이다”고 했다. 이하 문장도 모두 마찬가지다. 성현영의 말처럼, 요순은 도를 갖춘 임금이고 걸주는 무도한 임금인데, 요순의 눈으로 걸주를 보면 그가 망할 줄을 알 수 있다는 것이다. 육희성은 몸을 다스리는 도리로써 몸을 살피고, 천하를 다스리는 도리로써 천하를 살핀다는 의미라고 하였다. 곧 "잘 세운 것은 뽑히지 않고 잘 껴안은 것은 벗어나지 않는다"는 이치를 몸과 집안과 마을, 국가, 천하에 적용시켜 그것들을 살피면 자자손손 제사가 끊이지 않을지 곧 제사가 끊어져버릴지 알 수 있다는 말이기도 하다. 『관자』 「목민」에는 "고을을 집안으로 생각하여 다스리면 고을이 다스려질 수 없고, 나라를 마을로 생각하여 다스리면 나라가 다스려질 수 없으며, 천하를 나라로 생각하여 다스리면 천하가 다스려질 수 없다. 집안으로 집안을 다스리고, 고을로 고을을 다스리며, 나라로 나라를 다스리고, 천하로 천하를 다스려야 한다"고 했다. "천하로 천하를 다스린다"는 것은 천하를 다스릴 때는 천하의 규모에 맞는 법도와 규율을 가지고 해야 한다는 말일 것이다. 한편 공자도 『중용』에서 비슷한 말을 했다. 즉 "군자의 통치는 사람에 근거하여 사람을 다스리는 것[以人治人]"이라고 하면서 그것은 "도끼자루를 잡고 도끼자루를 만들 나무를 베는"일과 같다고 하였다. 도끼자루를 어떻게 만드는지는 지금 손에 잡고 있는 도끼자루를 보면 알 수 있다. 몸으로써 몸을 살핀다는 말의 의미도 이와 같다.

❢ 吾何以知天下然哉. 以此.

내가 어떻게 천하가 그러함을 알겠는가. 바로 이 때문이니라. 이차(以此)는 앞에서 말한 이치 때문이다는 말이다. 왕필에 따르면 이 말은 "집을 나서지 않고도 천하를 안다"는 제47장의 말과 통한다. 곧 바깥에서 구하지 않고 자신에게서 구하여 천하를 안다는 말이다. 소철도 "성인이 천하로써 천하를 보는 것은 내가 몸으로써 몸을 보는 것과 같다"고 하였다.

제55장

함덕(含德): 덕을 간직함

덕을 두텁게 지닌 사람은 갓난아이와 비길 수 있다. 독벌레나 뱀이 물지 않고, 맹수도 할퀴지 않으며, 사나운 새도 채어가지 않는다. 뼈는 약하고 근육은 부드러운데도 움켜지는 힘이 굳세고, 아직 남녀의 교접을 알지 못하나 고추는 일어서니, 정기가 지극하다. 종일 울어도 목이 쉬지 않으니, 조화로운 기운이 지극하다. 조화를 알면 항구하게 되고, 항구하게 되는 이치를 아는 것을 밝음이라 한다. 목숨을 무리하게 늘리려는 것은 재앙이라 하고, 마음으로 기를 부리는 것은 강함이라 한다. 만물은 기운이 너무 성해지면 늙어버리니, 이것을 무위자연의 도에 어긋난다고 한다. 도에 어긋나면 일찍 죽는다.

含德之厚, 比於赤子. 毒蟲不螫, 猛獸不據, 攫鳥不搏. 骨弱筋柔而握
함덕지후, 비어적자. 독충불석, 맹수불거, 확조불박. 골약근유이악

固, 未知牝牡之合而全作, 精之至也. 終日號而不嗄, 和之至也. 知和
고, 미지빈모지합이전작, 정지지야. 종일호이불사, 화지지야. 지화

曰常, 知常曰明. 益生曰祥, 心使氣曰强. 物壯則老, 是謂不道. 不道早已.
왈상, 지상왈명. 익생왈상, 심사기왈강. 물장즉노, 시위부도. 부도조이.

含(머금을 함), 德(덕 덕, 큰 덕), 之(갈 지, 어조사 지), 厚(두터울 후), 比(견줄 비), 於(어조사 어), 赤(붉을 적), 子(아들 자), 毒(독 독, 蟲(벌레 충), 不(아닐 불), 螫(쏠 석), 猛(사나울 맹), 獸(짐승 수), 據(근거 거, 의거할 거, 붙잡을 거), 攫(붙잡을 확), 鳥(새 조), 搏(잡을 박), 骨(뼈 골), 弱(약할 약), 筋(힘줄 근), 柔(부드러울 유), 而(말 이을 이), 握(쥘 악), 固(굳을 고, 오로지 고), 未(아닐 미), 知(알 지), 牝(암컷 빈), 牡(수컷 모), 合(합할 합), 全(온전할 전), 作(지을 작, 일으킬 작), 精(정미로울 정, 자세할 정), 至(이를 지, 지극할 지), 也(어조사 야), 終(마칠 종), 日(날 일), 號(부르짖을 호), 嗄(목잠길 사), 和(화합할 화), 曰(가로 왈), 常(항상 상), 明(밝을 명), 益(더할 익), 生(날 생, 살 생), 祥(상서로울 상, 조짐 상, 재앙 상), 心(마음 심), 使(부릴 사, 하여금 사, 사신 사, 만약 사), 氣(기울 기), 强(굳셀 강, 힘쓸 강, 억지로 강), 物(만물 물), 壯(씩씩할 장, 굳셀 장), 則(곧 즉, 법칙 칙), 老(늙을 로), 是(이 시, 옳을 시, 이에 시), 謂(이를 위), 道(길 도), 早(새벽 조, 일찍 조), 已(이미 이, 그칠 이)

The Character of the Child

Who is rich in character Is like a child.
No poisonous insects sting him, No wild beasts attack him,
And no birds of prey pounce upon him.
His bones are soft, his sinews tender, yet his grip is strong.
Not knowing the union of male and female, yet his organs are complete,
Which means his vigor is unspoiled.
Crying the whole day, yet his voice never runs hoarse,
Which means his (natural) harmony is perfect.
To know harmony is to be in accord with the eternal,
(And) to know eternity is called discerning.
(But) to improve upon life is called an ill-omen;
To let go the emotions through impulse is called assertiveness.
(For) things age after reaching their prime;
That (assertiveness) would be against Tao.
And he who is against Tao perishes young.

王弼註

含德之厚, 比於赤子. 蜂蠆虺蛇不螫, 猛獸不據, 攫鳥不搏.

赤子無求無欲, 不犯衆物, 故毒蟲之物,無犯之人也. 含德之厚者, 不犯於物, 故無物以損其全也.

骨弱筋柔而握固,

以柔弱之故, 故握能周固.

未知牝牡之合而全作,

作長也. 無物以損其身, 故能全長也. 言含德之厚者, 無物可以損其德, 渝其眞. 柔弱不爭而不摧折, 皆若此也.

精之至也. 終日號而不嗄,

無爭欲之心, 故終日出聲而不嗄也.

和之至也. 知和曰常,

物以和爲常, 故知和則得常也.

知常曰明,

不皦不昧, 不溫不凉, 此常也. 無形不可得而見, 曰明也.

益生曰祥.

生不可益, 益之則夭也.

心使氣曰强.

心宜無有, 使氣則强.

物壯則老, 謂之不道, 不道早已.

❢ 含德之厚, 比於赤子. 毒蟲不螫, 猛獸不據, 攫鳥不搏.

덕을 두텁게 지닌 사람은 갓난아이와 비길 수 있다. 독벌레나 뱀이 물지 않고, 맹수도 할퀴지 않으며, 사나운 새도 채어가지 않는다. 갓난아기가 아직 방긋 웃지 못할 때를 '적자(赤子)'라고 한다(범응원). 갓난아기는 어떤 사사로운 욕심이나 거짓도 없기 때문에 덕이 두터운 사람에 비길 수 있다는 말이다. 『도덕경』에서 이런 갓난아기의 이미지가 몇 군데 나온다. 제10장에서 "능히 어린아이처럼 될 수 있는가(能嬰兒乎)" 하고, 제28장에서는 "영원한 덕이 떠나지 않아 다시 순진무구한 갓난아이로 돌아간다(常德不離, 復歸於嬰兒)"고 했다. 『장자』「경상초」에는 다음과 같은 내용이 나온다. "노자가 말했다. 양생의 도란 자연의 대도와 하나가 되고 성정(性情)을 잃지 않으며 점으로 길흉 따위를 판단하지 않고 자기가 놓인 처지에 편히 머물면서 모든 일을 자연에 맡기는 것이오. 남의 일에 마음 쓰지 않고 스스로를 온전히 지키며 늘 유유하게 스스로를 텅 비게 한 채 어린애와 같이 있으면 되오. 어린애는 종일 울어도 목이 쉬지 않소. 화합이 지극하기 때문이오. 종일 손아귀를 쥐고 있어도 그 손이 땅기지 않소. 그 덕과 함께 있기 때문이오. 종일 보고 있어도 눈을 깜빡이지 않는 것은 외계에 사로잡힌 마음이 없기 때문이오. 가도 어디로 가는지를 모르고 머물러 있어도 무엇을 하겠다는 생각이 없소. 모든 것을 있는 그대로에 순응하여 물결치는 대로 따라가오. 이것이 곧 양생의 도요."

독충(毒蟲)은 독벌레이다. 왕필본에는 봉채훼사(蜂蠆虺蛇)로 되어 있다. '봉(蜂)'은 벌이고, '채(蠆)'는 독충이이며, '훼(虺)'는 살모사 종류의 작은 뱀이고, '사(蛇)'는 뱀을 두루 가리키는 것이다. 석(螫)은 벌레가 쏘다는 뜻이며, 불석(不螫)은 쏘지 않는다는 말이다. 맹수(猛獸)는 육식을 주로 하는 매우 사나운 짐승을 말한다. 거(據)는 의지하거나 또는 누르거나 붙잡다는 뜻의 글자인데, 여기서는 맹수가 발톱으로 할퀸다는 뜻이다. '확조(攫鳥)'는 매나 독수리 같은 맹금류이다. 다리로 거머쥐는 것을 '확'이라고 하고, '박(搏)'은 날개로 치는 것을 말한다. 왕필은 "갓난아이는 구하는 것도 욕망하는 것도 없으므로 뭇 사물을 해치지 않는다. 그러므로 독충 같은 사물도 범하지 않는다. 덕을 두텁게 머금은 사람은 사물을 범하지 않으므로 사물도 그 온전함을 훼손하지 않는다"고 하였다. 그리고 소철은 "무심한 마음은 사물도 더불어 적대할 것이 없으니 어떻게 해칠 수 있겠는가. 무릇 적자가 이렇게 될 수 있는 이유는 오직 무심하기 때문이다."

❢ 骨弱筋柔而握固, 未知牝牡之合而全作, 精之至也. 終日號而不嗄, 和之至也.

뼈는 약하고 근육은 부드러운데도 움켜지는 힘이 굳세고, 아직 남녀의 교접을 알지 못하나 고추는 일어서니, 정기가 지극하다. 종일 울어도 목이 쉬지 않으니, 조화로운 기운이 지극하다. 악고(握固)는 주먹을 굳게 쥔다, 혹은 꽉 잡는다는 뜻이다. 빈(牝)은 암컷이고 모(牡)는 수컷이다. 빈모지합(牝牡之合)은 남녀의 교접을 뜻한다. 전작(全作)은 아이의 고추가 벌떡 일어난다는 뜻이다. 하상공에 따르면 근골은 유약하면서도 쥐는 것이 굳센 이유는 "그 마음이 다른 곳으로 가지 않기 때문"이고, 교접하는 일을 모르면서도 양물이 성을 낼 수 있는 이유는 "정기가 많기 때문"이며, 종일 울어도 목이 메지 않는 것은 "화기가 많기 때문"이다. 이 모든 것은 순수한 정기가 흩어지지 않아 온전하고 조화로운 기운이 늘 유지되기 때문일 것이다.

❢ 知和曰常, 知常曰明. 益生曰祥, 心使氣曰强.

조화를 알면 항구하게 되고, 항구하게 되는 이치를 아는 것을 밝음이라 한다. 목숨을 억지로 늘리려는 것은 재앙이라 하고, 마음으로 기를 부리는 것은 강함이라 한다. 『순자』 「천론」에 "조화를 알면[知和] 양생의 영원한 이치[常理]를 얻게 된다"고 했는데, 이 문장의 앞 구절과 관련된다. 둘째 구절은 제16장에도 나왔다. 즉 "항상된 이치를 아는 것이 밝음(명철함)이다(知常曰明)."

상(祥)은 여기서는 불상(不祥)의 뜻이다. 즉 상서롭다는 뜻이 아니라 '요(妖)'와 같은 뜻으로 요상(妖祥)하다는 의미다. 옛날에는 '조짐'이라는 의미로 상서로운 징조만 아니라 나쁜 일이 생길 징조에도 이 글자를 썼다. 대개 '생(眚)'과 같은 글자인데, 재앙이 안에서 일어나면 '생'이라고 하고, 밖에서 주어지면 '상(祥)'이라고 한다. 『장자』 「덕충부」에서는 "내가 정이 없다고 하는 것은 사람이 좋고 나쁨에 의해 스스로의 몸 속을 해치지 않고 언제나 자연을 따르면서 삶을 덧붙이려 하지 않음을 말하는 것일세." 그렇기 때문에 "목숨을 억지로 늘리려는 것을 요망하다고 한다." 왕필도 이 문장을 "생명은 더할 수 없는 것이니 더하려고 하면 요절할 것"이라고 풀이했다. 제50장의 "백성들은 살고 또 살려고만 하니 몸을 움직여 사지로 가는 것이 또 열의 셋이다(人之生, 動之死地, 亦十有三, 夫何故, 以其生生之厚)"고 한 말과 통한다.

❢ 物壯則老, 是謂不道. 不道早已.

만물은 기운이 너무 성해지면 늙어버리니, 이것을 무위자연의 도에 어긋난다고 한다. 도에 어긋나면 일찍 죽는다. 도가 아닌 것은 일찍 그만 두어야 한다는 뜻도 담고 있다. 이 문장은 제30장에도 그대로 나온다. 동사정에 따르면 "목숨을 더하고 기를 억지로 부릴 수 있게 하는 것은 자연의 도를 잃는 것이며, 한갓 그 늙음을 재촉하는 일일 뿐이다"고 했다.

젖먹이에다 덕을 잘 터득한 사람을 비유했다. 즉 순진무구하고 소박한 상태에서 허정과 유약을 지킴으로써 대자연과 잘 조화되어 스스로 잘 자랄 수 있다. 만물 역시 대자연 속에서 조화를 이루어야 자랄 수가 있다. 인위적인 조작은 대자연의 조화를 파괴한다. 그것은 부분적으로, 혹은 일시적으로는 효능이 있고 소득이 있는 것 같으나, 전체나 영원한 경지에서 볼 때는 결국은 스스로 멸망하게 된다. 인위적인 억지는 나만의 욕심을 채우겠다는 것이며, 결국 일찍 멸망할 수밖에 없다. 그래서 만물은 억지와 포악을 부리면 노쇠하고 허물어지니, 무위자연의 도에 어긋나기 때문이다. 도에 어긋나면 일찍 죽는다.

제56장

도귀(道貴): 도의 귀함

아는 자는 말하지 않고, 말하는 자는 알지 못한다. 그 구멍을 막아 그 문을 닫으며, 그 날카로움을 꺾어 그 얽힌 것을 풀며, 그 빛을 누그러뜨려 그 티끌과 함께 하니, 이를 현동(玄同), 즉 현묘한 어울림이라 한다. 그러므로 현동의 경지에 든 자는 가까이 할 수도 없고, 멀리 할 수도 없으며, 이롭게 할 수도 없고, 해롭게 할 수도 없으며, 귀하게 할 수도 없고, 천하게 할 수도 없으니, 그러므로 그는 천하의 귀함이 된다.

知者不言, 言者不知. 塞其兌, 閉其門. 挫其銳, 解其紛. 和其光, 同其
지자불언, 언자부지. 색기태, 폐기문. 좌기예, 해기분. 화기광, 동기

塵. 是謂玄同. 故不可得而親, 不可得而疏. 不可得而利, 亦不可得而害.
진. 시위현동. 고불가득이친, 불가득이소. 불가득이리, 역불가득이해.

不可得而貴, 亦不可得而賤. 故爲天下貴.
불가득이귀, 역불가득이천. 고위천하귀.

知(알 지), 者(놈 자), 不(아닐 불), 言(말씀 언), 塞(변방 새, 막을 색), 其(그 기), 兌(바꿀 태, 기쁠 태, 구멍 태), 閉(닫을 폐), 其(그 기), 門(문 문), 挫(꺾을 좌), 銳(날카로울 예), 解(풀 해), 紛(어지러울 분, 섞일 분), 和(화합할 와), 光(빛 광), 同(같을 동), 塵(티끌 진, 먼지 진), 是(이 시, 옳을 시, 이에 시), 謂(이를 위), 玄(검을 현, 그윽할 현), 故(연고 고, 옛 고), 可(가할 가, 옳을 가), 得(얻을 득), 而(말 이을 이), 親(친할 친, 친척 친), 疏(트일 소, 통할 소, 멀 소), 利(이로울 리, 날카로울 리), 亦(또 역), 害(해로울 해), 貴(귀할 귀), 賤(천할 천), 爲(할 위, 될 위, 여길 위), 天(하늘 천), 下(아래 하)

Beyond Honor and Disgrace

He who knows does not speak; He who speaks does not know.
Fill up its apertures, Close its doors,
Dull its edges, Untie its tangles,
Soften its light, Submerge its turmoil,
This is the Mystic Unity.

Then love and hatred cannot touch him.
Profit and loss cannot reach him.
Honor and disgrace cannot affect him.
Therefore is he always the honored one of the world.

王弼註

知者不言,
因自然也.

言者不知.
造事端也.

塞其兌, 閉其門, 挫其銳,
含守質也.

解其分,
除爭原也.

和其光,
無所特顯, 則物無所偏爭也.

同其塵,
無所特賤, 則物無所偏恥也.

是謂玄同. 故不可得而親, 不可得而疏,
可得而親, 則可得而疎也.

不可得而利, 不可得而害,
可得而利, 則可得而害也.

不可得而貴, 不可得而賤,
可得而貴, 則可得而賤也.

故爲天下貴.
無物可以加之也.

❢ 知者不言, 言者不知. 塞其兌, 閉其門. 挫其銳, 解其紛. 和其光, 同其塵. 是謂玄同.

아는 자는 말하지 않고, 말하는 자는 알지 못한다. 그 구멍을 막아 그 문을 닫으며, 그 날카로움을 꺾어 그 얽힌 것을 풀며, 그 빛을 누그러뜨려 그 티끌과 함께 하니, 이를 현동(玄同), 즉 현묘한 어울림이라 한다. 지자불언(知者不言)은 도를 터득한 사람은 말을 안 한다는 뜻이다. 언자부지(言者不知)는 말을 많이 하는 사람은 도를 알지 못한다는 뜻이다. 왕필·하상공은 모두 이 문장을 도의 추상성보다는 근신하고 조심하라는 노자의 처세훈과 관련지웠다. 왕필은 아는 자가 말하지 않는 이유는 자연에 따르기 때문이며, 말하는 자가 알지 못하는 이유는 결국 그것이 사단을 일으키기 때문이라고 하였다. 또 하상공은 "아는 자는 실천을 귀하게 여기지 말을 귀하게 여기지 않으며, 네 필 말이 끄는 수레도 입소문을 따라잡을 수 없기 때문에 말이 많으면 근심도 많다"고 주해하였다.

그렇지만 성현영 이후 대부분의 주해는 "도는 알 수도 없고 말할 수도 없는 것이어서 알 수 없고 말할 수 없음을 알기 때문에 말하지 않는다(범응원)"는 식으로 도와 관련해서 이 문장을 해설한다. 도와 관련지운 해설의 기원은 『장자』에 있다고 한다. 「천도」에는 "세상에서 도를 얻기 위해 귀하게 여기는 것은 책이다. 책은 말에 지나지 않으며 말은 귀하게 여기는 것이 있으니 곧 뜻[意]이다. 뜻이 가리키는 것을 말로는 전할 수가 없다"고 했다. 또 「지북유」에는 도를 물은 지(知)에게 아무런 대답도 해주지 않은 무위(無爲)가 가장 진리에 가깝다고 말하는 고사가 나온다. 모두 진리는 말로 표현될 수 없다는 것을 나타낸다. 이 두 곳에 모두 "아는 자는 말하지 않고 말하는 자는 알지 못한다"는 문장이 인용되어 있다.

색기태폐기문(塞其兌閉其門)은 정욕의 구멍을 막아 그 문을 닫는다는 뜻이다. 이 문장은 제52장에도 나왔다. 하상공은 "정욕은 모난 부분이 있으므로 마땅히 도를 생각하고 무위하여 그것을 꺾어야 하고, 분란이란 한 맺은 것이 끝없으므로 마땅히 도를 생각하고 무위하여 그것을 풀어야 하며, 비록 혼자만 아는 밝은 지혜가 있더라도 마땅히 그것을 누그러뜨려 어둡게 함으로써 빛이 나지 않도록 해야 하고, 혼자만 별난 사람이 되지 말아야 한다"고 해설하였다. 이 문장은 도체(道體)에 대한 설명이라기보다는 넘침과 모자람의 중간에서 항상 조화를 견지하는 도의 덕성에 대한 설명이며, 또 그 도를 본받는 성인에 대한 묘사이다.

현동(玄同)은 현묘한 어울림이란 뜻이다. 혹은 은미한 도를 따라 만물과 함께 어울려 혼연일체가 된다는 말이다. 오징은 이 글이 세상에 처세하고 응물(應物)하는 것에 관한 말이라고 하면서 "나나 다른 사람의 예리함과 둔탁함, 빛남과 어두움을 모두 분별하지 않고 세상과 함께 하나가 되니[齊同] 그 오묘함은 헤아릴 수 없다. 그러므로 현동이라고 하였다"고 하였다. 『회남자』「설산훈」에서도 비슷한 해설이 있다. 즉 "아름다움을 구하면 아름다움을 얻지 못하고 오히려 아름다움을 구하지 않으면 아름다워지며, 추함을 구하면 추함을 얻지 못하고 오히려 추함을 구하지 않으면 추해지니 아름다움을 구하지도 않고 추함을 구하지도 않아서 아름다움도 추함도 없는 것, 이것을 현동이라고 한다"고 했다.

❢ 故不可得而親, 不可得而疏. 不可得而利, 亦不可得而害. 不可得而貴, 亦不可得而賤. 故爲天下貴.

그러므로 현동의 경지에 든 자는 가까이 할 수도 없고, 멀리 할 수도 없으며, 이롭게 할 수도 없고, 해롭게 할 수도 없으며, 귀하게 할 수도 없고, 천하게 할 수도 없으니, 그러므로 그는 천하의 귀함이 된다. 현묘한 어울림(현동)의 결과를 말한다. 대체로 '가까이할 수도 없고, 이롭게 할 수도 없고, 귀하게 할 수도 없는 것보다는, 멀리할 수도 없고, 해롭게 할 수도 없고, 천하게 할 수도 없는 것'을 바라는 것이 인지상정일 것이다. 하지만 "가까이할 수 있다면 멀리할 수도 있고, 이롭게 할 수 있다면 해롭게 할 수도 있으며, 귀하게 할 수 있다면 천하게 할 수도 있기(왕필)" 때문에 노자는 "영예를 즐거움으로 생각하지 않고 홀로 떨어진 것을 슬픔으로 생각하지 않음으로써" 누구도 가까이할 수 없도록 하고, "몸으로는 부귀를 원하지 않고 입으로는 오미(五味)를 원하지 않음으로써" 누구도 이롭게 할 수 없도록 하며, "어지러운 세상의 주인이 되지도 않고 암혼한 군주의 지위에 처하지도 않음으로써(이상 하상공)" 누구도 귀하게 할 수 없게 하여 안전한 삶을 얻고자 한다.

고위천하귀(故爲天下貴)는 그러므로 천화의 귀함이 된다는 뜻이다. 여기의 귀함은 귀천의 상대적인 귀함이 아니라 '천하의 귀함'이다. 신분이나 지위에 의해 주어지는 상대적인 귀함이 아니라 노자가 강조하는 장구함과 안전을 보장받는 귀한 삶이다.

앞에서는 덕을 간직하고 있는 사람은 갓난아이와 같이 무심한 상태로 대자연과 조화를 이룬다고 했다. 이번에는 도를 터득한 성인이 무지, 무욕, 무위를 지키며, 자신의 뛰어남이나 빛을 누그러뜨려 티끌과 함께 동화되어 혼연일체의 상태로 있는 것을 가리켜 '현동(玄同)'이라고 했다. 현동은 『장자』에도 보이며, 특히 서진의 노장학자 곽상이 강조한 후로 노장철학의 기본개념으로 후세에 널리 알려졌으며, 도가에서 가장 높이는 경지다. 도는 혼돈하면서 만물을 창조하고 만물의 발전을 주재하고 있다. 따라서 성인도 만물과 혼연일체가 되어 있으면서 전혀 존재나 공적을 나타내지 않는다. 이러한 경지를 '현동'이라 한다. 세상의 관념으로 지식이나 공정이나 의욕이나 심지어는 자신의 존재조차 내세우지 않는 경지다. 그러나 현동의 경지에 있는 사람에게는 인간관계에서 친소(親疎)도, 이해(利害)도, 귀천(貴賤)도 없다. 이렇듯 인간 속세를 초월했으므로 오히려 천하의 모든 사람들이 귀하게 여긴다.

제57장
치국(治國): 나라를 다스림

바름으로써 나라를 다스리고 기묘한 계책으로 군대를 움직이며 일없음으로 천하를 취한다. 내가 어떻게 그러한 것을 아는가? 바로 이 때문이다. 천하에 금기가 많으면 백성은 더욱 가난해지고, 나라에 이로운 물건이 많을수록 나라는 더욱 혼란해지며, 사람들에게 기교가 많으면 이상한 물건이 더욱 많아지고, 법령이 복잡해지면 도적은 더 많아진다. 그러므로 성인이 말하길, 내가 억지로 하는 것이 없어 무위하니 백성은 스스로 교화되고, 내가 조용하여 허정을 좋아하니 백성은 스스로 바르게 되며, 내가 아무 일도 꾸미지 않아 무사하니 백성들은 스스로 부유해지고, 내가 무언가 해보려는 욕심이 없어 무욕하니 백성은 스스로 순박해진다.

以正治國, 以奇用兵, 以無事取天下. 吾何以知其然哉, 以此. 天下多忌
이정치국, 이기용병, 이무사취천하. 오하이지기연재, 이차. 천하다기

諱, 而民彌貧. 朝多利器, 國家滋昏. 人多伎巧, 奇物滋起. 法令滋彰,
휘, 이민미빈. 조다이기, 국가자혼. 인다기교, 기물자기. 법령자창,

盜賊多有. 故聖人云, 我無爲而民自化, 我好靜而民自正, 我無事而民自富,
도적다유. 고성인운, 아무위이민자화, 아호정이민자정, 아무사이민자부,

我無欲而民自樸.
아무욕이민자박.

以(써 이), 正(바를 정), 治(다스릴 치), 國(나라 국), 奇(기이할 기, 뛰어날 기), 用(쓸 용), 兵(병사 병), 無(없을 무), 事(일 사, 일삼을 사, 섬길 사), 取(취할 취), 天(하늘 천), 下(아래 하), 吾(나 오), 何(어찌 하), 知(알 지), 其(그 기), 然(그럴 연), 哉(어조사 재), 此(이 차), 多(많을 다), 忌(꺼릴 기, 미워할 기), 諱(꺼릴 휘, 피할 휘, 죽은 사람 이름 휘, 제삿날 휘), 而(말 이을 이), 民(백성 민), 彌(두루 미, 찰 미, 퍼질 미, 더욱 미, 미륵 미), 貧(가난할 빈), 朝(아침 조, 조정 조), 器(그릇 기), 家(집 가), 滋(불을 자, 더욱(점점 더) 자), 昏(어두울 혼), 人(사람 인), 伎(재주 기, 광대 기), 巧(공교할 교), 物(만물 물), 起(일어날 기), 法(법 법), 令(하여금 령, 가령 령, 명령할 령, 아름다울 령), 彰(밝을 창, 드러날 창, 무늬 창), 盜(도적 도), 賊(도적 적, 해칠 적), 有(있을 유), 故(연고 고, 옛 고), 聖(성인 성), 人(사람 인), 云(이를 운), 我(나 아),無(없을 무), 爲(할 위, 될 위, 여길 위), 自(스스로 자), 化(변화할 화), 富(부유할 부), 欲(하고자 할 욕), 樸(통나무 박, 순진할 박)

The Art of Government

Rule a kingdom by the Normal.
Fight a battle by (abnormal) tactics of surprise.
Win the world by doing nothing.
How do I know it is so?

Through this:
The more prohibitions there are, The poorer the people become.
The more sharp weapons there are, The greater the chaos in the state.
The more skills of technique, The more cunning things are produced.
The greater the number of statutes,
The greater the number of thieves and brigands.
Therefore the sage says:
I do nothing and the people are reformed of themselves.

I love quietude and the people are righteous of themselves.
I deal in no business and the people grow rich by themselves.
I have no desires and the people are simple and honest by themselves.

王弼註

以正治國, 以奇用兵, 以無事取天下.
以道治國則國平, 以正治國則奇正起也. 以無事, 則能取天下也. 上章云, 其取天下者, 常以無事, 及其有事, 又不足以取天下也. 故以正治國, 則不足以取天下, 而以奇用兵也. 夫以道治國, 崇本以息末, 以正治國, 立벽以攻末. 本不立而末淺, 民無所及, 故必至於奇用兵也.

吾何以知其然哉. 以此. 天下多忌諱, 而民彌貧, 民多利器, 國家滋昏,
利器, 凡所以利己之器也. 民强則國家弱.

人多伎巧, 奇物滋起,
民多智慧, 則巧僞生, 巧僞生, 則邪事起.

法令滋彰, 盜賊多有.
立正, 欲以息邪, 而奇兵用, 多忌諱欲以치貧, 而民彌貧, 利器欲以强國者也, 而國愈昏多, 皆舍本以治末, 故以致此也.

故聖人云, 我無爲而民自化, 我好靜而民自正, 我無事而民自富, 我無欲而民自樸.
上之所欲, 民從之速也. 我之所欲唯無欲, 而民亦無欲而自樸也. 此四者, 崇本以息末也.

❢ **以正治國, 以奇用兵, 以無事取天下. 吾何以知其然哉, 以此.**

바름으로써 나라를 다스리고 기묘한 계책으로 군대를 움직이며 일없음으로 천하를 취한다. 내가 어떻게 그러한 것을 아는가? 바로 이 때문이다. 이정치국(以正治國)은 정도 혹은 바른 도리로써 나라를 다스린다는 뜻으로 유가(儒家)의 주장이다. 『논어』「안연」편에서 공자는 "정치라는 것은 바로잡는다(正)는 뜻이니 그대가 바름으로써 솔선한다면 누가 감히 바르게 되지 않겠는가(孔子對曰, 政者正也. 子帥以正孰敢不正)"라고 하였다. 이런 공자의 말과 이 문장을 연결시키면 "바름으로 나라를 다스린다"는 말은 명분을 바로잡는 것, 곧 정명론(正名論)과 관련이 있다.

이기용병(以奇用兵)은 기이한 계책으로 군대를 움직인다는 뜻으로 병가(兵家)의 주장이다. "기이함으로 군사를 지휘한다"는 것은 당연히 병법과 관련된 말이다. 공(환공)이 물었다. "야전에서 필승하려면 어떻게 해야 되는가?" 관중이 대답했다. "기이함[奇]으로 대적해야 합니다(『관자』「소문」)." 그러므로 기이한 계략을 잘 내는 사람은 무궁하기가 천지와 같고, 마르지 않기가 강·바다와 같다(『손자』「세편」). 육희성에 따르면 "정명은 넘치지 않으니 나라를 다스릴 만하고, 기모(奇謀)는 궁하지 않으니 군사를 부릴 만하다. 하지만 이 두 가지는 겨우 환란을 구제할 뿐이고 장구하고 위대해질 수 있는 방법은 아니다."

이무사취천하(以無事取天下)는 무사 즉 일없음으로 천하를 취한다는 뜻으로 도가(道家)의 주장이다. 노자는 일없음을 통해서 천하를 취하려고 하므로 기이함을 중시하는 이런 병법·병략은 충분하지 않다고 보는 것 같다. "천하를 취한다"는 말은 노자의 중요한 주제 중의 하나다. 이 말은 제29장과 제48장에서 이미 나왔다. 이 목적의 달성을 위한 노자의 일관된 전략은 무위의 통치술을 통해서 나라를 안정시키고 사람들의 신망을 얻으면서 천하를 취하는 것이 사람들의 자발적인 추대에 의해 자연적으로 이루어질 때까지 기다린다는 것이다.

천하를 취하기 위해서 인위적인 노력을 하지 않는 것이 천하를 취하는 지름길이라는 노자의 생각은 맹자의 생각과 일맥상통한다. 맹자는 누가 천하를 통일할 수 있느냐는 양 혜왕의 물음에 “사람 죽이는 것을 좋아하지 않는 사람이 통일할 수 있다(「양혜왕상」)”고 했다. 『도덕경』 제31장에도 “무릇 살인을 좋아하는 사람은 천하에 뜻을 얻을 수 없다(夫樂殺人者, 則不可以得志於天下矣)”고 했다.

天下多忌諱, 而民彌貧. 朝多利器, 國家滋昏. 人多伎巧, 奇物滋起. 法令滋彰, 盜賊多有.

천하에 금기가 많으면 백성은 더욱 가난해지고, 나라에 이로운 물건이 많을수록 나라는 더욱 혼란해지며, 사람들에게 기교가 많으면 이상한 물건이 더욱 많아지고, 법령이 복잡해지면 도적은 더 많아진다. 기휘(‘忌諱)는 금지하는 법령이나 금령(禁令)을 말한다. 기(忌)’는 원래 선왕이 죽은 날을 가리키고, ‘휘(諱)’는 죽은 왕의 이름을 가리킨다. 이것들은 잘 언급하지 않는 것이 통례이므로 나중에는 여러 금기를 가리키는 말로 사용되었다. 미빈(彌貧)은 더욱 가난하게 된다는 뜻이다. 조(朝)는 나라이며, 이기(利器)는 권모(權謀)나 지략이다. 조다이기(朝多利器)는 나라에 이기가 많다는 뜻이다. 조(朝)가 민(民)으로 되어 있는 판본도 있다. 자혼(滋昏)은 더욱 어두워진다, 혹은 혼란해진다는 뜻이다. 기(伎)는 기(技)와 같다. 기교가 많으면 꾸밈과 사기가 많아져 나라가 더 혼란해진다는 말이다. 기물(奇物)은 기이한 물건 혹은 사악한 일이라는 뜻이다. ‘기물(奇物)’은 무익한 물건이다(소철). 가령 사람의 눈을 속이는 상품도 기물이라고 할 수 있고(오징), 궁궐과 민가의 찬란한 장식이나 화려한 복식도 기물이라고 할 수 있다(하상공).

故聖人云, 我無爲而民自化, 我好靜而民自正, 我無事而民自富, 我無欲而民自樸.

그러므로 성인이 말하길, 내가 억지로 하는 것이 없어 무위하니 백성은 스스로 교화되고, 내가 조용하여 허정을 좋아하니 백성들을 스스로 바르게 되며, 내가 아무 일도 꾸미지 않아 무사하니 백성들은 스스로 부유해지고, 내가 무언가 해보려는 욕심이 없어 무욕하니 백성은 스스로 순박해진다. 여기에서 노자는 일없음으로써 천하를 취하는 일을 말한다. 그 요체는 무위·호정(好靜)·무사·무욕이다. 노자는 하늘, 곧 자연에 대한 관찰에서 무위·호정·무사·무욕이 천하를 취하는 좋은 방법임을 깨달았고, 그 좋은 결과는 마음을 느긋하게 가지면서 때를 기다리고, 결코 앞에 나서지 않으면서 기회를 보는 좋은 전략에 의해 얻을 수 있다고 하였다. 따라서 무위가 스스로 교화됨을, 호정이 스스로 올바르게 됨을, 무사가 스스로 부유해짐을, 무욕이 스스로 소박해짐을 낳는 '전략'인 셈이다.

제58장

찰정(察政): 까다로운 정치

나라 정치가 어수룩하면 그 백성이 순박해지고, 나라 정치가 너무 까다로우면 그 백성이 결핍되고 불만이 있게 된다. 화속에 복이 깃들어 있고, 복 속에는 화가 잠복해 있으니, 그 끝을 누가 알겠는가. 올바름이라고 정해진 것은 없다. 올바른 것이 다시 이상한 것이 되고, 선한 것이 다시 요망한 것이 된다. 사람들이 미혹된 것이 참으로 오래 되었구나. 이 때문에 성인은 방정하되 남을 가르지 않고, 청렴하고 모났지만 남에게 상처를 주지 않으며, 곧바르지만 끝까지 펼치지 않고, 빛나되 눈부시지가 않다.

其政悶悶，其民醇醇．其政察察，其民缺缺．禍兮福之所倚，福兮禍之所
기정민민，기민순순．기정찰찰，기민결결．화혜복지소의，복혜화지소

伏．孰知其極．其無正．正復爲奇，善復爲妖．人之迷，其日固久．是以
복．숙지기극．기무정．정부위기，선부위요．인지미，기일고구．시이

聖人方而不割，廉而不劌，直而不肆，光而不耀．
성인방이불할，염이불귀，직이불사，광이불요．

其(그 기), 政(정사 정), 悶(번민할 민, 어두울 민), 民(백성 민), 醇(진할 술 순, 순일할 순), 察(살필 찰, 살펴서 알 찰), 缺(이즈러질 결, 모자랄 결, 결점 결), 禍(재앙 화), 兮(어조사 혜), 福(복 복), 之(갈 지, 어조사 지), 所(바 소), 倚(의지할 의, 치우칠 의, 인연할 의), 伏(엎드릴 복), 孰(누구 숙), 知(알 지), 極(다할 극, 극진할 극, 한계 극), 無(없을 무), 正(바를 정), 復(회복할 복, 다시 부), 爲(할 위, 될 위, 여길 위), 奇(기이할 기, 뛰어날 기), 善(착할 선), 妖(아리다울 요, 괴이할 요), 人(사람 인), 迷(미혹할 미), 日(날 일), 固(굳을 고, 오로지 고), 久(오랠 구), 是(이 시, 옳을 시, 이에 시), 以(써 이), 聖(성인 성), 方(모 방, 사방 방, 방향 방), 而(말 이을 이), 不(아닐 불), 割(벨 할, 나눌 할, 해칠 할), 廉(청렴할 렴, 곧을 렴), 劌(상처입힐 귀, 쪼갤 귀), 直(곧을 직), 肆(방자할 사, 극에 달할 사), 光(빛 광), 耀(빛날 요)

Lazy Government

When the government is lazy and dull, Its people are unspoiled;
When the government is efficient and smart, Its people are discontented.

Disaster is the avenue of fortune,
(And) fortune is the concealment for disaster.
Who would be able to know its ultimate results?
(As it is), there would never be the normal.
But the normal would (immediately) revert to the deceitful.
And the good revert to the sinister.
Thus long has mankind gone astray!

Therefore the Sage is square (has firm principles),
but not cutting (sharp-cornered),
Has integrity but does not hurt (others),
Is straight, but not high-handed,
Bright, but not dazzling.

王弼註

其政悶悶, 其民淳淳,

言善治政者, 無形, 無名, 無事, 無政可擧. 悶悶然, 卒至於大治. 故曰其政悶悶也. 其民無所爭競, 寬大淳淳, 故曰其民淳淳也.

其政察察, 其民缺缺.

立刑名, 明賞罰, 以檢姦僞, 故曰察察也. 殊類分析, 民懷爭競, 故曰其民缺缺也.

禍兮福之所倚, 福兮禍之所伏. 孰知其極. 其無正.

言誰知善治之極乎. 唯無可正擧, 無可形名, 悶悶然, 而天下大化, 是其極也.

正復爲奇,

以正治國, 則便復以奇用兵矣. 故曰 正復爲奇.

善復爲妖,

立善以和萬物, 則便復有妖之患也.

人之迷, 其日固久.

言人之迷惑失道固久矣, 不可便正善治以責.

是以聖人方而不割,

以方導物, 舍去其邪, 不以方割物. 所謂大方無隅.

廉而不劌,

廉淸廉也. 劌傷也. 以淸廉淸民, 令去其邪, 令去其, 不以淸廉劌傷於物也.

直而不肆,

以直導物, 令去其僻, 而不以直激拂於物也. 所謂大直若屈也.

光而不燿.

以光鑑其所以迷, 不以光照求其隱慝也. 所謂明道若昧也. 此皆崇本以息末, 不攻而使復之也.

❢ 其政悶悶. 其民醇醇. 其政察察. 其民缺缺.

나라 정치가 어수룩하면 그 백성이 순박해지고, 나라 정치가 너무 까다로우면 그 백성이 결핍되고 불만이 있게 된다. 민민(悶悶)은 속이 깊다, 어둡다, 어리숙하다, 흐리멍덩하다는 뜻이다. 관대하고 총명을 일으키지 않는다는 것이다. 여기서는 도를 따라 허정무위(虛靜無爲)의 정치를 한다는 말일 것이다. 순순(醇醇)은 순박하다, 돈후하다, 순후박실(淳厚樸實)하다, 순일하여 변하지 않다는 뜻이다. 찰찰(察察)은 똑똑하다, 까다롭게 따지고 밝힌다는 뜻으로, 앞의 민민(悶悶)과 반대말이 된다. '찰찰(察察)'은 밝게 헤아리는 모습이다(소철). 사람들의 잘못을 빠짐없이 감시하는 것이므로 형명과 상벌로 다스리는 모습이라고도 할 수 있고(왕필), 번쇄한 정치를 가리키는 것이라고도 할 수 있다(임희일). 이 말들은 제20장에도 나오는데, 즉 "세상 사람들은 똑똑하지만 나만 홀로 어리숙하구나(俗人察察, 我獨悶悶)"고 했다. 결결(缺缺)은 얼굴 생김새나 마음씨가 지나칠 정도로 빈틈없고 곧다, 교활해진다, 불만이 있게 된다, 혹은 빈털터리가 된다는 뜻이다. '결결(缺缺)'은 영락한 모습(성현영) 또는 조락한 모습(육희성)이다. '민민(悶悶)·순순(醇醇)·찰찰(察察)·결결(缺缺)'하고 같은 글자를 거듭 쓴 것은 "~하면 할수록 더욱 ~하게 된다"는 뜻을 포함시키기 위해서다.

육희성은 "훌륭한 임금은 어리숙한 모습으로 관대히 대하고 포용하면서 다스리니 백성이 모두 태어난 것을 즐거워하고 그 본성을 이룬다. 그러므로 순박하게 후박(厚朴)한 곳으로 돌아간다. 덕이 없는 임금은 깐깐한 모습으로 총명함을 자랑하고 엄하고 급하게 다스리니 백성이 그 소업을 잃어버리고 근본을 잃는다. 그러므로 맥없이 영락해버리고 만다"고 하였다. 전체 문장의 뜻과 잘 부합되는 해설이라 하겠다.

❢ 禍兮福之所倚, 福兮禍之所伏. 孰知其極. 其無正. 正復爲奇, 善復爲妖. 人之迷, 其日固久.

화속에 복이 깃들어 있고, 복 속에는 화가 잠복해 있으니, 그 끝을 누가 알겠는가. 올바름이라고 정해진 것은 없다. 올바른 것이 다시 이상한 것이 되고, 선한 것이 다시 요망한 것이 된다. 사람들이 미혹된 것이 참으로 오래 되었구나. 화혜복지소의(禍兮福之所倚)는 화속에는 복이 의지하고 있다. 의(倚)는 의지하다, 깃들고 있다는 뜻이다. 복(伏)은 숨어 있다, 잠복해 있다는 뜻이다. 하상공은 이 문장을 "사람이 화를 만나 잘못을 뉘우치고 자신을 나무라면서 착한 일을 실천하고 도를 행하면 화가 사라지고 복이 온다. …… 사람이 복을 얻어 교만 방자해지면 복이 사라지고 화가 다가온다"라고 설명한다. 『한비자』「해로」에서도 "사람에게 화가 생기면 두려움을 느끼게 되니 두려움을 느끼게 되면 행동이 단정해진다. …… 복은 화가 있는 것에 뿌리를 둔다. ……사람에게 복이 있으면 부귀해지고, 부귀해지면 의식이 풍족해지며, 의식이 풍족해지면 교만한 마음이 생긴다. ……화는 복이 있는 것에 뿌리를 둔다"고 하는 비슷한 설명이 나온다. 이런 설명은 『여씨춘추』「제악」에도 나온다. 즉 탕왕 때 궁정에 이상한 곡식이 자라는 불길한 조짐이 있었는데 "상서(祥瑞)는 복에 앞서서 나타나지만 상서를 보고 불선한 일을 행하면 복이 이르지 않고, 요얼(妖孼)은 화에 앞서서 나타나지만 요얼을 보고 선을 행하면 화가 이르지 않기 때문에" 탕왕은 그 불길한 조짐을 보고 백성을 위안하고 돌보는 선한 행동을 하였고, 결국 사흘 만에 그 곡식은 사라졌다. "그러므로 화에는 복이 기대고 있으며, 복에는 화가 엎드리고 있다고 하니 성인만이 알아차릴 뿐 뭇사람들이 어찌 그 끝을 알겠는가." 하상공이나 「해로」의 설명과 부합됨을 알 수 있다

숙지기극(孰知其極)은 누가 끝을 알 수가 있겠는가 하는 뜻이다. 극(極)은 끝, 궁극, 종국(終局)의 뜻이다. "화와 복이 서로 번갈아가며 생겨나니 누가 그 궁극의 때를 알겠는가(하상공)" 라는 의미이다. 기무정(其無正)은 일정한 바름이라는 것이 없다, 혹은 정해진 이치라는 것이 있지 않다는 뜻이다. 정부위기(正復爲奇)는 바른 것이 다시 사악한 것으로 된다. 기(奇)는 正의 반대로서 邪(사)와 같다. 선부위요(善復爲妖)는 선한 것이 다시 요사하고 요망한 것이 된다. 인지미(人之迷)는 사람들이 미혹된 것이라는 뜻이고, 기일고구(其日固久)는 오래 되었다는 뜻이다. 정·부정(正·不正), 선·불선(善·不善)이 상대적이며 또한 상호전화(相互轉化)하는 것을 모르고, 오직 복·정·선만을 얻고자 부질없는 짓을 했다는 뜻이다. 화가 복이 되고 복이 화가 되는 것처럼 올바름과 이상함, 선함과 요망함은 서로 엎치락 뒤치락하게

되어 있다는 의미이다.

❢ 是以聖人方而不割, 廉而不劌, 直而不肆, 光而不耀.

이 때문에 성인은 방정하되 남을 가르지 않고, 청렴하고 모났지만 남에게 상처를 주지 않으며, 곧바르지만 끝까지 펼치지 않고, 빛나되 눈부시지가 않다. 방이불할(方而不割)은 자기는 방정(方正)하지마는 자신에게 맞추어 남을 억지로 잘라서 네모지고 바르게 하지 않는다. 속세의 인간들은 남을 자기에게 맞추려고 무리하게 재단한다. 염이불귀(廉而不劌)는 자기는 청렴하고 반듯하게 모나 있지만 남을 상하거나 다치게 하지 않는다는 뜻이다. 귀(劌)는 상(傷)과 같이 상처를 주는 것이고, 염(廉)은 청렴하고 반듯하게 모나 있다, 예리하다는 뜻이다. 직이불사(直而不肆)는 곧바르지만 끝까지 펼치지 않는다는 뜻이다. 직(直)은 곧다, 솔직하다는 뜻이며. 사(肆)는 방자하다. 고집을 부린다, 펼친다는 뜻이다. 광이불요(光而不耀)는 빛나지만 눈부시지 않다는 뜻이다. 광(光)은 밝은 덕의 빛을 내는 것이고, 불요(不耀)는 남을 눈부시게 현혹시키지 않는다는 뜻이다.

왕필은 "반듯하면서도 그 반듯함으로 남을 가르지 않는다"는 말은 제41장의 "큰 네모에는 모서리가 없다"는 말과 같고, "곧바르면서도 끝까지 펼치지 않는다"는 말은 제45장의 "크게 곧은 것은 굽은 듯하다"는 말과 같으며, "빛나면서도 눈부시지 않다"는 말은 제41장의 "밝은 도는 어두운 듯하다"는 말과 같다고 하였다. 왕필주에는 "방정하면서도 그것으로 남을 가르지 않는다"는 말에 대해서만 비교하는 말이 없는데, 이 말은 『순자』 「불구」에 나온다. "군자는 관대하면서도 오만하지 않고, 청렴하면서 모가 나 있지만 남에게 상처주지 않으며 [廉而不劌], 분변하면서도 논쟁하지 않고, 살피면서도 과격하지 않고, 혼자 서 있으되 그를 이기지 못하고, 굳세면서도 포악하지 않고, 부드러우면서도 휩쓸리지 않고, 공경하고 근신하면서 남을 포용한다."이 말은 『시』 「대아·억」의 "온화하고 남을 공경하는 사람이여, 덕의 바탕이로다"라는 시를 설명한 것이라고도 한다.

제59장

장생(長生): 오래 삶

백성을 다스리고 하늘을 섬기는 데는 아끼고 절약하는 것보다 좋은 것은 없다. 오직 아끼기 때문에 일찍 준비하여 간직할 수가 있다. 일찍 준비하여 간직하는 것을 두텁게 덕을 쌓는 것이라 한다. 두텁게 덕을 쌓으면 이기지 못할 것이 없고, 이기지 못할 것이 없으면 끝을 알 수 없을 만큼 뻗어나간다. 그 끝을 알 수 없을 정도라야 나라를 가질 수 있고, 나라를 소유하는 근본이 되는 모태 또한 장구할 수가 있다. 이것을 일러 근본과 뿌리를 깊고 튼튼하게 하는 것이라 하니, 오래 살수 있는 도다.

治人事天, 莫若嗇. 夫唯嗇, 是以早服. 早服謂之重積德. 重積德則無不
치인사천, 막약색. 부유색, 시이조복. 조복위지중적덕. 중적덕즉무불

克, 無不克則莫知其極. 莫知其極, 可以有國, 有國之母, 可以長久.
극, 무불극즉막지기극. 막지기극, 가이유국, 유국지모, 가이장구.

是謂深根固柢, 長生久視之道.
시위심근고저, 장생구시지도.

治(다스릴 치), 人(사람 인), 事(일 사, 일삼을 사, 섬길 사), 天(하늘 천), 莫(없을 막, 말 막), 若(같을 약, 만약 약), 嗇(아낄 색, 인색할 색, 탐할 색), 夫(무릇·대저 부, 저 부, 지아비 부), 唯(오직 유), 是(이 시, 옳을 시, 이에 시), 以(써 이), 早(일찍 조), 服(옷·입을 복, 복종할 복, 다스릴 복), 謂(이를 위), 之(갈 지, 어조사 지), 重(무거울 중, 거듭 중), 積(쌓을 적), 德(덕 덕, 큰 덕), 則(곧 즉, 법칙 칙), 無(없을 무), 不(아닐 불), 克(이길 극, 능할 극), 知(알 지), 其(그 기), 極(다할 극, 지극할 극, 한계 극), 可(가할 가, 옳을 가), 有(있을 유, 소유할 유), 國(나라 국), 母(어미 모), 長(길 장, 자랄 장, 어른 장), 久(오랠 구), 謂(이를 위), 深(깊을 심), 根(뿌리 근, 근본 근), 固(굳을 고, 오로지 고), 柢(뿌리 저), 生(날 생, 살 생), 視(볼 시), 道(길 도)

Be Sparing

In managing human affairs, there is no better rule than to be sparing.
To be sparing is to forestall;
To forestall is to be prepared and strengthened;
To be prepared and strengthened is to be ever-victorious;
To be ever-victorious is to have infinite capacity;
He who has infinite capacity is fit to rule a country,
And the Mother (principle) of a ruling country can long endure.
This is to be firmly rooted, to have deep strength,
The road to immortality and enduring vision.

王弼註

治人事天莫若嗇.

莫若猶莫過也. 嗇農夫. 農人之治田, 務去其殊類, 歸於齊一也. 全其自然, 不急其荒病, 除其所以荒病. 上承天命, 下綏百姓, 莫過於此.

夫唯嗇, 是以早服.

早服常也.

早服, 謂之重積德,

唯重積德, 不欲銳速, 然後乃能使早服其常. 故曰早服謂之重積德者也.

重積德, 則無不克, 無不克, 則莫知其極,

道無窮也.

莫知其極, 可以有國.

以有窮而莅國, 非能有國也.

有國之母, 可以長久.

國之所以安, 謂之母. 重積德, 是唯圖其根, 然後營末, 乃得其終也.

是謂深根固, 長生久視之道.

❢ 治人事天, 莫若嗇. 夫唯嗇, 是以早服. 早服謂之重積德. 重積德則無不克, 無不克則莫知其極.

백성을 다스리고 하늘을 섬기는 데는 아끼고 절약하는 것보다 좋은 것은 없다. 오직 아끼기 때문에 일찍 준비하여 간직할 수가 있고, 일찍 준비하여 간직하는 것을 두텁게 덕을 쌓는 것이라 한다. 두텁게 덕을 쌓으면 이기지 못할 것이 없고, 이기지 못할 것이 없으면 끝을 알 수 없을 만큼 뻗어나간다. 치인사천(治人事天)은 백성을 다스리고 하늘을 섬긴다는 뜻이다. 치인(治人)은 치민(治民)으로 된 판본도 있으며, 백성이나 나라를 다스리는 것으로 풀 수도 있다. 사천(事天)에 대해서는 설이 많다. 천(天)을 사람의 몸이나 본성으로 보고, 따라서 사천(事天)을 치신(治身)·보신(保身)으로 풀기도 한다. 왕순보(王純甫)는 "사천(事天)은 하늘이 부여해준 바를 온전하게 하는 것으로 바로 수신(修身)의 뜻이다(事天, 謂全其天之所賦, 卽修身之謂也)"고 했고, 엄영봉은 "천(天)은 마치 몸과 성으로, 그것으로써 하늘이 준 바를 온전하게 하는 것이다. 사천(事天)은 바로 몸을 다스림이다(天, 猶身性, 以全其天也. 事天, 猶以其也)"고 했다. 『한비자』에는 "총명예지는 하늘이고, 동정과 사려는 사람이다(聰明睿智, 天也. 動靜思慮, 人也)"고 했으며, 임희일(林希逸)은 치인(治人)은 치국(治國), 사천(事天)은 양생(養生)으로 풀었다. 『맹자』「진심上」에는 "그 마음을 보존하고 그 성품을 기르는 것이 하늘을 섬기는 방법이다(存其心, 養其性, 所以事天也)고 했다. 그래서 사천(事天)을 양생(養生)으로 풀 수도 있다. 도가(道家)에서 말하는 양생(養生)도 존심(存心)과 양성(養性)을 높인다. 즉 영명(靈明)한 본심을 보존하는 것이 존심(存心)이고, 천부의 본성을 양육하는 것이 양성(養性)이다.

막약색(莫若嗇)은 아끼고 절약하는 것보다 좋은 것은 없다는 뜻이다. 농사를 지어 거두어들이고 절약하는 것이 색(嗇)의 뜻이다. 일반적으로는 색(嗇)을 아낀다, 절약하다, 절검(節儉)하다로 푼다. 『한비자』에는 "정신을 아끼고, 지식을 절약하다(嗇之者, 愛惜惜神, 嗇其智識也)"로 풀었다. 하상공은 "색(嗇)은 탐(貪)이다. 나라를 다스리는 자는 마땅히 백성을 사랑하고, 자기 몸을 다스리는 자는 마땅히 정신을 아낀다(治國者富愛民, 治身者富愛精神)"고 풀었다. 왕필은 '농부'라는 뜻으로 해석하는데, 농사를 의미하는 가색(稼穡)의 '색(穡)'과 통하는 글자로 본 것이다. 씨를 뿌리는 것을 '가(稼)'라고 하고 곡식을 거두는 것을 '색(穡)'이라고 하는데, 곡식을 거두면 광에 넣어두고 함부로 쓰지 않기 때문에 역시 아낀다는 뜻이 있다. 왕필은 농사가 만물을 가지런히 하고 그 자연스러움을 온전히 하는 일이기 때문에 사람을 다스리고 하늘을 섬기는 데 그만한 것이 없다고 하였다. 하지만 하상공의 해석이 보다 일반적이다.

왕필은 치인(治人)과 사천(事天)을 같이 보고 모두 천명을 받아서 백성을 다스리는 것으로 이해했으며, 소철은 가지고 있으면서도 쓰지 않는 것이 '색'이므로 제58장의 "방정하면서도 남을 가르지 않고, 청렴하고 모나 있어도 남에게 상처주지 않으며, 곧바르면서도 끝까지 펼치지 않고, 빛나면서도 눈부시지 않다"는 것이 모두 '아끼는 것'이라 하였다. 또 설혜는 좀 더 구체적으로 "제도로써 절제하여 재물을 상하지 않고 백성을 해치지 않는 것이 사람을 다스리는 일의 아낌(검소함)이다. 하늘에 제사 지낼 때 희생을 쓰고 땅을 깨끗이 쓸고 제사를 지내며, 그 제사의 제기에 도기와 바가지를 쓰고 자리로는 짚자리를 쓰는 것이 하늘을 섬기는 일의 아낌이다"라고 하여 아끼고 절약하는 쪽으로만 해석했다.

조복(早服)은 일찍 준비하여 간직한다는 뜻이다. 이것에 대해에도 여러 해석이 있다. 즉 "일찌감치 도(도리)에 복종한다(해로·왕필)", "일찌감치 도를 얻는다(하상공)", "일찌감치 남(백성)을 복종시킨다(성현영·소철)", "일찌감치 천도를 섬긴다(범응원)" 등이다. 한마디로 각인각색이다. 특히 고형은 '조복' 뒤에 '도(道)' 한 글자를 더 집어넣어야 한다고 주장하기도 하였다. 그런데 초간문에는 '조비(早備)'로 되어 있다. 곧 "일찌감치 준비한다"는 뜻이다. 그리고 위계붕에 따르면 '비(備)'와 '복(服)'은 옛날에 서로 통하는 글자로서 모두 준비한다는 뜻이라고 한다. 그래서 "일찍 준비하여 간직한다"로 푼다. 중적덕(重積德)은 두텁게 덕을 쌓는다는 뜻이다. 무불극(無不克)은 이기지 못하는 것이 없다는 뜻이다. 극(克)은 이기다, 극복하다는 뜻이다. 막지기극(莫知其極)은 그 끝을 알지 못한다, 그 끝을 알지 못할 정도로 뻗어나간다는 뜻이다. 모든 것을 극복하고 끝없이 이기므로 끝이 없다는 것이다.

❢ 莫知其極, 可以有國, 有國之母, 可以長久. 是謂深根固柢, 長生久視之道.

끝을 알 수 없을 정도라야 나라를 가질 수 있고, 나라를 소유하는 근본 모태 또한 장구할 수가 있다. 이것을 일러 근본과 뿌리를 깊고 튼튼하게 하는 것이라 하니, 오래 살 수 있는 도다. 유국(有國)은 나라를 다스리다(治國), 나라를 갖다(秉國)는 뜻이다. 소철은 "덕을 쌓은 것이 두터워지고 나면 비록 천하에 굳센 것이라도 이기지 못할 것이 없으니 누구도 그 한도를 헤아리지 못한다. 이런 이후에야 나라를 가질 수 있다"고 하였다. "백성이 덕을 따르는 것은 마치 자식이 어미를 사모하는 것과 같기 때문에(동사정)" 나라를 장구히 운영할 수 있는 기틀이 덕에 있다는 것을 어미로 비유한 것이다. 넓게는 덕이 되겠지만 좁게 보면 이 문맥에서는 '아끼는 것'이 나라를 지탱하는 근본, 곧 어미가 된다(육희성). 제52장의 "어미를 얻고서 그를 통해 자식을 알고, 다시 그 어미를 지킨다면 죽을 때까지 위태롭지 않다"는 말과도 관련 있다고 하겠다.

고저(固柢)는 뿌리를 단단하게 하다며, 저(柢)는 근(根)과 같다. '저(柢)'는 통행본에 '체(蔕: 가지)'로 되어 있기도 하다(하상공·소철본 등). 『한비자』「해로」에 따르면 곧게 뻗은 뿌리가 '저(柢)'이고, 굽은 뿌리는 '근(根)'인데, 나무는 곧게 뻗은 뿌리에 의지하여 자라나고 굽은 뿌리에 의지하여 영양을 공급받는다고 한다. 개인과 나라를 경영하는 훌륭한 길이 굳게 확립되어 있음을 뿌리에 비유한 것이다. 장생구시의 '시(視)'는 눈이 침침해지지 않고 오래 볼 수 있다는 의미이다. 육희성은 '구시'가 오래 보아도 눈이 침침해지지 않는 것을 의미한다고 하였다. 혹은 시(視)를 활(活)로 보아 장생구시(長生久視)를 장생구활(長生久活)로 보는 해석도 있다.

제60장

치대국(治大國): 큰 나라를 다스림

큰 나라를 다스리는 것은 작은 생선을 삶는 것과 같다. 도를 지니고 천하에 임하면 그 귀신도 영험을 못 부린다. 그 귀신이 영험을 못 부릴 뿐만이 아니라, 설사 영험을 부린다 하더라도 사람을 해치지도 못한다. 그 귀신의 영험도 사람을 해치지 못할 뿐만이 아니라, 성인 역시 사람을 해치지 않는다. 더우기 귀신과 성인도 서로 해치지 않으므로, 덕을 함께 나누어 각각 제자리로 돌아갈 뿐이다.

治大國, 若烹小鮮. 以道莅天下, 其鬼不神. 非其鬼不神, 其神不傷人.
치대국, 약팽소선. 이도리천하, 기귀불신. 비기귀불신, 기신불상인.

非其神不傷人, 聖人亦不傷人. 夫兩不相傷, 故德交歸焉.
비기신불상인, 성인역불상인. 부양불상상, 고덕교귀언.

治(다스릴 치), 大(큰 대), 國(나라 국), 若(같을 약, 만약 약), 烹(삶을 팽), 小(작을 소), 鮮(고울 선, 생선 선, 드물 선), 以(써 이), 道(길 도), 莅(다다를 리, 이를 리), 下(아래 하), 其(그 기), 鬼(귀신 귀), 不(아닐 불), 神(귀신 신, 신령스러울 신), 非(아닐 비), 傷(상처 상), 人(사람 인), 聖(성인 성), 人(사람 인), 亦(또 역), 夫(무릇·대저 부, 저 부, 지아비 부), 兩(두 양), 相(서로 상, 볼 상, 도울 상, 재상 상), 故(연고 고, 옛 고), 德(덕 덕, 큰 덕), 交(사귈 교), 歸(돌아갈 귀), 焉(어조사 언)

Ruling a Big Country

Rule a big country as you would fry small fish.
Who rules the world in accord with Tao
Shall find that the spirits lose their power.
It is not that the spirits lose their power,
But that they cease to do people harm.
It is not (only) that they cease to do people harm,
The Sage (himself) also does no harm to the people.
When both do not do each other harm,
The original character is restored.

王弼註

治大國, 若烹小鮮.
不擾也. 躁則多害, 靜則全眞. 故其國彌大, 而其主彌靜, 然後乃能廣得衆心矣.

以道莅天下, 其鬼不神.
治大國, 則若烹小鮮, 以道莅天下, 則其鬼不神也.

非其鬼不神, 其神不傷人,
神不害自然也. 物守自然, 則神無所加. 神無所加, 則不知神之爲神也.

非其神不傷人, 聖人亦不傷人.
道洽則神不傷人. 神不傷人, 則不知神之爲神. 道洽, 則聖人亦不傷人, 聖人不傷人, 則不知聖人之爲聖也. 猶云[非獨]不知神之爲神, 亦不知聖人之爲聖也. 夫恃威網以使物者, 治之衰也. 使不知神聖之爲神聖, 道之極也.

夫兩不相傷, 故德交歸焉.
神不傷人, 聖人亦不傷人, 聖人不傷人, 神亦不傷人, 故曰 兩不相傷也. 神聖合道交貴之也.

❢ 治大國, 若烹小鮮.

큰 나라를 다스리는 것은 작은 생선을 삶는 것과 같다. 약팽소선(若烹小鮮)은 작은 생선을 삶는 것과 같다는 말이다. 팽(烹)은 삶는다, 요리한다, 지진다는 뜻이고, 소선(小鮮)은 작은 생선을 말한다. 작은 생선을 지질 때는 창자를 뽑아내거나 칼로 쓸거나 하지 않고 고스란히 냄비에 넣고 삶으며, 또 이리저리 뒤집거나 쑤시지도 않는다. 나라를 다스릴 때도 백성을 있는 그대로 두고 다스려야지 이리저리 볶아대면 안 된다. 『모시』 「회풍·비풍」에 "누가 생선을 삶으려나, 솥에다 물을 붓네"라는 시가 있는데, 모전(毛箋)은 이 시를 "생선을 삶을 때 번잡하게 하면 생선이 부서지고, 백성을 다스릴 때 번잡하게 하면 백성이 흩어지니 생선을 삶는 것이 곧 백성을 다스리는 것임을 알 수 있다"고 해설했다. 하상공은 "작은 생선을 지질 때는 장을 빼지도 않고 비늘을 벗기지도 않고 휘젓지도 않으니 모두 부서질까 해서이다. 나라를 다스리는 것이 번쇄하면 아래에서 반란하고, 몸을 다스리는 것이 번쇄하면 정기가 흩어진다"라고 하였고, 오징은 "큰 나라를 다스릴 때는 단순하고 고요하게 해야 하며, 그 백성을 뒤흔들어서는 안 되니 마치 작은 생선을 삶는 것과 같다"고 하였다. 또 『한비자』 「해로」는 특히 백성들의 소업을 자주 바꾸거나 변법을 자주 하지 않도록 해야 한다고 지적한다.

❢ 以道莅天下, 其鬼不神.

도를 지니고 천하에 임하면 그 귀신도 영험을 못 부린다. 리(莅)는 다다르다, 이르다, 왕으로 임하다는 뜻이고, 신(神)은 영험하다는 뜻이다. 기귀불신(其鬼不神)은 귀신도 영험한 조화를 부리지 못한다는 뜻이다. 천하를 도로 다스리면 귀신이 영험을 부리지 않는다는 말은 한마디로 세상이 살 만하면 귀신도 장난치지 않는다는 말이다. 세상이 혼란스러울 때는 재앙을 귀신과 관련시키는 일이 많다. 『좌전』에서도 "나라가 흥하려 할 때는 백성의 말에 귀 기울이고 나라가 망하려 할 때는 귀신의 말을 듣는다(「장공」32)"고 하였다. 혼란스러운 세상에서는 귀신이 사람의 일에 간섭하여 영향을 미치므로 사람들은 "재앙이 있으면 귀신을 두려워한다(「해로」)." 그렇지만 성인이 윗자리에 있고 백성이 욕심을 덜 부리면 "안으로는 병이 나는 해로움이 없고 밖으로는 형벌을 당하는 재앙이 없으므로 귀신을 아주 덤덤하게 생각한다(「해로」)." 『열자』는 신선이 나타나는 태평한 세상에서는 "사람들은 요절하지 않고, 사물들은 병나지 않고, 귀신은 영험을 부리지 않는다(「황제」)"고 하였는데, 본 문장과 상통한다.

❢ 非其鬼不神, 其神不傷人. 非其神不傷人, 聖人亦不傷人.

그 귀신이 영험을 못 부릴 뿐만이 아니라, 영험을 부릴 수 있다 하더라도 그것은 사람을 해치지 못한다. 그 귀신의 영험도 사람을 해치지 못할 뿐만이 아니라, 성인 역시 사람을 해치지 않는다. 비(非)가 여기서는 오직, '~뿐만 아니라'의 뜻이다. 상(傷)은 다치게 하다는 뜻이다. "귀신에게 정신(精神)이 없는 것이 아니라 사특함이 올바름으로 쳐들어가지 못하여 자연을 따르는 사람을 해치지 못하는 것이다(하상공)." 그리고 "성인이 다스리는 지위에서 사람을 해치지 않기 때문에 귀신도 감히 간섭하여 영향을 미치지 못하는 것(하상공)"이라고 해설한다.

❢ 夫兩不相傷, 故德交歸焉.

더우기 귀신과 성인이 서로 해치지 않으므로, 덕을 함께 나누어 각각 제자리로 돌아갈 뿐이다. 여기에서 '둘'은 성인과 귀신이다. "사람은 양지에서 다스림을 얻고 귀신은 음지에서 다스림을 얻어서 사람은 그 성명을 온전히 하고 귀신은 그 정신을 보존하였기 때문에 덕을 나누어 제자리로 돌아간다고 하였다(하상공)." 엄준은 "그러므로 귀신은 그 영험함으로 음지에서 사물을 기르고, 성인은 그 도로 양지에서 사물을 기른다. 복은 음지에서 시작되고, 덕은 양지에서 그 결과를 얻게 되니 귀신은 혜택을 주고 성인은 은혜를 베푼다"고 하였다. 서로 통하는 해설이다.

제61장

위하(爲下): 아래에 처함

큰 나라가 강의 하류처럼 아래로 낮추면 천하의 모든 사람이 모여들어서 천하의 암컷과 같은 존재가 된다. 암컷은 항상 고요함으로써 수컷을 이기니, 고요함으로 아래에 처하기 때문이다. 그러므로 큰 나라가 겸하(謙下)한 태도로 작은 나라에 낮추면 작은 나라를 취할 수 있고, 작은 나라가 공손한 태도로 큰 나라에 낮추면, 큰 나라에게 용납될 수가 있다. 그러므로 어떤 경우는 낮추어서 취하고, 어떤 경우는 낮추어서 취해진다. 큰 나라는 오직 모든 나라들을 합하여 다 같이 만민을 잘 길러 주고자 할 뿐이고, 작은 나라도 오직 큰 나라를 받아들여 사람을 섬기려 하는 것 뿐이다. 큰 나라와 작은 나라가 모두 서로 원하는 바를 얻기 위해서는 큰 나라가 당연히 아래에 처해야 한다.

大國者下流, 天下之交, 天下之牝. 牝常以靜勝牡, 以靜爲下. 故大國以
대국자하류, 천하지교, 천하지빈. 빈상이정승모, 이정위하. 고대국이

下小國, 則取小國. 小國以下大國, 則取大國. 故或下以取, 或下而取.
하소국, 즉취소국, 소국이하대국, 즉취대국. 고혹하이취, 혹하이취.

大國不過欲兼畜人，小國不過欲入事人．夫兩者各得所欲，大者宜爲下．
대국불과욕겸휵인，소국불과욕입사인．부양자각득소욕，대자의위하．

大(큰 대), 國(나라 국), 者(놈 자), 下(아래 하), 流(흐를 류, 분파 류), 天(하늘 천), 之(갈 지, 어조사 지), 交(사귈 교), 牝(암컷 빈, 골짜기 빈), 常(항상 상), 以(써 이), 靜(고요할 정), 勝(이길 승, 뛰어날 승), 牡(수컷 모, 왼쪽 모), 爲(할 위, 될 위, 여길 위), 故(연고 고, 옛 고), 小(작을 소), 則(곧 즉, 법칙 칙), 取(취할 취), 或(혹 혹, 항상 혹), 而(말 이을 이), 不(아닐 불), 過(지낼 과, 허물 과), 欲(하고자 할 욕), 兼(겸할 겸), 畜(기를 축(휵)), 人(사람 인), 入(들 입), 事(일 사, 일삼을 사, 섬길 사), 夫(무릇·대저 부, 저 부, 지아비 부), 兩(두 양), 各(각각 각), 得(얻을 득), 所(바 소), 宜(마땅 의)

Big and Small Countries

A big country (should be like) the delta low-regions,
Being the concourse of the world, (And) the Female of the world.
The Female overcomes the Male by quietude,
And achieves the lowly position by quietude.

Therefore if a big country places itself below a small country,
It absorbs the big country.
(And) if a small country places itself below a big country,
It absorbs the big country.
Therefore some place themselves low to absorb (others),
Some are (naturally) low and absorb (others).
What a big country wants is but to shelter others,
And what a small country wants is but to be able to come in
And be sheltered.
Thus (considering) that both may have what they want,
A big country ought to place itself low.

王弼註

大國者下流.
江海居大而處下，則百川流之，大國居大而處下，則天下流之，故曰大國下流也.

天下之交，
天下所歸會也.

天下之牝.
靜而不求，物自歸之也.

牝常以靜勝牡，以靜爲下.
以其靜，故能爲下也. 牝，雌也. 雄躁動貪欲，雌常以靜，故能勝雄也. 以其靜復能爲下，故物歸之也.

故大國以下小國，
大國以下，猶云以大國下小國.

則取小國.
小國則附之.

小國以下大國，則取大國.
大國納之也.

故或下以取，或下而取.
言唯修卑下，然後乃各得其所

大國不過欲兼畜人，小國不過欲入事人，夫兩者各得其所欲，大者宜爲下.
小國修下，自全而已，不能令天下歸之. 大國修下，則天下歸之. 故曰 各得其所欲，則大者宜爲下也.

❢ 大國者下流, 天下之交, 天下之牝.

큰 나라가 강의 하류처럼 아래로 낮추면 천하의 모든 사람이 모여들어서 천하의 암컷과 같은 존재가 된다. 대국자하류(大國者下流)는 큰 나라가 강의 하류처럼 아래로 낮춘다는 뜻이다. 천하지교(天下之交)는 천하의 모든 나라나 사람이 모여든다는 뜻이다. '교(交)'는 천하가 만나는 곳이라는 의미다(왕필). "강과 바다는 거대하면서도 아래로 처하니 모든 냇물이 그곳으로 모여든다. 큰 나라가 광대하면서도 아래로 처하면 천하가 그곳으로 흘러든다(왕필)." 이 문장은 제66장의 "강과 바다가 모든 골짜기의 왕이 될 수 있는 이유는 그것이 아래로 잘 처하기 때문이다(江海所以能爲百谷王者, 以其善下之, 故能爲百谷王)"는 말과 상통한다. 빈(牝)은 암컷을 뜻한다. 천하지빈(天下之牝)은 천하의 암컷 혹은 암컷과 같은 존재라는 뜻이다. 큰 나라를 암컷에 비유한 것은 그것이 "스스로를 낮추고 고요히 하여 자신을 지킴으로써 뭇 수컷들이 좋아하는 대상이 되기(육희성)" 때문이다.

❢ 牝常以靜勝牡, 以靜爲下.

암컷은 항상 고요함으로써 수컷을 이기니, 고요함으로 아래에 처하기 때문이다. 이정승모(以靜勝牡)는 암컷이 고요함으로써 능동적이고 강한 수컷을 이긴다. 모(牡)는 수컷을 뜻한다. 이정위하(以靜爲下)는 고요함으로써 언제나 아래에 처해 있다는 뜻이다. 범응원은 "암컷은 항상 고요함을 지켜 수컷의 조급한 움직임을 이긴다. 오로지 고요히 무위하기 때문에 조급한 움직임에 대응할 수 있고, 오직 겸손히 아래로 처하기 때문에 무리를 얻을 수 있다"고 했고, 왕필본은 "수컷은 조급히 움직이고 탐욕스러우며 암컷은 항상 고요함을 지키니 그 때문에 수컷을 이길 수 있다. 고요하기 때문에 능히 아래로 처할 수 있으니 그 때문에 모든 사물이 그에게로 돌아간다"고 하였다.

❢ 故大國以下小國，則取小國．小國以下大國，則取大國．故或下以取，或下而取．

그러므로 큰 나라가 겸하(謙下)한 태도로 작은 나라에 낮추면 작은 나라를 취할 수 있고, 작은 나라가 공손한 태도로 큰 나라에 낮추면, 큰 나라에게 용납될 수가 있다. 그러므로 어떤 경우는 낮추어서 취하고, 어떤 경우는 낮추어서 취해진다. 이(以)는 능(能)이다. 대국이하소국(大國以下小國)은 큰 나라가 작은 나라에 낮출 수 있으면 하는 뜻이다. 즉취소국(則取小國)은 작은 나라를 취한다는 뜻이다. 혹하이취(或下以取)는 어떤 경우에는 낮추어서 취한다는 뜻이다. 혹하이취(或下而取)는 어떤 경우는 낮추어서 취해진다는 뜻이다. '이취(以取)'는 내가 취하는 것이고, '이취(而取)'는 남에게 취함을 당하는 것이라고 볼 수 있다. '취해진다'는 것은 신임을 얻거나 용납을 받는다고 풀 수 있다. 소철은 "큰 나라가 능히 아래로 처하면 작은 나라가 그 나라를 보필할 것이고, 작은 나라가 능히 아래로 처하면 큰 나라가 그 나라를 용납할 것이니 큰 나라는 아래로 처하여 남을 취하고 작은 나라는 아래로 처하여서 남에게 용납된다"고 하였다.

❢ 大國不過欲兼畜人，小國不過欲入事人．夫兩者各得所欲，大者宜爲下．

큰 나라는 오직 모든 나라들을 합하여 다 같이 만민을 잘 길러 주고자 할 뿐이고, 작은 나라도 오직 큰 나라를 받아들여 사람을 섬기려 하는 것뿐이다. 큰 나라와 작은 나라가 모두 서로 원하는 바를 얻기 위해서는 큰 나라가 당연히 아래에 처해야 한다. 욕겸휵인(欲兼畜人)은 모든 나라를 합하고 만민을 다 같이 기르고자 한다는 뜻이다. 하상공에 따르면 '겸휵(兼畜)'은 다른 나라를 겸병하여 기르는 것이다. 욕입사인(欲入事人)은 큰 나라에 들어가 그를 섬기고자 한다는 뜻이다. 여기서 큰 나라는 작은 나라를 겸병하고 작은 나라는 큰 나라에 붙어 생존을 도모하는 전국시대의 시대상을 엿볼 수 있다.

여기에서 "오직 큰 나라가 마땅히 아래로 처해야 한다"고 했다. 그 이유는 "나라가 작으면서 큰 나라를 대할 때 아래로 처하지 않으면 그에 용납되지 않을 뿐만 아니라 재앙이 이를 것이니 작은 나라가 그렇게 하지 않으리라는 염려를 할 필요가 없기 때문이다(여혜경).” 오징도 “작은 나라는 평소부터 남의 아래에 있기 때문에 아래로 처하지 못할 것을 염려하지 않아도 되지만 큰 나라는 남의 아래에 있지 않기 때문에 혹시 능히 아래로 처하지 못할 것을 염려하여” 큰 나라만 거론하였다고 하였다. 왕진의 해설은 좀 더 원론적이다. “겸손을 실천하는 도는 위를 덜어서 아래를 도와주는 것이니 그 쓰임이 위에 있지 아래에 있지 않다.” 적절한 설명이다.

제62장

도오(道奧): 도의 근원

도(道)는 만물의 심오한 근원이니, 선한 사람의 보배이며, 선하지 않은 사람도 편안하게 보호받는 곳이다. 좋은 말은 남들로부터 존경을 받을 수 있고, 좋은 행동은 남보다 뛰어나게 할 수 있다. 사람이 선하지 않다고 해서 어찌 버리겠는가. 그러므로 천자를 세우고 삼공(三公)을 둠에 있어서, 어진 사람을 초빙하기 위해 한 아름이나 되는 벽옥을 앞세우고 네 필 말이 끄는 수레로 방문하는 것과 같은 후한 대접으로 어진 인재를 구한다 하더라도, 조용히 앉아서 도에 나아가는 것만 못하다. 옛날부터 도를 귀중히 여기는 이유는 무엇이냐? 도를 지니고 있으면 구하는 것을 얻을 수 있고, 비록 죄를 지어도 면할 수 있다고 하지 않았던가. 그러므로 도가 천하의 귀함이 되는 것이다.

道者萬物之奧，善人之寶，不善人之所保．美言可以市尊，美行可以加人．
도자만물지오，선인지보，불선인지소보．미언가이시존，미행가이가인．

人之不善，何棄之有．故立天子，置三公，雖有拱璧以先駟馬，不如坐進
인지불선，하기지유．고입천자，치삼공，수유공벽이선사마，불여좌진

此道. 古之所以貴此道者何. 不曰, 求以得, 有罪以免邪. 故爲天下貴.
차도. 고지소이귀차도자하. 불왈, 구이득, 유죄이면야. 고위천하귀.

道(길 도), 者(놈 자), 萬(일만 만), 物(만물 물), 之(갈 지, 어조사 지), 奧(속 오, 아랫목 오), 善(착할 선), 人(사람 인), 寶(보배 보), 不(아닐 불), 所(바 소), 保(지킬 보), 美(아름다울 미), 言(말씀 언), 可(가할 가, 옳을 가), 以(써 이), 市(저자 시, 시가지 시, 거래할 사), 尊(높을 존), 行(다닐 행, 행할 행), 可(가할 가, 옳을 가), 加(더할 가), 何(어찌 하), 棄(버릴 기), 有(있을 유), 故(연고 고, 옛 고), 立(설 립), 天(하늘 천), 子(아들 자), 置(둘 치), 三(석 삼), 公(공평할 공, 벼슬 공, 존칭 공), 雖(비록 수), 拱(두손 마주잡을 공), 璧(둥근 옥 벽), 先(먼저 선), 駟(사마 사), 馬(말 마), 如(같을 여), 坐(앉을 좌), 進(나아갈 진), 此(이 차), 道(길 도), 古(옛 고), 所(바 소), 貴(귀할 귀), 曰(가로 왈), 求(구할 구), 得(얻을 득), 罪(허물 죄, 죄줄 죄), 免(면할 면), 邪(간사할 사, 어긋날 사, 그런가 야), 爲(할 위, 될 위, 여길 위), 下(아래 하)

The Good Man's Treasure

Tao is the mysterious secret of the universe,
The good man's treasure, And the bad man's refuge.
Beautiful saying can be sold at the market,
Noble conduct can be presented as a gift.
Though there be bad people, why reject them?

Therefore on the crowning of an emperor,
On the appointment of the Three Ministers,
Rather than send tributes of jade and teams of four horses,
Send in the tribute of Tao.
Wherein did the ancients prize this Tao?
Did they not say, "to search for the guilty ones and pardon them"?
Therefore is (tao) the treasure of the world.

王弼註

道者, 萬物之奧,
奧猶暧也. 可得庇蔭之辭.

善人之寶,
寶以爲用也.

不善人之所保.
保以全也.

美言可以市, 尊行可以加人.
言道無所不先, 物無有貴於此也. 雖有珍寶璧馬, 無以匹之. 美言之, 則可以奪衆貨之賈, 故曰美言可以市也. 尊行之, 則天里之外應之, 故曰可以加於人也.

人之不善, 何棄之有.
不善當保道以免放.

故立天下, 置三公,
言尊行道也.

雖有拱璧以先駟馬, 不如坐進此道.
此道上之所云也. 言故立天子, 置三公, 尊其位, 重其人, 所以爲道也. 物無有貴於此者, 故雖有拱抱寶璧以先駟馬而進之, 不如坐而進此道也.

古之所以貴此道者何. 不曰以求得, 有罪以免邪. 故爲天下貴.
以求則得求, 以免則得免, 無所而不施, 故爲天下貴也.

❢ **道者萬物之奧. 善人之寶, 不善人之所保.**

도(道)는 만물의 심오한 근원이니, 선한 사람의 보배이며, 선하지 않은 사람도 편안하게 보호받는 곳이다. 오(奧)는 깊은 속, 아랫목, 안이라는 뜻이다. 그래서 도(道)가 만물의 근원(根源), 근본이라는 뜻이다. '오(奧)'는 방의 서남쪽 귀퉁이를 가리키는 말인데, 그 의미가 확대되어 가장 깊숙하고 으슥한 곳 또는 가장 귀한 사람이 앉는 곳이라는 뜻이 되었다. 『예기』 「예운」을 보면 '오'에는 원래 '주(主)'의 뜻이 있다. 불선인지소보(不善人之所保)는 선하지 않은 사람도 편안하게 보호받는 곳이다. 한편 백서본에는 '불선인지소보(不善人之所寶)'로 되어 있다. 즉 도가 선한 사람에게 보배이고, 선하지 않은 사람에게도 보배로 삼아야 할 것이라는 뜻이다. 나름 의미가 통하는 문장으로 보인다.

❢ **美言可以市尊, 美行可以加人.**

도를 터득한 성인의 좋은 말은 남들로부터 존경을 받을 수 있고, 좋은 행동은 남보다 뛰어나게 할 수 있다. 시(市)는 사다, 벌다, 장사하다, 얻는다는 뜻이다. 시존(市尊)은 높은 자리를 얻는다. 또는 남에게 존경을 받는다는 뜻이다. 가인(加人)은 남을 향상시킨다, 가(加)를 시(施)로 보고, 남에게 베풀 수 있다, 혹은 남보다 뛰어나게 해준다는 뜻으로 푼다. 『회남자』는 두 곳에서 이 문장을 인용하고 있는데, 두 곳 모두 "아름다운 말은 존경을 받을 수 있고(美言可以市尊), 아름다운 행동은 남보다 뛰어나게 한다(美行可以加人)(「도응훈」 「인간훈」)"고 되어 있다. 왕필은 "아름답게 말을 하면 물건의 좋은 값을 받을 수 있고, 존귀하게 행동하면 천리의 바깥에서도 응한다"고 하였다. 대체로 이 문장은 말을 잘 하고 향리에서 제법 행동을 올바르게 하는 사람 정도만 되더라도 이런 효과를 얻을 수 있는데, 만약 도를 실천하면 어떠하겠느냐는 의미를 함축하고 있다고 볼 수 있다.

❢ **人之不善，何棄之有.**

사람이 선하지 않다고 해서 어찌 버리겠는가. 선하지 못한 사람은 미언(美言)과 미행(美行)이 없을 것이다. 그러나 그 사람도 역시 절대적인 도에서 나왔고 또 도를 따라 살고 있는 것이다. 따라서 도의 경지에서는 선하지 못한 사람도 버리지 않는다. 인간 사회에서는 선인(善人)만 내세우고 악한 자는 버리려고 한다. 그러나 도의 세계에는 선과 악의 대립이나 차별도 구별도 없다. 하상공은 이 문장을 "사람이 비록 착하지 않더라도 마땅히 도로써 교화하여야 할 것이니 삼황(三皇) 앞에는 버려진 백성이 없다"고 해설했다. 소철도 마찬가지로 "아침에 불의를 행하더라도 저녁에 대도를 들었다면 망령됨을 모두 거두고 본성을 회복할 수 있으니 비록 그의 불선함을 지적하려고 하더라도 그렇게 할 수 없다. 그러니 어찌 버릴 수 있겠는가"라고 해설한다. 『도덕경』에서도 제27장에는 "도를 터득한 성인은 항상 사람을 잘 구제하여, 그들을 버리는 일이 없고, 물건도 항상 잘 구제하여, 버리는 일이 없다(聖人常善救人, 故無棄人, 常善救物, 故無棄物)"고 했고, 제49장에는 "선량한 사람에게도 내가 선량하게 대하고, 선량하지 못한 사람에게도 내가 선량하게 대하니, 그 덕이 선량함이다(善者吾善之, 不善者吾亦善之, 德善)"고 했다. 진고응은 "선하지 않는 사람이라도 어떻게 도를 버릴 수 있겠느냐"로 풀었다.

❢ **故立天子，置三公，雖有拱璧以先駟馬，不如坐進此道.**

그러므로 천자를 세우고 삼공(三公)을 둠에 있어서, 어진 사람을 초빙하기 위해 한 아름이나 되는 벽옥을 앞세우고 네 필 말이 끄는 수레로 방문하는 것과 같은 후한 대접으로 어진 인재를 구한다 하더라도, 조용히 앉아서 도에 나아가는 것만 못하다. 치삼공(置三公)에서 치(置)는 설치한다, 둔다는 뜻이고, 삼공(三公)은 태사(太師), 태부(太傅), 태보(太保)이다. 공벽(拱璧)은 한 아름이나 될 만한 보옥을 말한다. 이선(以先)은 앞세운다는 뜻이다. 사마(駟馬)는 네 마리의 말이 끄는 수레이다. 공벽(拱璧)을 앞세우고, 뒤에 사마를 따르게 한다는 말이다. 불여좌진차도(不

如坐進此道)는 조용히 앉아 도에 나아가는 것에는 미치지 못한다는 뜻이다. 좌(坐)는 조정에 가만히 앉아서 천하를 다스리는 도를 묻는다는 '좌조문도(坐朝問道)'처럼 조용히 앉아 있다는 뜻으로 볼 수 있다. "한 아름 되는 벽옥을 앞세우고 네 필 말이 끄는 수레로 빙문한다"는 것은 옛날 어진 사람을 초빙할 때 사용했던 두터운 예다. 이런 후한 대접이나 혹은 그런 대접으로 어진 사람을 구하는 것도 도에 나아가는 것보다 못하다는 말이다. 육희성은 "비록 한 아름 되는 벽옥을 받들고 네 필 말이 끄는 수레를 그에 앞서게 하여 황황히 어진 인재를 구한다고 하더라도 그것은 편안히 앉아서 이 도에 나아가는 것보다 못하다"고 풀었다.

❢ 古之所以貴此道者何. 不曰, 求以得, 有罪以免邪. 故爲天下貴.

옛날부터 도를 귀중히 여기는 이유는 무엇이냐? 도를 지니고 있으면 구하는 것을 얻을 수 있고, 비록 죄를 지어도 면할 수 있다고 하지 않았던가. 그러므로 도가 천하의 귀함이 되는 것이다. 구이득(求以得)은 구하면 얻는다. 도를 지니고 있으면 구하는 것을 얻는다는 말이다. 유죄이면(有罪以免)은 죄가 있어도 면할 수 있다는 뜻이다. 야(邪)는 그런가 야(耶)와 같은 글자이다. 그래서 '不曰~耶?'로 쓰여 '~라 하지 않더냐?'는 말이 된다.

"구하면 얻고 죄가 있더라도 면한다"는 말은 앞의 "선한 사람에게는 보배이며, 선하지 않은 사람에게는 편안하게 보호받는 곳이다"라는 말과 연관된다. 곧 선한 사람이 도를 구하면 금세 얻을 수 있고, 불선한 사람이 도를 알게 되면 그 죄를 면할 수 있다. 이렇게 선한 사람, 불선한 사람, 도를 구하려는 사람, 죄를 면하려는 사람을 모두 구제해주는 것이 도이므로 도가 천하에 귀한 것이 된다.

도는 만물의 시원(始源)이며, 절대(絶對)이다. 따라서 도는 인간들이 내세우는 이름이나 가치 판단을 초월한 실재이다. 따라서 도는 자기가 낳은 모든 사람, 모든 것을 포괄하고 모든 것을 자연스럽게 한다. 인간 사회에서는 선만을 좋아하고 악을 미워한다. 그러나 도의 경지에서 보면 인간들이 말하는 선이나 악도 있을 수 없고, 또 악인이라 할지라도 버리지 않는다. 그러므로 위정자(爲政者)도 도를 따라 만민을 다 포용하고 또 사람들을 선인이다 악인이다 하고 자의적(恣意的)으로 구분하거나 차별해서는 안 된다. 도는 만물을 낳아 기른다. 그러므로 도를 지키고 따르면 구하는 것을 얻을 수 있고, 설사 인간적인 차원에서 죄를 범했다 해도 무위자연의 도에 복귀(復歸)됨으로써 구원받을 수가 있다.

제63장

무난(無難): 어려움이 없음

인위적인 작위가 없는 무위(無爲)를 행하고, 일 꾸밈이 없는 무사(無事)를 일삼으며, 억지로 맛나게 함이 없는 무미(無味)를 맛으로 삼는다. 크거나 작거나 많거나 적거나, 원한은 덕으로 갚는다. 어려운 일은 쉬운 데서 도모하고, 큰일은 미세할 때 처리한다. 천하의 어려운 일도 반드시 쉬운 데서 일어나고, 천하의 큰일도 반드시 미세한 데서 일어난다. 그러므로 성인은 끝까지 큰 것을 꾀하지 않으니, 그러므로 그 큰 것을 이룰 수 있다. 무릇 가벼운 승낙은 믿음성이 부족하고, 너무 쉽게 여기면 나중에 반드시 어려움이 많아지는 법이다. 이 때문에 성인은 오히려 어렵게 여기니, 그러므로 마침내 어려움이 없게 된다.

爲無爲, 事無事, 味無味. 大小多少, 報怨以德. 圖難於其易, 爲大於其
위무위, 사무사, 미무미. 대소다소, 보원이덕. 도난어기이, 위대어기

細. 天下難事, 必作於易. 天下大事, 必作於細. 是以聖人終不爲大,
세. 천하난사, 필작어이. 천하대사, 필작어세. 시이성인종불위대,

故能成其大. 夫輕諾必寡信, 多易必多難. 是以聖人猶難之, 故終無難矣.
고능성기대. 부경낙필과신, 다이필다난. 시이성인유난지, 고종무난의.

爲(할 위, 될 위, 여길 위), 無(없을 무), 事(일 사, 일삼을 사, 섬길 사), 味(맛 미), 大(큰 대), 小(작을 소), 多(많을 다), 少(적을 소), 報(갚을 보, 알릴 보), 怨(원망할 원, 미워할 원), 以(써 이), 德(덕 덕, 큰 덕), 圖(그림 도, 꾀할 도), 難(어려울 난), 於(어조사 어), 其(그 기), 易(바꿀 역, 쉬울 이), 細(가늘 세, 작을 세), 天(하늘 천), 下(아래 하), 必(반드시 필), 作(지을 작, 이어날 작), 是(이 시, 옳을 시, 이에 시), 以(써 이), 聖(성인 성), 人(사람 인), 終(마칠 종), 不(아닐 불), 故(연고 고, 옛 고), 能(능할 능), 成(이룰 성), 其(그 기), 夫(무릇·대저 부, 저 부, 지아비 부), 輕(가벼울 경), 諾(대답할 낙, 승낙할 낙), 寡(적을 과), 信(믿을 신), 多(많을 다), 猶(오히려 유, 같을 유), 矣(어조사 의)

Difficult and Easy

Accomplish do-nothing. Attend to no-affairs. Taste the flavorless.
Whether it is big or small, many or few, Requite hatred with virtue.
Deal with the difficult while yet it is easy;
Deal with the big while yet it is small.
The difficult (problems) of the world
Must be dealt with while they are yet easy;
The great (problems) of the world
Must be dealt with while they are yet small.
Therefore the Sage by never dealing with great (problems)
Accomplishes greatness.
He who lightly makes a promise Will find it often hard to keep his faith.
He who makes light of many things Will encounter many difficulties.
Hence even the Sage regards things as difficult,
And for that reason never meets with difficulties.

王弼註

爲無爲, 事無事, 味無味.
以無爲爲居, 以不言爲教, 以恬淡爲味, 治之極也.

大小多少, 報怨以德.
小怨則不足以報, 大怨則天下之所欲誅, 順天下之所同者 德也.

圖難於其易, 爲大於其細. 天下難事, 必作於易, 天下大事, 必作於細, 是以聖人終不爲大, 故能成其大. 夫輕諾必寡信, 多易必多難, 是以聖人猶難之.
以聖人之才, 猶尙難於細易, 況非聖人之才, 而欲忽於此乎. 故曰 猶難之也.

故終無難矣.

❢ 爲無爲, 事無事, 味無味.

인위적인 작위가 없는 무위(無爲)를 행하고, 일 꾸밈이 없는 무사(無事)를 일삼으며, 억지로 맛나게 함이 없는 무미(無味)를 맛으로 삼는다. 행함은 무위로 하고, 일삼음에는 무사로 하며, 맛은 무미로 한다고 옮길 수도 있다. 미무미(味無味)는 무미(無味)를 맛으로 여긴다는 뜻이다. 왕필은 "염담을 맛으로 여기니, 최고의 정치다(以恬淡爲味, 治之極也.)"라고 풀었다.

한편 여기서 '무위를 행한다'고 했기 때문에 무위가 아니라 어떤 인위적인 것의 느낌이 있다. 그래서 무위·무사·무미란 허정(虛靜)·염담(恬淡)한 것으로 "본래 모두 자연 그 자체이지만 그것을 이루고 지키고 원하는 것은 모두 사람에게 달려 있기 때문에 행한다, 일삼는다, 맛본다고 하지 않을 수 없다(범응원)"거나 "무위를 행한다는 말은 자연을 본받는다는 말이다(두도견)"는 해설도 나온다. 그래서 무위라는 것이 아무 것도 하지 않는 것이 아니다. "무위의 도라는 것은 따르는 것[因]이다(「심술상」)"라는 『관자』의 정의나 "무위란 사물에 앞서 행동하지 않는다는 말(『회남자』)"

처럼 무위는 인순(因循)이나 순응(順應)을 가리킨다.

❢ 大小多少, 報怨以德.

크거나 작거나 많거나 적거나, 원한은 덕으로 갚는다. 대소다소(大小多少)에 대해서는 많은 설이 엇갈리고 의견이 분분하다. 우선 엄영봉은 "큰 것은 작은 것에서 비롯하고 많은 것은 적음에서 비롯한다(大生於小, 多生於少)"고 풀었다. 도는 은미(隱微)로우면서 만물을 창조하므로, 은미함 속에서 우주를 본다는 뜻이다. 그 외 "크든 작든 많든 적든(왕필)", "크게 되려고 하면 오히려 작아지고, 많아지려고 하면 오히려 적어진다(하상공)", "큰 것은 작은 것에 근본하고, 많은 것은 적은 것에서 시작한다(『문자』)", "작은 것을 크게 여기고, 적은 것을 많게 여긴다(사마광)", "크게 할 수 있으면 작게 할 수 있고, 많게 할 수 있으면 적게 할 수 있다(여혜경)", "크고 작고 많고 적음이(범응원)", "크더라도 스스로 작게 여기고, 많더라도 스스로 적게 여긴다(오징)." 왕필의 해석이 가장 적절한 것으로 보인다.

보원이덕(報怨以德)은 원한은 덕으로써 갚는다는 뜻이다. 왕필은 이 문장에 대해 "작은 원한은 보복할 것이 없고, 큰 원한은 천하가 모두 죽임으로 보복하고 싶어 한다. 천하가 모두 원하는 것을 따르는 것이 덕이다"고 하였다. 보복할 것이 없는 작은 원한은 보복하지 않기 때문에 덕이고, 큰 원한에 대한 보복은 모든 사람이 원하는 것이기 때문에 덕이라는 말이다. 이렇게 하면 큰 원한이나 작은 원한이나 모두 덕으로 갚게 된다.

❢ 圖難於其易, 爲大於其細. 天下難事, 必作於易. 天下大事, 必作於細.

어려운 일은 쉬운 데서 도모하고, 큰일은 미세할 때 처리한다. 천하의 어려운 일도 반드시 쉬운 데서 일어나고, 천하의 큰일도 반드시 미세한 데서 일어난다. 도난어기이(圖難於其易)는 어려운 일을 쉬운 데에서 도모한다는 뜻이다. 도(圖)는 도모하다, 꾀한다는 뜻이다. 위대어기세(爲大於其細)는 큰일도 미세할 때 처리한다는 말이다. 필작어이(必作於易)에서 작(作)은 일어난다, 시작된다, 나타난다, 흥기(興起)한다는 뜻이다. 어려운 일은 반드시 쉬운 데에서 일어난다는 말이다. 『한비자』 「유로」에서는 백규(白圭)와 장인(丈人)의 예를 들면서 "천 길이나 되는 제방도 개미구멍 때문에 무너지고, 백 자나 되는 집도 굴뚝의 불똥 때문에 타버리기" 때문에 쉽고 작은 일을 등한시해서는 안 된다고 하였다. 또 소철은 "세상 사람들은 큰 일을 두려워하고 작은 일을 업신여기며, 많은 것을 어렵게 생각하고 적은 것을 쉽게 생각하니 어려워진 이후에 일을 도모하고 커진 이후에 행하려고 하면 일은 항상 성공하지 못한다. 성인은 큰일과 작은 일을 마찬가지로 보고 많은 것과 적은 것을 하나로 생각하여 두려워하지 않음이 없고 어려워하지 않음이 없으니 어찌 이루지 못하는 일이 있겠는가"라고 했다.

❢ 是以聖人終不爲大, 故能成其大. 夫輕諾必寡信, 多易必多難.

그러므로 성인은 끝까지 큰 것을 꾀하지 않으니, 그러므로 그 큰 것을 이룰 수 있다. 무릇 가벼운 승낙은 믿음성이 부족하고, 너무 쉽게 여기면 나중에 반드시 어려움이 많아지는 법이다. 종불위대(終不爲大)는 끝까지 큰 것을 꾀하지 않는다는 말이다. 경낙(輕諾)은 쉬운 승낙이라는 뜻이다. 과신(寡信)은 믿음성이 적다는 말이다. 다이(多易)는 너무 쉽게 여긴다는 말이다.

❢ 是以聖人猶難之, 故終無難矣.

이 때문에 성인은 오히려 어렵게 여기니, 그러므로 마침내 어려움이 없게 된다. 유난지(猶難之)는 오히려 어렵게 여긴다는 말이다. 도를 터득한 성인(聖人)의 신중한 태도를 가리킨다. 이것은 소위 우환의식(憂患意識)이다. 중국의 우환 의식은 "전전긍긍하여 마치 깊은 못가로 다가가는 듯 얇은 얼음을 밟는 듯하네(「소아·소민」)"라는 『모시』의 노래에서 "하루 종일 부지런히 힘쓰고 저녁에도 두려워하면 위태하기는 하나 허물이 없을 것이다(「건괘」)"는 『주역』의 윤리를 거쳐 "우환에서 살고 안락에서 죽는다(「고자하」)"는 맹자의 사상에 이르기까지 대부분의 고전에 배여 있다.

성인은 무위(無爲)와 무사(無事)와 무미(無味)를 높인다. 인간의 자의적(恣意的) 조작이나 인공적인 문화보다는 자연과 함께 함으로써 스스로 있고 스스로 길러지는 길이다. 그래야 시간과 공간을 초월한 도와 더불어 영원히 천지 만물의 생성화육에 참여할 수가 있다. 도를 지키는 성인은 겸허처하(謙虛處下)하고 모든 일을 은미세밀(隱微細密)한 데서부터 처리하고 풀어나간다. 우주·천지·만물·만사가 크고 많은 것 같지만, 실은 모든 것이 눈에 보이지 않는 도의 작용에 불과하다. 사람들은 천지가 큰 줄 알고, 명예나 벼슬이나 재물이 대단한 줄 알면서, 천지만물과 그 변화의 근원인 도가 얼마나 큰 것인지를 모른다. 그러므로 성인은 보이는 큰 것보다는 보이지 않는 은미한 것에 더 주목한다. 그런 까닭으로 성인은 결과적으로 도와 더불어 모든 일을 쉽게 처리하고, 또 큰일을 이룩할 수가 있게 되는 것이다.

제64장

보물(輔物): 만물을 도움

그 조용히 안정된 것은 유지하기 쉽고 아직 그 조짐이 드러나지 않은 것은 꾀하기 쉬우며, 그 여린 것은 뭉개지기 쉽고 그 미약한 것은 흩어지기 쉽다. 일은 생기기 전에 처리해야 하고, 나라는 어지러워지기 전에 다스려야 한다. 한 아름 되는 큰 나무도 털끝만한 싹에서 자라고, 구층의 높은 누대도 한 삼태기의 흙에서 일어나며, 천리 먼 길도 발밑에서 시작된다. 억지로 하려는 사람은 실패하고, 억지로 잡으려고 집착하는 사람은 잃게 된다. 이 때문에 성인은 무위하므로 실패하지 않고, 잡으려는 집착이 없으므로 잃지도 않는다. 세상 사람들이 일하는 것을 보면, 항상 거의 성공할 무렵에 실패하곤 한다. 끝을 삼가기를 처음처럼 한다면 실패하는 일이 없을 것이다. 이 때문에 성인은 무엇을 해보려는 욕심을 내지 않고자 하고, 얻기 어려운 재물을 귀하게 여기지 않으며, 아무것도 배우지 않기를 배우며 뭇 사람들이 그냥 지나치는 곳으로 되돌아가서, 만물의 자연스러움을 도와주되 억지로 무언가를 함부로 하려 하지 않는다.

其安易持，其未兆易謀．其脆易泮，其微易散．爲之於未有，治之於未亂．
기안이지，기미조이모．기취이반，기미이산．위지어미유，치지어미란．

合抱之木，生於毫末．九層之臺，起於累土．千里之行，始於足下．爲者
합포지목，생어호말．구층지대，기어누토．천리지행，시어족하．위자

敗之，執者失之．是以聖人無爲，故無敗．無執，故無失．民之從事，常於
패지，집자실지．시이성인무위，고무패．무집，고무실．민지종사，상어

幾成而敗之．愼終如始，則無敗事．是以聖人欲不欲，不貴難得之貨，學
기성이패지．신종여시，즉무패사．시이성인욕불욕，불귀난득지화，학

不學，復衆人之所過，以輔萬物之自然而不敢爲．
불학，복중인지소과，이보만물지자연이불감위．

其(그 기), 安(편안할 안), 易(쉬울 이, 바꿀 역), 持(가질지), 未(아닐 미), 兆(조짐 조, 점칠 조), 謀(꾀할 모, 헤아릴 모, 술책 모), 脆(무를 취, 약할 취), 泮(학교 반, 녹을 반), 微(작을 미, 은미할 미), 散(흩어질 산), 爲(위할 위, 될 위, 여길 위), 之(갈 지, 어조사 지), 於(어조사 어), 有(있을 유), 治(다스릴 치), 亂(어지러울 란), 合(합할 합), 抱(안을 포, 던질 포), 木(나무 목), 生(날 생, 살 생), 毫(가는 털 호, 조금 호, 붓 호), 末(끝 말), 九(아홉 구), 層(층 층, 계단 층), 臺(돈대 대, 높고 평평한 곳 대, 관청 대), 起(일어날 기), 累(묶을 누, 포갤 누, 누끼칠 누), 土(흙 토), 千(일천 천), 里(마을 리), 行(다닐 행, 행할 행), 始(비로소 시, 처음 시), 足(족할 족, 발 족), 下(아래 하), 者(놈 자), 敗(패할 패), 執(잡을 집), 失(잃을 실), 是(이 시, 옳을 시, 이에 시), 以(써 이), 聖(성인 성), 人(사람 인), 無(없을 무), 故(연고 고, 옛 고), 民(백성 민), 從(따를 종), 事(일 사, 일삼을 사, 섬길 사), 常(항상 상), 幾(기미 기, 몇 기, 거의 기), 成(이룰 성), 而(말 이을 이), 愼(삼갈 신, 진실로 신), 終(마칠 종), 如(같을 여), 則(곧 즉, 법칙 칙), 欲(하고자 할 욕), 不(아닐 불), 貴(귀할 귀), 難(어려울 난), 得(얻을 득), 貨(재화 화), 學(배울 학), 復(회복할 복, 다시 부), 衆(무리 중, 많을 중), 所(바 소), 過(지날 과, 허물 과), 輔(도울 보, 광대뼈 보), 萬(일만 만), 物(만물 물), 自(스스로 자), 然(그럴 연), 敢(감히 감)

Beginning and End

That which lies still is easy to hold;
That which is not yet manifest is easy to forestall;
That which is brittle (like ice) easily melts;
That which is minute easily scatters.
Deal with a thing before it is there;
Check disorder before it is rife.
A tree with a full span's girth begins from a tiny sprout;
A nine-storied terrace begins with a clod of earth.
A journey of a thousand li begins at one's feet.

He who acts, spoils; He who grasp, lets slip.
Because the Sage does not act, he does not spoil,
Because he does not grasp, he does not let slip.
The affairs of men are often spoiled within an ace of completion.
By being careful at the end as at the beginning, Failure is averted.
Therefore the Sage desires to have no desire,
And values not objects difficult to obtain.
Learns that which is unlearned, And restores what the multitude have lost.
That he may assist in the course of Nature And not presume to interfere

王弼註

其安易持, 其未兆易謀,
以其安不忘危, 持之不忘亡謀之, 無功之勢, 故曰易也.

其脆易泮, 其微易散.
雖失無入有, 以其微脆之故, 未足以興大功, 故易也. 此四者, 皆說愼終也. 不可以無之故而不持, 不可以微之故而弗散也. 無而弗持則生有焉, 微而不散則生大焉. 故慮終之患如始之禍, 則無敗事.

爲之於未有,
謂其安未兆也.

治之於未亂.
謂微脆也.

合抱之木, 生於毫末, 九層之臺, 起於累土, 千里之行, 始於足下. 爲者敗之, 執者失之.
當以愼終除微, 愼微除亂. 而以施爲治之, 形名執之, 反生事原, 巧辟滋作, 故敗失也.

是以聖人無爲, 故無敗, 無執, 故無失. 民之從事, 常於幾成而敗之.
不愼終也.

愼終如始, 則無敗事. 是以聖人欲不欲, 不貴難得之貨.
好欲雖微, 爭尙爲之興, 難得之貨雖細, 貪盜爲之起也.

學不學, 復衆人之所過.
以輔萬物之自然, 而不敢爲.

❢ 其安易持, 其未兆易謀. 其脆易泮, 其微易散. 爲之於未有, 治之於未亂.

그 조용히 안정된 것은 유지하기 쉽고 아직 그 조짐이 드러나지 않은 것은 꾀하기 쉬우며, 그 여린 것은 뭉개지기 쉽고 그 미약한 것은 흩어지기 쉽다. 일은 생기기 전에 처리해야 하고, 나라는 어지러워지기 전에 다스려야 한다. 기안이지(其安易持)는 조용히 안정된 것은 유지하기가 쉽다는 뜻이다. 지(持)는 잡다, 갖는다,

지키다(守), 유지하다는 뜻이다. 기미조이모(其未兆易謀)는 아직 그 조짐이 드러나지 않은 일은 꾀하기가 쉽다는 뜻이다. 기취이반(其脆易泮)은 취약한 것은 뭉개지거나 풀어지기가 쉽다는 뜻이다. 반(泮)은 얼음 등이 녹는다는 뜻이다. 하상공은 이 문장을 수양론으로 해석하여 "안정을 유지할 때는 정신을 붙잡기 쉽고, 정욕이 드러나지 않았을 때나 허약할 때 또는 미약할 때는 그것을 바로잡고 없애버리고 흐트러뜨리기가 쉽다"고 풀었다. 더 나아가 덕청은 "편안하고 드러나지 않았다는 것은 한 생각도 싹트지 않고 기쁨과 노함도 드러나지 않아서 심체(心體)가 고요히 움직이지 않는 때나 길흉이 아직 나타나지 않는 곳을 말한다. …… 성인은 언제나 마음과 생각을 단속하여 낭연(郎然)하게 한 생각도 아직 싹트기 전을 밝게 비추고 본래 마음을 붙잡아서 잃음이 없다. 이런 가운데 한 생각이 움직이게 되면 곧바로 그것에 나아가 바라보고 곧바로 알게 되니 그것이 선한 것이면 용납하고, 악한 것이면 생각을 멈춘다"고 풀었다. 지나치게 수양론으로 기울어진 풀이라 하겠다. 육희성은 "천하가 안정되어 있을 때는 그 태평함을 유지하기 쉽지만 나라가 이미 위태로워지면 그 기울어지는 것을 붙들기 어렵다. 간악한 마음이 아직 드러나지 않았을 때는 그것을 없애버리기 쉽지만 악한 모습이 이미 드러났으면 없애기를 도모하기 어렵다"고 하여 알기 쉽게 해설했다.

❢ 合抱之木, 生於毫末. 九層之臺, 起於累土. 千里之行, 始於足下.

한 아름 되는 큰 나무도 털끝만한 싹에서 자라고, 구층의 높은 누대도 한 삼태기의 흙에서 일어나며, 천리 먼 길도 발밑에서 시작된다. 합포지목(合抱之木)은 두 팔로 껴안을 만큼 큰 나무를 말한다. 생어호말(生於毫末)은 털끝만큼 작은 싹에서 자라난다는 말이다. 누토(累土)는 한 삼태기에 담겨진 적은 양의 흙이라는 뜻이다. 『순자』에도 이와 유사한 교훈이 있다. "그러므로 작은 걸음을 쌓지 않으면 천리에 이를 수 없고, 작은 물줄기를 모으지 않으면 강과 바다를 이룰 수 없다(「권학」)." 또 "그러므로 작은 걸음으로도 쉬지 않고 간다면 절름발이 거북이가 천리를 갈 수 있고, 한 삼태기의 흙으로도 멈추지 않는다면 높은 언덕을 만들 수 있다." 모두 시작은 미미하지만 꾸준히 하면 그 끝은 장대해진다는 사실을 나타낸다.

❢ 爲者敗之, 執者失之. 是以聖人無爲, 故無敗. 無執, 故無失.

억지로 하려는 사람은 실패하고, 억지로 잡으려고 집착하는 사람은 잃게 된다. 이 때문에 성인은 무위하므로 실패하지 않고, 잡으려는 집착이 없으므로 잃지도 않는다. 집자실지(執者失之)는 억지로 잡으려는 집착하는 자는 잃게 된다는 뜻이다. '爲者敗之, 執者失之'라는 문장은 제29장에도 나왔다. 즉 "장차 천하를 취하고자 하여 인위적인 작위를 한다면 나는 그것이 불가능하다는 것을 안다. 천하는 신령스러운 기물이니 억지로 할 수 있는 것이 아니다. 억지로 하는 자는 실패할 것이요, 억지로 잡으려는 자는 놓칠 것이다(將欲取天下而爲之, 吾見其不得已. 天下神器, 不可爲也. 爲者敗之, 執者失之)."

노자가 보기에 천하를 취하는 유일한 방법은 '추대'다. 즉 "천하가 기꺼이 추대하여 싫어하지 않는(66장)" 상황이 되어야만 한다. 이렇게 되면 자신이 나서서 왕이 된 것이 아니라 때와 상황에 순응하여 왕이 된 것이므로 무위·무사로 천하를 취한 것이 된다. "천하를 취하려면 언제나 일 꾸밈이 없는 '일없음'(無事)으로 해야 한다(48장)." 천하는 신명스러운 기물[神器]과 같아서 원래부터 억지로 취할 수 있는 것이 아니기 때문에 힘으로 사람을 억눌러서 천하를 취하려는 사람은 언제나 화를 당하고 실패하게 되어 있다.

❢ 民之從事, 常於幾成而敗之. 愼終如始, 則無敗事.

세상 사람들이 일하는 것을 보면, 항상 거의 성공할 무렵에 실패하곤 한다. 끝을 삼가기를 처음처럼 한다면 실패하는 일이 없을 것이다. 기성(幾成)은 거의 성공할 무렵이라는 뜻이다. 기(幾)는 근(近)과 같다. 신종여시(愼終如始)는 끝을 삼가기를 처음같이 한다는 뜻이다. 여기서 문제는 공명심과 조급함이다. 이름을 남기려는 헛된 욕심으로 인해 사람들은 언제나 조급하다. 하지만 "고요함이 조급함의 주인이다(26장)." 노자는 언제나 때와 상황이 무르익기를 조용히 그리고 느긋하게 기다려야 한다고 말한다. 그것이 바로 무위이며, 내가 무엇을 하려고 하지 않아도 일은 저절로 이루어진다. "내가 무위하니 백성은 스스로 교화되고, 내가 고요함을 좋아하니 백성은 스스로 올바르게 된다(57장)." 『상서』 「채중지명」에 "처음을 조심하고 마지막을 생각하면 항상 곤궁하지 않다. 마지막을 생각하지 않으면 마침내 곤궁할 것이다"라는 말도 있다.

❢ 是以聖人欲不欲, 不貴難得之貨, 學不學, 復衆人之所過, 以輔萬物之自然而不敢爲.

이 때문에 성인은 무엇을 해보려는 욕심을 내지 않고자 하고, 얻기 어려운 재물을 귀하게 여기지 않으며, 아무것도 배우지 않아 불학무식(不學無識)하기를 배우며 뭇 사람들이 그냥 지나치는 곳으로 되돌아가서, 만물의 자연스러움을 도와주되 억지로 무언가를 함부로 하려 하지 않는다. 욕불욕(欲不欲)은 무언가 해보려는 욕심을 내지 않고자 한다는 뜻이다. 복중인지소과(復衆人之所過)은 뭇 사람들이 그냥 지나치는 곳으로 돌아간다는 뜻이다. 이 문장 전체는 무욕과 무지를 말한다. "아무것도 욕망하지 않는다"는 것은 무욕이고, "아무것도 배우지 않기를 배운다"는 것은 무지다. 또 "얻기 어려운 재물을 귀하게 여기지 않는" 것은 무욕의 결과이다. 보(輔)는 보(補)와 같이 도와준다는 뜻이다.

제65장

현덕(玄德): 현묘한 덕

옛날에 도를 잘 행하던 사람은 백성을 현명하게 만들지 않고 오히려 우매하게 만들었다. 백성을 다스리기 어려운 것은 그들이 지모가 많기 때문이다. 그러므로 지모로써 나라를 다스리는 것은 나라를 해치는 것이고, 지모를 버리고 소박한 도로써 다스리는 것은 나라의 복이다. 이 두 가지를 아는 것 또한 기본 법도이다. 언제나 이러한 기본 법도를 알고 지키는 것을 현묘한 덕 즉 현덕(玄德)이라고 한다. 현덕은 깊고도 아득하다. 만물과 상반되는 길을 가지만 나중에 가서는 크게 도를 따르는 경지에 이른다.

古之善爲道者, 非以明民, 將以愚之. 民之難治, 以其多智. 故以智治國,
고지선위도자, 비이명민, 장이우지. 민지난치, 이기다지. 고이지치국,

國之賊. 不以智治國, 國之福. 知此兩者, 亦稽式. 常知稽式, 是謂玄德,
국지적. 불이지치국, 국지복. 지차양자, 역계식. 상지계식, 시위현덕,

玄德深矣遠矣. 與物反矣, 然後乃至大順.
현덕심의원의. 여물반의, 연후내지대순.

古(옛 고), 之(갈 지, 어조사 지), 善(착할 선), 爲(할 위, 될 위, 여길 위), 道(길 조), 者(놈 자), 非(아닐 비), 以(써 이), 明(밝을 명), 民(백성 민), 將(장차 장, 장수 장), 愚(어리석을 우), 難(어려울 난), 治(다스릴 치), 其(그 기), 多(많을 다), 智(슬기 지), 故(연고 고, 옛 고), 治(다스릴 치), 國(나라 국), 賊(도적 적, 해칠 적), 不(아닐 불), 福(복 복), 知(알 지), 此(이 차), 兩(두 양), 者(놈 자), 亦(또 역), 稽(상고할 계, 머무를 계, 법식·준칙 계), 式(법 식), 常(항상 상), 是(이 시, 옳을 시, 이에 시), 謂(이를 위), 玄(검을 현, 그윽할 현), 德(덕 덕, 큰 덕), 深(깊을 심), 矣(어조사 의), 遠(멀 원), 與(같을 여), 物(만물 물), 反(돌이킬 반, 배반할 반), 然(그럴 연), 後(뒤 후), 乃(이에 내), 至(이를 지, 지극할 지), 大(큰 대), 順(순할 순, 좇을 순)

The Grand Harmony

The ancients who knew how to follow the Tao
Aimed not to enlighten the people, But to keep them ignorant.
The reason it is difficult for the people to leave in peace
Is because of too much knowledge.
Those who seek to rule a country by knowledge Are the nation's curse.
Those who seek not to rule a country by knowledge Are the nation's blessing.
Those who know these two (principles) Also know the ancient standard,
And to know always the ancient standard Is called the Mystic Virtue.
When the Mystic Virtue becomes clear, far-reaching, And things revert back (to their source), Then and then only emerges the Grand Harmony.

王弼註

古之善爲道者, 非以明民, 將以愚之.
明謂多見巧詐, 蔽其樸也. 愚謂無知守眞順自然也.

民之難治, 以其智多.
多智巧詐, 故難治也.

故以智治國, 國之賊,
智猶治也. 以智而治國, 所以謂之賊者, 故謂之智也. 民之難治, 以其多智也. 當務塞兌閉門, 令無知無欲. 而以智術動民, 邪心旣動, 復以巧術防民之僞, 民知其術防 隨而避之. 思惟密巧, 奸僞益滋, 故曰以智治國, 國之賊也.

不以智治國, 國之福, 知此兩者亦稽式, 常知稽式, 是謂玄德, 玄德深矣, 遠矣,
稽同也. 今古之所同則, 不可廢. 能知稽式, 是謂玄德. 玄德深矣, 遠矣.

與物反矣,
反其眞也.

然後乃至大順.

古之善爲道者, 非以明民, 將以愚之.

옛날에 도를 잘 행하던 사람은 백성을 현명하게 만들지 않고 오히려 우매하게 만들었다. 백성을 다스리기 어려운 것은 그들이 지모가 많기 때문이다. 선위도자(善爲道者)는 도를 잘 행하던 사람이라는 뜻이다. 비이명민(非以明民)은 백성들을 총명하게 하지 않는다는 뜻이다. 여기의 명(明)은 제16장이나 제55장에서 "항구한 이치를 아는 것을 밝다고 한다(知常曰明)"고 한 '명'과는 다르다. 우지(愚之)는 백성들을 어리석게 만든다는 뜻이다. 순진하고 소박한 상태로 되돌린다는 말일 것이다. 세상에서는 이러한 것을 어리석다고 하며, 반대로 간교(奸狡)한 것을 총명하다고 한다. 다지(多智)를 왕필은 '다지교사(多智巧詐)'로 풀었다. 계식(稽式)은 법칙, 준칙, 법도라는 뜻이다.

이 문장은 이른바 많은 비판을 불러일으킨 노자의 우민정책(愚民政策)을 여실히 보여준다. 백성을 우매하게 한다는 것에 대해 왕필·하상공 이하 많은 주해는 이것이 바보로 만든다는 뜻이 아니라 교활한 작은 지혜를 거두고 순진 소박한 원래의 본성으로 돌아가게 한다는 뜻이라고 하였다. 왕필은 여기에서 "우매함이란 지혜를 버리고 참된 본성을 보존하여 자연에 따르는 것"이라고 하였고, 하상공은 "도덕으로 백성을 가르쳐서 순박하게 만들고 거짓을 짓지 않도록 하는 것"이라고 하였다.

❢ 民之難治, 以其多智. 故以智治國, 國之賊. 不以智治國, 國之福.

백성을 다스리기 어려운 것은 그들이 지모가 많기 때문이다. 그러므로 지모로써 나라를 다스리는 것은 나라를 해치는 것이고, 지모를 버리고 소박한 도로써 다스리는 것은 나라의 복이다. 민지난치(民之難治)는 백성을 다스리기 어렵다는 말이다. 이기다지(以其多智)는 그들이 지모가 많기 때문이다는 뜻이다. 고이지치국(故以智治國)은 그러므로 지모로써 나라를 다스리는 것이라는 뜻이다. 국지적(國之賊)은 나라의 도적 혹은 나라를 해치는 것이라는 말이다. 불이지치국(不以智治國)은 지모로 나라를 다스리지 않는 것이라는 뜻이다. 즉 지모를 버리고 순진 소박한 도로써 나라를 다스린다는 말이다. 국지복(國之福)은 나라의 복이라는 뜻이다.

왕필에 따르면 "지혜로운 법술로써 백성을 충동하여 간사한 마음이 이미 발동되었는데 다시 교묘한 법술로써 백성의 거짓된 행동을 막으려고 하면 백성들이 그 술책을 알아채고 그것을 피하려고 하니 생각은 점점 교만해지고 허위와 거짓은 날로 자라나기 때문에" 지모로써 다스리는 것은 나라를 해치는 것이다. 『여씨춘추』「사용론·상농」에 보면 "백성이 근본(농사일)을 버리고 말단에 종사하면 지혜를 좋아하게 된다. 지혜를 좋아하게 되면 사기를 일삼게 되고, 사기를 일삼으면 법령을 정교하게 만들게 된다. 옳은 것을 그르다고 하고, 그른 것을 옳다고 하게 된다"는 말이 있는데, 이 문장과 상통한다.

❢ 知此兩者, 亦稽式. 常知稽式, 是謂玄德, 玄德深矣遠矣! 與物反矣! 然後乃至大順.

이 두 가지를 아는 것 또한 기본 법도이다. 언제나 이러한 기본 법도를 알고 지키는 것을 현묘한 덕 즉 현덕(玄德)이라고 한다. 현덕은 깊고도 아득하다. 만물과 상반되는 길을 가지만 나중에 가서는 크게 도를 따르는 경지에 이른다. 상지계식(常知稽式)은 늘 이러한 기본 법도를 알고 지킨다는 뜻이다. 현덕(玄德)은 현묘한 덕이라는 뜻이다. 제51장에도 보인다. 즉 "만물을 낳고도 소유하지 않고, 해주고도 자랑하지 않고, 자라게 하고도 지배하지 않는다. 이것을 현묘한 덕이라 한다(生而不有, 爲而不侍, 長而不宰. 是謂玄德)." 여물반의(與物反矣)는 만물과 상반된 길을 간다는 뜻이다. 반(反)에는 반대 혹은 상반의 뜻과, 되돌아간다(返), 복귀(復歸)한다는 뜻의 두 가지가 있다. 즉 현덕(玄德)은 세상의 일반 사람과 상반되는 입장을 취한다는 말이다. 하상공은 "현덕을 지닌 사람은 만물과 반대다. 만물은 자기만을 위하려 하지만, 현덕은 남에게 주고자 한다(玄德之人, 與萬物反異, 萬物欲益己 玄德施與人也)"고 풀었고, 왕필은 "순진 소박한 근원으로 되돌아감이다(反其眞也)"라고 함으로써 현덕이 만물과 함께 소박한 도에 복귀한다는 뜻으로 풀었다. 대순(大順)은 크게 도를 따라 순응한다는 뜻이다. 모든 것이 크게 순리롭게 된다는 말이다. 이상적인 정치는 인간의 교활한 지능이나 간교한 농간을 배제하고 모든 사람이 순진·소박한 상태를 실현한다. 즉 법이나 벌보다는 양심이 바탕이 되어야 하고, 양심보다도 무지(無知)·무욕(無慾)·무위(無爲)를 바탕으로 할 때 인간사회는 자연과 더불어 평화와 안락을 누릴 수 있다고 노자는 믿었다.

제66장

강해(江海): 강과 바다

강과 바다가 모든 골짜기의 왕이 될 수 있는 까닭은, 그것이 잘 낮추기 때문이니 그러므로 모든 골짜기의 왕이 된다. 이 때문에 도를 터득한 성인은 백성들 위에 서려고 할 때에는 반드시 자신의 말을 낮추고, 백성들 앞에 서고자 할 때에는 반드시 자신을 뒤로 한다. 이 때문에 성인이 윗자리에 있어도 백성들이 부담스럽게 여기지 않고, 앞에 있어도 백성들이 해롭다고 여기지 않는다. 이 때문에 온 천하가 즐거운 마음으로 추대하고 싫어할 줄 모르니, 이것은 모두 그가 다투지 않으므로, 천하도 그와 다툴 수가 없기 때문이다.

江海所以能爲百谷王者, 以其善下之, 故能爲百谷王. 是以聖人欲上民,
강해소이능위백곡왕자, 이기선하지, 고능위백곡왕. 시이성인욕상민,

必以言下之. 欲先民, 必以身後之. 是以聖人處上而民不重, 處前而民不害.
필이언하지. 욕선민, 필이신후지. 시이성인처상이민부중, 처전이민불해.

是以天下樂推而不厭. 以其不爭, 故天下莫能與之爭.
시이천하낙추이불염. 이기부쟁, 고천하막능여지쟁.

江(강 강), 海(바다 해), 所(바 소), 以(써 이), 能(능할 능), 爲(할 위, 될 위, 여길 위), 百(일백 백), 谷(골 곡), 王(임금 왕), 者(놈 자), 其(그 기), 善(착할 선), 下(아래 하), 之(갈 지, 어조사 지), 故(연고 고, 옛 고), 能(능할 능), 是(이 시, 옳을 시, 이에 시), 聖(성인 성), 人(사람 인), 欲(하고자 할 욕), 上(위 상), 民(백성 민), 必(반드시 필), 言(말씀 언), 先(먼저 선), 身(몸 신), 後(뒤 후), 處(곳 처, 처할 처, 처리할 처), 而(말 이을 이), 不(아닐 불), 重(무거울 중, 거듭 중), 前(앞 전), 害(해칠 해, 방해할 해), 樂(즐길 락, 풍류 악), 推(밀 추), 厭(싫어할 염, 만족할 염). 爭(다툴 쟁), 天(하늘 천), 莫(없을 막, 말 막), 與(더불 여, 줄 여)

The Lords of the Ravines

How did the great rivers and seas become the Lords of the ravines?
By being good at keeping low.
That was how they become Lords of Ravines.
Therefore in order to be the chief among the people,
One must speak like their inferiors.
In order to be foremost among the people,
One must walk behind them.
Thus it is that the Sage stays above, And the people do not feel his weight;
Walks in front, And the people do not wish him harm.
Then the people of the world are glad to uphold him forever.
Because he does not contend, No one in the world can contend against him.

王弼註

江海所以能爲百谷王者，以其善下之，故能爲百谷王．是以欲上民，必以言下之，欲先民，必以身後之．是以聖人處上而民不重，處前而民不害，是以天下樂推而不厭．以其不爭，故天下莫能與之爭．

❢ **江海所以能爲百谷王者，以其善下之，故能爲百谷王.**

강과 바다가 모든 골짜기의 왕이 될 수 있는 까닭은, 그것이 잘 낮추기 때문이니 그러므로 모든 골짜기의 왕이 된다. 백곡왕(百谷王)은 모든 골짜기의 왕이라는 뜻이다. 모든 골짜기의 물이 강이나 바다로 흘러든다는 말이다. 설문(說文)에 "왕은 천하의 모든 사람이 귀순해 오는 곳이다(王, 天下所歸往也)"는 말이 있는데, 이 문장과 통한다. 또 "큰 나라가 하류처럼 낮추어 아래에 처한다(大國者下流)"는 제61장의 말과도 서로 통한다. 결국 이 문장은 아래로 처하는[處下] 도리에 대한 비유다. 『설원』「경신」의 금인명에도 이와 유사한 문장이 있다. "군자는 천하를 모두 자기 뜻대로 덮어버릴[蓋] 수 없음을 알기 때문에 뒤로 하고 아래로 처하여 사람들이 흠모하도록 한다. 암컷의 성질을 간직하고 아래 자리를 유지하니 그와 더불어 다툴 수 있는 자가 없다. ……무릇 강하(江河)가 모든 골짜기의 으뜸[長]이 될 수 있는 것도 그것이 아래로 낮추기 때문이다."

❢ **是以聖人欲上民，必以言下之. 欲先民，必以身後之.**

이 때문에 도를 터득한 성인은 백성들 위에 서려고 할 때에는 반드시 자신의 말을 낮추고, 백성들 앞에 서고자 할 때에는 반드시 자신을 뒤로 한다. 성인욕상민(聖人欲上民)은 성인이 백성 위에 서려고 한다는 뜻이다. 이언하지(以言下之)는 겸손한 말로 남에게 겸하(謙下)한다는 뜻이다. 속담에 "짐승은 그물을 싫어하고 사람은 자기 위에 있는 사람을 싫어한다"고 했다. 그래서 천하에 왕 노릇 하려는 자는 반드시 백성을 우선하고 그 다음에 그들을 보호할 것이다. 『도덕경』에서 보면 "후왕은 스스로를 일컬어 고·과·불곡이라고 한다(39장)"는 것은 말을 낮추는 것이고, "이 때문에 성인은 자신을 뒤로 물리면서도 자신이 앞에 있게 되고, 자신을 제외하여 밖에 두면서도 자신을 보존하게 된다(7장)"는 말은 몸을 뒤로 하는 것이다.

결국 스스로를 뒤로 하는 사람은 남이 앞세워주고, 스스로를 낮추는 사람은 남이 높여주기 마련이다.

❢ 是以聖人處上而民不重, 處前而民不害. 是以天下樂推而不厭. 以其不爭, 故天下莫能與之爭.

이 때문에 성인이 윗자리에 있어도 백성들이 부담스럽게 여기지 않고, 앞에 있어도 백성들이 해롭다고 여기지 않는다. 이 때문에 온 천하가 즐거운 마음으로 추대하고 싫어할 줄 모르니, 이것은 모두 그가 다투지 않으므로, 천하도 그와 다툴 수가 없기 때문이다. 민부중(民不重)은 백성들이 무겁다거나 부담스럽게 여기지 않는다는 뜻이다. 낙추이불염(樂推而不厭)은 백성들이 즐거운 마음으로 추대하고 싫어할 줄 모른다는 말이다. 강과 바다는 낮은 곳에 처해 있으므로 모든 골짜기나 냇물이 흘러들어 결과적으로 모든 골짜기나 내를 통합한 왕자가 될 수 있다. 나라를 다스리는 자도 스스로 백성보다 낮게 자처하고 자신을 백성보다 뒤에 있게 하면, 결과적으로 백성들의 추앙을 받고 언제까지나 백성들의 마음을 귀속시킬 수가 있다. 제8장과 같이 물의 덕성을 내세우고 이를 통치술에 활용한 말이다.

제67장

삼보(三寶): 세 가지 보배

천하의 모든 사람들은 내가 말하는 도가 커서 닮은 것이 없는 것 같다고 말한다. 과연 도가 너무 크기 때문에 닮은 것이 없는 것 같다. 만약 무언가를 닮았다면, 벌써 도는 작고 보잘 것 없는 존재가 된지 오래되었을 것이다. 나에게 세 가지 보배가 있어 간직하고 있으니, 하나는 자애로움이고, 둘은 검약함이며, 셋은 감히 천하 앞에 나서지 않는 것이다. 자애로우므로 용감할 수가 있고, 검약하므로 넉넉함이 있으며, 감히 천하 앞에 나서지 않으므로 천하의 우두머리가 될 수가 있다. 그런데 이제 자애로움을 버리고 용맹만을 취하고, 검약함을 버리고 넉넉하고자만 하고, 뒤로 함을 버리고 앞에 나서고자만 한다면, 그 결과는 죽음일 것이다. 무릇 자애로움으로 전쟁을 하면 이기고, 이로써 지키면 견고하다. 하늘이 장차 그를 구하려 하는 것도 바로 자애로써 자신을 지키기 때문이다.

天下皆謂我道大, 似不肖. 夫唯大, 故似不肖. 若肖, 久矣其細也夫.
천하개위아도대, 사불초. 부유대, 고사불초. 약초, 구의기세야부.

我有三寶, 持而保之. 一曰慈, 二曰儉, 三曰不敢爲天下先. 慈故能勇,
아유삼보, 지이보지. 일왈자, 이왈검, 삼왈불감위천하선. 자고능용,

儉故能廣, 不敢爲天下先, 故能成器長. 今舍慈且勇, 舍儉且廣, 舍後且先,
검고능광, 불감위천하선, 고능성기장, 금사자차용, 사검차광, 사후차선,

死矣. 夫慈, 以戰則勝, 以守則固. 天將救之, 以慈衛之.
사의. 부자, 이전즉승, 이수즉고. 천장구지, 이자위지.

天(하늘 천), 下(아래 하), 皆(다 개), 謂(이를 위), 我(나 아), 道(길 도), 大(큰 대), 似(같을 사, 닮을 사), 不(아닐 불), 肖(닮을 초), 夫(무릇·대저 부, 저 부, 지아비 부), 唯(오직 유), 故(연고 고, 옛 고), 若(같을 약, 만약 약), 久(오랠 구), 矣(어조사 의), 其(그 기), 細(가늘 세, 작을 세), 也(어조사 야), 有(있을 유), 三(석 삼), 寶(보배 보), 持(가질 지), 而(말 이을 이), 保(지킬 보), 之(갈 지, 어조사 지), 一(한 일), 曰(가로 왈), 慈(사랑할 자), 二(두 이), 儉(검소할 검), 敢(감히 감), 爲(할 위, 될 위, 여길 위), 天(하늘 천), 下(아래 하), 先(먼저 선), 能(능할 능), 勇(날쌜 용, 과감할 용), 廣(넓을 광), 成(이룰 성), 器(그릇 기), 長(길 장), 今(이제 금), 舍(집 사, 버릴 사), 且(또 차), 死(죽을 사), 戰(싸울 전, 두려울 전), 則(곧 즉, 법칙 칙), 勝(이길 승, 뛰어날 승), 守(지킬 수), 固(굳을 고, 오로지 고), 天(하늘 천), 將(장차 장, 장수 장), 救(구할 구), 衛(지킬 위, 방비할 위)

The Three Treasures

All the world says: my teaching (Tao) greatly resembles folly.
Because it is great; therefore it resembles folly.
If it did not resemble folly, It would have long ago become petty indeed!

I have Three Treasures. Guard them and keep them safe:
The first is Love. The second is, Never too much.
The third is, Never be the first in the world.
Through Love, one has no fear;
Through not doing too much, one has amplitude (of reserve power);
Through not presuming to be the first in the world,
One can develop one's talent and let it mature.

If one forsakes love and fearlessness, forsakes restraint and reserve power,
Forsakes following behind and rushes in front, He is doomed!

For love is victorious in attack, And invulnerable in defense.
Heaven arms with love Those it would not see destroyed.

王弼註

天下皆謂我道大，似不肖．夫唯大，故似不肖．若肖久矣，其細也夫．
久矣其細，猶曰其細久矣．肖則失其所以爲大矣，故曰 若肖，久矣其細也夫．
我有三寶，持而保之．一曰慈，二曰儉，三曰不敢爲天下先．
慈故能勇，
夫慈，以陳則勝，以守則固，故能勇也．
儉故能廣，
節儉愛費，天下不匱，故能廣也．
不敢爲天下先，故能成器長．
唯後外其身，爲物所歸，然後乃能立成器爲天下利，爲物之長也．
今舍慈且勇，
且猶取也．
舍儉且廣，舍後且先，死矣．
夫慈以戰則勝，
相慜而不避於難，故勝也．
以守則固，天將救之，以慈衛之．

天下皆謂我道大 似不肖. 夫唯大, 故似不肖. 若肖, 久矣其細也夫.

천하의 모든 사람들은 내가 말하는 도가 커서 닮은 것이 없는 것 같다고 말한다. 과연 도가 너무 크기 때문에 닮은 것이 없는 것 같다. 만약 무언가를 닮았다면, 벌써 도는 작고 보잘 것 없는 존재가 된지 오래되었을 것이다. '불초(不肖)'라는 말은 여러 가지로 해석할 수 있다. '초'의 기본 의미는 닮는다는 것인데, 부모의 덕을 닮지 않았다는 의미에서 불초는 선하지 않다는 의미로도 쓰인다. 하상공은 '초'가 '선(善)'과 같은 뜻이라고 하면서 똑똑하게 분변하는 것을 의미한다고 하였다. 이 경우 곧 불초는 어리숙한 것, 변변치 못한 것이다. 이외에도 만물을 닮지 않았다고 보는 해석도 있고(소철·동사정), 다른 사람들과 닮지(어울리지) 않았다고 보는 해석도 있다(범응원). 여기서는 기본 의미대로 '닮지 않았다'는 뜻을 취한다. 그래서 사불초(似不肖)는 닮지 않은 것 같다는 뜻인데, 이것은 닮은 것이 없다는 말과 같다. 그러나 만물의 모습에는 맞지 않는다, 어울리지 않는다로 풀어야 한다는 견해도 있다. 이것 역시 기본 의미와 비슷한 의미의 풀이로 보인다. 구의기세야부(久矣其細也夫)는 도가 벌써 작고 보잘 것 없는 존재로 된지가 오래되었을 것이다는 뜻이다.

我有三寶, 持而保之. 一曰慈, 二曰儉, 三曰不敢爲天下先.

나에게 세 가지 보배가 있어 간직하고 있으니, 하나는 자애로움이고, 둘은 검약함이며, 셋은 감히 천하 앞에 나서지 않는 것이다. 삼보(三寶)는 세 가지 보배라는 뜻이다. 자(慈)는 자애(慈愛)나 사랑이며, 유가의 인애(仁愛)와 비슷하다. 검(儉)은 검약이나 절약으로, 제59장에서 말한 색(嗇)과 같다. 검약(儉)은 자신이 검소한 것을 의미하기도 하지만 세금을 줄인다는 뜻도 있다. 임금이 소비를 줄이면 세금을 많이 거둘 필요도 없기 때문이다. 불감위천하선(不敢爲天下先)은 감히 천하 앞에 나서지 않는다는 말이다. "감히 천하 앞에 나서지 않는다"는 말은 바로 앞의 제66장이나 제7장에서도 나왔다. 해당 해설을 참고하면 될 것이다.

❢ 慈故能勇, 儉故能廣, 不敢爲天下先, 故能成器長.

자애로우므로 용감할 수가 있고, 검약하므로 넉넉함이 있으며, 감히 천하 앞에 나서지 않으므로 천하의 우두머리가 될 수가 있다. 자고능용(慈故能勇)은 자애로우므로 용맹할 수가 있다는 뜻이다. 『맹자』의 "어진 사람에게는 대적할 사람이 없다(仁者無敵)"는 말과 같다고 할 수 있다. 광(廣)은 넉넉함이나 널리 베풀다는 뜻이다. 넉넉함은 재물이 풍족함을 가리킬 수도 있고, 나라가 커지고 인민이 많아지는 것을 가리킬 수도 있다. 기장(器長)은 만물의 으뜸 혹은 천하의 우두머리라는 뜻이다. 기(器)는 만물이나 천하이고, 장(長)은 으뜸이다.

왕진은 자애로움이 있어야 전쟁에 이길 수 있으므로 자애로움이 곧 용감한 것이고, 검약으로 나라가 부유해지므로 검약함이 곧 넉넉함이 된다고 설명한다. 소철은 세속의 용감과 결단은 쉽게 꺾이고 자애로움과 은근함은 누구에게도 정복당하지 않으므로 결국은 용감의 덕성도 갖게 된다고 설명한다. 그는 또 넉넉함을 추구하면 쉽게 궁핍해지고 검약은 손쉽게 만족에 도달하므로 검약이 결국에는 넉넉함이 되고, 진취를 추구하는 것은 남의 미움을 사기 쉽고 앞에 나서지 않으면 남이 오히려 그를 밀어주기 때문에 앞에 나서지 않음으로써 결국 사람들의 우두머리가 될 수 있다고 하였다.

한편 양춘(楊椿)은 이 세 구절을 모두 『주역』의 문장과 연결시켰다. 그에 따르면 "자애롭기 때문에 용감할 수 있다"는 것은 "곤은 지극히 부드러우면서도 움직일 때는 강하다(「곤괘·문언전」)"는 말과 통하고, "검약하기 때문에 넉넉할 수 있다"는 말은 "제도로써 절제하여 재물을 상하지 않고 백성을 해치지 않는다(「절괘」)"는 말과 통하며, "감히 천하 앞에 나서지 않기 때문에 천하의 우두머리가 될 수 있다"는 말은 "겸손한 것은 높은 사람에게는 (높으면서도) 큰 빛이 되고, 비천한 사람에게는 (비천하면서도) 업신여길 수 없게 만든다(「겸괘」)"는 말과 통한다.

❢ 今舍慈且勇, 舍儉且廣, 舍後且先, 死矣.

그런데 이제 자애로움을 버리고 용맹만을 취하고, 검약함을 버리고 넉넉하고자만 하고, 뒤로 함을 버리고 앞에 나서고자만 한다면, 그 결과는 죽음일 것이다. 사자차용(舍慈且勇)에서 사(舍)는 버린다는 뜻이고, 차(且)는 취(取)하다는 뜻이다. 그래서 자애를 버리고 용감만을 취한다는 말이다. 사검차광(舍儉且廣)은 검약함을 버리고 넉넉함만을 취한다는 뜻이다. 사후차선(舍後且先)은 뒤로 하는 것을 버리고 앞에 나서는 것만을 취한다는 뜻이다. 사의(死矣)는 죽을 것이다, 그 결과는 죽음일 것이다는 뜻이다. 모두 근본인 덕을 버리고 말단만을 취하는 것을 말해주고 있다.

❢ 夫慈, 以戰則勝, 以守則固. 天將救之, 以慈衛之.

무릇 자애로움으로 전쟁을 하면 이기고, 이로써 지키면 견고하다. 하늘이 장차 그를 구하려 하는 것도 바로 자애로써 자신을 지키기 때문이다. 이자위지(以慈衛之)는 자애로써 자신을 지킨다는 뜻이다. 앞에서는 자애로움과 검약과 몸을 뒤로 물리는 것 세 가지를 설명했는데 여기에서는 자애로움만 이야기한 것은 "자애롭다면 나머지 두 가지 것은 그 속에 있기 때문(임희일)"이다. "사물을 자애롭게 대하는 것은 그것을 염려하고 사랑하는 것이니 남을 사랑하는 자는 남도 그를 사랑하고, 남을 염려하는 자는 남도 그를 염려하므로(육희성)" 전쟁을 할 때나 성을 수비할 때나 백성의 도움을 얻어 승전과 수성의 성과를 얻게 된다. 노자의 삼보(三寶)는 자애(慈愛)·검약(儉約)·겸양(謙讓)이다. 그는 이 셋을 지키면 하늘도 돕고 모든 것이 삶과 승리로 이어지며, 이것을 지키지 않으면 모든 것이 사멸(死滅)로 끝날 것이라고 말했다.

제68장

부쟁(不爭): 다투지 않음

장수 노릇을 잘 하는 사람은 무력을 과시하지 않고, 싸움을 잘 하는 사람은 노하지 않으며, 적을 잘 이기는 사람은 함부로 다투지 않고, 사람을 잘 쓰는 사람은 자기를 낮춘다. 이러한 것을 일러 다투지 않는 덕이라 하고, 또 이러한 것을 일러 다른 사람의 힘을 쓰는 것이라 하며, 이러한 것들을 모두 하늘의 도리에 부합한다고 하니, 예로부터의 지극한 법도이다.

善爲士者不武, 善戰者不怒, 善勝敵者不與, 善用人者爲之下. 是謂不爭
선위사자불무, 선전자불노, 선승적자불여, 선용인자위지하. 시위부쟁

之德, 是謂用人之力, 是謂配天, 古之極.
지덕, 시위용인지력, 시위배천, 고지극.

善(착할 선), 爲(할 위, 될 위, 여길 위), 士(선비 사), 者(놈 자), 不(아닐 불), 武(호반 무, 용맹할 무, 군사부릴 무), 戰(싸울 전, 두려울 전), 怒(노할 노), 勝(이길 승, 뛰어날 승), 敵(원수 적, 맞설 적), 與(더불 여, 줄 여), 用(쓸 용), 人(사람 인), 之(갈 지, 어조사 지), 下(아래 하), 是(이 시, 옳을 시, 이에 시), 謂(이를 위), 爭(다툴 쟁), 德(덕 덕, 큰 덕), 力(힘 력), 配(짝 배, 나눌 배), 天(하늘 천), 古(옛 고), 極(다할 극, 지극할 극, 한계 극)

The Virtue of Not-Contending

The brave soldier is not violent;
The good fighter does not lose his temper;
The great conqueror does not fight (on small issues);
The good user of men places himself below others.
This is the virtue of not-contending, Is called the capacity to use men,
Is reaching to the height of being Mated to Heaven, to what was of old.

王弼註

善爲士者，不武，
士卒之帥也. 武尙先陵人也.
善戰者，不怒，
後而不先，應而不唱，故不在怒.
善勝敵者，不與，
不興爭也.
善用人者爲之下. 是謂不爭之德，是謂用人之力，
用人而不爲之下，則力不爲用也.
是謂配天，古之極.

善爲士者不武. 善戰者不怒，善勝敵者不與，善用人者爲之下.

장수 노릇을 잘 하는 사람은 무력을 과시하지 않고, 싸움을 잘 하는 사람은 노하지 않으며, 적을 잘 이기는 사람은 함부로 다투지 않고, 사람을 잘 쓰는 사람은 자기를 낮춘다. 사(士)는 사졸의 우두머리 곧 장수(將帥)나 무사(武士)를 뜻한다.

불무(不武)는 무력을 내보이지 않는다, 무력을 뽐내지 않는다, 혹은 무력을 과시하지 않는다는 뜻이다. 여(與)는 남과 맞선다는 뜻이다. 불여(不與)는 맞서 싸우지 않는다는 뜻이다. 여(與)는 투(鬪)의 뜻으로, 쟁(爭)으로 쓴 판본도 있다. 이 문장은 앞의 제67장의 글과 통한다. 무용을 드러내지 않고 노하지 않는다는 것은 "자애롭기 때문에 용감할 수 있다"는 말과 통하고, 남과 다투지 않고 자신을 낮춘다는 것은 "감히 천하 앞에 나서지 않는다"는 말과 통한다.

❢ 是謂不爭之德, 是謂用人之力, 是謂配天, 古之極.

이러한 것을 일러 다투지 않는 덕이라 하고, 또 이러한 것을 일러 다른 사람의 힘을 쓰는 것이라 하며, 이러한 것들을 모두 하늘의 도리에 부합한다고 하니, 예로부터의 지극한 법도이다. 시위부쟁지덕(是謂不爭之德)은 불무(不武), 불노(不怒), 불여(不與)를 말한다. 시위용인지력(是謂用人之力)는 다른 사람의 힘을 쓴다는 뜻이다. 배천(配天)은 천리(天理)나 자연의 도리와 함께하여 부합한다는 뜻이다. 배(配)는 합(合)과 같다. 고지극(古之極)은 예로부터의 지극한 도리나 법도를 말한다. 『중용』에서 "넓고 두터움은 땅에 짝하고, 높고 밝음(高明)은 하늘에 짝한다"는 것은 개인(천자)의 덕성이 천지의 덕성에 비견할 만하다는 의미이다. 그런데 이 '배천(配天)'의 조건에 대해서는 그 입장이 유가와 도가 사이에서 확연히 달라지는 것 같다. 우선 『중용』에는 다음과 같은 내용이 나온다. "오직 천하의 지극한 성인만이 총명(聰明)하고 예지(睿知)하여 백성에게 임할 수 있다. ……배와 수레가 이르고 사람의 힘이 통하며 하늘이 덮고 땅이 싣고 해와 달이 비추고 서리와 이슬이 내리는 곳에서 무릇 혈기를 가진 사람은 그 어버이를 높이지 않음이 없게 하니 그러므로 하늘에 짝한다고 한다(31장)." 여기에서는 성인이 그의 총명과 예지로 인해 하늘과 짝한다고 말했다. 한편 『장자』 「천지」에 나오는 내용을 보자. "요임금이 허유(許由)에게 물었다. '설결은 하늘과 짝할 수 있겠습니까? 제가 왕예의 도움을 얻어 그에게 그렇게 되기를 요청하겠습니다.' 허유가 말했다. '위험하구나, 험난한 세상이여! 설결의 사람됨은 '총명하고 예지하며', 민첩하고 기민하다. ……그가 하늘과 짝하겠느냐고? 그것은 인위에 편승하여 하늘을 업신여기는 짓이다." 여기서는 총명과 예지로 인해 오히려 하늘과 짝하지 못한다고 말했다.

유약(柔弱)을 지키고 남과 다투지 않는 것[不爭]이 도리어 이기는 길이며, 남에게 낮추는 것[處不]이 도리어 남을 활용하고 남의 위에 올라서는 길이다. 이러한 것이 바로 천리(天理)임을 강조했다. 부쟁(不爭)과 처하(處下)의 덕은 여러 곳에 나온다.

제69장 용병(用兵): 군사를 운용함

군사를 운용하는 것에 대하여 이런 말이 있다. 내가 먼저 군사를 일으키는 주인이 되지 말고 다만 적의 공격에 응하는 손님이 되어라. 감히 한 치라도 공격해 들어가지 말고, 오히려 한 자를 후퇴하라. 이렇게 하는 것을 일러, 행군해 나아가도 나아감이 없다고 여기고, 소매를 걷어붙여도 휘두를 팔뚝이 없다고 여기며, 공격해 들어가도 격파할 적이 없다고 여기며, 잡아 겨누고 있어도 병기가 없는 것으로 여긴다고 한다. 적을 얕보는 것보다 더 큰 화가 없을 것이니, 적을 얕보면 나의 보배를 대부분 잃게 될 것이다. 그러므로 군사가 맞서 싸울 때에는 전쟁을 애통해하는 자가 이기는 법이다.

用兵有言. 吾不敢爲主, 而爲客. 不敢進寸, 而退尺. 是謂行無行, 攘無臂,
용병유언. 오불감위주, 이위객. 불감진촌, 이퇴척. 시위행무행, 양무비,

扔無敵, 執無兵. 禍莫大於輕敵, 輕敵幾喪吾寶. 故抗兵相加, 哀者勝矣.
잉무적, 집무병. 화막대어경적, 경적기상오보. 고항병상가, 애자승의.

用(쓸 용), 兵(병사 병), 有(있을 유), 言(말씀 언), 吾(나 오), 不(아닐 불), 敢(감히 감), 爲(할 위, 될 위, 여길 위), 主(주인 주), 而(말 이을 이), 客(손 객), 進(나아갈 진), 寸(마디 촌), 退(물러날 퇴), 尺(자 척), 是(이 시, 옳을 시, 이에 시), 謂(이를 위), 行(다닐 행, 행할 행), 無(없을 무), 攘(물리칠 양, 걷어올릴 양), 臂(팔), 扔(당길 잉, 깨뜨릴 양), 敵(원수 적, 맞설 적), 執(잡을 집), 禍(재앙 화), 莫(없을 막, 말 막), 大(큰 대), 於(어조사 어), 輕(가벼울 경), 幾(기미 기, 몇 기, 거의 기), 喪(죽을 상, 잃을 상), 吾(나 오), 寶(보배 보), 故(연고 고, 옛 고), 抗(막을 항), 相(서로 상, 볼 상, 도울 상, 정승 상), 加(더할 가), 哀(슬플 애), 者(놈 자), 勝(이길 승, 뛰어날 승), 矣(어조사 의)

Camouflage

There is the maxim of military strategists;
I dare not be the first to invade, but rather be the invaded.
Dare not press forward an inch, but rather retreat a foot.
That is, to march without formations,
To roll up the sleeves,
To charge not in frontal attacks,
To arm without weapons.
There is no greater catastrophe than to underestimate the enemy.
To underestimate the enemy might entail the loss of my treasures.
Therefore when two equally matched armies meet,
It is the man of sorrow who wins.

王弼註

用兵有言, 吾不敢爲主而爲客, 不敢進寸而退尺. 是謂行無行.
彼遂不止.

攘無臂, 扔無敵,
行謂行陳也. 言以謙退哀慈, 不敢爲物先. 用戰猶行無行, 攘無臂, 執無兵, 扔無敵也. 言無有與之抗也.

執無兵. 禍莫大於輕敵, 輕敵幾喪吾寶.
言吾哀慈謙退, 非欲以取强無敵於天下也. 不得已而卒至於無敵, 斯乃吾之所以爲大禍也. 寶, 三寶也. 故曰 幾亡吾寶.

故抗兵相加, 哀者勝矣.
抗擧也. 加當也. 哀者必相惜, 而不趣利避害, 故必勝.

❢ 用兵有言. 吾不敢爲主, 而爲客. 不敢進寸, 而退尺.

군사를 운용하는 것에 대하여 이런 말이 있다. 내가 먼저 군사를 일으키는 주인이 되지 말고 다만 적의 공격에 응하는 손님이 되어라. 감히 한 치라도 공격해 들어가지 말고, 오히려 한 자를 후퇴하라. 용병유언(用兵有言)은 군사의 운용이나 병법(兵法)에 관해 말이 있다는 뜻이다. 오불감위주이위객(吾不敢爲主爲客)은 나서서 공격하는 주전자(主戰者)가 되지 않고, 물러나 마지못해 수비하는 자가 된다는 뜻이다. 객(客)은 부득이 적을 맞아 응해 싸우는 수비자의 뜻이다. 즉 먼저 거병하는 것이 주(主)고, 나중에 대응하는 것이 객(客)이다. 불감진촌이퇴척(不敢進寸而退尺)는 싸움에서는 한 치라도 공격해 나가지 말고 차라리 한 자를 후퇴하라는 뜻이다. 『문자』에서도 “도를 잃은 사람은……수컷의 성질대로 행동하고 강하며, 난을 일으키고 원망을 맺으며, 병주(兵主)가 되고, 어지러움의 수괴가 된다(「도덕」)”고 했다. 또 이 문장은 제73장의 “함부로 하는 데 용감한 사람은 사람을 죽이게 되고, 함부로 하지 않는 데 용감한 사람은 사람을 살리게 된다(勇於敢則殺, 勇於不敢則活)"는 말과도 통한다.

❢ **是謂行無行, 攘無臂, 扔無敵, 執無兵.**

이렇게 하는 것을 일러, 행군해 나아가도 나아감이 없다고 여기고, 소매를 걷어붙여도 휘두를 팔뚝이 없다고 여기며, 공격해 들어가도 격파할 적이 없다고 여기며, 잡아 겨누고 있어도 병기가 없는 것으로 여긴다고 한다. 여기서 '무(無)'에 대한 뜻을 잘 새길 필요가 있다. 일반적인 뜻은 "없다"이지만, 여기서는 '없는 것으로 여긴다'는 의미로 새긴다. 그래서 행무행(行無行)은 행군을 해 나아가지만 마음에 나아감이 없다고 여긴다는 뜻이다. 양무비(攘無臂)는 소매를 걷어붙이지만 휘둘러 댈 팔뚝을 의식함이 없다는 뜻이다. 잉무적(扔無敵)은 맞부딪히지만 마음에는 격파할 적을 의식함이 없다는 뜻이다. 집무병(執無兵)은 손에 잡아들고 겨누고는 있어도 마음에는 아무런 병기가 없다는 뜻이다.

한편 왕필에 따르면 이것은 앞 문장의 전술에 대한 일종의 비유로서 "더불어 싸울 상대가 없음을 말한 것"이다. 먼저 공격하지 않으며 상대방이 공격해 들어와도 공격해 들어온 것보다 더 멀리 후퇴해서 이일대로(以逸待勞)하는 병법을 이런 말로 비유했다는 것이다. 임희일에 따르면 이것은 "비겁함과 나약함을 보여서 적군이 오산하도록 하는" 병가의 통상 수법이다. 매우 단순한 해석들이다. 하상공은 "죽이려고 해도 죽일 수도 없고(진을 펼쳐놓지 않았기 때문에), 크게 노하려고 하여도 걷어붙일 팔뚝이 없으며, 한판 엉겨 붙으려는 마음이 있어도 엉겨 붙을 적이 없고, 잡으려고 해도 잡아서 사용할 병기가 없는 것과 같다"고 하였다. 전체적인 의미가 불분명한 해석이다. 오히려 『관자』의 다음 내용이 일리 있다. "뛰어난 사람이 병사를 운용할 때는 적에게 마치 빈 곳에 발을 딛고 그림자를 잡은 것처럼 느끼도록 한다. 벌여놓은 것도 없고 드러내는 것도 없으니 이루지 못할 것이 없고, 드러내는 것도 없고 억지로 하는 것도 없으니 변화시키지 못할 것이 없다. 이것을 도라고 한다. 없는 듯도 하면서 있고, 뒤쳐지는 듯도 하면서 앞서게 된다면 강한 위력이라도 마음대로 하지 못한다(「병법」)."

❢ 禍莫大於輕敵, 輕敵幾喪吾寶. 故抗兵相加, 哀者勝矣.

적을 얕보는 것보다 더 큰 화가 없을 것이니, 적을 얕보면 나의 보배를 대부분 잃게 될 것이다. 그러므로 군사가 맞서 싸울 때에는 전쟁을 애통해하는 자가 이기는 법이다. 기상(幾喪)은 대부분 잃게 된다는 뜻이다. 기(幾)는 가깝다는 뜻이고, 상(喪)은 잃다는 뜻이다. 항병상가(抗兵相加)는 양쪽이 무기를 들고 서로 맞부딪는다는 뜻이다. 항(抗)은 거(擧), 병(兵)은 무기, 그리고 가(加)는 當의 뜻이다. 애자승의(哀者勝矣)는 전쟁을 애통하게 여기는 자가 승리를 할 것이다는 뜻이다.

제31장에서 "무기는 상서롭지 못한 물건으로, 군자가 쓸 물건이 못된다. 부득이 그것을 사용할 경우에도, 담담한 마음으로 하는 것이 가장 좋다. 승리를 하여도 자랑하지 말아야 하니, 자랑하는 자는 살인을 즐기는 것이 된다. 무릇 살인을 즐기는 자는, 천하의 뜻을 얻을 수 없다. …… 많은 사람을 죽였으면 슬픔을 다해 애도하고, 전쟁에 이겼어도 상례로써 대처한다(兵者, 不祥之器, 非君子之器. 不得已用之, 恬淡爲上. 勝而不美. 而美之者, 是惡殺人. 夫樂殺人者, 則不可以得志於天下矣. …… 殺人之衆, 以哀悲泣之, 戰勝, 以喪禮處之)"고 했다. 여기서도 부득이하게 싸울 경우의 태도를 말했다. 또 수비를 위한 싸움에 있어서도 항상 후퇴하면서, 또 싸우지 않고 이기는 길을 택하라고 한다.

제70장

회옥(懷玉): 옥을 품음

내 말은 매우 알기 쉽고, 또 행하기도 몹시 쉬우나, 천하 사람들은 능히 알지도 못하고 또 행하지도 못한다. 말에는 으뜸이 되는 가르침이 있고, 일에는 그 주체가 있다. 그것을 모르기 때문에 나를 알지 못한다. 나를 아는 사람은 드물고, 나를 본받는 사람은 더욱 찾기가 귀하다. 이 때문에 성인은 거친 베옷을 입고 가슴에 옥구슬을 품고 있다.

吾言甚易知, 甚易行. 天下莫能知, 莫能行. 言有宗, 事有君. 夫唯無知,
오언심이지, 심이행. 천하막능지, 막능행. 언유종, 사유군. 부유무지,

是以不我知. 知我者希, 則我者貴. 是以聖人被褐懷玉.
시이불아지. 지아자희, 칙아자귀. 시이성인피갈회옥.

吾(나 오), 言(말씀 언), 甚(심할 심, 매우 심), 易(쉬울 이, 바꿀 역), 知(알 지), 行(다닐 행, 행할 행), 天(하늘 천), 下(아래 하), 莫(없을 막, 말 막), 能(능할 능), 能(능할 능), 有(있을 유), 宗(마루 종, 으뜸 종), 事(일 사, 일삼을 사, 섬길 사), 君(임금 군), 夫(무릇·대저 부, 저 부, 지아비 부), 唯(오직 유), 無(없을 무), 是(이 시, 옳을 시, 이에 시), 以(써 이), 不(아닐 불), 我(나 아), 者(놈 자), 希(드물 희, 바랄 희), 則(곧 즉, 법칙 칙), 貴(귀할 귀), 聖(성인 성), 人(사람 인), 被(입을 피), 褐(털옷 갈), 懷(품을 회), 玉(구슬 옥, 옥 옥)

They know Me Not

My teachings are very easy to understand and very easy to practice,
But no one can understand them and no one can practice them.
In my words there is a principle. In the affairs of men there is a system.
Because they know not these, They also know me not.
Since there are few that know me, Therefore I am distinguished.
Therefore the Sage wears a coarse cloth on top
And carries jade within his bosom.

王弼註

吾言甚易知, 甚易行, 天下莫能知, 莫能行.
可不出戶闚牖而知, 故曰 甚易知也. 無爲而成, 故曰 甚易行也. 惑於躁欲, 故曰 莫之能知也. 迷於榮利, 故曰 莫之能行也.

言有宗, 事有君.
宗萬物之宗也, 君萬物之主也.

夫唯無知, 是以不我知.
以其言有宗, 事有君之故, 故有知之人, 不得不知之也.

知我者希, 則我者貴,
唯深, 故知之者希也. 知我益希, 我亦無匹, 故曰 知我者希, 則我者貴也.

是以聖人被褐懷玉.
被褐者, 同其塵, 懷玉者, 寶其眞也. 聖人之所以難知, 以其同塵而不殊, 懷玉而不旱, 故難知而爲貴也.

❢ 吾言甚易知, 甚易行. 天下莫能知, 莫能行.

내 말은 매우 알기 쉽고, 또 행하기도 몹시 쉬우나, 천하 사람들은 능히 알지도 못하고 또 행하지도 못한다. 심이지(甚易知)는 매우 알기 쉽다는 뜻이다. 심이행(甚易行)은 행하기도 매우 쉽다는 뜻이다. 노자 자신의 말은 알기도 쉽고 행하기도 쉽다는 말이다. 소박하게, 잘난 척하지 말고, 양보하고 물러서면서 좋은 때가 오기를 느긋하게 기다리라는 것이 노자의 말이다. 왕필은 "집을 나서지 않고도, 창문으로 내다보지 않고서도 알 수 있기 때문에 무척 알기 쉽고, 하지 않고서도 이루기 때문에 무척 행하기 쉽지만 조급한 욕심에 유혹되기 때문에 알지 못하고 영예와 이익에 미혹되기 때문에 행하지 못하는 것이다"고 하였다. 도를 행하기 쉬운 이유와 어려운 이유를 동시에 말했다.

❢ 言有宗, 事有君. 夫唯無知, 是以不我知. 知我者希, 則我者貴.

말에는 으뜸이 되는 가르침이 있고, 일에는 그 주체가 있다. 그것을 모르기 때문에 나를 알지 못한다. 나를 아는 사람은 드물고, 나를 본받는 사람은 더욱 찾기가 귀하다. 언유종(言有宗)은 말에는 으뜸되는 가르침이 있다는 뜻이다. 종(宗)은 근원이나 으뜸이라는 뜻으로, 무위자연의 도를 말하는 것으로 보인다. 오징에 따르면 종자가 한 집안을 통합하고 군주가 한 나라를 주지하는 것과 마찬가지로 노자가 말한 유약과 퇴양의 가르침은 모든 말의 중심이고 모든 행동의 주인이므로 여기에서 이런 글자를 썼다고 한다. 사유군(事有君)은 모든 일에는 주재자가 있다. 군(君)은 주재자, 통솔자를 뜻하며, 결국 도를 가리키는 것으로 보인다. 부유무지(夫唯無知)는 그러한 사실을 모른다는 뜻이다. 시이불아지(是以不我知)는 이 때문에 나를 알지 못한다는 뜻이다. 희(希)는 적다는 뜻으로, 드물다는 희(稀)와 같다. 칙아(則我)는 나를 법도로 삼는다 혹은 나를 따른다, 본받는다는 뜻이다. 칙(則)은 지킨다, 법칙으로 삼는다는 뜻이다. 귀(貴)는 희귀(稀貴)하다는 뜻이다.

여기에서 노자는 자신과 자신의 도를 알아주지 않는 것에 답답한 심경을 토로한다. 이것을 분세의식(憤世意識)이라고 한다. 공자에게서도 이런 분세의식을 엿볼 수 있다. 『논어』「헌문」편에서 공자가 말했다. "아무도 나를 알지 못하는구나." 자공이 말했다. "어째서 선생님을 알아주지 못한다고 하십니까?" 공자가 말했다. "하늘을 원망하지도 않고 남을 탓하지도 않으며, 아래로부터 배워서 위로 통달하였으니 나를 아는 자는 저 하늘일 것이다(子曰, 莫我知也夫. 子貢曰, 何爲其莫知子也. 子曰, 不怨天, 不尤人, 下學而上達, 知我者其天乎)." 공자 이후로도 굴원, 한비 등 수많은 지식인들이 이런 심경을 토로했다. 사마천도 그 속에 포함된다.

"옛날 서백(西伯: 문왕)은 유리(羑里)에 갇히고서 『주역』을 지었고, 공자는 진(陳)·채 사이에서 곤액을 당하고서 『춘추』를 만들었다. 굴원은 쫓겨나고서 『이소』를 지었으며, 좌구(左丘)가 실명하고서야 『국어』가 있었고, 손자는 절름발이가 되고서 『병법』을 논했다. 여불위가 촉으로 좌천되자 세상이 『여람(여씨춘추)』을 전했고, 한비는 진나라 감옥에 갇히고서 「세난」, 「고분」 두 편을 지었다. 『시』 3백 편도 대개 성현이 발분하여 지은 것이다. 이 사람들은 모두 뜻에 울적하고 막힌 바가 있었고 그 도를 통할 수 없었기 때문에 지난 일을 기록하여 앞으로 올 사람을 생각한 것이다(「태사공자서」; 김홍경(2003), 204쪽 재인용)."

❢ 是以聖人被褐懷玉.

이 때문에 성인은 거친 베옷을 입고 가슴에 옥구슬을 품고 있다. '갈(褐)'은 거친 베로 만든 짧은 웃옷이다. 피갈회옥(被褐懷玉)은 밖으로는 거친 베옷을 입고 있으나, 가슴 속에는 귀한 옥구슬을 품고 있다는 뜻이다. 도를 터득한 사람은 밖으로 보기에는 허수룩하고 일반 사람들과 다를 바 없다. 그러나 가슴속에는 만물을 생성화육하는 보배로운 도를 지니고 있다. 여기에서 "겉에 베옷을 입는다는 것은 밖을 얇게 한다는 의미이고, 옥을 품는다는 것은 안을 두텁게 한다는 의미다(하상공)."

허정(虛靜)·유화(宥和)·자검(慈儉)·부쟁(不爭)등은 모두가 무위자연의 도리에서 나온 덕행이므로 누구나 쉽게 알 수 있고 또 행할 수도 있을 것이다. 그러나 세상 사람들은 욕심·명리·조동(躁動)에 미혹되어 쉬운 도를 보지도 알지도 못하고, 행하지도 못하고 있다. 이에 도를 터득한 성인이 모든 사람에게 소외되고 누추한 옷차림으로 푸대접을 받는다. 그러나 그 거친 옷 속에는 보배로운 도를 품고 있다. 반대로 세상 사람들이 찾는 화려한 영화명리(榮華名利)속에는 죽음이 숨어 있다. 그리고 "이 때문에 성인은 거친 베옷을 입고 가슴 속에 옥구슬을 품고 있다"는 이 말에는 외롭게 도를 지키는 철인(哲人)의 이미지가 겹친다.

제71장

불병(不病): 병에 걸리지 않음

모른다는 것을 아는 것이 으뜸 되는 지혜요, 모른다는 것을 알지 못하는 것이 병이다. 오직 병을 병으로 여기면, 바로 그 때문에 그것은 병이 아니다. 성인이 병에 걸리지 않는 것은 자신의 병을 병으로 여기기 때문이니, 그래서 병에 걸리지 않는다.

知不知, 上. 不知不知, 病. 夫唯病病, 是以不病. 聖人不病,
지부지, 상. 부지부지, 병. 부유병병, 시이불병. 성인불병,

以其病病, 是以不病.
이기병병, 시이불병.

知(알 지), 不(아닐 불), 上(위 상), 病(병 병, 앓을 병, 괴로워할 병), 夫(무릇·대저 부, 저 부, 지아비 부), 唯(오직 유), 是(이 시, 옳을 시, 이에 시), 以(써 이), 聖(성인 성), 人(사람 인), 其(그 기)

Sick-Mindedness

Who knows that he does not know is the highest;
Who (pretends to) know what he does not know is sick-minded.
And who recognizes sick-mindedness as sick-mindedness is not sick-minded.
The Sage is not sick-minded.
Because he recognizes sick-mindedness as sick-mindedness,
Therefore he is not sick-minded.

王弼註

知不知，上，不知知，病.
夫唯病病，是以不病. 聖人不病，以其病病，是以不病.
不知知之不足任，則病也.

❢ 知不知，上. 不知不知，病. 夫唯病病，是以不病.

모른다는 것을 아는 것이 으뜸 되는 지혜요, 모른다는 것을 알지 못하는 것이 병이다. 오직 병을 병으로 여기면, 바로 그 때문에 그것은 병이 아니다. 지부지(知不知)는 모른다는 사실을 안다는 뜻이다. 상(上)은 가장 좋다 혹은 으뜸 되는 지혜라는 뜻이다. 부지부지(不知不知)는 모른다는 사실을 모르는 것이라는 뜻이다. 백서본을 따라 원래의 '부지지(不知知)'에 '불(不)'자를 추가하였다. 부유병병(夫唯病病)은 무릇 오직 병을 병으로 여기기 때문이라는 뜻이다. 시이불병(是以不病)은 이 때문에 그것은 병이 아니라는 뜻이다. 이 문장에 대해 여러 가지 해석이 있다. 왕필은 "모르는 척할 줄 아는 것이 가장 좋다. 아는 것의 부족함을 모르는 것은 병이다"고 했고, 하상공은 "도를 알면서도 모른다고 말하는 것이 가장 좋다. 도를 모르면서도 안다고 말하는 것은 병이다"고 했으며, 설혜는 "아는 사람은 무지로 돌아가니 가장 좋고, 모르는 사람은 지에 집착하니 병이다." 해석이 각양각색이다.

사람이 아는 것에는 한계가 있고 결국 자연에 순응할 수밖에 없다. 그러므로 자신이 모른다는 것을 아는 것이 인순과 순응의 첫걸음이다. 그런데도 자신이 전부 알고 있는 것처럼 행동하는 사람이 많고, 그로 인해 나라와 백성에게 많은 불행이 일어난다. 잘못을 저지르는 사람의 병폐는 모르면서도 안다고 생각하는 데 있다. 알지도 못하면서 아는 척하는 사람이 결국 자연에 거스르는 행동을 한다. 『논어』 「위정」편에서 공자가 비슷한 주제를 이야기한 바 있다. "유(由)야! 너에게 안다는 것이 무엇인지 가르쳐 주마. 아는 것을 안다고 하고, 모르는 것을 모른다고 하는 것, 이것이 바로 아는 것이다(子曰, 由, 誨女知之乎, 知之爲知之, 不知爲不知, 是知也)." 한편 「도응훈」은 "알면서도 모른다고 하는 것이 가장 좋고 모르면서도 안다고 하는 것은 병이다(知而不知, 尙矣. 不知而知, 病也)"고 다소 달리 해석하고 있다.

聖人不病, 以其病病, 是以不病.

성인이 병에 걸리지 않는 것은 자신의 병을 병으로 여기기 때문이니, 그래서 병에 걸리지 않는다. 성인은 생이지지(生而知之)여서 태어나면서부터 아는 사람이기 때문에 병을 병으로 여긴 이후에 병에 걸리지 않게 되는 것은 아닐 것이다. 그리고 성인이 병으로 여기거나 근심하는 것은 다름 아닌 천하 사람들의 병일 것이다.

제72장

외위(畏威): 두려워할 것을 두려워함

백성들이 두려워해야 할 것을 두려워하지 않게 되면, 위정자에게는 더 큰 두려움이 닥칠 것이다. 백성들의 거처와 거동을 함부로 막고 방해하는 일이 없도록 하고, 백성들의 생활을 압박하는 일도 없도록 하라. 압박하지만 않더라도 싫어하지는 않을 것이다. 그러므로 성인은 스스로 알면서도 자신을 드러내 뽐내지 않고, 스스로를 아끼면서도 자신을 귀하게 여기지 않는다. 따라서 도에 어긋나는 저쪽을 버리고 도에 순응하는 이쪽을 취한다.

民不畏威, 則大威至. 無狎其所居, 無厭其所生. 夫唯不厭, 是以不厭.
민불외위, 즉대위지. 무압기소거, 무압기소생. 부유불압, 시이불염.

是以聖人自知不自見, 自愛不自貴. 故去彼取此.
시이성인자지불자현, 자애불자귀. 고거피취차.

民(백성 민), 不(아닐 불), 畏(두려워할 외), 威(위엄 위, 협박할 위), 則(곧 즉, 법칙 칙), 大(큰 대), 至(이를 지, 지극할 지), 無(없을 무), 狎(익숙할 압, 친압할 압), 其(그 기), 所(바 소), 居(살 거, 있을 거), 厭(싫어할 염, 만족할 염), 生(날 생, 살 생), 夫(무릇·대저 부, 저 부, 지아비 부), 唯(오직 유), 是(이 시, 옳을 시, 이에 시), 以(써 이), 聖(성인 성), 人(사람 인), 自(스스로 자), 知(알 지), 見(볼 견, 나타낼 현), 愛(사랑 애), 貴(귀할 귀), 故(연고 고, 옛 고), 去(갈 거, 버릴 거, 없앨 거, 거리 거), 彼(저 치), 取(취할 취), 此(이 차)

On Punishment (1)

When people have no fear of force,
Then (as is the common practice) great force descends upon them.

Despise not their dwellings, Dislike not their progeny.
Because you do not dislike them, You will not be disliked yourself.
Therefore the Sage knows himself, but does not show himself,
Loves himself, but does not exalt himself.
Therefore he rejects the one (force) and accepts the other (gentility).

王弼註

民不畏威, 則大威至, 無押其所居, 無厭其所生.
淸淨無爲謂之居, 謙後不盈謂之生. 離其淸淨, 行其躁欲, 棄其謙後, 任其威權, 則物擾而民僻, 威不能復制民. 民不能堪其威, 則上下大潰矣, 天誅將至. 故曰 民不畏威, 則大威至無狎其所居, 無厭其所生. 言威力不可任也.

夫唯不厭,
不自厭也.

是以不厭.
不自厭, 是以天下莫之厭.

是以聖人自知, 不自見,
不自見其所知, 以耀光行威也.

自愛, 不自貴.
自貴則物狎厭居生.

故去彼取此.

❢ **民不畏威, 則大威至.**

백성들이 두려워해야 할 것을 두려워하지 않게 되면, 위정자에게는 더 큰 두려움이 닥칠 것이다. 민불외위(民不畏威)는 백성들이 두려워해야 할 통치자의 위압을 두려워하지 않는다는 뜻이다. 즉대위지(則大威至)는 곧 위정자에게 더 큰 두려움이나 화란(禍亂)이 닥친다는 뜻이다, 왕필은 “위압으로 백성을 제어할 수가 없다. 백성이 위압을 못 견디면 결국 상하가 크게 흐트러진다(威不能復制民, 民不能堪其威, 則上下大潰矣)”고 풀었다.

『상서』「주관」에는 “사랑을 받을 때 위태로움을 생각하여 두려워하지 않을 수 없다. 두려워하지 않으면 두려움에 빠지게 될 것이다”라는 말이 있다. 여기에서 두려워하지 않을 수 없다는 것은 교만하게 행동하지 않는다는 의미이고, 두려움에 빠지게 된다는 것은 형벌을 받게 될 것이라는 뜻이다. 한편 『논어』「계씨」편에서 공자는 “군자에게는 세 가지 두려워할 만한 것이 있다. 천명을 두려워하고, 대인을 두려워하며, 성인의 말을 두려워한다(孔子曰, 君子有三畏. 畏天命, 畏大人, 畏聖人之言)”고 하였다.

한편 이 문장은 제74장의 “백성들이 죽음을 두려워하지 않는다면 어떻게 죽음으로써 그들을 두렵게 할 수 있겠는가(民不畏死, 奈何以死懼之)”라는 말과 연관해 볼 수 있다. 즉 “백성들이 두려워할 것을 두려워하지 않는다”는 것은 죽음도 무서워하지 않는다는 말일 수도 있다. 가혹한 정치로 이미 막다른 곳에 몰려 있다면 백성들은 죽음도 무서워 않는다. 그런 상황에 이르면 책임은 당연히 위정자에게 있다. 곧 큰 두려움에 이르는 자는 백성이 아니라 위정자다. 백성을 돌보는 것이 위정자의 도덕적 의무라면 그것을 게을리 하는 것은 천명을 두려워하지 않는 것이고, 그런 일이 위정자 개인의 안일과 쾌락으로 인해 발생한 것이라면 죽음은 그에 합당한 대가일 수 있다. 그래서 여기의 큰 두려움이란 위정자가 나라와 지위를 잃는 것을 가리킨다고 볼 수 있다.

❢ 無狎其所居, 無厭其所生. 夫唯不厭, 是以不厭.

백성들의 거처와 거동을 함부로 막고 방해하는 일이 없도록 하고, 백성들의 생활을 압박하는 일도 없도록 하라. 압박하지만 않더라도 싫어하지는 않을 것이다. '압(狎)'은 원래 희롱하다, 업신여기다, 함부로 대하다 등의 뜻인데, 일부 통행본에 '협(狹)'으로 되어 있는데(하상공본 등) 서로 통하는 글자이며, 모두 막고 방해한다는 의미를 지닌다(마서륜). 거(居)는 거처 또는 기거행동(起居行動)의 뜻이다. 무압기거소(無狎其所居)는 백성의 거처나 거동을 함부로 막고 방해하지 말라는 뜻이다. 이 문장에 나오는 세 '염(厭)' 중에 첫 번째, 두 번째는 억누른다[壓]는 뜻이고, 세 번째는 싫어한다는 뜻으로 보는 견해(주겸지)가 있는데, 타당하다고 생각된다. 일반 자전에서도 염(厭)은 싫어할 '염'도 되지만, 누를 '압'도 된다. 여기서는 주겸지의 견해에 따라 누를 '압'으로 새긴다. 무압기소생(無厭其所生)은 백성들의 생활을 압박하지 말라는 뜻이다. 부유불압시이불염(夫唯不厭是以不厭)은 압박하지만 않더라도 백성들이 싫어하지는 않는다는 뜻이다. 말한대로 앞의 것은 압(厭), 뒤의 것은 염(厭)으로 읽는다.

❢ 是以聖人自知不自見, 自愛不自貴. 故去彼取此.

그러므로 성인은 스스로 알면서도 자신을 드러내 뽐내지 않고, 스스로 아끼면서도 자신을 귀하게 여기지 않는다. 따라서 도에 어긋나는 저쪽을 버리고 도에 순응하는 이쪽을 취한다. '현(見)'은 드러낸다는 뜻이다. 자지불자현(自知不自見)은 스스로 알지만 자신을 드러내 자랑하지 않는다는 뜻이다. 자애불자귀(自愛不自貴)는 청정과욕(淸靜寡欲)을 통해 자신을 아끼고 사랑하지만 스스로 자신을 귀하게 여기는 일을 하지 않는다는 뜻이다. 피(彼)는 자현(自見)이나 자귀(自貴) 등 도에 어긋나는 일을 말하고, 차(此)는 자지(自知)나 자애(自愛) 등 도에 순응하는 일을 말한다.

성인이나 위정자가 공이 있다고 스스로를 뽐내면 백성이 그가 윗자리에 있는 것을 부담스러워할 것이고, 비록 내세울 만한 점이 있다고 스스로를 귀하게 여기면 백성은 결국 그의 다스림을 해롭다고 여길 것이다. 스스로를 뽐내고 귀하게 여기는 사람은 눈부시게 하려는 사람이고, 강해지려는 사람이며, 결국은 남을 해치고 업신여기는 법이다. 성인은 제38장에서도 나왔듯이 "두터운 곳에 머물지 옅은 곳에 머물지 않으며, 열매에 머물지 꽃에 머물지 않는다." 이처럼 노자는 당시의 위정자들이 인위적으로 온갖 수단을 다 써가며 백성을 못살게 하는 것을 무섭게 비판했다. 그는 엄한 법이나 형벌을 내세워, 백성들의 편안한 삶을 해치는 이른바 법가(法家)나 패도(霸道)의 폭정을 문제 삼았던 것이다.

제73장

천망(天網): 하늘의 그물

함부로 하는 데 용감한 것은 사람을 죽이는 길이고, 함부로 하지 않는 데 용감한 것은 사람을 살리는 길이다. 이 두 가지 중 어떤 것은 이롭고 어떤 것은 해롭다. 하늘이 미워하는 것에 대해, 누가 그 이유를 알겠는가. 이 때문에 성인은 오히려 그것을 어렵게 여기는 것이다. 하늘의 도는 다투지 않아도 잘 이기고, 말하지 않아도 잘 응하고, 부르지 않아도 저절로 오고, 느긋하면서도 잘 도모한다. 하늘의 그물은 넓고 커서 성긴듯하지만 놓치는 일이 없다.

勇於敢則殺, 勇於不敢則活. 此兩者, 或利或害. 天之所惡, 孰知其故.
용어감즉살, 용어불감즉활. 차양자, 혹리혹해. 천지소오, 숙지기고.

是以聖人猶難之. 天之道, 不爭而善勝, 不言而善應, 不召而自來, 繟然
시이성인유난지. 천지도, 부쟁이선승, 불언이선응, 불소이자래, 천연

而善謀. 天網恢恢, 疏而不失.
이선모. 천망회회, 소이불실.

勇(용감할 용, 과감할 용), 於(어조사 어), 敢(감히 감), 則(곧 즉, 법칙 칙), 殺(죽일 살, 빠를 쇄, 감할 쇄), 不(아닐 불), 活(살 활), 此(이 차), 兩(두 양), 者(놈 자), 或(혹 혹, 항상 혹), 利(이로울 리, 날카로울 리), 害(해칠 해, 방해할 해), 天(하늘 천), 之(갈 지, 어조사 지), 所(바 소), 惡(악 악, 추악할 악, 미워할 오), 孰(누구 숙, 무엇 숙), 知(알 지), 其(그 기), 故(연고 고, 옛 고), 是(이 시, 옳을 시, 이에 시), 以(써 이), 聖(성인 성), 人(사람 인), 猶(오히려 유, 같을 유), 難(어려울 난), 道(길 도), 爭(다툴 쟁), 而(말 이을 이), 善(착할 선), 勝(이길 승, 뛰어날 승, 다 승), 言(말씀 언), 應(응할 응, 응당하여야 할 응), 召(부를 소), 自(스스로 자), 來(올 래), 繟(띠 늘어질 천, 넉넉할 천, 너그러울 천), 然(그럴 연), 謀(꾀할 모, 헤아릴 모, 술책 모), 網(그물 망, 법 망), 恢(넓을 회, 갖출 회), 疏(트일 소, 멀 소), 失(잃을 실)

On Punishment (2)

Who is brave in daring (you) kill, Who is brave in not daring (you) let live.
In these two, There is some advantage and some disadvantage.
(Even if) Heaven dislikes certain people,
Who would know (who are to be killed and) why?
Therefore even the Sage regards it as a difficult question.
Heaven's Way (Tao) is good at conquest without strife,
Rewarding (vice and virtue) without words,
Making its appearance without call,
Achieving results without obvious design.
The heaven's net is broad and wide with big meshes,
Yet letting nothing slip through.

王弼註

勇於敢則殺,
必不得其死也.

勇於不敢則活.
必齊命也.

此兩者或利或害.
俱勇而所施者異, 利害不同, 故曰 或利或害也.

天之所惡, 孰知其故. 是以聖人猶難之.
孰誰也. 言誰能知天天下之所惡意故邪. 其唯聖人. 夫聖人之明, 猶難於勇敢, 況無聖人之明, 而欲行之也. 故曰 猶難之也.

天之道, 不爭而善勝,
天唯不爭, 故天下莫能與之爭.

不言而善應,
順則吉, 逆則凶, 不言而善應也.

不召而自來,
處下則物自歸.

繟然而善謀.
垂象而見吉凶, 先事而說誡, 安而不忘危, 未兆而謀之, 故曰繟然而善謀也.

天網恢恢, 疏而不失.

❢ 勇於敢則殺, 勇於不敢則活.

함부로 하는 데 용감한 것은 사람을 죽이는 길이고, 함부로 하지 않는 데 용감한 것은 사람을 살리는 길이다. 용어감즉살(勇於敢則殺)은 과감하거나 함부로 하는 데 용감한 것은 사람을 죽인다는 뜻이다. 용어불감즉활(勇於不敢則活)은 과감히 혹은 함부로 하지 않는 데 용감한 것은 사람을 살린다는 뜻이다. "함부로 하는 데 결단력이 있는" 것은 굳세고 씩씩하기만 해서 물러설 줄 모르는 것이고, "함부로 하지 않는 데 결단력이 있는" 것은 부드럽고 연약해서 앞에 나서지 않는 것이다.

❢ 此兩者, 或利或害. 天之所惡, 孰知其故. 是以聖人猶難之.

이 두 가지 중 어떤 것은 이롭고 어떤 것은 해롭다. 하늘이 미워하는 것에 대해, 누가 그 이유를 알겠는가. 이 때문에 성인은 오히려 그것을 어렵게 여기는 것이다. 천지소오(天之所惡)는 하늘이 미워하는 것이라는 뜻이다. 숙지기고(孰知其故)는 누가 하늘이 미워하는 까닭을 알 수가 있겠는가 하는 뜻이다. 왕필은 "감히 하는 데 용감한 사람이나 감히 하지 않는 데 용감한 사람이나 모두 용감한데도 하나는 해롭고 하나는 이로우므로 혹은 이롭고 혹은 해롭다고 하였다고 본다"고 했고, 소철은 "원리로 볼 때는 감히 하지 않는 데 용감한 사람이 이로워야 하지만 '때로는 감히 하는 자가 생명을 부지하기도 하고, 때로는 감히 하지 않는 자가 죽음을 당하기도 하기 때문에' 이런 말을 했다고 본다"고 했다. 두 가지 해석이 모두 가능하겠다.

❢ 天之道, 不爭而善勝**, 不言而善應, 不召而自來,** 繟**然而善謀.**

하늘의 도는 다투지 않아도 잘 이기고, 말하지 않아도 잘 응하고, 부르지 않아도 저절로 오고, 느긋하면서도 잘 도모한다. 천(繟)은 넉넉하다, 여유롭다, 느긋하다는 뜻이다. 천연(繟然)은 안연(安然)하다, 무심하다, 여유롭고 느긋하다는 말이다. 이 문장에 대해 육희성은 "'싸우지 않고서도 잘 이긴다'는 것은 하늘이 만물과 다투지 않으면서도 결국은 만물의 부복을 받는다는 의미다. '말하지 않아도 잘 응한다'는 것은 말하지 않았는데도 백성들이 스스로 하늘을 믿는다는 의미다. '부르지 않아도 저절로 찾아온다'는 것은 사계절과 무슨 약속을 한 것이 아닌데도 계절이 때에 맞추어 찾아온다는 의미다. '느긋하면서도 잘 도모한다'는 것은 이런 덕성을 갖추고 있으면서도 사물에 앞서 행동하지 않고, 길흉의 조짐을 보여주면서 사람의 행동에 따라 복과 재앙을 어김없이 내려준다는 의미다"라고 했다. 『논어』「양화」

편에 나오는 “하늘이 무슨 말을 하던가. 사시가 운행하고 백물이 태어나면서도 하늘이 무슨 말을 하던가(子曰, 天何言哉. 四時行焉, 百物生焉, 天何言哉)”라는 공자의 말도 참고가 될 것이다.

❢ 天網恢恢, 疏而不失.

하늘의 그물은 넓고 커서 성긴듯하지만 놓치는 일이 없다. 천망(天網)은 하늘의 그물, 즉 자연의 법망(法網)이나 법도(法度)를 말한다. '회(恢)'는 크다는 뜻이다. 소이불실(疏而不失)은 엉성한듯하면서도 나쁜 것을 놓치지 않는다거나 또는 실수하지 않고 만물의 생성화육을 이룬다는 말이다. 이 문장을 범응원은 “그 망라하는 것이 끝이 없어서 큰 그물과 같고, 비록 성기게 생겼지만 작은 것이든 큰 것이든 빠뜨리지 않으니 선한 자든 악한 자든 도망갈 수 없다”고 풀었다.

제74장
사살(司殺): 죽음을 관장함

백성이 죽음을 두려워하지 않는다면, 어떻게 죽음으로써 그들을 두렵게 할 수 있겠는가. 만약 백성이 항상 죽음을 두려워하고, 이상한 짓을 하는 자를 내가 잡아다 죽인다면 누가 감히 그러한 짓을 하겠는가. 하늘에는 항상 죽음을 관장하는 자가 있어 사람을 죽이고 있다. 하지만 사람이 하늘의 죽음을 관장하는 자를 대신하여 사람을 죽이는 것은, 이것을 일러 큰 목수를 대신하여 나무를 베는 것이라고 한다. 무릇 큰 목수를 대신하여 나무를 베는 자로서 자기 손을 다치지 않는 자가 드문 법이다.

民不畏死, 奈何以死懼之. 若使民常畏死, 而爲奇者, 吾得執而殺之, 孰敢.
민불외사, 나하이사구지. 약사민상외사, 이위기자, 오득집이살지, 숙감.

常有司殺者殺. 夫代司殺者殺, 是謂代大匠斲. 夫代大匠斲者, 希有不傷其手矣.
상유사살자살. 부대사살자살, 시위대대장착, 부대대장착자, 희유불상기수의.

民(백성 민), 不(아닐 불), 畏(두려워할 외), 死(죽을 사), 奈(어찌 나), 何(어찌 하), 以(써 이), 懼(두려워할 구), 之(갈 지, 어조사 지), 若(같을 약, 만약 약), 使(부릴 사, 하여금 사, 사신 사), 常(항상 상), 而(말 이을 이), 爲(할 위, 될 위, 여길 위), 奇(기이할 기, 뛰어날 기), 者(놈 자), 吾(나 오), 得(얻을 득), 執(잡을 집), 殺(죽일 살, 빠를 쇄, 감할 쇄), 孰(누구 숙, 어느 숙), 敢(감히 감), 有(있을 유), 司(맡을 사, 벼슬 사), 夫(무릇·대저 부, 저 부, 지아비 부), 代(대신할 대, 시대 대), 是(이 시, 옳을 시, 이에 시), 謂(이를 위), 大(큰 대), 匠(장인 장, 우두머리 장), 斲(깍을 착, 벨 착), 希(드물 희, 바랄 희), 傷(상처 상, 이즈러질 상), 其(그 기), 手(손 수), 矣(어조사 의)

On Punishment (3)

The people are not afraid of death; Why threaten them with death?
Supposing that the people are afraid of death,
And we can seize and kill the unruly, Who would dare to do so?
Often it happens that the executioner is killed.
And to take the place of the executioner
Is like handling the hatchet for the master carpenter.
He who handles the hatchet for the master carpenter
Seldom escapes injury to his hands.

王弼註

民不畏死，奈何以死懼之．若使民常畏死而爲奇者，吾得執而殺之，孰敢．
詭異亂群，謂之奇也．

常有司殺者殺，夫代司殺者殺，是謂代大匠．夫代大匠斲**者，希有不傷其手矣．**
爲逆，順者之所惡忿也，不仁者，仁之所疾也．故曰 常有司殺也．

❢ **民不畏死，奈何以死懼之．若使民常畏死，而爲奇者，吾得執而殺之，孰敢．**

백성이 죽음을 두려워하지 않는다면, 어떻게 죽음으로써 그들을 두렵게 할 수 있겠는가. 만약 백성이 항상 죽음을 두려워하고, 이상한 짓을 하는 자를 내가 잡아다 죽인다면 누가 감히 그러한 짓을 하겠는가. 민불외사(民不畏死)는 백성이 죽음을 두려워하지 않는다는 뜻이다. 내하(奈何)는 "어찌 ~하겠느냐?" 하는 뜻이다. 위기자(爲奇者)는 이상한 혹은 사악한 짓을 하는 자를 말한다. 집(執)은 잡는다는 뜻이다. 숙감(孰敢)은 누가 감히 나쁜 짓을 하겠느냐는 뜻이다.

이 문장에 대해 『윤문자』「대도하」는 이렇게 설명한다. "백성이 죽음을 두려워하지 않는 것은 형벌이 지나치기 때문이다. 형벌이 지나치면 백성이 그 삶을 의지할 데가 없다. 삶을 의지할 데가 없으면 임금의 위엄도 안중에 없다. 형벌이 절도에 맞으면 백성이 죽음을 두려워한다. 죽음을 두려워하는 것은 삶이 즐길 만하기 때문이다. 백성들이 삶의 즐거움을 알기 때문에 죽음으로써 그들을 두렵게 할 수 있다. 이것이 임금이 마땅히 잡아야 할 도리고, 신하가 마땅히 삼가야 할 것이다." 한편 『논어』「위정」에 나오는 "법령으로써 이끌고 형벌로써 가지런히 한다면 백성은 법망을 요령껏 피하면서도 부끄러워하지 않을 것이다. 덕으로써 이끌고 예로써 가지런히 한다면 백성들이 부끄러워하고 또 바르게 될 것이다(子曰, 道之以政, 齊之以刑, 民免而無恥. 道之以德, 齊之以禮, 有恥且格)"라는 공자의 말과도 관련 있다. 두 경우 다 가혹한 형벌의 정치를 문제 삼고 있다.

왕필에 따르면 궤이(詭異)하여 무리를 어지럽히는 것을 '기(奇)'라고 한다. "이상한 짓을 하는 자를 내가 잡아다 죽인다면 누가 감히 그러한 짓을 하겠는가"는 백성들이 삶을 즐거워할 수 있도록 한 후에는 죽음으로써 그들을 두렵게 할 수 있다는 의미이다. 이 말은 제31장의 "무기는 상서롭지 못한 물건으로, 군자가 쓸 물건이 못된다. 부득이 그것을 사용할 경우에도, 담담한 마음으로 하는 것이 가장 좋다

(兵者, 不祥之器, 非君子之器. 不得已用之, 恬淡爲上)"는 말처럼 부득이한 경우를 말하는 것으로 보인다.

❢ 常有司殺者殺. 夫代司殺者殺, 是謂代大匠斲. 夫代大匠斲者, 希有不傷其手矣.

하늘에는 항상 죽음을 관장하는 자가 있어 사람을 죽이고 있다. 하지만 사람이 하늘의 죽음을 관장하는 자를 대신하여 사람을 죽이는 것은, 이것을 일러 큰 목수를 대신하여 나무를 베는 것이라고 한다. 무릇 큰 목수를 대신하여 나무를 베는 자로서 자기 손을 다치지 않는 자가 드문 법이다. 상유사살자살(常有司殺者殺)은 항상 죽음을 관장하는 자가 있어서 나쁜 사람을 죽인다는 뜻이다. 천도(天道)라고 할 대자연이 늘상 가려서 제거한다는 뜻이기도 하다. 거의 모든 주해에서 "죽음을 관장하는 것"을 하늘로 파악한다. 예컨대 왕진은 "죽음을 관장하는 것은 천강(天綱)이다. 왕은 만방에 죄가 있으면 마땅히 자신을 책망하여 천신이 스스로 죽음을 내릴 것을 기다려야 한다. 어찌 기분대로 화를 옮기어 무고한 사람을 함부로 벌주겠는가"라고 하였다.

대사살자살(代司殺者殺)은 죽음을 관장하는 대자연이나 천도를 대신하는 자가 남을 죽인다는 뜻이다. 인간이 제멋대로 하늘을 대신하여, 또는 하늘을 빙자하여 사람을 죽인다는 뜻도 생각해봄 직하다. 대장(大匠)은 큰 목수이다. 착(斲)은 베다, 깎는다는 뜻이다. 희유(希有)는 드물다는 뜻이다. 이 문장에 대하여 오징은 "오로지 하늘만이 사람을 죽일 수 있고, 오로지 큰 목수만이 나무를 자를 수 있다. 사람이 하늘을 대신하여 남을 죽이려는 것은 목수를 대신해서 나무를 자르는 것과 같다. 대신해서 나무를 자르는 사람이 반드시 손에 많은 상처를 입듯이 대신해서 살인하는 사람의 일신에 많은 해로움이 있다는 것을 비유한 것이다. 대개 인화가 없으면 반드시 천형이 있을 것이다"고 했다.

제75장

귀생(貴生): 삶을 귀하게 여김

백성들이 굶주리는 것은 위에 있는 위정자가 세금을 많이 거두어들이기 때문에 일어나는 일이다. 백성들이 잘 다스리지 않는 것은 위에 있는 위정자가 권모술책을 농하는 등 억지로 무엇인가를 하려하기 때문에 발생한다. 백성들의 죽음이 가벼운 것은 위에 있는 위정자가 삶을 구하는 것이 지나치기 때문에 일어난다. 대저 오로지 삶에 집착하여 부단히 애쓰지 않는 자가 오히려 삶을 귀중히 여기는 데에 현명하다.

民之饑, 以其上食稅之多, 是以饑. 民之難治, 以其上之有爲, 是以難治.
민지기, 이기상식세지다, 시이기. 민지난치, 이기상지유위, 시이난치.

民之輕死, 以其上求生之厚, 是以輕死. 夫唯無以生爲者, 是賢於貴生.
민지경사, 이기상구생지후, 시이경사. 부유무이생위자, 시현어귀생.

民(백성 민), 之(갈 지, 어조사 지), 饑(주릴 기, 흉년 기), 以(써 이), 其(그 기), 上(위 상), 食(밥 식), 稅(세금 세, 징수할 세), 多(많을 다), 是(이 시, 옳을 시, 이에 시), 難(어려울 난), 治(다스릴 치), 爲(할 위, 될 위, 여길 위), 輕(가벼울 경), 死(죽을 사), 求(구할 구), 生(날 생, 살 생), 厚(두터울 후), 夫(무릇·대저 부, 저 부, 지아비 부), 唯(오직 유), 無(없을 무), 者(놈 자),賢(어질 현), 於(어조사 어), 貴(귀할 귀)

On Punishment (4)

When people are hungry,
It is because their rulers eat too much tax-grain.
Therefore the unruliness of hungry people
Is due to the interference of their rulers. That is why they are unruly.
The people are not afraid of death,
Because they are anxious to make a living.
That is why they are not afraid of death.
It is those who interfere not with their living
That are wise in exalting life.

王弼註

民之饑, 以其上食稅之多, 是以饑. 民之難治, 以其上之有爲, 是以難治. 民之輕死, 以其上求生之厚, 是以輕死. 夫唯無以生爲者, 是賢於貴生.
言民之所以僻, 治之所以亂, 皆由上, 不由其下也. 民從上也.

❢ 民之饑, 以其上食稅之多, 是以饑.

백성들이 굶주리는 것은 위에 있는 위정자가 세금을 많이 거두어들이기 때문에 일어나는 일이다. 기(饑)는 굶주리다는 뜻이다. 이기상식세지다(以其上食稅之多)는 위정자가 백성들로부터 세금을 거두어가기 때문이라는 뜻이다. '식세(食稅)'는 먹을 것과 세금으로 해석할 수도 있고(범응원), 한 낱말로 보아 양식세라고 풀 수도 있으며(고명), 둘 다 동사로 보아 '거두어 먹는다'는 뜻으로 볼 수도 있다.

❢ 民之難治, 以其上之有爲, 是以饑治.

백성들이 잘 다스리지 않는 것은 위에 있는 위정자가 권모술책을 농하는 등 억지로 무엇인가를 하려하기 때문에 발생한다. 유위(有爲)는 원래 뜻은 인위적으로 무엇인가 하려고 한다는 것인데, 여기서는 번잡한 법령이나 권모술책 등으로 백성들의 삶을 고되게 한다는 말이다. 임희일은 "다스리는 자가 지나치게 지혜와 술책을 쓴다(有爲, 言爲治者過用智術也)"로 풀었다. "억지로 무엇인가를 하려고 한다"는 것은 교묘한 목적을 가지고 정령과 지모로 백성을 다스리는 것을 말한다. 노자가 말하는 이상적인 무위·무사의 다스림과 다르므로 다스려지지 않는다고 하였다.

❢ 民之輕死, 以其上求生之厚, 是以輕死.

백성들의 죽음이 가벼운 것은 위에 있는 위정자가 삶을 구하는 것이 지나치기 때문에 일어난다. 경사(輕死)는 죽음을 가벼이 여긴다는 뜻이다. 이기상구생지후(以其上求生之厚)는 위정자가 삶을 지나치게 추구하기 때문이라는 뜻이다. 이 말은 위정자가 부귀와 명예로 자신의 삶을 호와스럽게 꾸미려는 욕망이 강한 것을 의미한다.

❢ 夫唯無以生爲者, 是賢於貴生.

대저 오로지 삶에 집착하여 부단히 애쓰지 않는 자가 오히려 삶을 귀중히 여기는 데에 현명하다. 무이생위(無以生爲)는 삶을 위해 부단히 애쓰는 일이 없다는 뜻이다. 귀생(貴生)은 현실적 삶을 귀하게 여긴다는 뜻이다. 여기에 '어(於)'자가 들어가 있기 때문에 소철이나 임희일은 "무릇 살기 위해서 무엇인가를 하지 않는 것이 생명을 귀하게 여기는 것보다 낫다"라고 해석했다. 하지만 백서본에는 '어'자가 없다. 아무래도 오직 살기 위해서 무엇인가 하지 않는 것이 생명을 잘 가꾸는 방법이라는 의미로서, 삶에 대한 지나친 집착을 경계한 것이 아닌가 한다.

제76장

유약(柔弱): 부드럽고 연약함

사람이 살아 있을 때는 부드럽고 연약하나 죽으면 뻣뻣하고 딱딱해진다. 만물과 초목도 살아 있을 때는 부드럽고 연하나 죽고 나면 말라서 굳어진다. 그러므로 굳고 강한 것은 죽음의 무리이고, 부드럽고 연약한 것은 삶의 무리이다. 이 때문에 군대가 강하면 결국 이기지 못하고, 나무도 억세면 결국 잘리고 만다. 강하고 크기만 한 것은 밑에 처하게 되고, 부드럽고 약한 것은 위에 처하게 되는 법이다.

人之生也柔弱, 其死也堅强. 萬物草木之生也柔脆, 其死也枯槁. 故堅强
인지생야유약, 기사야견강. 만물초목지생야유취, 기사야고고. 고견강

者死之徒, 柔弱者生之徒. 是以兵强則不勝, 木强則共. 强大處下, 柔弱處上.
자사지도, 유약자생지도. 시이병강즉불승, 목강즉공. 강대처하, 유약처상.

人(사람 인), 之(갈 지, 어조사 지), 生(날 생, 살 생), 也(어조사 야), 柔(부드러울 유), 弱(약할 약), 其(그 기), 死(죽을 사), 堅(굳을 견), 强(굳셀 강, 힘쓸 강, 억지로 강), 萬(일만 만), 物(만물 물), 草(풀 초), 木(나무 목), 脆(무를 취, 약할 취), 枯(마를 고), 槁(마를 고), 故(연고 고, 옛 고), 者(놈 자), 徒(발로 걸을 도, 무리 도, 다만 도), 是(이 시, 옳을 시, 이에 시), 以(써 이), 兵(병사 병, 무기 병), 則(곧 즉, 법칙 칙), 不(아닐 불), 勝(이길 승, 뛰어날 승), 木(나무 목), 共(함께 공, 바칠 공), 大(큰 대), 處(곳 처, 살 처, 처리할 처), 下(아래 하), 上(위 상)

Hard and Soft

When man is born, he is tender and weak;
At death, he is hard and stiff.
When the things and plants are alive, they are soft and supple;
When they are dead, they are brittle and dry.
Therefore hardness and stiffness are the companions of death,
And softness and gentleness are the companions of life.

Therefore when an army is headstrong, it will lose in a battle.
When a tree is hard, it will be cut down.
The big and strong belong underneath,
The gentle and weak belong at the top.

王弼註

人之生也, 柔弱, 其死也堅强. 萬物草木之生也柔脆, 其死也枯槁. 故堅强者死之徒, 柔弱者生之徒. 是以兵强則不勝,
强兵以暴於天下者, 物之所惡也, 故必不得勝.

木强則兵.
物所加也.

强大處下,
木之本也.

柔弱處上.
枝條是也.

❢ **人之生也柔弱，其死也堅强，萬物草木之生也柔脆，其死也枯槁.**

사람이 살아 있을 때는 부드럽고 연약하나 죽으면 뻣뻣하고 딱딱해진다. 만물과 초목도 살아 있을 때는 부드럽고 연하나 죽고 나면 말라서 굳어진다. 유약(柔弱)은 부드럽고 약하다는 뜻이다. 견강(堅强)은 굳고 강하다는 뜻이다. 죽으면 몸이 경직된다는 말이다. 유취(柔脆)는 부드럽고 연하다는 뜻이다. 고고(枯槁)는 말라서 굳어진다는 뜻이다. '고(枯)'는 살이 없는 것이고, '고(槁)'는 물기가 없는 것이다. 비유를 통해 강한 것을 숭상하는 세상의 가치관을 뒤집는 말이다.

❢ **故堅强者死之徒，柔弱者生之徒.**

그러므로 굳고 강한 것은 죽음의 무리이고, 부드럽고 연약한 것은 삶의 무리이다. 『여씨춘추』「심분람·불이」에 따르면 부드러움을 귀하게 여긴 것은 노담이다. "노담(老聃)은 부드러움을 귀하게 여겼고, 공자는 인을 중하게 여겼으며, 묵적은 강직함[廉]을 귀하게 여겼고……." 『장자』「천하」에도 다음과 같은 말이 있다. "만물의 근원인 무(無)를 정밀하다 하고 형체 있는 것을 조잡하다고 하며, 부의 축적을 만족하게 여기지 않으면서 청렴무욕하여 홀로 담담하게 신명한 본성에 편히 머문다. 옛날의 도술에는 이런 경향이 있었다. 관윤과 노담(老聃)은 이 가르침을 듣고 기뻐하며 언제나 무유(無有)인 허무를 내세우고 만물과 하나가 되는 절대적인 도를 첫째로 삼았다. 연약하고 겸손한 태도를 나타내고 스스로를 공허하게 하여 만물을 손상하지 않음을 마음의 실질로 삼았다." 노자는 이 문장에서 부드러움과 강함을 비교하면서 각각에 삶과 죽음의 이미지를 부여하였다.

❢ **是以兵强則不勝，木强則共.**

이 때문에 군대가 강하면 결국 이기지 못하고, 나무도 억세면 결국 잘리고 만다. '공(共)'은 대부분의 통행본에서 '공(共)' 또는 '공(拱)' 또는 '절(折)'로 되어 있고, 왕필본에는 '병(兵)'으로 되어 있다. '병'과 '공(共)'이 글자 모양이 비슷하기 때문에 잘못 옮겨 적은 것으로 볼 수 있다. 여기서는 꺾인다, 잘려서 쓰인다, 혹은 공여(供與)된다는 뜻으로 새긴다. 목강즉공(木强則共)은 나무가 크고 단단하면 도끼나 톱 같은 연장으로 잘린다는 말이다. 『열자』「황제」편에는 이 말이 노담의 말로 인용되어 있다. "노담이 말하기를 병사가 강하면 멸망하고, 나무가 강하면 꺾이니[折] 유약한 것은 삶의 무리고, 딱딱한 것은 죽음의 무리라고 하였다." 또 다음과 같은 고어와도 관련이 있다고 한다. "그러므로 상고의 말에 이르기를 '강함은 자기보다 못한 사람을 이기는 것이고, 부드러움은 자기보다 뛰어난 사람을 이기는 것이다. 자기보다 못한 사람을 이기던 사람이 자기와 비슷한 사람을 만나면 위태롭지만 자기보다 뛰어난 사람을 이기는 사람에게는 위태로움이 없다'고 하였다."

❢ 强大處下, 柔弱處上.

강하고 크기만 한 것은 밑에 처하게 되고, 부드럽고 약한 것은 위에 처하게 되는 법이다. 이 때문에 알 수 있는 것은 억세고 강한 것은 실제로 낮은 곳에 머물고, 부드럽고 약한 것은 실제로 높은 곳에 머문다는 것이다. 유약함을 견지하여 위에 처하는 이로움을 얻을 수 있음을 말한다. 즉 제39장의 "높은 것은 낮은 것을 바탕으로 한다(高以下爲基)"는 말이나, 제61장의 "큰 나라가 강의 하류처럼 아래로 낮추면 천하의 모든 사람이 모여들어서 천하의 암컷과 같은 존재가 된다(大國者下流, 天下之交, 天下之牝)"는 말은 위에 처하는 이로움을 얻기 위해서는 자신을 낮추어야 한다는 것을 말해준다.

굳고 강한 것(堅强者)은 죽고, 부드럽고 약한 것(柔弱者)이 살며, 스스로 아래로 처지면 결국 위에 오르게 된다는 주장이다. 노자가 물을 내세워 유약(柔弱)과 처하(處下)를 높인 까닭은 다름 아니라, 바로 그렇게 하는 것이 삶과 승리를 획득하는 길이기 때문이다. 노자의 철학은 결코 패배와 비굴과 후퇴와 사멸을 위한 것이 아니다. 세상 사람들에게 우선 하나를 양보하고 영원한 경지에서 열 개를 얻자는 엉뚱한 철학이라는 말도 있다.

제77장
천도(天道): 하늘의 도

하늘의 도는 활을 당기는 것과 같은가. 높은 것은 누르고, 낮은 것은 들어 올리며, 남는 것은 덜고, 부족한 것은 보태는구나. 하늘의 도는 남는 것을 덜어내어 부족한 것을 보태지만, 사람의 도는 그렇지 않으니, 오히려 부족한 것을 덜어내어 남는 것을 받드는구나. 누가 능히 남는 것으로 천하를 받들 수 있겠는가. 오직 도를 지닌 자 뿐이다. 이 때문에 성인은 해주고도 자랑하지 않고, 공을 이루고도 자처하지 않으니, 자신의 현명함을 드러내려 하지 않음이다.

天之道, 其猶張弓與. 高者抑之, 下者擧之. 有餘者損之, 不足者補之.
천지도, 기유장궁여, 고자억지, 하자거지. 유여자손지, 부족자보지.

天之道, 損有餘而補不足. 人之道, 則不然, 損不足以奉有餘. 孰能有餘
천지도, 손유여이보부족. 인지도, 즉불연, 손부족이봉유여. 숙능유여

以奉天下, 唯有道者. 是以聖人爲而不恃, 功成而不處, 而不欲見賢.
이봉천하, 유유도자. 시이성인위이불시, 공성이불처, 이불욕현현.

天(하늘 천), 之(갈 지, 어조사 지), 道(길 도), 其(그 기), 猶(오히려 유, 같을 유), 張(베풀 장, 넓힐 장), 弓(활 궁), 與(더불 여, 줄 여, 그런가 여), 高(높을 고), 者(놈 자), 抑(누를 억), 下(아래 하), 擧(들 거), 有(있을 유), 餘(남을 여), 損(덜 손), 不(아닐 불), 足(족할 족, 발 족), 補(보수할 보), 人(사람 인), 則(곧 즉, 법칙 칙), 不(아닐 불), 然(그럴 연), 奉(받들 봉), 孰(누구 숙, 무엇 숙), 能(능할 능), 唯(오직 유), 是(이 시, 옳을 시, 이에 시), 以(써 이), 聖(성인 성), 爲(할 위, 될 위, 여길 위), 而(말 이을 이), 恃(믿을 시), 功(공 공), 成(이룰 성), 處(곳 처, 살 처, 처리할 처), 欲(하고자 할 욕), 見(볼 견, 나타낼 현), 賢(어질 현)

Bending the Bow

The Tao (way) of Heaven, Is it not like the bending of a bow?
The top comes down and the bottom-end goes up,
The extra (length) is shortened, the insufficient (width) is expanded.
It is the way of Heaven to take away from those that have too much
And give to those that have not enough.
Not so with man's way:
He takes from those that have not
And gives it as tribute to those that have too much.
Who can have enough and to spare to give to the entire world?
Only the man of Tao.
Therefore the Sage acts, but does not possess,
Accomplishes but lays claim to no credit,
Because he has no wish to seem superior.

王弼註

天之道, 其猶張弓與. 高者抑之, 下者擧之, 有餘者損之, 不足者補之. 天之道損有餘而補不足. 人之道則不然,

與天地合德, 乃能包之如天之道. 如人之量, 則各有其身, 不得相均. 如惟無身無私乎. 自然, 然後乃能與天地合德.

損不足以奉有餘. 孰能有餘以奉天下. 唯有道者. 是以聖人爲而不恃, 功成而不處, 其不欲見賢.

言唯能處盈而全虛, 損有以補無, 和光同塵, 蕩而均者. 唯其道也. 是以聖人不欲示其賢, 以均天下.

天之道, 其猶張弓與.

하늘의 도는 활을 당기는 것과 같은가. 장궁(張弓)은 일반적으로 활에 시위를 메겨 당긴다는 뜻이다. '장궁(張弓)'이 무엇인가 하는 것에는 크게 두 가지 설이 있다. 하나는 활을 만들 때 활대와 시위의 균형이 맞도록 조작하는 것이라는 견해이고(엄준·설혜), 다른 하나는 활을 당길 때의 자세나 활의 움직임 등과 관련된 것이라는 견해이다(임희일·오징). 어떤 것이든 중화(中和)나 균형을 유지한다는 뜻이면 될 것이다. 유여자손지(有餘者損之)는 남는 것은 덜어낸다는 뜻이다. 부족자보지(不足者補之)는 부족한 자에게는 보태준다는 뜻이다. 하늘은 만물을 한결같이 생성화육함에 종사함을 말하는 것으로도 볼 수 있다.

高者抑之, 下者擧之. 有餘者損之, 不足者補之.

높은 것은 누르고, 낮은 것은 들어 올리며, 남는 것은 덜고, 부족한 것은 보태는구나. 『순자』「예론」에서는 "여유 있는 것은 덜고 부족한 것은 더해주는" 것이 예의 근본정신이라고 하였다. 즉 "예라는 것은 긴 것을 자르고 짧은 것을 이어붙이며, 여유 있는 것은 덜고 부족한 것은 보태고, 사랑하고 공경하는 문식을 갖추고 의를 행하는 아름다움을 드날리는 것이다. ……행과 불행, 기쁨과 슬픔이라는 두 가지 정서는 사람이 태어나면서부터 진실로 싹을 가지고 있다. 그것을 자르고 붙이고, 넓히고 좁히고, 더하고 덜고, 끼리끼리 묶고 다하게 하고, 왕성하게 하고 아름답게 하여 본말·시종을 순조롭게 하고 만세의 법칙이 될 수 있도록 하는 것이 예다." 『한비자』 「관행」에서도 "여유 있는 것으로 부족한 것을 보태고, 긴 것으로 짧은 것을 잇는 사람을 현명한 임금[明主]이라고 한다"고 하였다. 한편 『장자』 「변무」에는 다음과 같은 내용이 나온다. "그러니까 물오리는 비록 다리가 짧지만 그것을 이어주면 괴로워하고, 학의 다리는 길지만 그것을 잘라주면 슬퍼한다. 때문에 본래부터 긴 것을 잘라서는 안 되며 본래부터 짧은 것을 이어 주어도 안 된다."

그래서 『장자』처럼 길고 짧은 것을 그대로 놔두는 무위의 계열과 『순자』와 『한비자』처럼 긴 것으로 짧은 것을 보완하여 균평함을 이루려는 인위의 계열이 나누어진다고 하고, 노자의 이 문장은 무위의 계열이 아니라 인위의 계열이라고 비평하는 견해도 있다. 하지만, 이 문장에서 노자가 말하고자 하는 바는 무위자연의 천도가 천하 만물을 조화롭게 낳고 기르는 도의 한 방법을 말한 것이다. 개별 사물의 본성에 거슬리는 행위를 취하는 것을 문제 삼는 것이 아니라, 자연 전체의 조화를 이루어나가는 천도의 무위를 설명하고 있는 것으로 봐야 한다. 따라서 이것은 인위라기보다는 제64장의 "만물의 자연스러움을 도와주되 억지로 무언가를 함부로 하려 하지 않는다(以輔萬物之自然, 而不敢爲)"는 것에 해당하는 일이다. 만물의 자연스러운 균형을 인간이 깨뜨렸으므로 그것을 회복하는 일인 것이다.

❢ 天之道, 損有餘而補不足. 人之道, 則不然, 損不足以奉有餘.

하늘의 도는 남는 것을 덜어내어 부족한 것을 보태지만, 사람의 도는 그렇지 않으니, 오히려 부족한 것을 덜어내어 남는 것을 받드는구나. 손부족이봉유여(損不足

以奉有餘)는 천도와는 반대로 인간 사회에서는 없는 자, 즉 백성의 것을 빼앗아다가 남아도는 자, 즉 위정자를 봉양한다는 뜻이다.

❢ 孰能有餘以奉天下, 唯有道者. 是以聖人爲而不恃, 功成而不處, 而不欲見賢.

누가 능히 남는 것으로 천하를 받들 수 있겠는가. 오직 도를 지닌 자 뿐이다. 이 때문에 성인은 해주고도 자랑하지 않고, 공을 이루고도 자처하지 않으니, 자신의 현명함을 드러내려 하지 않음이다. 이 문장과 관련된 내용이 『주역』「익괘」에 나온다. "익(益)이란 위를 덜어서 아래를 더하는 것이니 백성의 기쁨이 끝이 없으며, 스스로 위에서 아래로 내려오니 그 도는 위대하고 빛난다(象曰, 益, 損上益下, 民說无疆, 自上下下, 其道大光)."

노자는 결국 하늘의 도리를 따르고 인간의 꾀를 버리라고 한다. 하늘은 끝없이 만물을 조화 속에 고르게 키운다. 제25장에서는 도를 "천하 만물의 어머니가 될 수 있다(可以爲天下母)"고 했다. 어머니가 여러 아이들을 차별하지 않고 고르게 키우듯이, 하늘도 만물을 한결같이 돌보고 고르게 키워준다. 그러나 인간 사회에서는 그렇지 못하다. 나를 중심으로 남을 보고, 나를 위해 남을 부린다. 특히 정치라는 것은 가장 조직적이고 지능적으로 남을 부리는 행위이다. 부족한 백성을 착취하여 위정자를 받들어 봉양하도록 일을 꾸미고 있다. 그러나 도를 지닌 사람은 그렇지 않다. 자기의 덕을 가지고 남에게 베풀고 온 천하를 위해 모든 것을 바친다. 성인은 천하를 위해 바칠 뿐 자기의 자리나 몫은 챙기지 않는다. 이것은 하늘도 마찬가지다. 만물에게 베풀기만 하지, 만물로부터 어떤 것도 취하지 않는다. 그러기에 하늘은 위대하고 영원할 수가 있는 것이다.

제78장

수덕(水德): 물의 덕

천하에서 물보다 더 부드럽고 연약한 것이 없다. 그러나 단단하고 강한 것을 공략하는 데는 그보다 더 나은 것이 없으니, 그것은 그 물의 본성을 바꿀 수가 없기 때문이다. 약한 것이 강한 것을 이기고, 부드러운 것이 억센 것을 이긴다는 것은, 천하에 모르는 사람이 없으나 이를 능히 실천할 수 있는 사람은 없다. 이 때문에 성인이 말하기를, 나라의 치욕을 끌어안는 자가 바로 사직의 주인이고, 나라의 불길한 일을 끌어안는 자가 바로 천하의 왕이라 하였다. 바른 말은 반대로 들린다.

天下莫柔弱於水, 而攻堅强者莫之能勝, 以其無以易之. 弱之勝强, 柔之
천하막유약어수, 이공견강자막지능승, 이기무이역지. 약지승강, 유지

勝剛, 天下莫不知, 莫能行. 是以聖人云, 受國之垢, 是謂社稷主. 受國
승강, 천하막부지, 막능행. 시이성인운, 수국지구, 시위사직주. 수국

之不祥, 是爲天下主. 正言若反.
지불상, 시위천하주. 정언약반.

天(하늘 천), 下(아래 하), 莫(없을 막, 말 막), 柔(부드러울 유), 弱(약할 약), 於(어조사 어), 水(물 수), 而(말 이을 이), 功(공 공), 堅(굳을 견), 强(굳셀 강, 힘쓸 강, 억지로 강), 者(놈 자), 之(갈 지, 어조사 지), 能(능할 능), 勝(이길 승, 뛰어날 승), 以(써 이), 其(그 기), 無(없을 무), 易(바꿀 역, 쉬울 이), 剛(굳셀 강), 不(아닐 불), 知(알 지), 行(다닐 행, 행할 행), 是(이 시, 옳을 시, 이에 시), 聖(성인 성), 人(사람 인), 云(이를 운), 受(받을 수), 國(나라 국), 垢(때 구, 수치 구), 謂(이를 위), 社(토지 신 사, 제사 이름 사, 단체 사), 稷(기장 직, 오곡 신 직), 主(주인 주), 祥(상서로울 상, 복 상, 재앙 상), 爲(할 위, 될 위, 여길 위), 正(바를 정), 言(말씀 언), 若(같을 약, 만약 약), 反(돌이킬 반, 배반할 반, 반대로 반)

Nothing Weaker than Water

There is nothing weaker than water
But none is superior to it in overcoming the hard,
For which there is no substitute.
That weakness overcomes strength
And gentleness overcomes rigidity,
No one does not know; No one can put into practice.

Therefore the Sage says:
"Who receives unto himself the calumny of the world
Is the preserver of the state.
Who bears himself the sins of the world Is king of the world."
Straight words seem crooked.

王弼註

天下莫柔弱於水，而攻堅强者莫之能勝，以其無以易之．
以用也．其謂水也．言用水之柔弱，無物可以易之也．
弱之勝强，柔之勝剛，天下莫不知，莫能行．是以聖人云，受國之垢，是謂社稷主，受國不祥，是謂天下王．正言若反．

❢ 天下莫柔弱於水，而功堅强者莫之能勝，以其無以易之．

천하에서 물보다 더 부드럽고 연약한 것이 없다. 그러나 단단하고 강한 것을 공략하는 데는 그보다 더 나은 것이 없으니, 그것은 그 물의 본성을 바꿀 수가 없기 때문이다. 이기무이역지(以其無以易之)는 아무것도 물의 본성을 바꿀 수가 없기 때문이라는 뜻이다. 물에 대한 노자의 찬양이다. 하상공은 이렇게 설명한다. “둥근 곳에 있으면 둥글어지고, 네모난 곳에 있으면 네모가 되며, 막으면 멈추고 터주면 흘러간다. 그런데도 물은 산을 품고 언덕을 오를 수 있으니 철을 갈고 동을 녹이는 데 물보다 더 뛰어난 공을 이루는 것이 없다.” 인순과 순응의 도리를 가진 물은 일정한 꼴이 없이 상황에 따라 모습을 바꾸고, 자기를 고집하지 않으므로 그보다 유약한 것이 없다. 하지만 동시에 물은 가지 못하는 곳이 없고 그 거센 물길은 무너뜨리지 못할 것이 없다. 『회남자』「원도훈」에는 물의 이미지를 더욱 극대화시킨 내용이 나온다.

“천하의 만물 중에 물보다 부드럽고 연약한 것이 없다. 그러나 그 크기는 끝을 다할 수 없고, 그 깊이는 헤아릴 길이 없다. 무궁(無窮)한 곳에서 한없이 자신을 다듬고 멀리 가없는 곳에 빠진다. 늘이고 써버리고 줄이고 더하면서 헤아릴 수 없는 지경과 통한다. 하늘에 오르면 비와 이슬이 되고, 땅으로 내려오면 만물을 적신다. 만물은 물이 없으면 살아갈 수 없고, 모든 일은 이루어질 수 없다. 크게 뭇 생명을 포용하면서도 애증이 없고, 그 은택이 작은 벌레에까지 미치면서도 보답을 바라지 않으며, 그 부유함은 천하를 먹이면서도 다함이 없고, 덕을 백성에게 베풀면서도 소비하는 것이 없다. 흘러가면 그 끝을 알 수 없고, 작아서 손에 잡을 수 없다. 때려도 찢어지지 않고 찔러도 상하지 않으며, 잘라도 잘라지지 않고 태워도 태워지지 않는다. 질척하게 흘러다니고 뒤섞여 몰려다니면서도 뭉개지지 않으니 그 날카로움은 금석을 뚫고 그 강함은 천하에 통한다. ……왼쪽으로 가는 것도 아니고 오른쪽으로 가는 것도 아니어서 구불구불 이리저리 흘러 처음부터 끝까지 만물과 함께하니 이것을 지극한 덕이라고 한다(김홍경, 2003: 231쪽 재인용)."

❢ 弱之勝强, 柔之勝剛, 天下莫不知, 莫能行.

약한 것이 강한 것을 이기고, 부드러운 것이 억센 것을 이긴다는 것은, 천하에 모르는 사람이 없으나 이를 능히 실천할 수 있는 사람은 없다. 이 문장은 제70장의 "내 말은 매우 알기 쉽고, 또 행하기도 몹시 쉬우나, 천하 사람들은 능히 알지도 못하고 또 행하지도 못한다(吾言甚易知, 甚易行, 天下莫能知, 莫能行)"는 말과 유사하다. 『회남자』「도응훈」은 이 문장을 오나라와의 싸움에서 패배하자 굴욕을 무릅쓰고 스스로 신하가 되기를 자청한 월왕 구천의 고사와 연결하여 설명했다. 『한비자』「유로」는 같은 월왕 고사를 제52장에 나오는 "부드러움을 지키는 것을 강하다고 한다(守柔曰强)"는 말에 대한 사례로 들어, 역시 같은 맥락에서 이해했다.

❢ 是以聖人云. 受國之垢, 是謂社稷主. 受國之不祥, 是爲天下主. 正言若反.

이 때문에 성인이 말하기를, 나라의 치욕을 끌어안는 자가 바로 사직의 주인이고, 나라의 불길한 일을 끌어안는 자가 바로 천하의 왕이라 하였다. 바른 말은 반대로 들린다. 수국지구(受國之垢)는 나라의 오욕(汚辱)이나 치욕을 끌어안는 사람이라는 뜻이다. 수국지불상(受國之不祥)은 나라의 상서롭지 못한 일을 끌어안는 사람이라는 뜻이다. 사(社)는 땅의 신이고, 직(稷)은 곡식의 신이다. 나라를 세우면 궁궐을 중심으로 왼쪽에는 사를 세우고 오른쪽에는 직을 세운다. 백성들은 먹을 것을 하늘처럼 중하게 생각하기 때문에 농사와 관련된 신을 가까이 모심으로써 민생을 풍요롭게 하겠다는 위정자의 다짐이다. 정언약반(正言若反)은 도에 맞는 올바른 말은 반대로 바르지 않은 말처럼 들린다는 뜻이다.

"하천과 못은 더러운 진흙을 용납하고, 산과 늪은 해충을 품고 있으며, 아름다운 옥은 티를 숨기고 있고, 나라의 임금은 치욕을 끌어안으니, 이것이 하늘의 도다(『좌전』「선공」 15년)." 『회남자』「도응훈」은 "나라의 치욕을 끌어안는다"는 말을 진(晉)나라가 침공하려 할 때 그런 치욕을 받게 된 자신을 뉘우친 초나라 장왕(莊王)의 고사와 연결해 설명했다. 장왕이 스스로 뉘우치자 신하들도 진나라에게 치욕을 받게 한 것이 자신들이라며 죄를 청하였고, 그런 초나라 조정의 소식에 진나라는 스스로 군사를 물렸다는 것이다. 이런 왕이야말로 사직의 주인이다. 「도응훈」은 또 "나라의 불길함을 끌어안는다"는 말을 송 경공(景公)의 고사와 관련해 설명했다. 당시 형혹(熒惑: 화성)이 심수(心宿)에 나타나는 불길한 조짐이 있었는데, 그 화를 면하기 위해 신하 자위(子韋)가 임금에게 갈 화란을 재상이나 백성이나 그 해 농사에 옮기라고 간언했는데도 경공은 모두 물리치고 자신이 그 불길함을 끌어안으려 하였고, 그런 어진 행동으로 결국 모두가 무사하게 되었다는 것이다.

"정언약반(正言若反)"은 바로 앞의 "나라의 치욕을 끌어안는 것을 사직의 주인이라고 하고, 나라의 불길함을 끌어안는 것을 천하의 왕이라고 한다"는 말 때문에 나왔다. "세상에서는 더러움[垢]을 끌어안는 것을 치욕으로 생각하고 불길함을 재앙으로 생각하기 때문에(소철)" 올바른 말은 반대로 들린다는 것이다. 결국 여기서는 군왕은 나라의 치욕과 불길함을 자신의 한 몸에 끌어안는 존재이지, 스스로 호사해도 좋은 존재가 아님을 밝힌 것이다. 군왕은 공이나 명예나 영화를 얻고자 서둘지 말고 오직 물방울이 오래 같은 자리에 떨어짐으로써 돌에 구멍을 뚫는 것처럼 지성무식(至誠無息)을 배워야 한다는 말이다. 이것이 하늘의 도이다.

제79장

좌계(左契): 채권

큰 원한은 풀더라도 반드시 남은 원한이 있으니, 어찌 좋다고 하겠는가. 이 때문에 성인은 채권을 가지고도 남에게 독촉하지 않는다. 덕 있는 사람은 채권을 맡아 관장하고 있는 사람처럼 처신하고 덕이 없는 사람은 꼬박꼬박 세금을 거두어 가는 것처럼 행동한다. 하늘의 도는 편애함이 없고 항상 선한 사람과 함께 한다.

和大怨, 必有餘怨, 安可以爲善. 是以聖人執左契, 而不責於人.
화대원, 필유여원, 안가이위선. 시이성인집좌계, 이불책어인.

有德司契, 無德司徹. 天道無親, 常與善人.
유덕사계, 무덕사철. 천도무친, 상여선인.

和(화합할 화), 大(큰 대), 怨(원망할 원, 미워할 원), 必(반드시 필), 有(있을 유), 餘(남을 여), 安(편안할 안, 어찌 안), 可(가할 가, 옳을 가), 以(써 이), 爲(할 위, 될 위, 여길 위), 善(착할 선), 是(이 시, 옳을 시, 이에 시), 聖(성인 성), 人(사람 인), 執(잡을 집), 左(왼 좌), 契(맺을 계, 합치할 계, 약속 계), 而(말 이을 이), 不(아닐 불), 責(꾸짖을 책, 권장할 책, 책임 책), 於(어조사 어), 德(덕 덕, 큰 덕), 司(맡을 사, 벼슬 사), 無(없을 무), 徹(통할 철, 밝을 철, 거둘 철), 天(하늘 천), 道(길 도), 親(친할 친, 친척 친), 常(항상 상), 與(더불 여, 줄 여, 그런가 여)

Peace Settlements

Patching up a great hatred is sure to leave some hatred behind.
How can this be regarded as satisfactory?

Therefore the sage holds the left tally,
And does not put the guilt on the other party.
The virtuous man is for patching up; The vicious is for fixing guilt.
But "the way of Heaven is impartial; It sides only with the good man."

王弼註

和大怨, 必有餘怨.
不明理其契, 以致大怨已至. 而德[以]和之, 其傷不復, 故有餘怨也.
安可以爲善. 是以聖人執左契,
左契防怨之所由生也.
而不責於人. 有德司契,
有德之人, 念思其契, 不令怨生而後責於人也.
無德司徹.
徹司人之過也.
天道無親, 常與善人.

❢ 和大怨, 必有餘怨, 安可以爲善.

큰 원한은 풀더라도 반드시 남은 원한이 있으니, 어찌 좋다고 하겠는가. 화대원(和大怨)은 큰 원한을 푼다는 뜻이다. 화(和)는 푼다, 화해한다는 뜻이다. 안(安)은

"어찌 ~이라 하겠는가?"라는 뜻이다. 왕필은 "그 계약을 옳게 다스리지 못해서 큰 원망이 생기도록 했으니 (큰 원망이) 이미 생긴 뒤에 덕으로 누그러뜨리려고 하여도 그 상처는 회복되지 않을 것이다. 그러므로 남은 원망이 있다"고 하였다.

❢ 是以聖人執左契, 而不責於人. 有德司契, 無德司徹.

이 때문에 성인은 채권을 가지고도 남에게 독촉하지 않는다. 덕 있는 사람은 채권을 맡아 관장하고 있는 사람처럼 처신하고 덕이 없는 사람은 꼬박꼬박 세금을 거두어 가는 것처럼 행동한다. 집(執)은 꽉 쥐고 있다는 뜻이다. '계(契)'는 글자를 새겨 놓은 나무쪽이다. 옛날에 문서가 없을 때 나무에다 일정한 내용을 적어놓고 그것을 둘로 쪼개서 당사자들이 나누어 가졌는데, 그 나무를 '계'라고 한다. 『설문』에 따르면 '계'는 큰 약속[大約]을 의미하므로 '계'에 '대(大)'라는 글자가 들어갔다고 한다. '계'는 광범위하게 사용되었는데 상당 금액의 채무·채권 관계를 가질 때나 군주가 신하에게 일정한 업무를 맡길 때 모두 '계'를 사용했다고 한다. 좌계(左契)는 채권자가 가지고 있는 목계(木契)의 반쪽이다. 그래서 집좌계(執左契)는 채권을 보류하고 행사하지 않는다는 말이다. 책(責)은 독촉하다는 뜻이다. 불책어인(不責於人)은 남에게 독촉하지 않는다는 뜻이다. 유덕사계(有德司契)은 덕 있는 사람은 좌계(左契)를 맡아 보관한다는 뜻이다. 철(徹)은 철법(徹法)이라는 주나라 때의 세법으로, 10분지 1의 곡물을 거두었다. '사철(司徹)'이란 철저하게 세금을 거두는 것이다. 무덕사철(無德司徹)은 덕이 없는 사람은 철저하게 세금을 거두어 가는 것처럼 행동 한다는 뜻이다.

❢ 天道無親, 常與善人.

하늘의 도는 특별히 친애함이 없어서 항상 선한 사람과 함께 한다. 천도무친(天道無親)은 하늘의 도는 사람을 육친이나 친척같이 편애하지 않는다는 뜻이다. 상여선인(常與善人)은 언제나 선한 사람과 함께 한다는 뜻이다. 『상서』에는 이 문장과 같은 의미의 내용들이 나온다. "오직 하늘은 친한 것이 따로 없으니 능히 공경하는 사람을 친애한다(「태갑」)." "황천(皇天)은 친한 것이 없으니 오직 덕이 있는 사람을 돕는다. 민심은 무상하니 오직 은혜로운 자를 사랑한다(「채중지명」)."

덕 있는 위정자는 백성으로부터 많이 거둬들이지 않는다. 덕 없는 통치자는 세금을 꼬박꼬박 거둬들인다. 어떻게 하는 것이 선(善)인가? 백성을 독촉하지 않고 스스로 무위자연의 도를 따라 안락하게 살고, 저마다의 생업으로 생산을 올리고, 저마다 타고난 수명을 다하게 해주는 것, 즉 모든 사람이 무위자연의 도를 따라 편안하게 살게 해주는 것이 최고의 선이다. 하늘의 도리는 바로 이런 사람을 편들고 이런 사람과 함께 한다. 특히 위정자는 천도를 따라야 하는 것이지, 제77장에서 말한 "사람의 도는 그렇지 않아서, 오히려 부족한 것을 덜어내어 남는 것을 받드는(人之道則不然, 損不足以奉有餘)" 것과 같은 잘못된 인도(人道)를 따르면 안 된다.

제80장

불사(不徙): 떠나지 않음

나라는 작게 하고 백성은 적게 하라. 열사람 백사람을 감당하는 인재가 등용되지 않게 하고, 백성들이 죽음을 소중히 여겨 멀리 옮겨 다니지 않게 하라. 비록 배와 수레가 있어도 그것을 타고 다닐 일이 없도록 하고, 비록 갑옷 입은 군사가 있더라도 포진할 일이 없게 하며, 백성들로 하여금 다시 새끼를 엮어 문자 대신 사용하게 하라. 그 음식을 달게 먹고, 그 옷을 아름답게 여기며, 그 사는 것을 편안히 여기고, 그 풍속을 즐기도록 하라. 이웃나라가 서로 마주 보고 있어, 닭 울음소리와 개 짖는 소리가 서로 간에 들려도 백성들은 허정하게 살며 늙어 죽을 때까지 서로 왕래하지 않을 것이다.

小國寡民. 使有什伯之器而不用, 使民重死而不遠徙. 雖有舟輿, 無所乘之.
소국과민. 사유십백지기이불용, 사민중사이불원사. 수유주여, 무소승지.

雖有甲兵, 無所陣之. 使民復結繩而用之. 甘其食, 美其服, 安其居, 樂其俗.
수유갑병, 무소진지. 사민부결승이용지. 감기식, 미기복, 안기거, 낙기속.

隣國相望, 雞犬之聲相聞, 民至老死, 不相往來.
인국상망, 계견지성상문, 민지노사, 불상왕래.

小(작을 소), 國(나라 국), 寡(적을 과), 民(백성 민), 使(부릴 사, 하여금 사, 사신 사), 有(있을 유), 什(열사람 십), 伯(맏 백, 우두머리 백), 之(갈 지, 어조사 지), 器(그릇 기), 而(말 이을 이), 不(아닐 불), 用(쓸 용), 重(무거울 중, 거듭 중), 死(죽을 사), 不(아닐 불), 遠(멀 원), 徙(옮길 사, 귀양보낼 사), 雖(비록 수), 有(있을 유), 舟(배 주), 輿(수레 여), 無(없을 무), 所(바 소), 乘(탈 승), 甲(첫째 갑, 갑옷 갑, 싹틀 갑, 친압할 압), 兵(병사 병, 무기 병), 陣(진칠 진, 진영 진), 民(백성 민), 復(회복할 복, 다시 부), 結(맺을 결), 繩(줄 승), 甘(달 감, 달게 여길 감), 其(그 기), 居(살 거), 美(아름다울 미), 服(옷 복, 입을 복), 安(편안할 안, 어찌 안), 樂(즐길 락, 음악 악), 俗(풍속 속, 세속 속), 隣(이웃 린), 國(나라 국), 相(서로 상, 볼 상, 도울 상, 정승 상), 望(바랄 망), 雞(닭 계), 犬(개 견), 聲(소리 성), 聞(들을 문), 至(이를 지, 지극할 지), 老(늙을 로), 死(죽을 사), 往(갈 왕), 來(올 래)

The Small Utopia

(Let there be) a small country with a small population,
Where the supply of goods are tenfold or hundredfold, more than they can use.
Let the people value there lives and not migrate far.
Though there be boats and carriages, None be there to ride them.
Though there be armor and weapons, No occasion to display them.
Let the people again tie ropes for reckoning, Let them enjoy their food,
Beautify their clothing, Be satisfied with their homes,
Delight in their customs.
The neighboring settlements overlook one another So that they
Can hear the barking of dogs and crowing of cocks of their neighbors,
And the people till the end of their days shall never have been
Outside their country.

王弼註

小國寡民,
國旣小, 民又寡, 尙可使反古, 況國大民衆乎. 故擧小國而言也.

使有什佰之器而不用,
言使民雖有什伯之器, 而無所用, 何患不足也.

使民重死而不遠徙.
使民不用, 惟身是寶, 不貪貨賂. 故各安其居, 重死而不遠徙也.

雖有舟輿, 無所乘之, 雖有甲兵, 無所陳之, 使人復結繩而用之. 甘其食, 美其服, 安其居, 樂其俗. 隣國相望, 鷄犬之聲相聞, 民至老死不相往來.
無所欲求.

❢ 小國寡民.

나라는 작게 하고 백성은 적게 하라. 여기 '소국과민'이란 말은 흔히 노자의 이상향으로 알려져 왔다. 나라라기보다는 원시적 촌락이나 부족사회를 연상시킨다. 그런데 노자는 주로 천하를 상대할 수 있는 대국에 대해 언급했지 여기처럼 소국을 말한 곳은 없다. 가령 "큰 나라를 다스리는 것은 작은 생선을 삶는 것과 같다(治大國, 若烹小鮮)"는 제60장의 말이나, "큰 나라가 강의 하류처럼 아래로 낮추면 천하의 모든 사람이 모여들어서 천하의 암컷과 같은 존재가 된다(大國者下流, 天下之交, 天下之牝)"는 제61장의 말이 그것이다.

그럼에도 '소국과민'을 말한 것은 무엇 때문인가? 여기에는 크게 두 가지 관점이 있다. 첫째 범응원이 말하는 대로 노자가 앞에서는 대국과 천하를 말했으면서도 여기에서는 소국을 이야기한 것은 "다스리는 자[王者]에게 도가 있으면 반드시 나라가 클 필요도 없고 백성 또한 많을 필요도 없다는 것을 말했다"고 볼 수 있다. 가령 노자와 마찬가지로 역시 대국과 막강한 천하 의식을 가지고 있었던 맹자도 『맹자』「공손추상」에서 “백 리 되는 땅을 얻어 군주 노릇을 하면, 제후가 조회에 들어오게 하고 천하를 소유할 수 있는(得百里之地而君之, 皆能以朝諸侯有天下)” 그런 사람만이 공자와 비교될 수 있다고 하였다. 맹자가 백 리 되는 땅을 말한 것도 반드시 나라가 작아야 된다는 말이 아니라 나라가 작아도 왕도를 펼치면 천하를 차지할 수 있다는 말이다. 왕필도 이 문장을 해설하면서 “나라가 이미 작고 백성 또한 적더라도 옛날로 돌아갈 수 있으니 하물며 나라가 크고 백성이 많은 경우는 어떻겠는가”라고 하였다. 두 번째 관점은 이것이 태고의 이상향을 가리킨다고 한다. 오징은 이 구절을 “노자는 쇠약해진 주나라를 붙들어 다시 태고로 돌아가려고 하였다. 나라가 크면 백성도 많고 다스리기 어려우므로 작은 나라 적은 백성으로 다스리고, 백성이 바깥의 것을 사모하지 않고 안으로 자족하도록 하려고 한 것이 이와 같다”고 해설하였다. 두 번째 관점이 일반적이다.

❢ 使有什伯之器而不用, 使民重死而不遠徙.

열사람 백사람을 감당하는 인재가 등용되지 않게 하고, 백성들이 죽음을 소중히 여겨 멀리 옮겨 다니지 않게 하라. 기(器)는 무기(武器) 또는 문명의 이기(利器)를 뜻하기도 하고, 재기(才器)가 있는 인재(人才)를 뜻하기도 한다. 십(什)은 열 명, 백(伯)은 백 명을 말한다. 십백지기(什伯之器)는 많은 사람들이 공유하는 무기나 도구, 기계 등을 말하기도 하고, 열사람 백사람을 감당하는 인재를 의미하기도 한다. 오징은 ‘십백(什伯)’을 열 사람, 백 사람이라는 뜻으로 보고 ‘십백지기’가 열 사람, 백 사람이 사용하는 중요한 기물이라고 하였다. 그와 달리 소철(什百人之器)·동사정(什佰之器)은 모두 이것이 재기(才器)가 열 사람, 백 사람을 당할 수 있는 뛰어난 사람을 의미한다고 보았다. 『맹자』에 보면 ‘십백(什伯)’의 용례가 나오는데 열 배, 백 배라는 뜻으로 쓰였다(「등문공상」). 소철·동사정을 따라 해석하면 첫 번째 구절은 제3장에 나오는 “능력 있는 자를 높이지 않는다(不尙賢)”는 노자의 사상과 통한다. 중사(重死)는 죽음을 두려워하는 외사(畏死)와 같으며, 생명을 아낀다, 가볍게 죽게 하지 않는다는 뜻이다. 나쁜 통치자는 함부로 전쟁을 벌여 백성을 마구 죽인다.

사(徙)는 옮기다, 이사가다는 뜻이다. 불원사(不遠徙)는 나라가 흐트러져 못살면 백성들이 이산하여 멀리 떠돌게 되는데, 그런 일이 없게 해야 한다는 뜻이다. 「등문공상」에서 맹자는 고대의 이상적인 토지 제도인 정전제(井田制)를 설명하면서 이와 유사한 표현을 사용하였다. "장사 지내거나 집을 옮기더라도 고향을 떠나지 않고 여러 집이 한 우물을 사용한다. 집에 들어오고 나가는 것을 서로 같이 하고, 도둑을 지킴에 서로 도우며, 병이 났을 때 서로 돌보도록 하였으니 백성이 친목하였다(死徙, 無出鄕. 鄕田同井, 出入相友, 守望相助, 疾病相扶持, 則百姓親睦)."

❢ 雖有舟輿, 無所乘之. 雖有甲兵, 無所陣之. 使民復結繩而用之.

비록 배와 수레가 있어도 그것을 타고 다닐 일이 없도록 하고, 비록 갑옷 입은 군사가 있더라도 포진할 일이 없게 하며, 백성들로 하여금 다시 새끼를 엮어 문자 대신 사용하게 하라. 주여(舟輿)는 배와 수레라는 뜻이다. 부결승(復結繩)은 옛날 같이 다시 새끼를 묶어서 표식으로 삼는다는 뜻으로, 문자를 버리고 소박한 옛날로 돌아간다는 말이다. 『주역』「계사하」에 "상고 시대에는 새끼를 묶어 (의사소통을 하면서) 다스렸는데, 후세의 성인이 그것을 문자인 서계(書契)로 바꾸었다(上古結繩而治, 後世聖人易之以書契)"는 말이 있으므로 결승(結繩)하여 다스린다는 것은 옛날의 정치를 말한다.

❢ 甘其食, 美其服, 安其居, 樂其俗. 隣國相望, 雞犬之聲相聞, 民至老死, 不相往來.

그 음식을 달게 먹고, 그 옷을 아름답게 여기며, 그 사는 것을 편안히 여기고, 그 풍속을 즐기도록 하라. 이웃나라가 서로 마주 보고 있어, 닭 울음소리와 개 짖는 소리가 서로 간에 들려도 백성들은 허정하게 살며 늙어 죽을 때까지 서로 왕래

하지 않을 것이다. 이 문장은 『장자』 「거협」에도 그대로 나온다. "그대만이 홀로 지덕(至德)의 세상을 모른단 말인가. 옛날에 용성씨·대정씨·백황씨·중앙씨·속륙씨·리축씨·헌원씨·혁서씨·존려씨·축융씨·복희씨·신농씨의 세상이 있었다. 그 때 백성은 새끼를 묶어 기호로 썼고, 그 음식을 맛있게 여겼으며, 그 옷을 훌륭하다 생각했고, 그 풍속을 즐기며, 그 집을 편안히 여겼다. 이웃 나라가 바로 앞에 보이고, 닭이나 개 울음 소리가 서로 들릴 정도였지만, 백성은 늙어 죽을 때까지 오가지를 않았다. 이와 같은 세상이야말로 가장 잘 다스려졌던 지치(至治)의 시대이다."

자연과 더불어 살아가는 집단사회에는 지식이나 법률이나 정치 등이 필요 없다. 또 천지 만물은 자연 속에서 모든 혜택을 입고 자연의 도를 따라 저절로 길러지므로 어떠한 문명의 이기(利器)도 필요가 없다. 우리는 여기서 문명이란 무엇인가 반성해볼 필요가 있다. 과연 문명은 인류에게 유익하며, 선용되고 있는가? 문명이나 문명의 이기도 결국은 하늘의 도, 자연법칙, 진리를 따르고 활용해서 사람이 만든 것이다. 따라서 그것들은 인간에게 유익해야 하나 꼭 그런 것만은 아니다. 문명이나 문명의 이기를 만들거나 활용할 때의 동기가 옳지 못해서 그 결과도 나쁠 수가 있다. 즉 사람은 문명이나 문명의 이기를 만들 때 남을 잘 되게 하기 위해서가 아니라, 나를 위해서 만든다. 따라서 남을 누르고, 남의 것을 수탈하고, 남의 나라를 치기 위해서 지식이나 과학이나 기술이 동원된다. 그러므로 지식·과학·기술은 차라리 없는 것만 못하게 되었다. 문명이나 문명의 이기 그 자체가 문제라기보다는 그 활용하는 태도가 문제이다. 악용되는 지식·기술·과학은 없는 것보다 더 나쁜 결과를 가져다 줄 수 있다. 눈부신 과학적 성과를 올려 행복해야만 하는 오늘의 인류가 역설적으로 심한 위기(危機)에 처해 방황하고 있는 것이다. 그래서 노자는 소박한 자연 속에서 언제까지나 건강하게 살라고 주장하였다.

제81장

부적(不積): 쌓아두지 않음

믿음직한 말은 아름답지 않고, 아름다운 말은 믿음직하지 못하다. 착한 사람은 말을 잘하지 못하고, 말을 잘하는 사람은 착하지 못하다. 참으로 아는 사람은 박식하지 않고, 박식한 사람은 참으로 알지 못한다. 성인은 자기를 위해 쌓아두지 않는다. 남을 위하여 다 썼건만 도리어 자기에게는 더 많이 있게 되고, 남에게 다 주었건만 도리어 자기에게 더 많아진다. 하늘의 도는 오직 만물을 이롭게만 하고 해롭게 하지 않으며, 성인의 도는 오직 남을 위하여 베풀기만 하고 다투지 않는다.

信言不美, 美言不信. 善者不辯, 辯者不善. 知者不博, 博者不知.
신언불미, 미언불신. 선자불변, 변자불선. 지자불박, 박자부지.

聖人不積. 旣以爲人, 己愈有. 旣以與人, 己愈多. 天之道, 利而不害.
성인부적, 기이위인, 기유유. 기이여인, 이유다. 천지도, 이이불해.

聖人之道, 爲而不爭.
성인지도, 위이부쟁.

信(믿을 신), 言(말씀 언), 不(아닐 불), 美(아름다울 미), 善(착할 선), 者(놈 자), 辯(말 잘할 변), 知(알 지), 博(넓을 박), 聖(성인 성), 人(사람 인), 積(쌓을 적, 모을 적), 旣(이미 기), 以(써 이), 爲(할 위, 될 위, 여길 위), 己(자기 기), 愈(나을 유, 유쾌할 유, 근심할 유, 더욱(점점 더) 유), 有(있을 유), 以(써 이), 與(더불 여, 줄여, 그런가 여), 人(사람 인), 多(많을 다), 天(하늘 천), 之(갈 지, 어조사 지), 道(길 도), 利(이로울 리, 날카로울 리), 而(말 이을 이), 不(아닐 불), 害(해칠 해, 방해할 해), 聖(성인 성), 爭(다툴 쟁)

The Way of Heaven

True words are not fine-sounding;
Fine-sounding words are not true.
A good man does not argue; He who argues is not a good man.
The wise one does not know many things;
He who knows many things is not wise.

The sage does not accumulate (for himself).
He lives for other people, And grows richer himself;
He gives to other people, And has greater abundance.

The Tao of Heaven Blesses, but does not harm.
The Way of the sage Accomplishes, but does not contend.

王弼註

信言不美,
實在質也. 美言不信, 本在樸也.
善者不辯, 辯者不善, 知者不博,
極在一也.
博者不知. 聖人不積,
無私自有, 唯善是與, 任物而已.
旣以爲人, 己愈有,
物所尊也.
旣以與人, 己愈多.
物所歸也.
天之道, 利而不害.
動常生成之也.
聖人之道, 爲而不爭.
順天之利, 不相傷也.

信言不美, 美言不信. 善者不辯, 辯者不善. 知者不博, 博者不知.

믿음직한 말은 아름답지 않고, 아름다운 말은 믿음직하지 못하다. 착한 사람은 말을 잘하지 못하고, 말을 잘하는 사람은 착하지 못하다. 참으로 아는 사람은 박식하지 않고, 박식한 사람은 참으로 알지 못한다. 신언불미(信言不美)는 믿음직한 말은 아름답지 않다는 뜻이다. 변(辯)은 말을 잘하다, 달변(達辯)이다, 혹은 변론하다는 뜻이다. 박(博)은 박식하다는 뜻이며, 여기서는 지엽적이고 자질구레한 잔지식이 많다는 뜻이다.

말을 잘하는 사람은 대체로 그 말을 따라갈 만한 행동을 보여주지 못하기 때문에 말 잘하는 사람을 조심하라는 교훈들이 많이 보인다. 공자 역시 '미언(美言)'을 몹시 싫어했다. 『논어』「양화」편에서 공자는 "교묘한 말과 아첨하는 낯빛을 하는 사람은 어짊이 드물다(子曰, 巧言令色 鮮矣仁)"고 했다. 그래서 스스로 "나는 아무 말도 하지 않으려고 한다(子曰, 予欲無言)"고 하고, "하늘이 무슨 말을 하던가. 사시가 운행하고 만물이 태어남에 하늘이 무슨 말을 하던가(子曰, 天何言哉. 四時行焉, 百物生焉, 天何言哉)"라고 했다. 그래서 오히려 말을 잘 못하는 사람에게서 덕성을 찾는다. 「자로」편에서 "굳세고 의연하며, 질박하고 어눌한 사람이 인에 가깝다(子曰, 剛毅木訥, 近仁)"고 했다. 말을 번드르르 하게 하는 것보다는 행동을 민첩하게 하는 것이 더 중요하다는 말이다. 「이인」편에서 "군자는 말에는 어눌하고 행동에는 민첩하고자 한다(子曰, 君子欲訥於言而敏於行)"고 한 말이 그것이다. 노자 역시 앞의 제56장에서 이미 "아는 자는 말하지 않고, 말하는 자는 알지 못한다(知者不言, 言者不知)"고 하였다.

❢ 聖人不積. 旣以爲人, 己愈有. 旣以與人, 己愈多.

성인은 자기를 위해 쌓아두지 않는다. 남을 위하여 다 썼건만 도리어 자기에게는 더 많이 있게 되고, 남에게 다 주었건만 도리어 자기에게 더 많아진다. 성인부적(聖人不積)은 성인은 자기를 위해서 쌓아두지 않는다는 뜻이다. 기이위인기유유(旣以爲人己愈有)는 남에게 베풀어주건만 자기에게는 더욱 많이 있게 된다는 뜻이다. 무왕이 은을 정벌하고서 이미 천하를 가졌으면서도 아무것도 가진 것이 없다는 것을 보였기 때문에 천하의 통치에 대한 백성의 동의를 얻을 수 있었고, 그렇게 함으로써 천하를 유지할 수도 있었다고 한다. 즉 『여씨춘추』「신대람·신대」에 나온다. "그러므로 주나라는 명당의 바깥문을 닫아놓지 않았으니 아무것도 쌓아놓은 것이 없다는 것을 천하에 보인 것이다. 오직 쌓아놓지 않았기 때문에 지극히 귀한 물건을 지킬 수 있었다."

❢ **天之道, 利而不害. 聖人之道, 爲而不爭.**

하늘의 도는 오직 만물을 이롭게만 하고 해롭게 하지 않으며, 성인의 도는 오직 남을 위하여 베풀기만 하고 다투지 않는다. 위이부쟁(爲而不爭)은 행하거나 베풀어 주면서도 다투지 않는다는 뜻이다. 여기서 행한다는 것은 제63장에 나오는 "무위를 행한다(爲無爲)"는 말과 같은 뜻이다. 소철은 이 문장을 "세력이 남을 이롭게 할 수 있으면 해롭게도 할 수 있고, 힘이 충분히 무엇인가를 행할 수 있으면 충분히 다툴 수도 있다. 해롭게 할 수 있으면서도 해롭게 하지 않고, 다툴 수 있으면서도 다투지 않는 것은 하늘과 성인이 보통 사람을 크게 넘어서서 만물의 으뜸이 되는 이유다"라고 풀었다.

미덥고 착하고 잘 알고, 또 잘 다스리는 자(信·善·知者)는 결국 도를 터득하고 소박한 자연을 따르고, 교활한 인간적 기교를 쓰지 않는다. 하늘은 오직 만물에게 사랑을 베풀고 만물을 이롭게만 하면서 자기는 하나도 갖는 것이 없다. 하늘은 아무하고도 명리를 다투지 않고, 오직 남을 위해 베풀기만 한다. 이러한 하늘의 도를 따르는 것이 성인이다. 노자가 말하는 경지나 유가에서 내세우는 천인합일(天人合一)의 경지나 결국은 같은 것이다.

참고문헌

감산덕청(憨山德淸). 1607. 『老子道德經解』. 번역본(심재원 역주, 2010, 정우서적)

국가문물국고문헌연구실. 1980. 『마왕퇴한묘백서(馬王堆漢墓帛書)』. 문물출판사

금장태. 2006. 『한국유학의 노자이해』. 서울대학교출판문화원.

김홍경. 2003. 『삶의 기술, 늙은이의 노래』. 도서출판 들녘

동사정(董思靖: 송). 『태상노자도덕경집해(太上老子道德經集解)』

두광정(杜光庭: 당). 『도덕진경광성의(道德眞經廣聖義)』

마서륜(馬敍倫). 1924. 『노자핵고(老子覈詁: 老子校詁)』. 중화서국(1974)

범응원(范應元: 송). 『노자도덕경고본집주(老子道德經古本集註)』

부혁(傅奕: 당). 『도덕경고본편(道德經古本篇)』

사마광(司馬光: 송). 『도덕진경론(道德眞經論)』

설혜(薛蕙: 명). 『노자집해(老子集解)』

소철(蘇轍: 송). 『노자해(老子解)』

송상성(宋常星: 청). 1673(康熙42년). 『道德經講義』. 삼민서국.

양방웅(梁芳雄). 2003. 『초간 노자(楚簡 老子)』. 도서출판 예경.

엄영봉(嚴靈峯). 1954. 『노자장구신편(老子章句新編)』. 중화문화출판사업위원회

엄영봉(嚴靈峯). 1976. 『마왕퇴백서노자시탐(馬王堆帛書老子試探)』. 하낙도서공사

엄영봉(嚴靈峯)편. 1970. 『무구비재노자집성속편(無求備齋老子集成續編)』. 예문인서관

엄준(嚴遵: 불분명). 『도덕지귀(道德指歸)』

여혜경(呂惠卿: 송). 『도덕진경전(道德眞經傳)』

오징(吳澄: 원). 『도덕진경주(道德眞經註)』

왕념손(王念孫: 1744~1832). 『독서잡지(讀書雜志)』. 세계서국(1963)

왕도(王道: 명). 『노자억(老子億)』

왕안석(王安石: 송). 『노자주(老子注)』

왕진(王眞: 당). 『도덕경논병요의술(道德經論兵要義述)』
왕필(王弼: 위). 『노자주(老子注)』. 번역본(김학목 옮김, 2000, 슬기샘)
육덕명(陸德明: 당). 『노자음의(老子音義)』
육희성(陸希聲: 당). 도덕진경전(道德眞經傳)
이경숙. 2004. 『도덕경』. 도서출판 명상.
이영(李榮: 송). 『도덕진경의해(道德眞經義解)』
임법융(任法融). 1988. 『道德經釋義』. 번역본(금선학회, 1999, 여강출판사)
임희일(林希逸: 송). 『노자구의(老子口義)』
장기근(張基槿). 1982. 『老子』. 삼성출판사
주겸지(朱謙之). 1958. 『노자교석(老子校釋)』. 중화서국(1963)
진경원(陳景元: 송). 『도덕진경장실찬미편(道德眞經藏室纂微篇)』
진고응(陳鼓應). 1970. 『노자금주금역(老子今註今譯)』. 대만상무인서관
초굉(焦竑: 명). 노자익(老子翼). 중화서국
풍우란(馮友蘭). 1947. 『중국철학사(中國哲學史)』. 상무인서관
필원(畢沅: 1730~1797). 『노자도덕경고이(老子道德經考異)』. 무구비재속편
하상공(河上公: 불분명). 『도덕진경주(道德眞經註: 도장본)』

찾아보기

(ㄱ)

가명위대(可名爲大) ··· 240
가이위천하모(可以爲天下母) ··· 191
각복귀기근 ··· 139
각복귀기근(各復歸其根) ··· 143
갓난아기(赤子) ··· 37
강기골(强其骨) ··· 72
강양자부득기사(强粱者不得其死) ··· 288
강해(江海) ··· 20, 408
강해소이능위백곡왕자 ··· 408
강행자유지(强行者有志) ··· 236
거사 ··· 211
거사(去奢) ··· 215
거심 ··· 211
거심(去甚) ··· 215
거태 ··· 211
거태(去泰) ··· 215
거피취차 ··· 116, 258, 435
거피취차(去彼取此) ··· 265
건덕약투(健德若偸) ··· 281
검약 ··· 42
견강(堅强) ··· 454
견소왈명(見小曰明) ··· 331
결결(缺缺) ··· 364
겸퇴자수(謙退自守) ··· 280
겸하(謙下) ··· 46
겸허(謙虛) ··· 13, 18
경즉실근 ··· 194
경험세계 ··· 14
계견지성상 ··· 471
고거피취차(故去彼取此) ··· 119
고고(枯槁) ··· 454
고과불곡(孤寡不穀) ··· 287
고능성기대(故能成其大) ··· 240
고영유소속(故令有所屬) ··· 156
고위천하귀(故爲天下貴) ··· 353
고유도자불처 ··· 222
고이지치국(故以智治國) ··· 406
고이하위기(高以下爲基) ··· 272
고저(固柢) ··· 372
고지극(古之極) ··· 420
고지선위도자 ··· 403
고지선위사자 ··· 133
고치삭예무예(故致數譽無譽) ··· 272
곡신(谷神) ··· 86
곡신불사 ··· 86

곡즉전 …… 172
곡즉전(曲則全) …… 175
공덕지용(孔德之容) …… 169
공벽(拱璧) …… 387
공성불명유(功成不名有) …… 240
공성이불거 …… 62
공성이불처 …… 457
공수신퇴 …… 101
공자(孔子) …… 3
공평무사(公平無私) …… 18
과욕론(寡慾論) …… 17
과이물긍(果而勿矜) …… 221
과이부득이(果而不得已) …… 221
관묘(觀妙) …… 55
관요(觀徼) …… 61
광이불요(光而不耀) …… 366
구의기세야부(久矣其細也夫) …… 415
구이득(求以得) …… 388
국지복(國之福) …… 406
권도(權道) …… 249
권모술수 …… 248
귀생(貴生) …… 449
귀유(貴柔) …… 44
귀유사상(貴柔思想) …… 44
귀이천위본(貴以賤爲本) …… 272
귀좌(貴左) …… 222
근이행지(勤而行之) …… 280
금옥만당 …… 101
기귀불신(其鬼不神) …… 375
기덕내보(其德乃普) …… 341
기덕내진(其德乃眞) …… 341
기득기모(旣得其母) …… 329
기물(奇物) …… 359
기미조이모(其未兆易謀) …… 400
기본적인 시각 …… 5
기사호환(其事好還) …… 219
기성(幾成) …… 401
기성이패지 …… 397
기안이지 …… 397
기안이지(其安易持) …… 399
기유장궁여 …… 457
기이위인기유유(旣以爲人己愈有) …… 480
기일고구(其日固久) …… 365
기자불립 …… 183
기자불립(企者不立) …… 185
기정민민 …… 361
기지미소(其知彌少) …… 306
기출미원(其出彌遠) …… 306
기취이반(其脆易泮) …… 400
기치지일야(其致之一也) …… 270
기휘('忌諱) …… 359

(ㄴ)

나무 닭(木鷄) …… 51
낙낙여석(珞珞如石) …… 272
낙추이불염(樂推而不厭) …… 411

난득지화 ········· 71
난득지화(難得之貨) ········· 118
노담귀유(老聃貴柔) ········· 44
노자(老子) ········· 3
노자도덕경주(老子道德經註) ········· 6
노자와 공자의 대화 ········· 24
노자의 무욕론 ········· 17
노자의 사상 ········· 7
노자의 수양이론 ········· 34
논어(論語) ········· 5
능성기대 ········· 237, 390
능성기사 ········· 90
능영아호(能嬰兒乎) ········· 110
능위자호(能爲雌乎) ········· 111
능지고시(能知古始) ········· 132

(ㄷ)

다언삭궁 ········· 80
다장필후망(多藏必厚亡) ········· 295
다즉혹(多則惑) ········· 175
담혜기약해(澹兮其若海) ········· 166
대교약졸 ········· 297
대교약졸(大巧若拙) ········· 299
대국이하소국(大國以下小國 ········· 381
대국자하류 ········· 377
대국자하류(大國者下流) ········· 380
대기만성(大器晩成) ········· 281
대도(大道) ········· 333
대도범혜 ········· 237
대도범혜(大道氾兮) ········· 239
대도폐 ········· 149
대도폐(大道廢) ········· 150
대립(對立)과 복귀(復歸) ········· 10
대립전화(對立轉化) ········· 44
대방무우(大方無隅) ········· 281
대백약욕(大白若辱) ········· 281
대변약눌(大辯若訥) ········· 299
대사살자살(代司殺者殺) ········· 448
대상(大象) ········· 242
대상무형(大象無形) ········· 281
대성약결 ········· 297
대성약결(大成若缺) ········· 299
대소다소(大小多少) ········· 393
대왈서(大曰逝) ········· 192
대음희성(大音希聲) ········· 281
대이검(帶利劍) ········· 336
대제불할 ········· 206
대제불할(大制不割) ········· 210
덕(德)의 쓰임 ········· 14
덕건명립(德建名立) ········· 296
덕경(德經) ········· 5
덕선(德善) ········· 311
덕자동어덕(德者同於德) ········· 181
덕휵지 ········· 322
덕휵지(德畜之) ········· 324
도가(道家) ········· 4

도가도 ··· 55
도가사상 ··· 25
도귀(道貴) ··· 349
도기(道紀) ··· 127
도난어기이(圖難於其易) ··· 393
도덕경 ··· 5
도미무명(道微無名) ··· 281
도법자연(道法自然) ··· 15, 193
도상무명 ··· 228
도상무명(道常無名) ··· 230
도상무위이무불 ··· 251
도생일 ··· 283
도생일(道生一) ··· 285
도생지 ··· 322
도생지(道生之) ··· 324
도야재(非道也哉) ··· 336
도역낙득지(道亦樂得之) ··· 181
도오(道奧) ··· 383
도의 본체(本體) ··· 8
도의 자기원리 ··· 10
도자만물지오 ··· 383
도지동 ··· 273
도지동(道之動) ··· 274
도지용 ··· 273
도지위물(道之爲物) ··· 170
도충 ··· 75
도항무위(道恒無爲) ··· 15
독립불개(獨立不改) ··· 191
독충(毒蟲) ··· 346
돈돈혜(沌沌兮) ··· 165
돈혜기약박 ··· 133
동기진 ··· 75
동기진(同其塵) ··· 78
동도(同道) ··· 177
동이유출(動而愈出) ··· 84
득일(得一) ··· 266
득일자(得一者) ··· 269

(ㄹ)

래래혜(儽儽兮) ··· 165

(ㅁ)

막능여지쟁(莫能與之爭) ··· 176
막약색(莫若嗇) ··· 370
막지기극(莫知其極) ··· 371
막지명(莫之命) ··· 325
만물귀언이불위주(萬物歸焉而不爲主) ··· 240
만물득일이생(萬物得一以生) ··· 270
만물부음이포양 ··· 283
만물부음이포양(萬物負陰而抱陽) ··· 286
만물시지이생(萬物恃之而生) ··· 239
만물장자화 ··· 251
만물장자화(萬物將自化) ··· 253
명도약매(明道若昧) ··· 280
명여신숙친 ··· 293

명역기유(名亦旣有) ………… 232
목강즉공(木强則共) ………… 455
몰신불태 ………… 327
무(無)의 활용 ………… 23
무난(無難) ………… 390
무덕사철(無德司徹) ………… 469
무명의 박(樸) ………… 36
무명지박(無名之樸) ………… 253
무물(無物) ………… 131
무사(無事) ………… 43
무사(無私) ………… 90
무압기거소(無狎其所居) ………… 438
무압기소생(無厭其所生) ………… 438
무언(無言)의 교화 ………… 65
무용(無用) ………… 112
무위(無爲) ………… 15, 251
무위이무불위(無爲而無不爲) …· 253, 309
무위이치(無爲而治) ………… 65, 147
무위이화(無爲而化) ………… 20
무위자연(無爲自然) ………… 10, 35
무위자연의 도 ………… 14
무위지치(無爲之治) ………… 315
무이생위(無以生爲) ………… 451
무지(無知)·무욕(無慾)·무위(無爲) …… 407
무지이위용 ………… 112
문도(聞道) ………… 276
문명 ………… 22
문화 ………… 22
물극필반(物極必反) ………… 38, 250
물장즉노 ………… 217
물장즉노(物壯則老) ………… 221
물질문명 ………… 4
물질문명과 ………… 4
물형지(物形之) ………… 324
물혹오지(物或惡之) ………… 225
물혹오지(物或惡之) ………… 186
미명(微明) ………… 246
미묘요도(微妙要道) ………… 204
미묘현통 ………… 133
미묘현통(微妙玄通) ………… 136
미언불신 ………… 477
미추선악(美醜善惡) ………… 64
민리백배 ………… 153
민막지영이자균(民莫之令而自均) …… 231
민민(悶悶)·순순(醇醇)·찰찰(察察)·
결결(缺缺) ………… 364
민부중(民不重) ………… 411
민불외사 ………… 445
민불외사(民不畏死) ………… 447
민불외위 ………… 435
민불외위(民不畏威) ………… 437
민지기 ………… 449
민지난치(民之難治) ………… 406

(ㅂ)

박산즉위기(樸散則爲器) ………… 210

박소(樸素) ··· 153
반(反) ··· 11
반복(反覆) ··· 273
반자 ··· 273
반전평화주의(反戰平和主義) ··· 19, 23
방이불할(方而不割) ··· 366
백곡왕(百谷王) ··· 410
백성의 우민화 ··· 254
병무소용기인(兵無所容其刃) ··· 320
병작(竝作) ··· 143
보물(輔物) ··· 396
보원이덕(報怨以德) ··· 393
복귀어무물 ··· 127
복귀어박(復歸於樸) ··· 209
복귀어영아(復歸於嬰兒) ··· 209
복기명(復其明) ··· 332
복명(復命) ··· 139, 144
복문채(服文綵) ··· 336
복중인지소과(復衆人之所過) ··· 402
봉채훼사(蜂蠆虺蛇) ··· 346
부가병자 ··· 222
부결승(復結繩) ··· 475
부도(不道) ··· 217
부도조이 ··· 217
부도조이(不道早已) ··· 221
부득기사(不得其死) ··· 288
부득이이용지(不得已而用之) ··· 226
부수기모(復守其母) ··· 330
부여수중 ··· 80
부유무지(夫唯無知) ··· 429
부유병병 ··· 432
부유병병(夫唯病病) ··· 433
부유불압시이불염(夫唯不厭是以不厭) ··· 438
부쟁(不爭) ··· 13, 50, 418
부적(不積) ··· 477
분세의식(憤世意識) ··· 430
불감위천하선 ··· 413
불감위천하선(不敢爲天下先) ··· 415
불귀난득지화 ··· 397
불병(不病) ··· 432
불사(不徙) ··· 471
불상지기 ··· 222
불상지기(不祥之器) ··· 225
불상현 ··· 68
불선인지소보(不善人之所保) ··· 386
불소부족이위도(不笑不足以爲道) ··· 280
불실기소자구(不失其所者久) ··· 236
불언지교 ··· 289
불언지교(不言之敎) ··· 291
불여좌진차도(不如坐進此道) ··· 387
불영(不盈) ··· 75
불욕(不辱) ··· 296
불욕녹녹여옥(不欲琭琭如玉) ··· 272
불원사(不遠徙) ··· 475
불이병강천하(不以兵强天下) ··· 219

불이지치국(不以智治國) ····················· 406
불자현(不自見) ································· 176
불처(不處) ······································ 183
불초(不肖) ······································ 415
불출호 ··· 304
불태(不殆) ······································ 296
불학무식(不學無識) ·························· 402
불현가욕'(不見可欲) ························ 72
비도지재천하(譬道之在天下) ············· 232
비이명민(非以明民) ·························· 405

(ㅅ)
사검차광(舍儉且廣) ·························· 417
사마(駟馬) ······································ 387
사마천(司馬遷) ································· 3
사마천(司馬遷, ································· 61
사모(食母) ······································ 158
사무사 ··· 390
사민심불란(使民心不亂) ···················· 72
사살(司殺) ······································ 445
사아개연유지 ·································· 333
사유(四有) ······································ 149
사유군(事有君) ································· 429
사이불망자수(死而不亡者壽) ············· 236
사자(師資) ······································ 203
사자차용(舍慈且勇) ·························· 417
사지도(死之徒) ································· 319
사천(事天) ······································ 370
사후차선(舍後且先)은 ······················· 417
삶의 지혜로서 노자『도덕경』············· 33
삼보(三寶) ······························ 21, 412
삼십폭공일곡 ·································· 112
삼황오제의 덕 ································· 67
상거기하(相去幾何) ·························· 163
상대주의 ·· 64
상덕(常德) ······································ 205
상덕부덕 ·· 258
상덕부덕(上德不德) ·························· 261
상덕불리(常德不離) ·························· 209
상덕약곡(上德若谷) ·························· 280
상례위지이막지응(上禮爲之而莫之應)
·· 263
상무(常無) ······································ 55
상생(相生) ······································ 65
상선약수 ·· 95
상선약수(上善若水) ·························· 12
상어 ·· 397
상여선인(常與善人) ·························· 469
상유(常有) ······································ 55
상유사살자살(常有司殺者殺) ············· 448
상의위지이유이위(上義爲之而有以爲)
·· 263
상이무사(常以無事) ·························· 310
상인위지이무이위(上仁爲之而無以爲) 263
상제지선(象帝之先) ·························· 79
상지계식(常知稽式) ·························· 407

상현(尙賢) ······························ 70
상현지풍(尙賢之風) ······························ 71
색기태(塞其兌) ······························ 330
색기태폐기문(塞其兌閉其門) ······························ 352
생사(生死) ······························ 316
생생지후(生生之厚) ······························ 319
생어교(生於郊) ······························ 303
생어호말(生於毫末) ······························ 400
생이불유 ······························ 106
생이불유(生而不有) ······························ 325
생이지지(生而知之) ······························ 434
생지도(生之徒) ······························ 319
서왈원(逝曰遠) ······························ 192
선건(善建) ······························ 337
선건자불발 ······························ 337
선건자불발(善建者不拔) ······························ 340
선결무승약 ······························ 199
선대차성(善貸且成) ······························ 282
선부위요(善復爲妖) ······························ 365
선위도자(善爲道者) ······························ 405
선위사자(善爲士者) ······························ 136
선위사자불무 ······························ 418
선자과이이(善者果而已) ······························ 220
선천지생(先天地生) ······························ 191
선행무철적 ······························ 199
성인(聖人) ······························ 35, 65
성인개해지(聖人皆孩之) ······························ 314
성인무상심 ······························ 311
성인부적(聖人不積) ······························ 480
성인불인 ······························ 80
성인욕상민(聖人欲上民) ······························ 410
성인지치 ······························ 68
성전이귀지(誠全而歸之) ······························ 176
세 가지 보물 ······························ 20
세강필약(勢强必弱) ······························ 250
소국과민 ······························ 473
소국과민(小國寡民) ······························ 19, 22
소극과민 ······························ 471
소박함 ······························ 34
소사과욕 ······························ 153
소사과욕(少私寡欲) ······························ 156
소이불실(疏而不失) ······························ 444
소즉득(少則得) ······························ 175
손부족이봉유여(損不足以奉有餘) ······ 460
수국지구(受國之垢) ······························ 465
수국지불상(受國之不祥) ······························ 465
수기욕(守其辱) ······························ 209
수기자 ······························ 205
수덕(水德) ······························ 462
수모(守母) ······························ 327
수선리만물이부쟁 ······························ 95
수양의 방법 ······························ 38
수유왈강(守柔曰强) ······························ 331
수정독 ······························ 139
수중(守中) ······························ 80
숙지기고(孰知其故) ······························ 443

숙지기극(孰知其極) ································ 365
순순(醇醇) ·· 364
순자(荀子) ··· 5
순환적 시공간의 개념 ····························· 11
습명(襲明) ·· 199
승(乘) ·· 197
승승불가명 ·· 127
승약(繩約) ·· 202
승인자유력(勝人者有力) ························ 235
시간과 공간 ·· 9
시무소투기각(兕無所投其角) ················ 320
시위부쟁지덕(是謂不爭之德) ················ 420
시위습상 ··· 327
시위용인지력(是謂用人之力) ················ 420
시위현덕 ································· 322, 403
시위현덕(是謂玄德) ······························ 326
시이불병(是以不病) ······························ 433
시이불아지(是以不我知) ························ 429
시제유명(始制有名) ······························ 231
시지불견 ··· 127
시현어귀생 ·· 449
신언불미 ··· 477
신언불미(信言不美) ······························ 479
신종여시 ··· 397
신종여시(愼終如始) ······························ 401
실기복(實其腹) ······································ 72
실도이후덕 ·· 258
심근고저 ··· 367
심애필대비(甚愛必大費) ························ 295
심이지(甚易知) ······································ 429
심이행(甚易行) ······································ 429
십백지기(什伯之器) ······························ 474

(ㅇ)

아독박혜(我獨泊兮) ······························ 164
아무욕이민자박 ····································· 356
아무위이민자화 ····································· 355
아역교지(我亦敎之) ······························ 287
아유삼보 ··· 412
아호정이민자정 ····································· 355
악고(握固) ·· 347
악여이(樂與餌) ······································ 244
안민(安民) ··· 68
약기지(弱其志) ······································ 72
약능수지(若能守之) ······························ 230
약동섭천(若冬涉川) ······························ 136
약빙지장석(若冰之將釋) ························ 136
약수(若水) ··· 95
약자 ··· 273
약자 도지용(弱者, 道之用) ···················· 274
약존약망(若存若亡) ······························ 280
약팽소선 ··· 373
약팽소선(若烹小鮮) ······························ 375
양무비(攘無臂) ······································ 425
양비이잉지(攘臂而扔之) ························ 263
양지부지(養之覆之) ······························ 325

어불가탈어연(魚不可脫於淵) ··········· 250
언유종(言有宗) ··········· 429
언이상례처지(言以喪禮處之) ··········· 227
언자부지 ··········· 349
언자부지(言者不知) ··········· 352
여물반의(與物反矣) ··········· 407
여사췌형(餘食贅形) ··········· 186
여씨춘추(呂氏春秋) ··········· 5
여영아지미해(如嬰兒之未孩) ··········· 164
여향태뢰(如享太牢) ··········· 164
역경 ··········· 10
연후내지대순 ··········· 403
염담위상(恬淡爲上) ··········· 226
염담허정(恬淡虛靜) ··········· 250
염이불귀(廉而不劌) ··········· 366
영구불변한 이름 ··········· 55
영인심발광(令人心發狂) ··········· 118
예기(禮記) ··········· 71
예운편(禮運篇) ··········· 71
오불감위주이위객(吾不敢爲主爲客) ·· 424
오색영인목맹 ··········· 116
오언심이지 ··········· 427
오음 ··········· 118
오이관복(吾以觀復) ··········· 143
왕이불해(往而不害) ··········· 244
왕즉직(枉則直) ··········· 175
왕필(王弼) ··········· 6
외기신(外其身) ··········· 93
외위(畏威) ··········· 435
요혜약무지(飂兮若無止) ··········· 166
욕겸휵인(欲兼畜人) ··········· 381
욕입사인(欲入事人) ··········· 381
용기광(用其光) ··········· 332
용병(用兵) ··········· 422
용병유언 ··········· 422
용병유언(用兵有言) ··········· 424
용병즉귀우(用兵則貴右) ··········· 225
용어감즉살 ··········· 440
용어감즉살(勇於敢則殺) ··········· 442
용어불감즉활(勇於不敢則活) ··········· 442
용지부족기(用之不足旣)는 ··········· 245
우민정책 ··········· 17
우민정책(愚民政策) ··········· 74, 406
우주(宇宙)의 근원(根源) ··········· 8
우주운행(宇宙運行)의 법칙 ··········· 9
우환의식(憂患意識) ··········· 394
원왈반(遠曰反) ··········· 192
위기자(爲奇者) ··········· 447
위대어기세(爲大於其細) ··········· 393
위도일손 ··········· 307
위도일손(爲道日損) ··········· 309
위무위 ··········· 390
위복(爲腹) ··········· 116
위이부쟁(爲而不爭) ··········· 481
위이불시(爲而不恃) ··········· 111
위자패지(爲者敗之) ··········· 214

위천하식(爲天下式) ………………………… 209
위하(爲下) ………………………………………… 377
위학일익 …………………………………………… 307
위학일익(爲學日益) ………………………… 309
유가 ………………………………………………… 35
유가적인 법도 ………………………………… 21
유덕사계(有德司契) ………………………… 469
유도시종(惟道是從) ………………………… 170
유도자불처 ……………………………………… 183
유무상생 ………………………………………… 61
유물혼성 ………………………………………… 187
유물혼성(有物混成) ………………………… 190
유생어무 ………………………………………… 273
유생어무(有生於無) ………………………… 275
유시시외(唯施是畏) ………………………… 335
유약(柔弱) …………………………… 18, 452, 454
유약승강강 ……………………………………… 246
유약승강강(柔弱勝剛強) ………………… 250
유약자생지도 ………………………………… 452
유여자손지(有餘者損之) ………………… 459
유의 이로움 …………………………………… 23
유인의 ……………………………………………… 149
유지이위리 ……………………………………… 112
유천곡지어강해(猶川谷之於江海) …… 232
유황유홀(惟恍惟惚) ………………………… 170
윤희(尹喜) ………………………………………… 3
의양만물(衣養萬物) ………………………… 240
이기다지(以其多智) ………………………… 406
이기무이역지(以其無以易之) ………… 464
이기상구생지후(以其上求生之厚) …… 451
이기상식세지다(以其上食稅之多) …… 450
이기심 ……………………………………………… 16
이기용병(以奇用兵) ………………………… 358
이도좌인주자(以道佐人主者) ………… 219
이무사취천하(以無事取天下) ………… 358
이상적 인간 …………………………………… 35
이신관신(以身觀身) ………………………… 341
이언하지(以言下之) ………………………… 410
이위천하모(以爲天下母) ………………… 329
이일대로(以逸待勞) ………………………… 425
이자위지(以慈衛之) ………………………… 417
이정승모(以靜勝牡) ………………………… 380
이정위하(以靜爲下) ………………………… 380
이정치국 ………………………………………… 355
이정치국(以正治國) ………………………… 358
인지미(人之迷) ………………………………… 365
인지생동지어사지(人之生動之於死地) ………………………………………………… 319
인지생야유약 ………………………………… 452
인지소교(人之所教) ………………………… 287
일손(日損) ………………………………………… 307
일없음(無事) ……………………………………… 401
임어당(林語堂) ………………………………… 6
입군불피갑병(入軍不被甲兵) ………… 320
잉무적(扔無敵) ………………………………… 425

(ㅈ)
자고급금(自古及今) …… 171
자고능용(慈故能勇) …… 416
자본의 논리 …… 23
자승자강 …… 233
자승자강(自勝者强) …… 235
자애(慈愛)·검약(儉約)·겸양(謙讓) …… 417
자애불자귀(自愛不自貴) …… 438
자연(自然) …… 10, 36, 211
자지불자현(自知不自見) …… 438
자지자명(自知者明) …… 235
자혼(滋昏) …… 359
장구지도(長久之道) …… 296
장궁(張弓) …… 459
장생(長生) …… 367
장생구시(長生久視) …… 372
장생구시지도 …… 367
장욕취천하(將欲取天下) …… 213
장욕취천하이위지 …… 211
장욕흡지 …… 246
장욕흡지(將欲歙之) …… 248
장자(莊子) …… 4, 24
『장자』의 「천지」편 …… 71
재영백포일 …… 106
재영백포일(載營魄抱一) …… 109
적자(赤子) …… 345
적혜요혜(寂兮寥兮) …… 191
전렵(田獵) …… 118
전승이상례처지(戰勝以喪禮處之) …… 227
전심무(田甚蕪) …… 336
절교기리(絶巧棄利) …… 156
절성기지 …… 153
절성기지(絶聖棄智) …… 155
절약 …… 42
절인기의(絶仁棄義) …… 156
절학무우 …… 159
정승조(靜勝躁) …… 299
정승조, 한승열(靜勝躁, 寒勝熱) …… 300
정언약반 …… 462
정언약반(正言若反) …… 262, 291, 466
정전제(井田制) …… 475
정지독지(亭之毒之) …… 325
제왕학(帝王學) …… 33
제왕학의 통치술 …… 5
조다이기(朝多利器) …… 359
조복(早服) …… 371
조심제(朝甚除) …… 336
존귀(尊貴) …… 322
종도(從道) …… 167
종불위대(終不爲大) …… 394
종사어도자동어도(從事於道者同於道) …… 181
좌계(左契) …… 467
좌조문도(坐朝問道) …… 388
주책(籌策) …… 202
주행이불태(周行而不殆) …… 191

중묘지문 ………………………………… 55
중묘지문(衆妙之門) ………………………… 60
중위경근 ………………………………… 194
중위경근(重爲輕根) ………………………… 196
중적덕(重積德) …………………………… 371
즉대위지(則大威至) ………………………… 437
지기웅 …………………………………… 205
지부지 …………………………………… 432
지부지(知不知) …………………………… 433
지성무식(至誠無息) ………………………… 466
지영(持盈) ………………………………… 101
지유(知有) ………………………………… 145
지유(至柔) ………………………………… 289
지이영지 ………………………………… 101
지인자지 ………………………………… 233
지인자지(知人者智) ………………………… 235
지자불언 ………………………………… 349
지자불언(知者不言) ………………………… 351
지족(知足) ……………………… 38, 296, 301
지족불욕 ………………………………… 293
지족자부(知足者富) ………………………… 236
지족지족(知足之足) ………………………… 303
지족지족상족의 …………………………… 301
지지(知止) ………………………… 228, 293, 296
지지가이불태(知止可以不殆) ……………… 232
지지불태 ………………………………… 293
지천하 …………………………………… 304
지혜출(知慧出) …………………………… 151
직이불사(直而不肆) ………………………… 366
진기(盡己) ………………………………… 233
진도약퇴(進道若退) ………………………… 280
질진약투(質眞若渝) ………………………… 281
집대상 …………………………………… 242
집대상(執大象) …………………………… 244
집자실지(執者失之) ………………… 214, 401
집좌계(執左契) …………………………… 469

(ㅊ)

찰정(察政) ………………………………… 361
찰찰(察察) ………………………………… 364
창심허(倉甚虛) …………………………… 336
처기실(處其實) …………………………… 265
처기후(處其厚) …………………………… 265
처무위지사(處無爲之事) …………………… 66
처후(處厚) ………………………………… 257
천도(天道) ………………………… 304, 457
천도무친(天道無親) ………………………… 469
천망(天網) ………………………… 440, 444
천연(繟然) ………………………………… 443
천운(天運) ………………………………… 24
천인합일(天人合一) ………………………… 481
천장지구 ………………………………… 90
천지도 …………………………………… 457
천지불인 ………………………………… 80
천지불인(天地不仁) ………………………… 83
천지상합(天地相合) ………………………… 231

천지소오(天之所惡) ··························· 443
천하(天下) ··· 64
천하개위아도대 ································· 412
천하개지미지위미 ······························ 61
천하난사 ·· 390
천하막능신야(天下莫能臣也) ·············· 230
천하막유약어수 ································· 462
천하만물생어유(天下萬物生於有) ······ 275
천하신기 ·· 211
천하신기(天下神器) ··························· 214
천하언재(天何言哉) ··························· 66
천하유도 ·· 301
천하유시 ·· 327
천하지교 ·· 377
천하지교(天下之交) ··························· 380
천하지지유 ·· 289
천하희급지(天下希及之) ···················· 291
청정(淸靜) ··· 297
청정과욕(淸淨寡慾) ··························· 16
청정무위(淸靜無爲) ··························· 35
총욕(寵辱) ··· 121
총욕약경 ·· 121
추구(芻狗) ··· 82
출생입사 ·· 316
출생입사(出生入死) ··························· 318
충기(沖氣) ··· 77
충기이위화 ·· 283
충기이위화(沖氣以爲和) ···················· 286
충신지박(忠信之薄) ··························· 264
충화(沖和) ··· 283
치국(治國) ··· 355
치대국 ··· 373
치대국(治大國) ································· 373
치빙(馳騁) ··· 118
치삼공(置三公)에 ······························ 387
치인사천 ·· 367
치인사천(治人事天) ··························· 369
치중(輜重) ··· 194
치허(致虛)와 수정(守靜) ···················· 142
치허극 ··· 139

(ㅌ)

태상 ·· 145
통치의 허위 ······································· 23

(ㅍ)

폐기문(閉其門) ································· 330
폐즉신(敝則新) ································· 175
포일(抱一) ··· 172
표풍(飄風) ··· 180
피갈회옥(被褐懷玉) ··························· 430
필고장지(必固張之) ··························· 248
필유여원 ·· 467
필작어이 ·· 390
필작어이(必作於易) ··························· 394

(ㅎ)
하상공본(河上公本) ······ 6
하상공의『도덕진경주(道德眞經註)』···· 6
하지유지 ······ 145
하지유지(下知有之) ······ 147
한비자 ······ 9
함곡관(函谷關) ······ 3
한비자(韓非子) ······ 4, 5
함덕(含德) ······ 343
함덕지후 ······ 343
합포지목(合抱之木) ······ 400
항구불변한 도 ······ 55
항병상가(抗兵相加) ······ 426
해로편(解老篇) ······ 9
행무행(行無行) ······ 425
행불언지교(行不言之敎) ······ 66
허(虛)와 정(靜) ······ 142
허기심'(虛其心) ······ 72
허이불굴(虛而不屈) ······ 84
허정(虛靜) ······ 15, 143
허정(虛靜)·유화(有和)·자검(慈儉)·
부쟁(不爭) ······ 431
현덕(玄德) ······ 13, 106, 403
현동 ······ 353
현동(玄同) ······ 352, 354
현빈지문 ······ 86
현상계 ······ 59
현소포박 ······ 153
현소포박(見素抱樸) ······ 156
혈구지도(絜矩之道) ······ 306
형극생언 ······ 217
형극생언(荊棘生焉) ······ 220
혹강혹리(或强或羸) ······ 215
혹손지이익(或損之而益) ······ 287
혹익지이손(或益之而損) ······ 287
혹재혹휴(或載或隳) ······ 215
혹하이취(或下而取) ······ 381
혹행혹수(或行或隨) ······ 215
혹희혹취(或歔或吹) ······ 215
혼돈(混沌) ······ 39
혼성(混成) ······ 187
화기광 ······ 75
화기광(和其光) ······ 78
화대원 ······ 467
화대원(和大怨) ······ 468
화막대어경적 ······ 422
화이욕작(化而欲作) ······ 253
화혜복지소의(禍兮福之所倚) ······ 364
확조(攫鳥) ······ 346
회옥(懷玉) ······ 427
후왕득일이위천하정
(侯王得一以爲天下貞) ······ 270
흉사상우(凶事尙右) ······ 227
흡흡언(歙歙焉) ······ 314
희언자연 ······ 177
희희(熙熙) ······ 164